高等院校人力资源管理专业系列教材

招聘管理

（第二版）

主　编　万　玺

副主编　蒋国华　张以鹏　郑　楠

科学出版社

北　京

内 容 简 介

本书立足于互联网时代国内外人力资源招聘管理理论与实践的最新发展，全面系统地介绍了招聘管理的相关理论、方法和技巧，强调理论与实践相结合，结构清晰完整。

全书分四编共十章，涵盖了招聘基础理论、招募、甄选、录用与评估等关键环节，具有很强的针对性和可操作性。

本书可作为高校人力资源管理及相关专业的教学用书，也可作为企业管理者和相关从业人员的自学用书，还可供其他人员参考。

图书在版编目（CIP）数据

招聘管理/万玺主编. —2版. —北京：科学出版社，2016
（高等院校人力资源管理专业系列教材）
ISBN 978-7-03-049548-8

Ⅰ. ①招… Ⅱ. ①万… Ⅲ. ①企业－招聘－高等学校－教材
Ⅳ. ①F272.92

中国版本图书馆 CIP 数据核字（2016）第 188918 号

责任编辑：王彦刚 都 岚 / 责任校对：王万红
责任印制：吕春珉 / 封面设计：东方人华平面设计部

科学出版社 出版
北京东黄城根北街 16 号
邮政编码：100717
http://www.sciencep.com
北京九州迅驰传媒文化有限公司 印刷
科学出版社发行 各地新华书店经销
*
2011 年 12 月第 一 版 开本：787×1092 1/16
2016 年 8 月第 二 版 印张：17 3/4
2021 年 8 月第六次印刷 字数：419 000

定价：53.00 元

（如有印装质量问题，我社负责调换〈九州迅驰〉）
销售部电话 010-62136230 编辑部电话 010-62135397-2021（HF02）

第二版前言

招聘管理的根本目的，是为组织获取满足其发展需要的人力资源，它根据组织发展的实际需要，利用各种科学选拔技术，为不同岗位挑选出最合适的人选，以实现人、岗和组织的最佳匹配，最终达到因事设岗、人尽其才、才尽其用的多方共赢的目标。因此，招聘管理在组织人力资源管理工作中具有重要意义。

本书是在科学出版社《招聘管理》（2011 版）教材的基础上修订再版。其动因缘于以下两个现实背景：

第一，在“互联网＋”时代，应聘者特质与招聘手段正在发生颠覆性的变化，随着信息技术的发展，大数据、云思维、社交媒体等新技术、新工具为企业实现精准、高效的招聘提供了新的思路。距本书第一版的出版，已经过去 4 年多的时间，为了及时适应招聘管理理论与实践的最新发展动态，有必要更新教材内容。

第二，2012 年教育部发布了《普通高等学校本科专业目录和专业介绍（2012 年）》，其中对人力资源管理专业的核心课程的描述中对素质测评与招聘的内容进行了整合，命名为“员工招聘与素质测评”，虽然第一版中我们已经对在招聘中应用的测评手段与方法进行了阐述，但是必须将相关内容予以强化，满足教学要求，但考虑到修订的延续性，本书仍然沿用原书名。

经过编写组成员讨论，我们确定了本书再版编写的三个原则：

第一，系统整合的原则。通过本书，学习者可以系统学习整个招聘管理流程的理论与技术，同时把与招聘管理相关的素质测评的部分内容整合进来，满足本科专业目录的课程要求。

第二，兼容并包的原则。内容上着眼现在与未来的结合，既要满足现代传统企业的一般招聘模式的需求，也要满足行业领先企业基于信息化技术招聘管理的需求，争取内容上紧密联系时代脚步，将“互联网＋”时代的最新理论与实践吸收到教材中来，如“互联网＋”时代网络招聘的新技术、新方法，大数据对招聘与人才测评的影响等内容。

第三，形式信息化的原则。教材形式上从传统教材逐渐过渡到适应信息化教学与学生个性化需求的新教材。在教材体例上，争取部分实现“图文并茂”，通过二维码实现部分外延教学内容（如案例、视频）的直接关联，满足信息化教学的需要。

在修订过程中，我们贯彻了上述原则，并融合成为本书的特色。

全书仍然包括招聘的基础理论、员工招聘、人员甄选、录用与评估四编共十章，修订重点包括：

第一，根据教学实践的需求，更新原版中的教学目标、教学要点、关键词、导入案例，章后附复习思考题以及案例分析等内容。

第二，根据理论与实践的发展，增加新的知识点，并删除过时的知识点。

第三，运用二维码技术对案例进行信息化呈现形式加工。

此次修订由重庆科技学院万玺制定修订大纲、协调组织以及最后统稿；万玺编写第一、四、八章；西安邮电大学郑楠编写第二章；沈阳大学张以鹏编写第三、六章；重庆科技学院郭婕编写第五章；重庆科技学院康晓卿编写第七章；重庆科技学院张丽平、沈阳大学冉军编写第九章；重庆科技学院胡宪君编写第十章；重庆科技学院蒋国华审定了书中全部案例，并对部分章节进行了完善和整理。

本书在修订过程中，参考了国内外学者的论著以及相当多的网络资料，尽量在书后参考文献中一一列出，在此一并表示感谢。

编　者

2016年4月

第一版前言

在人力资源管理中，招聘管理是第一环节，是人力资源管理工作的基础，对满足企业的经营发展需要及企业战略目标的实现具有重要意义。

通过对现有教材的梳理发现，现有的教材大多取名为《招聘与录用》，或《招聘与甄选》，从书名上可以看出，大部分学者仍然只把招聘和录用相区分，但是招聘结束后还有评估阶段，所以书名不能涵盖所有内容。同时，招聘这个词汇本身的含义应该是招募加上聘用，也就是说，所谓的招聘应该是从传统意义上的招聘一直到录用为止。所以本书取名为《招聘管理》，意义涵盖比较广，主要讲授作为人力资源主要业务模块之一的招聘工作的所有内容。

当前，有关招聘方面的教材的编写大致按照书名的逻辑顺序进行，一类是按照招聘和人员配置进行撰写，以人员招聘与配置的内容和职能为主线，分别对员工招聘概述、招聘的基本流程、招聘的渠道与方法、职务分析与评价、面试的基本理论、面试的实施与技巧、人力资源配置、人事匹配与劳务外派和引进、人员使用与人才管理进行阐述。一类是按照招聘与录用的过程全面系统地介绍招聘和录用的相关理论、方法、过程和技巧，但是与人力资源管理其他课程模块内容冲突较多，如与人员素质测评、人力资源规划、工作分析、雇员流动管理等重叠过多。因此，必须按照招聘管理流程进行内容细分，力求少重叠甚至不重叠。

经过编委会成员讨论，我们确定了本书编写的四个原则。

第一，系统性原则。通过对本书的学习，读者可以清晰地把握招聘、甄选、录用、评估整个招聘管理流程的理论与技术，能够在学习的过程中与《工作分析》、《人力资源规划》、《人员素质测评》、《劳动关系管理》等课程的主要内容结合起来。

第二，理论与实践相结合，突出应用的原则。即要求把招募、甄选、录用、评估等具体方法讲透讲精，力求可操作性。

第三，体现最新研究成果与实践。将招聘管理的最新理论与实践吸收进来，如招聘管理原理，招聘的新技术、新方法，岗位胜任特征模型等。

第四，精简原则。在框架结构完整的前提下，章节内容尽可能精炼，突出重点，与其他模块课程适度衔接，尽量不发生重叠。适当控制本书的篇幅，提升教材的竞争性。

在编写本书的过程中，我们恪守了以上原则，并融合成为本书的特色。全书分招聘的基础理论、员工招聘、人员甄选、录用与评估四编共十章，涵盖了招聘管理全过程的内容。每章前有教学目标、教学要点以及关键词，导入案例，章后附案例分析以及思考题，便于读者掌握要点，从问题的角度理解当前招聘管理面临的技术难点，对从事招聘管理实践具有很强的针对性和可操作性。

全书由重庆科技学院万玺制定编写大纲、协调组织以及最后统稿。万玺编写第一、四、八章；西安邮电学院郑楠编写第二章；沈阳大学张以鹏编写第三、六章；重庆科技学院郭婕编写第五章；重庆科技学院李强参与编写第六、十章；重庆科技学院康晓卿编写第七章；沈阳大学冉军编写第九章；重庆科技学院胡宪君编写第十章。李强对本书的部分章节进行了完善和整理。

本书在搜集资料过程中，参考了很多学者的论著，受益匪浅。在此向他们表示感谢。

编　者

2011年8月

目　录

第一编　招聘的基础理论

第二编 员工招聘

第三编　人员甄选

第一编　招聘的基础理论

第一章　招聘概述

教学目标

掌握招聘与招聘管理的概念，理解招聘的理念与原则，了解不同国家的招聘模式，理解我国企业招聘存在的问题与原因，了解“互联网＋”背景下企业招聘的趋势与对策。

教学要点

招聘与招聘管理的概念、招聘的理念与原则、企业招聘存在的问题与原因。

关键词

招聘　招聘管理　招聘理念　招聘模式　互联网＋

导入案例

一个70岁的商业思想家，10多位40岁出头的战略企业家，几千位30～40岁的中高层管理者，率领着10多万20～30岁的以中高级青年知识分子为主体的知识型劳动大军，孤独地行走在全球五大洲的每个角落。

2012年，华为的年销售额达到了惊人的2202亿元——超越爱立信成为全球最大的电信设备供应商。同年，华为宣布利润突破154亿元（这还不包括用来给员工发奖金的125亿元红包）。同样是在这一年，华为的研发费用高达299亿元，相当于中国许多顶级企业的年产值。华为的产品和解决方案已经应用于全球170多个国家，服务全球运营商50强中的45家及全球1/3的人口。

2014年《财富》世界500强中华为排行全球第285位，与上年相比上升30位。

2014年10月9日，Interbrand在纽约发布的“最佳全球品牌”排行榜中，华为以排名94的成绩出现在榜单之中，这也是中国大陆首个进入Interbrand top100榜单的企业公司。

2015年，华为公司被评为新浪科技2014年度风云榜年度杰出企业。

事实上，就在华为开始创业的20世纪80年代中后期，国内诞生了400多家通信制造类企业，但这个行业竞争注定是场死亡竞赛，赢者一定是死得最晚的那个。华为活到了最后。华为，一个以“狼性文化”著称的全球通信设备制造企业，它的成功绝非偶然。

华为认为，看一个企业的招聘是否有效，主要体现在以下4个方面：一是是否能及时招到所需人员以满足企业需要；二是是否能以最少的投入招到合适人才；三是把所录用的人员放在真正的岗位上是否与预想的一致，且适合公司和岗位的要求；四是“危险期”（一般指进公司后的六个月）内的离职率是否为最低。根据以上四个要点，结合公司的具体实际，华为制定了一套详细的招聘原则，力求实现招聘效益的最大化。

在招聘管理方面，华为有七项基本原则。

原则1：最合适的，就是最好的

标准要求是具体的、可衡量的，以作为招聘部门考察人、面试人、筛选人、录用人的标杆。因为人才不是越优秀越好，只有合适的才是最好的。在华为，所谓“合适”，其标准如下：

（1）企业目前需要什么样的人？这是“软”的素质，这由企业文化决定。即选人是德才兼备、以德为先还是以才为先？是强调个性突出还是团队合作？是开拓型还是稳健型？这主要侧重于考察应聘者的兴趣、态度、个性等。

（2）岗位需要什么样的人？这就是“硬”的条件，人力资源部门通过职务分析明确该岗位的人需要具备的学历、年龄、技能、体能等，这侧重于考察应聘者的能力、素质等。

只有掌握了标准，招聘人员才能做到心中有数，才能用心中的这把“尺”去衡量每一位应聘者。否则稀里糊涂，根本没有办法从众多的应聘者中挑出企业所需要的人，更严重的是若是经过“层层筛选”出来的优秀人才在试用一段时间后发现原来并不适合本企业，那么将造成企业财力和精力的极大浪费。

原则 2：强调“双向选择”

华为在进行招聘的时候，会特别向招聘人员强调“双向选择”这一条，绝不能像一些企业一样，为吸引应聘者，故意美化、夸大企业，对企业存在的问题避而不谈，以致应聘者过分相信招聘企业的宣传而对企业满怀期望。一旦人才进入企业，发现企业实际上并没有原先设想的那样好，就会产生失落、上当受骗的感觉，挫伤工作积极性。因此无论是最初的招聘现场，还是最后一轮面试的双方交流，华为始终把彼此满意作为获取人才的基础。特别是在最后安排应聘者和相关负责人谈话和吃饭的时候，负责人会把发展前景、发展现状、普遍存在的问题等实事求是地向应聘者做客观的介绍。

原则 3：坚持“条条都要有针对性”的招聘策略

企业选人是讲求“实用性”还是为后期发展储备人才，不同的目的有不同的招聘策略。华为这几年的招聘主要都是针对高校应届毕业生展开的，因此它更注重应聘者的发展潜力和可塑性，希望经过几年的培养，可以在将来用人的时候发挥作用。

原则 4：招聘人员的职责＝对企业负责＋对应聘者负责

招聘人员既要对企业负责，也应对应聘者负责，要树立“优秀≠合适，招进一名不合适的人才是对资源的极大浪费”的观念。在华为，招聘部门会在每年年初就主动地参与企业和部门的人力资源规划、深入一线了解企业内部人员流动去向，随时掌握企业在各阶段的用人需求，以采取合适的招聘策略，及时为企业输送所需人才。

原则 5：用人部门要现身考场

只有用人部门对自己需要什么样的人最清楚，而且招进来的人的素质和能力直接关系到部门的工作成效。宝洁前任首席执行官说：“在公司内部，我看不到比招聘更重要的事了”。由此可见，招聘不只是人力资源部的工作，而是上至 CEO，下至部门主管所有人的工作。在招聘的过程中，华为会要求具体的用人部门和招聘部门一起完成招聘工作，华为甚至认为用人部门对招聘的配合、支持程度，直接决定了招聘的成败。

原则 6：设计科学合理的应聘登记表

有的企业会事先设计一张科学合理的应聘登记表，让应聘者填写企业需要特别关注的项目，通过面试前审查应聘者填写的资料，招聘企业可以淘汰一大部分明显不符合企业要求的人员，筛选出意向对象邀请其参加面试。

华为的招聘表格经过科学的设计，一张小小的表格就基本能反映出一个人的所有情况，例如在华为的登记表格上把软件细分为系统软件和应用软件，大大降低了面试的时间。

原则 7：人才信息储备就是给企业备足粮草

招聘实践中，常会发现一些条件不错且适合企业需要的人才，因为岗位编制、企业阶段发展计划等因素限制无法现时录用，但企业很可能在将来某个时期需要这方面的人才。华为绝不会轻易就与这些人才擦肩而过，华为的人力资源中心会将这类人才的信息纳入企业的人才信息库（包括个人资料、面试小组意见、评价等），不定期地与之保持联系，一旦将来出现岗位空缺或企业发展需要，即可招入麾下，既提高招聘了速度也降低了招聘成本。

华为公司每年都会从高校和社会上招聘大量的人才，在招聘和录用中，招聘人员最注重应聘者的素质、潜能、品格、学历，其次才是经验。按照双向选择的原则，在人才使用、培养与发展上，提供客观且对等的承诺。华为有严格的面试流程，一般来说，一个应聘者必须经过人力资源部、业务部门的主管等环节的面试，以及公司人力资源部总裁审批才能正式加盟华为。

为了保障人员招聘的实际效果，华为公司会在正式招聘之前建立一个面试资格人管理制度，对所有的面试考官进行培训，合格者才能获得面试资格。而且公司每年对面试考官进行资格年审，考核把关不严者将取消面试资格。华为认为，招聘人员是公司招聘人才的第一道门槛，如果这些人自身素质都很一般，那么是不可能指望他们能独具慧眼地选拔出公司需要的优秀的人才的。

（资料来源：http://hr.hr369.com）

中国一向具有注重人员招聘、选拔的传统，讲求举贤任能，讲求知人善任。曹操赤脚迎许攸，刘备“三顾茅庐”请诸葛的故事可谓家喻户晓。正因为他们对人才的尊重，才成就了各自的事业。

当今社会，人才招聘选拔工作在人力资源管理过程中的作用，好比古时候善识千里马的“伯乐”，它是按照企业经营战略规划和人力资源要求，把优秀、合适的人员招聘到企业，为其安置合适的岗位，并让其安心工作的过程，是企业在人才争夺，特别是高端人才争夺战中成败的关键所在。

第一节　招聘与招聘管理

一、招聘与招聘管理的概念

招聘，也称员工招聘，是指组织根据自身发展的需要，按照人力资源管理规划和工作分析的要求，从组织内部和外部获取人力资源的过程。员工招聘包括员工招募、甄选和聘用（录用）与评估等过程。

从该定义可以看出，招聘至少有以下3方面的含义。

1）招聘的目的是为了满足企业自身的发展需要。招聘主要是对企业的人力资源的供需矛盾进行调和，为企业的战略目标的实现奠定人才基础。

2）招聘的依据是企业人力资源规划和招聘岗位的分析说明书。只有将招聘纳入到企业人力资源规划和岗位分析说明书的轨道中，才能保证企业招募的人员符合企业的发展需求，从而有利于企业的发展、壮大。

3）招聘的对象是组织内外部的人力资源，而且是那些有能力并对企业有兴趣的人员。

从根本上说，招聘实际是用人单位与应聘者互相博弈的过程。从应聘方来讲，其对应聘企业的选择实际上就是在心目中对企业进行一次“面试”和“筛选”，综合考虑企业的形象、企业的文化、岗位的发展前景等多种因素。

从招聘方来讲，企业最后的录用决策也是对应聘者的工作经历和发展潜力等多方面考虑之后而做出的。

作为一个重要的管理职能，招聘与其他人力资源管理职能有密切的关系。简单地说，人力资源规划规定了招聘的目标，即招聘方所要吸引的人员数目和类型，而工作分析既决定了对特殊人员的需求，也向招聘者提供了企业的相关工作描述。此外，能否向招聘人员提供高薪酬和福利在一定程度上决定了招聘的难易，即招聘效果与薪酬和福利有关。

从某种意义上讲，传统意义上的招聘概念侧重于员工招募、甄选和聘用的过程，其中更侧重于招募与甄选。为了体现全过程性，国内关于招聘的教材多命名为招聘与录用，但是随着人们对于招聘工作性质认识的不断深入，评估的程序也被列入到招聘工作中。因此，为了更好地体现招聘作为人力资源管理的一项职能，体现招聘的全过程性，目前学术界更倾向于用招聘管理的名称代替招聘。招聘管理作为企业人力资源管理的子系统，通过招募、甄选、录用、评估等一系列的科学规范活动来系统、持续地提高企业素质，增强企业活力，以及提高效益。

对于招聘管理，我们可以进行如下定义：招聘管理就是对组织所需的人力资源展开招募、甄选、录用、评估等一系列管理活动，并加以计划、组织、指挥与控制，借以保证一定数量的员工队伍，满足组织发展的需要。整个招聘管理的流程如图1-1所示。需要说明的是，对于招聘一般人才，测试只需要做到一般甄选测试（Ⅰ）即可，对于中高级人才，需要在一般甄选测试的基础上进一步做特殊甄选测试（Ⅱ）。

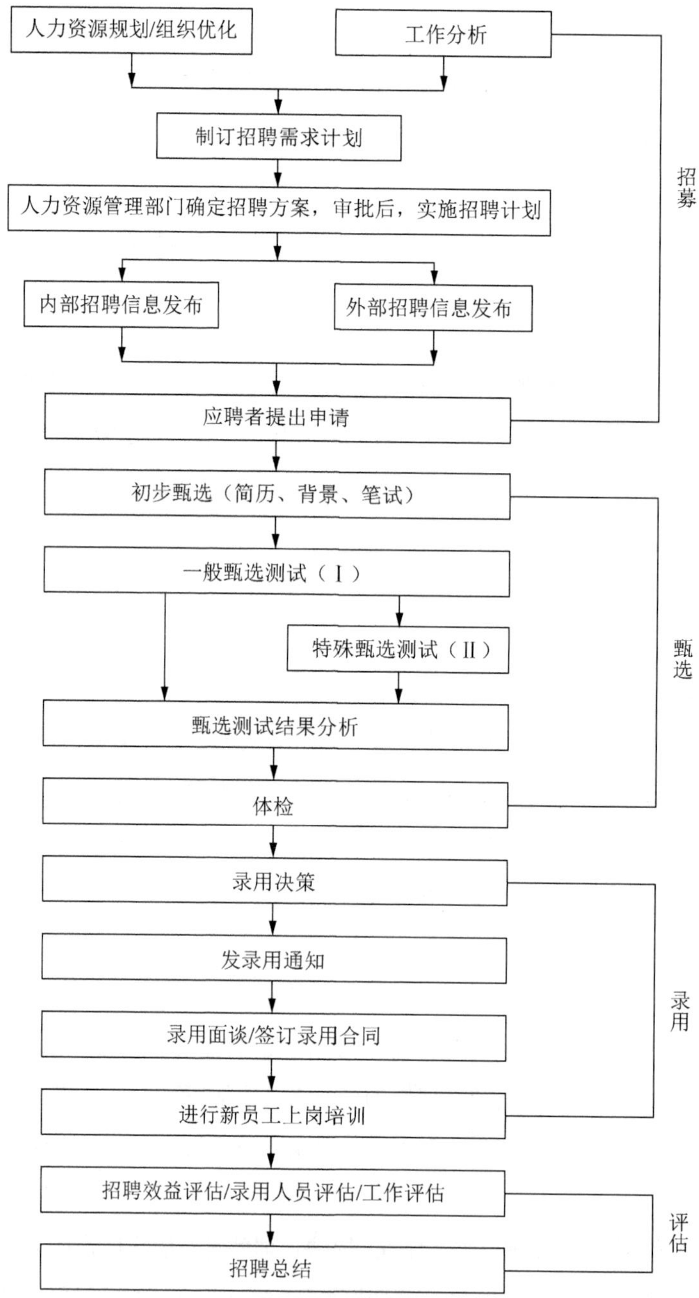

图 1-1　招聘管理流程

二、招聘的意义

招聘是补充员工的主要渠道，是企业增加新鲜血液、兴旺发达的标志之一，它对企业的人力资源管理具有重要的意义。

（一）招聘工作在企业的人力资源管理中处于首要地位

企业若要持续发展，就必须保持人力资源的供给，因为企业在发展的任何时期都会需要不同类型、不同数量的人才。而只有进行有效的人力资源的招聘才能充分满足企业发展对人才的需求。同时，招聘工作的质量将会直接影响企业人才引进质量，这是人力资源管理的第一关口，必须做好招聘工作。

（二）招聘人才的结果影响企业今后的发展

招聘的结果表现为企业是否获得所需要的优秀人才，而人才是企业发展的第一要素。现代社会竞争的制高点是人才的竞争，只有拥有高素质的人才，企业才能繁荣昌盛，才能在竞争中立于不败之地。

（三）招聘工作是一项树立企业形象的对外公关活动

招聘时，企业可以利用电视、报纸、广播、网站等媒体开展招聘活动，这样不但可以使企业招到所需的人才，也可以在一定程度上起到宣传、树立企业良好形象的作用。

（四）招聘工作的质量将影响企业人员的稳定性

每个企业都希望自己的员工队伍尽可能地稳定，以免高人员流动率使企业经济活动蒙受难以估计的损失。一个有效的招聘系统将使企业获得能胜任工作并对所从事工作感到满意的人才，从而减少企业人才的流动。

（五）招聘工作直接影响人力资源管理的费用

有效的招聘工作能使企业的招聘活动开支既经济又有效，并且由于招聘到的员工能够胜任工作，可以减少日后员工培训与能力开发的支出。

第二节 招聘理念与招聘原则

一、招聘理念

招聘理念是指企业在招聘活动中的一种思想倾向，虽然没有明显地表现出来，却直接导致了招聘行为的差异。招聘理念是整个招聘过程和活动的指导思想，确定一个科学、适宜的招聘理念对设计和组织高效的招聘工作有着重要的作用。同时，企业招聘的理念也是不断演变的，在不同的历史阶段呈现出不同的特征，如表 1-1 所示。

（一）18 世纪下半叶至 19 世纪末

从 18 世纪下半叶开始，伴随着科学技术的发展，英、美等国先后爆发了工业革命。在工业化社会早期，企业管理实际上是一种经验管理。这一时期，工业企业开始发展，但规模小，生产力水平低，企业管理主要靠个人经验，没有操作规范和严格的规章制度。企业的所有者就是企业的经营者，工人凭着经验劳动，管理者凭着经验管理，管理工作简单，属于小生产管理方式。这一阶段，企业的招聘工作主要是满足工厂的生产和经营的需要，对员工的要求主要是看其掌握的技术是否熟练以及年龄、体力等方面是否适合工作需求。

表 1-1 招聘理念的演变

阶 段	招 聘 理 念
18 世纪下半叶至 19 世纪末	要用人就雇用，不用时就辞退
20 世纪初至 20 世纪 50 年代前期	满足企业当前生产经营
20 世纪 50 年代中后期至 20 世纪 70 年代末	以最低的成本招聘到组织现在和未来需要的人才，建立人才库
20 世纪 80 年代初至今	强调企业文化、劳资互利思想、合作伙伴的理念

资料来源：凌巧. 2006. 基于战略人力资源管理的招聘应用研究[D]. 中国优秀硕士学位论文全文数据库，(3).

（二）20 世纪初至 20 世纪 50 年代前期

19 世纪末 20 世纪初，随着生产力的发展，科学技术的进步，企业规模的不断扩大，生产技术的日趋复杂，劳资矛盾的日益加深，市场竞争压力的加大，客观上要求提高管理水平，变革管理方式。随后，随着工会运动的蓬勃发展，企业迫切需要人事部门与不断壮大的工会运动相抗衡并能有效地对付工会。这就使得人事管理的作用得到扩大，并使其成为处理劳资关系的工具。这一时期，企业的招聘理念是满足企业当前生产经营需要。

（三）20 世纪 50 年代中后期至 20 世纪 70 年代末

这段时期，科学技术迅速发展，促进了企业管理的进一步革新与现代企业人力资源管理的产生。西方的科学管理、政府干预、行为科学的发展等都促成了对原有“人事管理”看法的转变。这一阶段，企业的招聘理念在于以最低成本招聘到组织现在和未来需要的人才，建立人才库。

（四）20 世纪 80 年代初至今

进入 20 世纪 80 年代以后，国际网络技术的普及和全球信息化高速公路的开通、电子商务的迅速发展，使企业与企业、企业与顾客之间的距离越来越近，联系也更直接、更紧密。由于经济的全球化和网络技术的发展，跨国交流越来越频繁，国与国之间的文化冲突也越来越突出。在这种时代环境下，当代的管理者要更加注重对人的管理，要做到理解人、尊重人、充分发挥人的主动性，因而在招聘中强调企业文化、劳资互利思想、合作伙伴的理念。

二、招聘原则

与招聘理念对应，招聘原则是招聘理念的具体化标准，现代企业员工招聘应该坚持以下原则。

（一）双向选择原则

双向选择原则是目前劳动力市场上人员招聘的通行原则。用人单位根据自身发展和岗位的要求自主地挑选员工，劳动者根据自身能力和意愿，结合劳动力市场供求状况自主选择职业，即企业自主选人，劳动者自主择业。招聘中的双向选择原则，一方面能使企业不断提高效益，改善自身形象，增强自身吸引力；另一方面，还能使劳动者为了获得理想的职业，努力提高自身的知识水平和专业素质，在招聘竞争中取胜。

（二）效率优先原则

效率优先原则是市场经济条件下一切经济活动的内在准则。效率高的一方能在激烈的市场竞争中赢得主动权，人员招聘工作也不例外。效率优先在招聘中的体现就是根据不同的招聘要求，灵活选用适当的招聘形式和方法，在保证招聘质量的基础上，尽可能降低招聘成本。不管企业采用何种方法招聘员工都要支付费用，这就是雇用成本，主要包括招聘广告的费用，对应聘者进行审查、评价和考核的费用等。一个好的招聘系统，能够保证企业用最少的雇用成本获得适合职位要求的最佳人选；或者说，以尽可能低的招聘成本录用到同样素质的人员，即体现效率优先原则。

（三）发展潜力原则

发展潜力原则即组织招聘员工时，不仅要看其综合素质与现时职位的符合程度，更要重视其具备的可持续发展、可开发的潜力。

（四）确保质量原则

一般来说，选聘人员时应尽量选择素质高、能力强的人才，但也不能一味强调高水平，而应当是人尽其才、用其所长，并保证整个企业人力资源结构的合理化。企业招聘到最优的人才并不是最终的目的，而只是手段，最终的目的是使每个岗位上的人员都是最合适的，达到企业整体效益的最优化。在选聘人员时，要确保用人的质量，必须根据企业人力资源规划的用人需求以及工作分析得出的任职资格要求，运用科学的招聘方法和程序开展招聘工作，并坚持能位相配和群体相容的原则。简单地说，就是要根据企业中各个岗位职务的性质选聘相关的人员，而且要求员工队伍内部保持最高的相容度，使群体成员之间心理素质差异得以互补，形成群体优势。

（五）按需招聘原则

按需招聘原则是指招聘一定要根据组织工作的实际需要和组织未来的实际需要制订招聘政策。不能一味跟风，实行人才高消费。

（六）重点招聘原则

在组织人员的招聘过程中，要坚决贯彻“二八”法则，要尽量招聘属于20%的重点人才。

（七）公平公正原则

人员招聘必须遵循国家的法律、法规和政策，面向全社会公开招聘；必须对应聘者进行全面考核，公开考核结果；应该根据考核结果择优录用。这种公平公正的原则是保证企业招聘到高素质人员和实现招聘活动高效率的基础，是招聘的一项基本原则。在招聘过程中，不公正的情况是很容易出现的。例如，不能对应聘者一视同仁，甚至对不合格人员给予照顾，而歧视某类人员等。这种违反公平公正的做法，有的是以公开的歧视表现出来的，如男性35 岁以下人员可以应聘；有的则以隐蔽的形式加以表现，如不公开拒聘女性，但实际上使女性成为男性的“陪考”等。

第三节 招 聘 模 式

由于政治体制、经济发展状况、教育的先进性、企业的发展模式、资源的丰富程度以及文化或地区的人力资源管理有显著的差异，不同国家或地区的人力资源管理有显著的差异。以下将分析 4 个国家各自不同的招聘模式。

一、美国模式

（一）前期招聘准备注重工作分析

在美国，选用优秀人才对增强企业实力至关重要。美国企业采取“砌砖墙”模式招聘人才，即重视和规范工作分析，把它作为人力资源管理的基石来确定每个岗位的职责、任职者应具备的能力和身心素质标准，明确任职者应有的知识和须接受的培训。然后根据这些预先确定的“尺度”去衡量应聘者。合格者被录用后，要求在短时间内能够胜任工作。

（二）以能力为招聘的基础

美国企业在人力资源招聘方面实行能力主义人才竞争机制，即企业筛选和录用应聘者、员工在企业中的合理使用、薪酬增加和职务晋升等都以员工在具体岗位上所发挥的实际能力为依据。这种能力主义竞争机制，对美国企业员工管理产生了较大的影响，同时也对企业现有员工构成某种牵制。

（三）双向匹配最佳

美国的求职者根据企业发布的招聘信息，对照所聘岗位的条件和标准，进行自我分析、衡量，并在了解企业整体情况的基础上选择合适的企业和合适的岗位作为应聘目标。大多数企业对应聘者采取“高不求，低不就”的原则，尽量使录用人员的能力与空缺岗位职能相匹配，不实行“人才高消费”。

二、日本模式

（一）终身雇佣的行为准则

由于文化的影响，在日本，应聘者一旦被企业录用，一般就终身服务于该企业。因此，尽管日本法律规定雇佣和就业自由，但传统的终身雇佣制在很大程度上影响招聘双方的行为。

（二）主渠道多为校园招聘及内部调整

日本大多数企业采用的是“砌石墙”模式招聘员工。石头不可能按一定规格生产出来，而是有棱有角，形状不规则的。“砌石墙”要根据每块“石头”的形状来安排他们最合适的位置。日本企业，尤其是大中型企业普遍以中、高等学校的应届毕业生为候选者的主要来源。其他如通过职业介绍所介绍，或者是来自关联企业的调整人员，不仅数量少，而且在一般人的观念中属于例外情况。同欧美企业从劳动力市场招聘成熟劳动力相比，日本企业并不把新录用的应届毕业生当作合格的员工，而是把他们看作是需要雕琢的。企业在招聘员工时，从长远利益出发，通过企业内部的教育培训，培养符合企业需要的人才，同时通过职务轮换制让员工找到最合适的岗位。

三、德国模式

（一）具有文化特点的招聘标准

德国公司人员招聘标准和他们固有的文化是密不可分的，这一点可以通过德国奔驰公司的招聘标准看出来。奔驰公司招聘有发展潜质的管理人员的标准是：智力、团队合作能力、沟通技巧、积极主动、承担责任、处理压力的能力、多学科的学习潜能、独立。从整体上看，德国看中个人的具体表现及技能，这一点和大多数的亚洲国家的招聘标准不太一样。

（二）招聘方式

对于有发展潜质管理人员的招聘，日本大公司固定在每年的 4 月 1 日，而德国大公司则没有固定日期，可以在全年中的任何时期。由于大学和高级专业技术学院的毕业生没有任何工作经验，所以德国公司更愿意雇用具有工作经验的人员。此外，德国公司对于雇用新员工制定了具体的流水线式的作业流程。例如，对于秘书职位的新职员，公司会设立一个见习计划或初级员工计划，而对于特别优秀的员工则给予特殊的培训。根据流水线式作业流程，新职员的任务、责任和内部沟通渠道将由预定的、详细的工作说明书来确定。外部招聘的职员常常通过个人咨询顾问或猎头公司的途径获得。

四、韩国模式

（一）公开招聘与个别推荐相结合

企业集团通过其系列会社公开招聘员工，招聘步骤带有共性，即发布信息、审核书面材料、笔试、面试、集体讨论、公布录用名单。此外，韩国还经常依靠本企业集团的管理人员、顾问或咨询委员会的个别推荐进行人员雇用。被推荐者要提交加入会社自愿书、毕业证书、在校期间考试成绩证明、健康证书等书面材料，经过会社人力管理委员会面试后确定取舍。

（二）聘任政军界要员担任高级职务

在韩国企业集团的经营领导中，特别引人注目的是集团从政界和军界特别聘任的要员。企业集团以高薪、要职等手段聘用政界、军界的要职人员，主要是因为他们多年在政界、军界担任高级职务，视野开阔，处理事务能力强。此外，企业集团还可以借助他们在政界、军界的渠道，办理一般经营者难以办到的事务。

第四节　我国企业招聘存在的问题及原因

随着人才争夺的激烈竞争，企业对人才招聘工作的重视程度越来越高，但在实施招聘的过程中却存在着不少的问题。

一、存在的问题

（一）没有制订招聘计划或者招聘计划不科学、不合理

这种情况的出现是由于公司领导对人员招聘工作不够重视，人力资源管理部门的管理水平有限，没有根据公司整体发展战略规划来制订人力资源的战略规划，招聘时不是依据企业的人力资源战略规划制订的招聘计划，而仅是凭着短期内企业某些岗位有空缺，或者是依据企业领导人的决定而去招聘的。这样势必会引起人员引进时的一百日性。对于招聘问题，可以对人力资源部门和中层以上管理人员进行人员管理和企业管理方面的知识培训，以提高他们自身的能力和水平。

（二）招聘前没有进行工作分析和岗位研究

招聘人员没有进行岗位研究，仅是凭着想象中的情形去招聘人员，这样不仅不能向应聘者说清楚具体的岗位职责，影响企业的形象，还会因为对来公司应聘的人没有筛选依据，导致面试时只能凭着面试人的主观印象做出取舍，这样也会在应聘者中产生消极的影响，吸引不到高素质、高水平的优秀员工。解决这个问题的办法就是对组织所有的岗位进行岗位研究和工作分析，制订出各岗位的岗位规范和工作说明书，并及时根据岗位的变化和组织发展的需要进行修正，在招聘前再对空缺岗位再次进行研究，这样在招聘时就会有选择的标准，做到胸有成竹。

（三）招聘的渠道选择不当

在进行招聘时，有些企业的人力资源部门没有从内部和外部进行统筹规划就直接进行外部招聘，这样的招聘极具盲目性。所以，当企业有人员需求时，应该权衡内外招聘的优劣势，首先考虑本企业内部的人力资源，因为内部的员工对本企业的企业文化、各项规章制度、工作流程等各个方面已经非常熟悉，所掌握的技术和管理能力也符合企业的要求，不需要进行培训或者仅仅进行简单的培训就可以直接上岗。这样不但可以节省一大笔招聘的成本，而且对企业内部的员工也是个良好的激励手段。特别是对于高层管理和技术重要岗位的人员需求，可以先考虑本企业内部的人员调配和晋升，如果没有能胜任的员工，再考虑外部招聘。总之，在人员招聘时一定要综合考虑内外资源，合理选择招聘渠道，这样才能更好地利用内外部的资源，提高招聘的有效性。

（四）没有考虑到企业员工的正常流动性，没有做好人才储备工作

出现人员紧张后才去招聘，结果往往不近人意。现在企业的人才流动是经常的现象，没有企业能够永远留住自己所需要的人才，如果没有考虑到这个问题，那就会在出现大的人员缺口时手忙脚乱，影响公司的正常业务。所以，在进行人力资源管理规划时，一定要考虑到员工流动造成的人员需求，提前做好人才储备，及时补充所需要的员工。

（五）招聘人员缺乏必要的组织和培训，素质低

在招聘过程中，招聘人员的素质直接影响到招聘的质量，而且应聘者会以招聘人员的素质来推论该企业的形象。有些招聘人员总是觉得自己处于招聘的位置上而盛气凌人，对前来应聘的人员过于苛刻，不尊重应聘者，这会让人不敢近前，从而导致企业招聘不到适合自己的优秀人才，同时也会影响到企业对外的形象。还有一种常见情况，就是“武大郎”现象，许多人在招聘时，喜欢招聘一些比自己能力差的人，以便自己以后升迁时不受到威胁。另外，招聘人员在进行招聘的时候总是会不自觉地陷入一些心理误区，这会对招聘造成不良影响。因此在招聘开始前，企业应该对招聘人员进行必要的培训，避免出现由于招聘人员的问题而影响到招聘的效率。

（六）甄选过程中组织不利，面试缺乏结构和系统性的测试手段

在预测候选人未来工作绩效的所有方法中，结构化面试是最有效的方法之一。传统的面试对面试目的不明确，对合格者应具备的条件界定不清，缺少整体结构，对偏见影响缺少认识和控制。在面试之前，确定好职位要求的能力清单和面试问题，然后在面试时，由面试的人员严格根据问题来提问，借此判断候选人是否符合职位要求，是否具备职位要求的能力。由于之前的精心设计，在面试的过程中，企业招聘人员常常处于主动的地位，能够控制好面试的整个过程，可以得心应手地选择自己所需要的人才。在测试手段方面，现代的很多企业招聘时都要采用心理测试的方法甄别应聘者各方面的能力。这样的方法在某些方面很有效，但跟企业的招聘职位有很大的相关性。针对不同的岗位采用不同的测试方法才能达到最有效的效果，但很多企业没注意到这个问题。所有的岗位招聘都用相同的测试方法，最终会导致测试结果的不理想。因此，要根据招聘岗位来选择测试方法。

（七）甄选过程过于轻率，轻易相信人

尽管人们在日常生活中对许多事情会持怀疑态度，但是在招聘过程中，许多招聘人员还是会不假思索地相信应聘者在面试中的回答及简历中的信息，没有进行仔细的甄别。殊不知，许多候选人在面试中会有意、无意地歪曲信息，或夸大成就，或掩盖失误，或对问题避而不谈等。许多企业没有进行背景调查就轻率录用员工，有的企业甚至录用了取保候审的犯罪人员；有的企业仅凭员工的一面之词，致使招聘来的员工对应聘的岗位根本胜任不了。这样会极大地损害企业的利益。所以，在面试完后，录用通知之前，企业应该对所有决定录用的候选人进行合法化的背景调查，了解这些人以前的经历、口碑、工作能力等，做到了如指掌，保障本企业的利益不受侵害。

（八）缺少成本核算

目前企业很少进行人力资源招聘工作的成本核算。招聘成本尚未得到足够重视，即使核算，方法也过于简单，使得计算结果很难说明问题。

二、问题的原因

（一）社会经济发展条件的限制

改革开放30多年来，我国企业在各个方面都取得了长足的发展。在人力资源的管理与开发方面，也由以前的事务型、被动式的人事管理向开发型、主动式的人力资源管理转变。但在实际工作中，与规范化的现代管理仍存在很大的差距。一方面，由于时间短、资金少，人员配置综合素质相对有限，生产经营技术化程度较低等客观条件的限制，决定了我国很多企业在招聘工作方面也存在一个探讨和提高的过程。另一方面，当前很多企业招聘人员，大多数都没有受过系统、专业的人力资源管理的知识和技能培训，主要以个人经验为主。另外，人力资源管理观念和体系的形成是在20世纪70年代，相对时间不太长，而且我国真正引进并相应推广也仅在这几年刚刚兴起。我国企业招聘人员在吸收和运用现代西方的招聘理念与技术时，由于受观念、技术、资金、历史、体制、环境等条件的限制，常常无法真正领悟和熟练掌握，更多的情况是简单拿过来，机械运用较多。因此，导致各种水土不服现象时有发生，如在人才测评等招聘技术运用方面所表现出的机械性和盲目性。以上情况都表明：我国企业对现代招聘理念的接受、对现代招聘技术的掌握在目前特定的社会经济条件下和西方企业一样，需要一个认识、研究、消化、吸收及运用的发展过程。

（二）观念意识、文化背景的惯性影响

在我国企业招聘过程中常常表现出的唯学历论、职称论、海归论，以及性别歧视、年龄歧视、学历歧视、地域歧视等，甚至一些违法乱纪等不良行为的产生。在很大程度上，与我们长期形成的思想观念和文化背景有着很深的联系，如“万般皆下品、唯有读书高”的封建观以及对西方盲目崇拜的思想等。在招聘过程中，一些招聘人员在潜意识中存在一种认为只要是出过国的都是人才的心理。另外，计划经济中的机械招聘模式的负面影响，也致使一些管理者或招聘人员仍留有一种居高临下的工作方法或长官作风。不难发现，这些落后观念和工作模式的形成具有很深的文化背景和时代烙印。而这种负面的惯性影响对现代招聘理念、招聘技术的顺利推广和积极运用所形成的负面影响应当给予足够重视。

（三）落后的现代企业管理制度建设，导致招聘工作具有很强的制度障碍

市场经济中，现代企业管理制度是人力资源开发与管理的基础，现代人力资源的管理与开发更要求与现代企业管理相适应，但我国很多企业都是以经验管理为主。虽然已有很多企业认识到当今人才和管理的重要性，但常常由于观念、资金、技术等方面的限制和影响，致使大多数企业（特别是中小企业）没有建立起规范的现代企业管理制度；在管理上，虽然有些企业各种制度比较齐全，但在具体运作上由于没有真正理解和掌握，致使很难推行；在决

策上，虽然讲管理要共同参与，但实质还是总经理负责制，现代管理只是一个形式。

市场经济的建立与发展，需要我们按照市场的规律和要求办事，并具有适应的管理制度相配套。一方面现代企业管理制度是市场经济对现代企业的相应要求，否则，现代企业将无法适应市场的发展。另一方面，现代企业制度也是一个全方位的管理体系，它关系到管理模式、工作方法、人员配置、组织协调等各项活动。招聘工作作为现代企业管理制度建设中的一个方面，也是一项复杂的管理工作。它的有效运用或操作需要企业各个方面的支持与配合，而现代企业管理制度的成功建立将会给招聘工作搭建一个良好的工作平台。所以，加强现代企业管理制度建设，规范和理顺企业管理是做好招聘工作的必要前提之一。

第五节 “互联网＋”时代企业招聘发展趋势及对策

“互联网＋”时代的到来对企业的招聘模式与求职者的求职方式带来了深远的影响，企业招聘管理需要及时地做出适当的反应和变革。

一、背景和趋势

未来互联网时代的企业招聘将基于以下趋势背景：

（一）机器人将实现产业化

“中国制造 2025”中一个积极重要的部分就是机器人产业。预计到 2025 年，机器人工业产值预期可以达到 4.5 万亿美元；在工业和服务领域使用先进机器人承担的工作量相当于 7500 万全职职工。

（二）人工成本增加

从人口结构讲，中国已经进入老龄社会，有效的人力资源供给逐步下降，人力资源市场发生变化，人口城镇化率进一步扩大，人口向一线城市聚集，生活成本增长，倒逼人工成本增长。

（三）人才招聘从以企业为中心转变为以应聘者为中心

企业招聘将更多地关注应聘者本身，招聘方式将由等待应聘者上门变为主动挖掘潜在的应聘者。

（四）新技术对企业招聘影响深远

在招聘领域充分借助新技术的力量，是提升招聘效率的最佳选择。分析当前主流的技术，能够充分运用于招聘领域的主要有社交媒体、数字营销、移动化、机器学习及大数据[①]分析等，具体对人才招聘的启示如表 1-2 所示。

① 大数据的定义 http://baike.baidu.com/link?url=N9JtlzY8DcSiqlCBKEmfUbRC_dgcl_U_UItTu-merl8prUE7hU91KXy5yzCP3VojfMBkJC_LybIAxpo31GIxv_qx6YKAXRi-iw1kwKVacF_

表 1-2　可用于招聘领域的技术

技术发展	对人才招聘的启示
社交媒体	如今，在网络上查看一个人的个人生活和职业经历已愈发简便，人才搜寻也正变得前所未有的容易，竞争环境也更趋于公平
数字营销	基于人群特征和在线行为的针对性广告正从市场营销渗透至招聘行业。通过细分领域和为人才提供最合适的岗位，企业可以精准快速地找到合适人选
移动化	随着移动设备在全球范围内异军突起，求职者越来越倾向于在适配的移动版网站了解就业机会和企业信息
机器学习	如今，自适应算法可以基于实时行为反馈（如查看岗位、点击申请），将岗位与求职者联系起来
“大数据”分析	随着数据存储、处理和传输成本下降，人才招聘负责人开始将数据应用在业务的战略和技术决策上

资料来源：http://www.hr.com.cn

（五）信息技术与企业将进一步深度融合，企业形态将发生变化

在互联网时代，用户需求呈长尾分布，且无限极致、快速迭代，必须有最灵活的组织模式（organization pattern）进行匹配。“云组织”成为趋势，企业将搭建大数据云台，招聘管理模式也将随之发生重大变化。

二、发展对策

在这种趋势背景下，企业如何进行招聘管理的变革，主要有 4 个方面的着力点。

（一）雇主品牌

在互联网时代里，一个显著的现象就是个体“社交化”的呈现，每个人都是一个自媒体，都是一个移动的宣传平台。而在这些平台中最显而易见的应用就是雇主品牌的传播。现在，我们可以看到在微信、微博朋友圈中有招聘信息的出现，有市场宣传的呼应，有个性化福利的展示，有员工文体活动呈现，这些都在无形之中潜移默化地影响着企业的雇主文化。雇主文化是解决“除了钱用什么留下员工”的命题，它成为“薪酬福利”的有效补充。未来，企业人力资源管理者将在社交监控、回应、传播和引导等环节进行管理和干预，最大程度地提升企业雇主品牌价值、员工存在感和企业荣誉感。

（二）招聘渠道

外部招聘方面，网络招聘将成为主流招聘模式，企业将在一些招聘平台上发布信息，进行简历筛选，降低招聘成本，如按人群来分，51job、智联招聘面向综合人才；高端人才则是猎聘网做得比较好；在专业人才方面，一览英才网在电力、土木等方面做得比较好。而基于移动社交媒体的招聘平台，则把传统 B2C 的招聘模式升级为 B2C、C2C，让社交与招聘归位于人，用互联网产品与技术精准匹配，用对等撮合、双向沟通的社交方式实现真实高效的招聘。在内部招聘渠道方面，通过大数据技术能在大量数据分析的基础上对现有人才的各方面特点进行量化，最终实现人才与职位的高匹配度。

（三）招聘团队

招聘团队的建设是非常关键的环节。“互联网＋”时代，企业招聘团队必须具有互联网思维，熟悉互联网招聘的基本工具与技巧，深刻地理解战略、组织架构和行业以及职位。

（四）招聘技术工具

招聘技术工具，就是如何甄选应聘者的技术。随着“互联网＋”理念的普及，计算机技术也开始将经典测量技术搬到了云端。实力雄厚的云平台，可以通过数据和匹配搜索，于数分钟内在海量数据中找到匹配度最接近的 5%～10%的候选人推荐给企业方。这种大数据预测的方法，不仅智能、便捷，能够更快地聚焦人才，也去除了许多主观因素，使最有可能适合企业的候选人以最快的速度抵达岗位，极大地“绿化”了整个选人流程。

阅读资料

解读中兴通讯的人才招聘理念——选聘一流人才

通讯公司的最大特点就是高速发展。对中兴通讯股份有限公司（以下简称“中兴通讯”）这类的行业开拓者来说，这里的高速发展有着两个方面的含义：一是企业业务的高度膨胀，市场份额不断扩大；二是技术的更新换代持续加快。高速发展的公司面临的首要问题就是人力资源的扩张。人力资源短缺往往是限制业务拓展的主要障碍之一。例如，市场份额更多更大时，由于人手问题而无暇顾及一些客户就可能造成客户的流失。因此，中兴通讯一直非常重视招聘，并提出了“以一流的标准选聘和培训员工”的理念。

什么是一流人才？对此，中兴通讯的定位是“在某一个专业领域里的国内前 5%”，这群人是一流人才。这在其每一次招聘中都得到了体现。中兴通讯目前有 1 万多名员工，曾到公司参加面试的人员超过了 10 万人，人力资源部筛选的应聘者的简历达到 30 万～50 万份。

谈到花费这么多的精力与时间选聘员工时，中兴通讯人力资源中心主任陈健洲先生很肯定地说，这很值得！员工选聘就是从一组求职者中挑选最适合特定岗位要求的人的过程，而企业招聘工作对选择过程的质量影响很大，如果符合条件的申请人很少，企业可能不得不雇用条件不是十分理想的人，这就不得不加强培训工作，相应地也就增加了隐性成本。而且高能力员工和低能力员工之间的生产率比值大概高达 3∶1，因此，选择一流人才可以获得更大的益处。陈健洲形象地比喻说，只要这些一流的人才还列在企业的工资单上，这种益处就会不断延续下去。

在招聘中，中兴通讯会重点考虑人才的背景，对其所受教育的要求一般锁定在重点本科院校。对此，陈健洲解释说，他们不否定非重点高校学生的能力，但是他们认为在重点高校的范围内，优秀的学生比率要更高，更有利于中兴通讯选聘到一流的人才。中兴通讯的大部分岗位都要求员工有好的技术背景，因此对员工所上学校和专业都有一个较为明确的要求，此外，对工作经验及健康状况的要求也较高。中兴通讯的面试非常严格，分别从技术能力和素质考核两个方面进行考察。被面试者须通过 6～7 关，每一关都极其严格，实行一票否决制，而且中兴通讯的面试考官都是通过专业培训的。中兴通讯的目的很简单：招聘到的人才既是优秀的人才，也是符合公司文化原则的人才。

知识拓展

知人善用的5个标准

人类社会发展到现在，虽然政治、经济、文化、科技发生了很大变化，但在知人、识人方面，现代社会倡导的德能勤绩廉与古人的标准却有异曲同工之处。

知人之后，重要的是用人。拿破仑说过，最难得不是选拔人才，难点在于选拔后怎样使用人才，即使他们的才能发挥到极致。因为发现人才、识别人才、选拔推荐人才，都是为了善用人才。

善用人才的标准有5条。

一是用其所长，避其所短。这是用人艺术之核心。俗话说："金无足赤，人无完人。"任何一个人都不可能十全十美。萧何与张良都是刘邦的谋士，他们出谋献策，帮刘邦打败项羽，但如果让他们横刀立马，统兵千万，冲锋陷阵，就不如韩信。因此，"坚车能载重，渡河不如舟"。聪明的领导在于扬其长，避其短。

二是量才使用，才尽其用。饭盒用来盛饭，脸盆用来洗脸，如果调过来作用，则会带来很大麻烦。用人也是如此，不同的工作岗位，对人才有不同的要求；不同的人，对岗位也有不同的适应性。量才用人，需要根据不同人才的素质和才能，安排相应的岗位。既要防止大材小用，浪费人才，也要防止小材大用，虚占其位。

三是明责授权，信任人才。俗话说："用人不疑，疑人不用。"既然认为是人才，就要明责授权，大胆使用，不可既用又疑，授职无权。这方面，刘备是榜样。他"三顾茅庐"请出孔明后，不顾关羽、张飞的非难，将"实权"交于孔明。结果，孔明辅佐他，成就了三国鼎立的伟业。现代企业各项工作千头万绪，一个领导人不可能包办一切，一定要大胆、充分地使用人才。

四是组合人才，形成集聚效应。人才不仅有一个量才使用的问题，还有一个合理组合发挥其集聚效应的问题。现实生活中常有这样的情况，就单个讲，都是人才，但如果把两个能力、经历、资历、性格、年龄相当的人放在一起，就很容易发生"碰撞"；但如果一柔一刚，一老一少，一男一女地加以组合，结果可能就大不一样。因此，一个领导者使用人才，不仅要重视个体的素质，还要高度重视群体结构的合理化。使群体中的个体相互弥补，相得益彰，达到一加一大于二的效果。

五是及时淘汰庸才、愚才。人非圣贤孰能无过。在用人过程中，再高明的领导者也有失误的时候。这并不可怕，关键是一旦发现庸才、愚才虚占其位，就要坚决而得法地将其撤换。然而，如果某位领导人频繁地更换下属，问题可能就出在这位领导人身上。发现庸才、愚才不及时撤换，或频繁地更换下属，既影响工作与事业，又会给领导人带来负面影响，还容易起到不良的导向作用。

总之，企业的领导人，一定要有爱才之心，识才之眼，选才之德，谋才之脑，提才之能，用才之胆，容才之量，护才之魄，育才之法和集才之力。

（资料来源：中国人力资源网 http://www.hr.com.cn.）

复习思考题

1. 招聘与招聘管理概念是否一致？
2. 招聘理念的含义是什么？招聘理念经历了哪几个发展阶段？
3. 招聘原则有哪些？
4. 美国企业招聘模式的基本特点是什么？
5. 日、韩企业招聘的特点是什么？有何异同？
6. 我国企业招聘存在哪些问题？原因是什么？
7. 互联网＋背景下企业招聘的趋势与对策是什么？

案例分析

案例背景

NLC 化学有限公司是一家跨国企业，主要以研制、生产、销售医药、农药为主，耐顿公司是 NLC 化学有限公司在中国的子公司，主要生产、销售医疗药品。随着生产业务的扩大，为了对生产部门的人力资源进行更为有效的管理开发，2000 年初始，耐顿公司总经理把生产部经理于欣和人力资源部经理杜灵峰叫到办公室，商量在生产部门设立一个处理人事事务的职位，主要负责生产部与人力资源部的协调工作，并且希望通过外部招聘的方式寻找人才。

在走出总经理的办公室后，人力资源部经理杜灵峰开始一系列工作。在招聘渠道的选择上，人力资源部经理杜灵峰设计了两个方案。第一个方案是在本行业专业媒体中做专业人员招聘，费用为 3500 元，好处是对口的人才比例高，招聘成本低；不利条件是企业宣传力度小。另一个方案为在大众媒体上做招聘广告，费用为 8500 元，好处是企业影响力度很大；不利条件是非专业人才的比例很高，前期筛选工作量大，招聘成本高。杜灵峰通过比较初步决定选用第一种方案。总经理看过招聘计划后，认为公司在大陆地区处于初期发展阶段不应放过任何一个宣传企业的机会，于是选择了第二种方案。其招聘广告刊登的内容如下。

招聘广告

您的就业机会在 NLC 化学有限公司下属的耐顿公司
1 个职位：对于希望发展迅速的新行业的生产部人力资源主管
主管生产部和人力资源部两部门的协调工作
抓住机会！充满信心！
请把简历寄到耐顿公司人力资源部

在一周的时间里，人力资源部收到了 800 多封简历。杜灵峰和人力资源部的人员在这

800 多份简历中筛选出 70 封有效简历，经再次筛选后，留下 5 人。于是他来到生产部门经理于欣的办公室，将此 5 人的简历交给了于欣，并让于欣直接约见面试。部门经理于欣经过筛选后认为可从两人中做选择，分别是李楚和王智勇。他们将所了解的两人资料对比如下。

李楚，男，企业管理学士学位，32 岁，有 8 年一般人事管理及生产经验，在此之前的两份工作均有良好的表现，可录用。

王智勇，男，企业管理学士学位，32 岁，7 年人事管理和生产经验，以前从事过两份工作，第一位主管评价很好，没有第二位主管的评价资料，可录用。

从以上的资料可以看出，李楚和王智勇的基本资料相当。但值得注意的是，王智勇没有上一个公司主管的评价资料。公司通知俩人，一周后等待通知。在此期间，李楚在静待佳音；而王智勇打过几次电话给人力资源部经理杜灵峰，第一次表示感谢，第二次表示非常想得到这份工作。

在生产部门经理于欣反复考虑后，来到人力资源部经理室，与杜灵峰商谈何人可录用，杜灵峰："两位候选人看起来似乎都不错，你认为哪一位更合适呢？"

于欣："两位候选人的资格审查都合格了，唯一存在的问题是王智勇的第二家公司主管的评价资料太少，但是即便如此，我也看不出他有何不好的背景，你的意见呢？"

杜灵峰："很好，于经理，显然你我对王智勇的面谈表现都有很好的印象，人嘛，有点圆滑，但我想我会很容易与他共事，相信在以后的工作中不会出现大的问题。"

于欣："既然他将与你共事，当然由你做出最后的决定。"

于是，最后决定录用王智勇。

王智勇来到公司工作了 6 个月，在工作期间，经观察发现，王智勇的工作不如期望得好，指定的工作他经常不能按时完成，有时甚至表现出不胜任其工作的行为，这引起了管理层的抱怨，显然王智勇对此职位并不适合，必须加以处理。

然而，王智勇也很委屈。因为在公司工作了一段时间后，他发现招聘时所描述的公司环境和各方面情况与实际情况并不一样，原来谈好的薪酬待遇在进入公司后又有所减少。工作的性质和面试时所描述的也有所不同，也没有正规的工作说明书作为岗位工作的基础依据。

那么，到底是谁的问题呢？

课外阅读：招聘是否进入网络时代

案例讨论

1. 在上述案例中，你觉得耐顿公司招聘工作的主要问题有哪些？
2. 您对该公司的招聘工作有哪些更好、更具体的建议？

第二章 招聘基础

教学目标

理解企业招聘的理论基础、现实基础和信息基础；了解组织优化、人力资源规划及岗位分析对招聘的基础作用；理解岗位胜任模型，掌握基于岗位胜任特征模型（PRI）的招聘原理；了解大数据对于招聘的影响；掌握影响企业招聘的外部因素、内部因素及应聘者的个人因素。

教学要点

组织招聘的现实基础、岗位胜任特征模型、招聘的信息基础、影响企业招聘的外部因素、内部因素及应聘者的个人因素。

关键词

组织优化　　人力资源规划　　工作分析

岗位胜任特征模型　　大数据　　招聘影响因素

导入案例

成立于2000年的H公司是一家由私人投资兴办的生产型企业。其公司负责人刘总正在为公司的人才引进问题烦恼。H公司成立8年多以来，业务量日益增长，市场逐渐扩大，逐步站稳了脚跟。前一段时间，公司新添加了一些新产品的制造业务，同时也增设了相应的新岗位。因此，人力资源部门的李经理向刘总提出了招聘的要求。这一建议得到了刘总的支持。公司发展到现在，业务得到了新的拓展，要增加一些新的岗位，如新产品的制造部经理、技术主管等岗位。现有的在职员工的知识素质、技能似乎还差一截。因此，李经理想利用此次机会招聘优秀的外部人才为公司新产品的生产制造注入新的活力。人力资源部门抽取了一些工作人员，再加上一些重要部门的主管，构成了招聘小组，开始了招聘工作。此次招聘与以往不同的是，李经理认为公司要获取持久的竞争优势，并能够长久的发展，必须招聘一些知识层次较高、工作经验丰富、能力素质都很优秀的人才加入到公司中来。

招聘工作完成后，新员工试用的结果并不尽如人意。许多人员提出了换岗或者干脆主动放弃该工作机会。人力资源部的李经理对此困惑不已。新员工共6个，基本上都有两年以上制造业的工作经验。从学历上看，其中有三个博士，两个硕士，一个本科生。他们都被安排在了新产品制造各个岗位中，公司提供的薪水并不低，领导对他们的工作还是基本持满意态度，同时，工作环境也还比较理想。因此，对于新员工提出辞职这件事，李经理陷入了沉思。他找来部门主管，询问了新产品的制造情况，发现岗位设置不太合理，特别是岗位对任职者的需求和实际任职者的能力之间存在较大差异。新员工具有良好的专业背景，并且拥有相关工作经验，他们的能力要求超过了这些岗位对员工的技能要求。因此，许多人认为工作没有挑战性，工作成就感很难获得，因此，提出了辞职的要求。

（资料来源：中国人力资源网.www.hr.com.cn.）

第一节　招聘的现实基础

一、组织优化

（一）组织优化

组织优化（organization optimization）关注的是如何建立或改变一个组织的组织结构（包括组织机构和职位系统），使之能更有效地实现组织的既定目标。具体而言，即根据组织目标，对实现目标所必需的各项业务活动加以区分和归类，把性质相近或联系紧密的工作进行归并，组建相应的职能部门进行专业化管理，并根据适度的管理幅度来确定组织管理层次，包括组织内横向管理部门的设置和纵向管理层次的划分。通过组织优化工作，企业首先明确的是企业需要什么样的部门，部门里需要设置什么样的岗位。通过了解设置该职位的目的，找到该职位是通过什么方式或什么途径来实施公司的战略目标，以保证公司的未来发展。

组织结构（organization structure）作为企业资源和权力分配的载体，在人的能动行为下，通过信息传递，承载着企业的业务流动，推动或者阻碍企业使命的进程。由于组织结构在企业中的基础地位和关键作用，企业所有战略意义上的变革，都不得不首先在组织结构上做出变动。组织结构指组织内部分工协作的基本形式或框架。组织结构对组织行为具有长期性和关键性影响，它反映了以下几种重要的关系。

1）关于个人和部门的一系列正式的任务安排，即工作在各个部门与组织成员之间是如何分配的。

2）正式的报告关系，即谁向谁负责，包括权力链、决策责任、权力分层的数量（管理层次）以及管理人员的控制范围（管理幅度）。

3）组织的内部协调机制。组织结构为保证跨部门合作提供了一种体系设计，一个企业的结构反映了企业通常是如何解决信息和协调问题的。在这个意义上，可以说组织结构是一个企业组织任务、安排人员完成任务，以及促使企业信息流动的一般的和持久的方式。在优化组织结构和功能时，从最直观、最形象地反映组织结构的组织结构图入手，是一个很好的突破。组织结构图描述了组织结构的关键特征，虽然组织结构图只是组织结构的简化模式，并不代表真正的组织结构，但在对组织进行优化时，组织结构图中透露出来的一系列正式的任务安排和正式的报告关系为组织的优化奠定了基础。组织结构图直接说明了该组织的分工（即任务安排）、上下级关系、工作的性质、部门设置及其依据、管理层次等信息，从而使得组织结构的优化更加简便、直观和高效。

（二）组织优化是招聘的基础工作

招聘工作只有建立在组织优化的基础上，才能保证效果。组织优化基于对企业的使命进行岗位分析，即首先对企业的业务流程、职能分工所涉及的各项工作的种类和属性进行的分析。这种分析所产生的结果是企业进行组织设计和岗位设置的前提和依据，它有利于理顺企业内部的管理流程，合理地界定部门与岗位的工作职责，以追求效率最大化为原则，尽可能地减少不必要的中间环节，精简高效地进行组织结构设计和岗位设置。所以，在这个层次上的岗位分析可称为基于流程所进行的分析，同时它的工作成果可以组织结构图的形式出现。

其次，在组织结构与部门职能确定后，根据“鱼骨图”（又称因果分析图）的模型分解部门职责，形成不同的工作岗位，然后针对具体岗位的任职资格、工作范围、工作条件、权限以及任职者所应具备的知识技能和生理、心理上的要求进行分析。在这个阶段上进行的分析，可以说是整个岗位分析中工作量最大的内容，涉及组织内部所有部门和岗位，这也是我们通常意义上所说的岗位分析，一般的工作也是仅针对这一部分。由于所分析的对象是具体的岗位，所以在这个部分我们可以称之为给予岗位所进行的岗位分析。最终的工作成果是以工作说明书（或称之为岗位说明书）的形式出现的，在工作说明书中涉及每一个岗位的存在所需要的各种条件和岗位的基本情况。它是岗位分析中产生作用最广泛的一个环节，直接对员工的招聘录用产生深刻的影响。

二、人力资源规划

（一）人力资源规划对招聘的基础作用

人力资源规划，也叫人力资源计划或人才资源规划，国内外学者从各自的认识理解出发，给出了不同的概念阐释，大致可分为两种：一种是从组织利益的角度出发，认为人力资源规划就是确保企业在需要的时间和需要的岗位上获得各种需要的人才（包括数量和质量两个指标）；另一种是组织与员工利益兼顾的观点，认为人力资源规划就是在企业和员工的目标达到最大一致的情况下，保持组织与员工个人利益的平衡以及人力资源供给和需求的平衡。人力资源规划是根据组织的战略目标，科学预测组织在未来环境变化中人力资源的供给与需求状况，制定必要的人力资源获取、利用、保持和开发策略，确保组织对人力资源在数量上和质量上的需求，使组织和个人获得长远利益。人力资源规划是招聘的第二个理论基础，通过人力资源规划，招聘时可以明确企业什么岗位缺人，所缺人员的数量等问题。通过人力资源规划，实现以下目标：

1）确保组织和部门在需要的时间和岗位上获得所需要的合格人员，并使组织和个人得到长期的益处。

2）在组织和员工目标达到最大一致的情况下，使人力资源的供给和需求达到平衡。

3）分析组织在环境变化中的人力资源需求状况，并制订必要的政策和措施以满足这些要求。

一个组织或企业要维持生存和发展，拥有合格、高效的人员结构，就必须进行人力资源规划。首先，任何组织和企业都处在一定的外部环境之中，其各种因素均处于不断的变化中。这些环境中政治、经济、技术等一系列因素的变化，势必要求组织和企业做出相应的变化。而这种适应环境的变化一般都要带来人员数量和结构的调整。其次，组织和企业内部的各种因素同样是无时无刻不存在运动和变化，人力因素本身也会处于不断的变化之中。例如，离退休、自然减员以及企业内部进行的工作岗位调动、晋升等导致人员结构变化。再次，在改革开放、市场经济体制和向市场经济体制过渡的时期，组织和企业内外的各种因素的变化会更加剧烈。在计划经济体制下，除了自然减员和组织内部调动外，人员的流动似乎是不可思议的。但是，在市场经济体制下，其情况却完全不同。各种资源，包括人力资源，要靠市场机制的作用进行合理的配置，随着劳动力市场的建立，人才的大量流动或许会变得习以为常。为了保证企业的效率，内部也必然要进行人员结构的调整和优化。

因此，为了适应组织环境的变化和技术的不断更新，保证组织目标的实现，就必须加强人力资源规划，这对正在走向市场的中国企业尤其重要。否则，必然是一方面不合要求的人员大量过剩；另一方面则是某些具有特殊技能和知识的人才的紧缺，企业的竞争能力和效益难以提高，以致在激烈的竞争中遭到失败。

在人力资源所有的管理职能中，人力资源规划最具有战略性和主动性。科学技术瞬息万变，而竞争环境也变化莫测。这不仅使得人力资源预测变得越来越困难，也变得更加紧迫。人力资源管理部门必须对组织未来的人力资源供给和需求做出科学预测，以保证在需要时就能及时获得所需要的各种人才，进而保证实现组织的战略目标。

（二）人力资源规划的内容

人力资源规划的内涵一般包括数量规划、结构规划和素质规划 3 个方面。

1. 数量规划

人力资源数量规划是根据企业未来业务规模、地域分布、商业模式、业务流程和组织结构等因素，确定未来企业各级组织人力资源数量及各职类职种人员配比关系或比例，并在此基础上制订企业未来人力资源需求计划和供给计划。

2. 结构规划

人力资源结构规划是依据行业特点、企业规模、未来战略重点发育的业务及业务模式，对企业人力资源进行分层分类，同时设计和定义企业的职类职种职层功能、职责及权限等，从而理顺各职类职种职层人员在企业发展中的地位、作用和相互关系。

3. 素质规划

人力资源素质规划是依据企业战略、业务模式、业务流程和组织对员工的行为要求，设计各职类职种职层人员的任职资格要求，包括素质模型、行为能力及行为准则等。人力资源素质规划是企业开展招聘活动的基础与前提条件。

（三）人力资源规划的原则

为了保证企业招聘的质量，企业人力资源规划的制订需要遵循以下原则。

1. 全面性原则

全面性原则要求企业在进行人力资源规划时，充分考虑内外部环境的变化。内部变化包括发展战略的变化、员工流动的变化等；外部变化包括政府人力资源政策的变化、人力供需矛盾的变化以及竞争对手的变化。对环境没有全面的估计，规划就会出问题。

2. 开放性原则

开放性原则实际上强调的就是企业在制订发展战略中，要消除一种不好的倾向，即狭窄性，考虑问题的思路不要狭窄，要考虑到各个方面。

3. 整体性原则

整体性原则体现在如何将企业中众多数量的人力资源联结成具有竞争能力的核心力量，充分考虑企业人力资源管理的整体效益。

4. 科学性原则

科学性原则强调企业的人力资源规划必须遵循人力资源发展、培养的客观规律，以人力资源现状分析为出发点，以人力资源需求和供给为基础，以人力资源发展规律为依据，进行科学的、客观的人力资源规划。

三、岗位分析

（一）岗位分析对招聘的基础作用

招聘工作是企业人力资源管理中一项经常性的工作。一个企业想要永远留住自己所需要的人才是不现实的，也不是人力资源管理手段所能控制的。要使招聘有效地发挥招纳企业所需人才的作用，就必须有一个基础平台支持其运转，这个平台就是岗位分析。通过岗位分析可以掌握人力资源规划中人员配置是否得到，了解招聘需求是否恰当，分析需要招聘人员的职位的工作职责、工作规范，同时准备需要发布的招聘信息，使潜在的候选人了解对工作的要求和对应聘者的要求。根据工作规范的素质特征要求及招聘的难易程度选择招聘信息的发布渠道，同时按照工作规范的要求进行应聘者的面试初步资格筛选，以节约交易成本。根据招聘职位或职位的实际工作，选用适当的方式与实际工作相类似的工作内容对应聘候选人进行测试，了解、测试其在未来实际工作中完成任务的能力。通过岗位分析掌握面试中需要向应聘者了解的信息，验证应聘者的工作能力是否符合工作职位的各项要求，以便录用到最适合的应聘者。

人力资源规划成功的关键在于分析空缺岗位的需求，然后确定与标准岗位性质相同的附属岗位，以便获得相关经验。因此，在对岗位做好分析界定后，才能对此做出要求。我们需要了解岗位的任务，需要解决的问题及需要的知识、经验和技能，以及对人员素质的要求。无论是进行选拔、培训，还是确定薪金，都需要了解该项工作的具体要求，需完成哪些任务，以及这项工作需处理的问题所涉及的范围和复杂程度。

岗位分析是对企业各类岗位的性质、任务、职责、劳动条件和环境，以及员工承担本岗位任务应具备的资格条件所进行的系统分析与研究，并由此制订岗位规范、工作说明书等人力资源管理文件的过程。其中，岗位规范、岗位说明书都是企业进行规范化管理的基础性文件。在企业中，每一个劳动岗位都有它的名称、工作地点、劳动对象和劳动资料。

通过岗位分析与设置，可以明确界定职位的职责和权限，消除职位之间在职责上的相互重叠或真空，从而尽可能地避免部门间的推诿，使公司的每一项工作都能够得以落实；通过岗位分析，可以理顺职位之间的关系，明确职位在流程中的角色与权限，从而提高流程的效率；通过岗位分析，可以根据职位的职责来确定或者调整组织的分权体系，实现权责对等；通过岗位分析，可以确保部门在人员配置上做到“为事择人、任人唯贤、专业对口、事择其人”。

（二）岗位分析的内容

岗位分析的内容包含 3 个部分：对工作内容及岗位需求的分析；对岗位、部门和组织结构的分析；对工作主体员工的分析。岗位对工作内容的分析是指对产品（或服务）实现全过程及重要的辅助过程的分析，包括工作步骤、工作流程、工作规则、工作环境、工作设备、辅助手段等相关内容的分析；不同的行业和不同的业务都影响着岗位、部门和组织结构的设置，对岗位、部门和组织结构的分析包括对岗位名称、岗位内容、部门名称、部门职能、工作量及相互关系等内容的分析；对工作主体员工的分析包括对员工年龄、性别、爱好、经验、知识和技能等各方面的分析，通过分析有助于把握和了解员工的知识结构、兴趣爱好和职业倾向等内容。在此基础上，企业可以根据员工特点将其安排到最适合他的工作岗位上，达到人尽其才的目的。

岗位分析要把握好分析内容。岗位分析要确定工作的具体特征，找出工作对任职人员的各种要求。前者称为工作描述，后者称为任职说明。岗位分析通常包括的信息为6W2H，即who：谁从事此项工作，责任人是谁，对人员的学历及文化程度、专业知识与技能、经验以及职业化素质等资格要求。what：做什么，即本岗位工作或工作内容是什么，主要担负什么责任。whom：为谁做，即顾客是谁。这里的顾客不仅指外部顾客，也指企业内部顾客，包括与从事该岗位的人有直接关系的人（直接上级、下级、同事及客户）。why：为什么做，即岗位对企业的意义所在。when：工作的时间要求。where：工作的地点、环境等。how：如何从事此项工作，即工作的程序、规范以及为从事该岗位所需的权力。how much：为该岗位所需支付的各种费用、报酬。通过岗位分析，我们可以对企业的组织设计、定岗定编进行优化，明确业务流程，也有助于人力资源管理各个模块工作的有效实现。岗位分析的结果是形成工作说明书。规范的工作说明书包括工作名称、工作活动、工作程序、物理环境、社会环境、聘用条件等5个方面，它主要是要解决工作内容与特征、工作责任与权力、工作目的与结果、工作标准与要求、工作时间与地点、工作岗位与条件、工作流程与规范等问题。

（三）岗位分析的过程

岗位分析是对工作的一个全面的评价过程，这个过程一般可分为6个阶段，各个阶段的主要工作如下。

1. 准备阶段

准备阶段的工作具体包括成立工作小组、确定样本（选择具有代表性的工作）、分解工作为工作元素和环节、确定工作的基本难度、制定岗位分析规范。

2. 设计阶段

设计阶段的工作具体包括选择信息来源、选择岗位分析人员、选择收集信息的方法和系统。

3. 调查阶段

编制各种调查问卷和提纲，广泛收集各种资源，具体包括工作内容、责任者、工作岗位、工作时间、怎样操作、为什么要做、为谁而服务。

4. 分析阶段

分析阶段的工作具体包括：审核已收集的各种信息；科学地分析有关工作或工作人员的关键成分；归纳、总结出岗位分析的必需材料和要素。具体进行分析时可从以下4个方面进行。

1）职务名称分析：要求职务名称标准化，以求通过名称就能了解职务的性质和内容。

2）工作规范分析：包括工作任务分析、工作关系分析、工作责任分析和劳动强度分析。

3）工作环境分析：包括工作的物理环境分析、工作的安全环境分析和社会环境分析。

4）工作执行人员必备条件分析：包括必备知识分析、必备经验分析、必备操作能力分析和必备心理素质分析。

课外阅读：HR别再抱怨招人难，你招聘规划做好了吗

5. 运用阶段

主要是促进岗位分析结果的使用。

6. 反馈调整阶段

组织的经营活动不断变化，会直接或间接地引起组织分工协作体制的相应调整，由此可能产生新的任务或使部分原有职务消逝。

第二节　招聘的理论基础

一、胜任特征模型的概念及构成

（一）胜任特征的概念

胜任特征（competency）来自拉丁语competere，含义是适当的。而competency在英语中的意思是能力、技能。《美国词源》大辞典对“胜任特征”的描述是“具备或完全具有某种资格的状态或品质”。戴维·麦克莱兰（David McClelland，1973）最初为胜任特征做出了粗略定义，他认为，从第一手材料直接挖掘的、真正影响工作业绩的个人条件或行为特征就是胜任特征。但这个定义是不完善的。乔治·克莱姆普（Geroge Klemp，1980）认为胜任特征是一个人能够有效地或者出色地完成工作所具有的内在的基本特点。这一定义被企业中的人力资源专家广泛接受。古列尔米诺（Guglielmino，1979）认为，胜任特征包括3个方面：一是包括决策能力、为组织利益寻求机会与创新的能力、分析经济与竞争环境的能力以及如企业家一般的思考能力等；二是人际胜任特征，包括沟通、领导、谈判、分析及自我成长的态度等；三是技能胜任特征，包括计划个人事业、掌管自我时间的能力等。麦克莱兰的同事理查德·博亚齐斯（Rechard Boyatzis，1982）认为“competency”是“导致有效操作或卓越工作的员工的内在特征（characteristic），诸如动机、特质、技能、自我意象、社会角色和知识等”。

戴维·杜波依斯（David Dubois，1993）认为胜任特征是“员工在组织内、外部条件的限制下表现出高绩效时需要满足或超越工作要求的内在潜力（capacity）”。

美国心理学家莱尔·M. 斯宾塞（Lyle M. Spencer，1993）等人将其定义为“胜任特征就是个体所具备的某种或某些潜在特质，这些特质与高绩效的员工的工作表现具有高度的因果关系，其中，潜在特质就是在个体人格中扮演着深层次、持久性的角色的特质，因果关系就是指胜任特征能够在实际工作中带来高绩效或者是可以用来预测任职者未来的相应的行为表现”。1994年，麦克莱兰和斯宾塞对胜任特征做出了一个全面的定义，即明确区分优

秀绩效者和一般绩效者，或者说能够明确卓越成就者和表现平平者的可准确测量的个体特征，这些特征可以是动机、特质、自我概念、态度或价值观、具体知识、认知和行为技能等。

我国早期有人把 competency 翻译为“素质”、“胜任力”、“软技能”，以后王继承、时勘等人把它译为“胜任特征”，以区分在国内使用范围较广的“素质”这一概念。时勘、王继承等人的《中国企业高层管理者的胜任特征模型评价的研究》（2002）采用 BEI 行为事件访谈技术探讨了我国通信业高层管理者的胜任特征模型。其研究表明，胜任特征虽为国外兴起的人员测评技术工具和方法，对于中国企业同样是适用的，它具有较高的信度、效度和可行性。这一概念包括 3 个方面：一是深层特征；二是引起或区分优劣的因果关系；三是效标参照群体的优劣标准。

（二）胜任特征模型

胜任特征模型是指担任某一特定的任务角色所需要具备的胜任特征的总和（时勘，2001）。而这些胜任特征就是能够区分那些高绩效者与绩效平平或者低绩效者之间存在差异的特征的集合。胜任特征模型主要回答两个问题：完成工作所需要的技能、知识和个性特征是什么，以及哪些行为对于工作绩效和获取工作成功来说是具有最直接的影响的（桑切斯 Sanchez，2000）。胜任特征模型的结构有 3 个层次：胜任特征类别、相应的定义和典型行为表现。岗位性胜任特征模型是胜任特征模型中范围最狭窄的一种模型，仅适用于特定工作岗位。如人力资源培训专员，它适合于开展岗位人员的招聘、选拔、培训、考评等人力资源管理活动时运用。

美国心理学家斯宾塞关于胜任特征模型构成的论述较为权威，得到较多学者的认同。他认为胜任特征模型的构成应包括 3 个方面的概念：深层次特征、因果关系和效标参考。深层次特征是指个体潜在的特征能保持相当长一段时间，并能预示个体在不同情况和工作任务中的行为或思考方式，其基本层面为深层的动机、特质、自我形象、态度或价值观，浅层的知识和技能。因果关系指胜任特征能引起或预测行为或绩效。一般来说，动机、特质、自我概念和社会角色等胜任特征能够预测行为反应方式，而行为反应方式又会影响工作绩效，可表述为意图—行为—结果。效标参考是指胜任特征能够按照某一标准，预测效标群体的工作优劣。斯宾塞根据他的理论建立了胜任特征模型的理论模型——冰山模型。在胜任特征的冰山模型中，各种胜任特征被描述为在水中漂浮的一座冰山。作为冰山水面下的部分，就是我们通常所指的“潜能”，即属于“看不见”的部分，而在冰山上面的“技巧”和“知识”就是我们传统人力资源管理中最常考查的部分。此模型要阐述的胜任特征模型既包括冰山水面下的潜能部分，还包括水面上的知识和技巧。从上而下的深度不同，则表示被挖掘和感知的难易程度不同，在水下越深，通常越不容易被挖掘和感知，而水面上的部分则更容易通过后天的努力和培训形成。冰山水面下的部分才是深层的胜任特征，是决定人们行为及表现的关键因素。

基于岗位胜任特征的人员的甄选是基于企业的愿景、价值观与文化而建立和发展起来的。因此，基于岗位胜任特征的人员甄选能够帮助企业找到具有核心动机和特质的人员，以岗位胜任特征为甄选指标可确保人员与组织文化相吻合。以岗位胜任特征为基础的甄选可以避免其他非胜任特征因素（如性别、年龄、外表）的干扰，进而确保甄选过程的客观性与公正性。而且岗位胜任特征是建立在预测优秀绩效的基础上，它可以确保经由胜任特征甄选出的人员将能够有效地进行高绩效水平的工作，即基于岗位胜任特征的甄选过程具有相对较高的成本效益。基于岗位胜任特征的人员甄选采用人员定向，强调人员的胜任特征，并且是基于组织分析的层面，目的是为了更好地实现组织的适应性。胜任特征关注组织中营销工作的规范和要求是如何形成并实现的过程，相比以往职务分析只能对现有营销工作的规范、工作方式进行总结、整理，胜任特征能从过程中发现值得改进的方面，将营销岗位设计得更加合理。而且基于岗位胜任特征的甄选体系的最大优势在于，能适合企业动态发展性的要求，企业可以根据组织结构的调整、工作活动的安排，对人员的工作进行灵活的调整，充分体现出“以人为本”的管理思想。

（三）胜任特征模型的模式

胜任特征模型的设计和再造，根据不同的工作性质和特点，不同的时空范围、目标和需求，区分为以下 4 种模式。

1. 岗位性胜任特征模型

它是胜任特征模型中范围最狭窄的一种模型，仅适用于一般工作岗位。如起重机械操作工、酒店客房服务员、仓库保管员、人事劳资员、财务出纳员等岗位的胜任特征模型，它适合于开展操作性、服务性岗位人员的招聘、选拔、培训、考评等人力资源管理活动时运用。

2. 功能性胜任特征模型

它是根据某职能部门中的专业性非常强的某类岗位人员的成功实践，总结归纳出来的胜任特征模型，如市场营销、技术研发、财务管理、物流管理、工业工程管理、质量控制、人力资源管理等人员的胜任特征模型。

3. 角色性胜任特征模型

它是从组织中员工个人所扮演的角色出发，通过深入比较研究总结概括出来的一种胜任特征模型，它跨越了某类岗位人员的专业性和单一性，是对功能性胜任特征模型的进一步提升，如企业家的胜任特征模型、职业经理的胜任特征模型乃至各级主管人员的胜任特征模型。而主管胜任特征模型又是对人事主管、财务主管、销售主管、技术主管以及生产主管等功能性胜任特征模型的高度概括。由于这种模型涵盖了各个具体的管理功能，它更适合于以团队为基础的组织核心特征模型的设计。

4. 组织性胜任特征模型

它是从企业发展远景和目标出发，与企业的经营理念紧密结合，为满足公司总体战略的发展需要而确立起来的胜任特征模型。它高于其他层次的特征模型，以角色性模型为基础，涵盖了企业的所有职能和业务部门，适用于在企业内不同工作领域、不同层次和不同岗位上工作的所有人员。

（四）胜任特征模型与招聘的相关研究

与基于岗位胜任特征的招聘甄选相比，斯宾塞认为传统的招聘甄选有以下弊端：①重要职位的人员出现不良绩效；②员工流动率高或人员留任率低；③新进员工的学习曲线较长；④人员配置无法满足公司组织结构变动的需要。

基于岗位胜任特征的招聘甄选，在理查兹·莱普辛格（Richards Lepsinger）看来有4个优点：①能给出全面的工作要求，包括知识、技能、特质等；②可以更清楚地观察优秀的应聘者，更有可能雇用到具有成功潜力的员工；③尽可能减少在达不到企业期望的员工身上的投资，选对人可以免除公司重新招聘的成本；④保证更系统的面试过程。

另外，斯宾塞给出了发展基于岗位胜任特征的招聘甄选流程的7个步骤：①选择目标工作职位层级和类别，建立岗位胜任特征模型；②挑选或发展测评技术方法和工具，其中行为事例访谈（behavioral event interview，EBI）法是最具有投资效益比的方法之一；③培训评分员，即培训组织内部可能会使用此种方法的人员，使其掌握个体评价行为事例访谈技术；④评估工作应征者候选人的岗位胜任特征；⑤为人员招聘、安置与甄选做出决定；⑥跟踪观察员工绩效，以确认此种方法的效用与投资报酬率；⑦发展基于岗位胜任特征候选人的资料库及招聘甄选系统。

国内的相关研究中，罗双平提出实施基于岗位胜任特征的人员招聘甄选从以下几个步骤开展：①明确招聘甄选依据；②选择招聘面试题目；③实施招聘甄选，根据面试结果和其他测评工具的测评结果进行综合分析做出甄选决策。彭剑峰指出企业招聘甄选工作的重点已从满足职位空缺的人员需求，逐步转向为了保证企业战略目标的实现而从多样化的背景中（如文化、教育、经济环境等），甄选与吸引那些能够帮助企业达成当期以及长期战略意图的具有高素质的人。郭进青和何志聪认为基于岗位胜任特征的结构化面试的优点就在于求职者对于各个问题所做出的反馈，这种反馈能让面试考官基于岗位胜任特征模型对应聘者进行评价。何志工系统地将岗位胜任特征这一理论体系应用于人力资源招聘与甄选领域，为实际操作者提供了一套值得借鉴的应用流程和工具。

（五）基于岗位胜任特征模型的招聘的优点

以胜任素质为基础的人才招聘，主要针对难以测量的内在品质和动机来招聘员工，为人才招聘提供了更为准确的方法和手段，和传统招聘方法相比，具有以下优势：①基于胜任素质的人才招聘，不仅注重员工的知识和技能，同时也注意内隐特质和动机的考察。通过这种方式招聘的人员具有较高的人-岗位匹配性。②基于胜任素质的人才招聘的标准是该岗位的工作绩效和取得此绩效的工作的胜任素质，能够避免一般性测评中的晕轮效应、主观意识等的影响，使招聘标准更加科学化。③基于胜任素质的人才招聘，依据的是企业的文化和战略目标，能够帮助企业找到核心动机和特质相匹配的员工，保证人-岗位-组织相吻合。目前，大多数企业在进行招聘工作时，通常是通过面谈、推（自）荐、参考以往工作经验的数据、一般性的侧评等方法。

另外，应聘者在应对招聘时的各种测试，与招聘方进行信息交流时，也会尽力根据招聘方的用人要求，展示自己最佳的一面给招聘方。这时候有可能会出现以下3种情况：①应聘者展示了自己适应岗位的关键素质，并符合岗位要求。②应聘者为了获得岗位，刻意表现出某一方面特征，掩盖其他特征。应聘者在测试过程中有意或无意掩盖一些信息，阻碍了招聘方看到或看清对方某方面特征的视线，使招聘方难以达成较全面的认识和评价，从而对人-岗的匹配性判断产生影响。③由于应聘者在应聘时心理紧张而表现失常，失常的表现同样会掩盖应聘者的真实能力。在这样的情形下，招聘方很难甄别应聘者是否符合企业和岗位的需要。招聘的结果常常是，一些具有高学历、一大堆证书的员工，在实际工作中却表现平平，优秀的业绩更是无从谈起。传统的人才招聘通常比较重视考察人才的知识、技能等外显性素质，而没有针对难以测量的核心动机和特质来挑选人才。但如果挑选的人才不具备该岗位所需要的深层次的胜任素质，而要想改变该员工的深层特征却不是通过简单的培训和学习可以解决的问题，这对于企业来说无疑是一个重大的失误与损失。而基于胜任素质的选拔正是帮助企业找到具有核心动机和特质的人才，既避免了由于人才挑选失误所带来的不良影响，也减少了企业的相关培训支出。尤其是为工作要求较为复杂和综合的岗位挑选候选人才，如挑选高层技术人员或高层管理人员，在应聘者基本条件相似的情况下，胜任素质模型在预测优秀绩效方面的重要性远比与任务相关的技能、智力或学业等级分数等显得更为重要。

二、岗位胜任特征模型的构建方法

目前，用来建立胜任特征模型的工具主要有：行为事件访谈方法、专家小组讨论法（头脑风暴法）、问卷调查法、关键事件技术、职务分析（岗位分析）等方法。

1. 行为事件访谈方法

美国学者约翰·弗拉纳根（John Flanagan）研究了1941～1946年美国飞行员的绩效问题，于1954年创建了关键事件技术（critical incident technique，CIT）。麦克莱兰和查尔斯·戴利（Charles Dailey）于1974年将关键事件技术和主题统觉测验（thematic apperception test，TAT）方法结合，形成行为事件访谈法（BEI）。目前行为事件访谈法已经成为构建胜任特征模型最为常用的一种方法。通过让被访谈者列出他们在管理工作中遇到的关键事件，包括正面和负面事件各两至三项，然后详细地报告当时发生了什么，其中包括情境的描述、有哪些人参与、实际采取了哪些行为、个人有何感觉以及结果如何，即被访谈者必须回忆并陈述一个完整的故事。通过对比分析谈话内容，发现那些能够导致人员工作绩效差异产生的一些关键行为特征，确定该任务角色的胜任特征模型。采用此方法，可以全面、详细地收集信息，全方位地获取更多细节性的内容，但是使用此种方法，数据的收集过程耗时长，且需要投入大量的人力、物力、财力；其次需要访谈人员必须经过专业培训，如访谈人员能够控制访谈局面，把握访谈时间，有效引导访谈内容不偏离主题等，所以行为事件访谈法方法无法大规模地进行。

2. 专家小组讨论法

专家小组讨论法（头脑风暴法）是通过将专家、管理层、部门经理组织起来，成立一个工作小组，就某个岗位的胜任特征展开充分的讨论。组织者将专家小组提出的意见进行综合整理，然后再反馈给他们，经过几轮删除或合并，最终建立某岗位胜任特征模型。采用此方法，可以集中众多人的智慧，快速获得大量信息，达到节约时间、提高效率的目的。但这种方法对于专业性的要求很高，而且专家小组的经验限制也会导致一定程度的偏差。

3. 问卷调查法

问卷调查法是通过书面形式，以严格设计的心理测量项目或问题，向研究对象收集研究资料和数据的一种方法。它主要采用量表方式进行定量化的测定，也可以运用提问方式，让被调查者自由地做出书面问答。采用问卷调查法的通常步骤如下：①通过结构化访谈、半结构化访谈或是开放式问卷的方式来收集胜任特征的项目；②通过问卷初测或专家评定的方式对胜任特征的项目进行筛选；③将保留下来的胜任特征项目进行梳理，编制成问卷进行测试；最后是对问卷进行统计分析，一般对问卷数据进行探索性因素分析和验证性因素分析，从而得到胜任特征的结构模型。

问卷调查法也是研究胜任特征模型中使用比较多的方法之一。王重鸣、陈民科（2002）运用问卷调查法对中国企业中高层管理者的胜任特征模型进行研究，编制了管理综合素质评价问卷。姚翔、王垒、陈建红（2004）对项目管理者胜任特征的研究，就采用了问卷调查法。另外，随着我国对胜任特征系统性实证研究的起步以及相关分析工具（如 SPSS、AMOS、EQS）的普及，该方法的使用除见之于一些知名期刊之外，在我国大量的硕士与博士论文之中亦有体现，而且使用过程渐呈规范严谨之趋势，从而极大地推动了该方法的应用。

问卷调查中问题的种类包括以下 4 种。

1）背景性问题。它主要是被调查者个人的基本情况。

2）客观性问题。它是指已经发生和正在发生的各种事实和行为。

3）主观性问题。它是指人们的思想、感情、态度、愿望等一切主观世界状况方面的问题。

4）检验性问题。它是为检验回答是否真实、准确而设计的问题。

同时在进行问卷设计时必须遵循以下原则。

1）客观性原则，即设计的问题必须符合客观实际情况。

2）必要性原则，即必须围绕调查课题和研究假设设计最必要的问题。

3）可能性原则，即必须符合被调查者回答问题的能力。凡是超越被调查者理解能力、记忆能力、计算能力、回答能力的问题，都不应该提出。

4）自愿性原则，即必须考虑被调查者是否自愿真实回答问题。凡被调查者不可能自愿真实回答的问题，都不应该正面提出。

4. 关键事件技术

关键事件技术（CIT）是由美国学者约翰·弗拉纳根和伯恩斯（Baras）在 1954 年共同创立的。指通过观察、记录和判断工作绩效优秀者在工作中所处理的关键事件来分析胜任特征。这种方法的理论基础是，每种工作中都有一些关键事件，业绩好的员工在这些事件上表现出色，而业绩差的员工则正好相反。运用此方法，可以确定行为的任何可能的利益和作用，因为研究的焦点集中在可观察的、可测量的职务行为上。但这个方法需要花费大量的时间去搜集那些关键事件，并加以概括和分类。另外利用关键事件技术，对中等绩效的事件难以涉及，因而难以转换到全面工作说明书中。关键事件技术集中关注关键的事件，来解释深入的基本问题。不管是采用问卷调查还是深入访谈作为主要的数据收集工具，其主要目的都是为了寻找激发重大事件的关键事件。关键事件技术要求以书面的形式至少描述出 6～12 个月能观察到的 5 个关键事件，并分别说明杰出的任职者和不称职者的任职者在这些典型事件中会如何处事。在某些情况下，这些关键事件在组织内众所周知，但是在有此情况下，这些关键事件往往下意识地掩藏在人们的经验之中。关键事件技术是岗位分析的一种补充方法，不容易单独使用，需要结合访谈法和问卷调查法，否则关键事件有失偏颇。这种岗位分析的方法主要是鉴别出可以用来区分业绩好（或满意）的员工和业绩差（或不满意）的员工的关键事件。

关键事件技术是一种半结构性的岗位分析方法。该方法的操作基本步骤如下。

1）收集职务行为的各种轶事即事件，这些事件一般来说都表明一项特定职务或一级职务上个人的工作绩效特别好或特别差的特征。这些事件可以采用个别或群体访谈、问卷、工作日志以及其他手段，从任职者、同事、以前的任职者、上级或者其他人那里收集。

2）由专家评定这些事件是否真的就是好或坏的行为，因为有些任职者认为是好的事件其实是坏事件，反过来也一样。

3）由 3 位任职者将已写出的事件归到一定的类别（或维度）中去。不同的类别之间的重要性是不同的。

4）由另外 3 位任职者再次将写出的事件进行归类，并将归类的结果与第三步中的结果进行比较。对于那些不能一致归类的事件则把它排除掉或另列一类。最后对分析提炼、划分类别的结果进行列表，从而得出某一职务基本特性的总体印象。

需要注意的是：在运用关键事件技术要注意类别的确定，或者说是维度的确定。要根据不同的维度来确定事件。

5. 职务分析

职务分析（岗位分析）是指根据工作的内容，在分析工作岗位基本信息的同时，要求被访谈者详细描述其工作职责，以及顺利完成某岗位工作所需要的知识、技能等胜任特征信息。运用此方法，可以真实可靠地反映需求职位的工作职责、工作内容、工作要求和人员的资格要求。另外访谈者可以根据具体的访谈情况在访谈过程中灵活掌握提问的问题。但该方法关注的侧重点是工作本身，而对个人的个性等特征关注较少，所以收集的信息有一定的局限性，并且此方法专业性强，比较费时费力。

斯宾塞（1993）认为，胜任特征是个体的内在特征，这一内在特征同工作和情境中准则相关绩效之间存在某种程度的因果联系。因此，胜任特征是与工作任务、工作职位密切相连的，以具体任务与职位为导向推演出与之对应的胜任特征便成了胜任特征建模中常采用的一种方法，即职位分析法。王重鸣、陈民科（2002）运用了职位分析法对管理胜任特征进行了研究。基于职位分析的胜任特征建模方法在国内大企业中已有许多商业实践（彭剑峰等，2003），在实践中通过该方法确定的胜任特征更关注塑造与所在组织文化相适应的员工，其前提是组织必须有经过检验的核心价值观并已形成相对稳定且鲜明的组织文化。它最大的优点是揭示了“冰山”模型中的深层胜任特征，基于建立的绩效标准，通过对某一职位及其必需的职责和任务的分析产生一个广泛的胜任特征清单。

6. 情景判断测试法

胜任特征是一种综合能力，与工作职位紧密相关，所以其评价和测量离不开实际的工作情景。近年来，胜任特征的情景评价受到越来越多研究者的关注，并支持“情景判断测验能较好地捕捉胜任特征”的观点。情景判断测验法是指设置一个社会实际工作（生活）的问题情景，并提供几个解决这一情景条件下具体问题可能产生的行为反应，令被试者针对这些行为反应进行判断、评价与选择，然后根据被试者的判断、评价与选择予以评分，并推论其具有的解决社会工作（生活）问题的实践能力水平的测验。情景判断测验法具有低度仿真性、情景多样性、工作关联性 3 个方面的特征。

当然，胜任特征模型构建的方法和工具还有很多，如口语报告与汇编栅格法（时勘、徐联仓等为探索诊断生产活动的专家经验时采用的一种方法）、专家小组意见法、团体焦点访谈法等。一般来讲，评价一种胜任特征模型的构建方法，可以从 7 个维度进行考察，即信度与效度、模型完整性（是否比较全面地涵盖了胜任特征要素）、工作难度（该方法的实际操作难度）、模型灵活性（建立的模型是否具有动态性）、适用范围（适合采用该方法的工作领域）、费用、构建周期。

三、岗位胜任特征模型构建的基本程序

（一）4 个关键点

构建胜任特征模型的目的是使企业和员工获得高绩效，在构建胜任特征模型时必须把握好 4 个方面的关键点。

1. 必须关注企业战略和核心价值观

素质的定义和行为描述体现企业个性特点。不同行业及同一行业的不同发展阶段企业所需要的员工素质有明显的不同，如初创阶段企业高层管理员要亲力亲为、个人决断，而规模化经营阶段要求团队合作、分权管理。

2. 必须科学定义绩效考核标准

通过对企业长期经营目标的实现有关键影响的绩效要素和标杆竞争企业的成功要素的综合分析，提炼出绩优者的评价标准。并以此为基础，建立绩优者与一般员工的能力素质特征模型。

3. 关注企业所在行业特点和业务流程特点

胜任特征模型的建立必须系统地分析企业的战略方向、业务特点、文化价值观念，不能片面照搬和模仿其他公司现成的形式和方法，以免导致资源的浪费而达不到预期效果。

4. 与其他人力资源管理环节匹配

胜任特征模型应该建立在其他人力资源管理环节完善的基础之上，没有人力资源管理工作大系统的健全，企业不可能有效利用胜任特征模型。胜任特征模型和其他人力资源管理环节是协同关系，要持续不断地健全和完善。

（二）胜任特征模型建立的步骤

胜任特征模型建立的步骤具体细分为 5 个步骤。

1. 明确目标，确定绩效标准

对企业进行深入的行业分析、竞争环境分析，以及围绕外部竞争、内部优势、客户需求 3 方面重点所做的 SWOT 分析，明确当前企业领导所期望建立的发展战略、业务策略、企业文化类型、核心价值观以及期望核心员工应该具备的技术与行为方式，对既定岗位进行全面岗位分析，提炼出鉴别优秀的员工与工作的标准。在确定绩效标准时应该考虑到员工对企业文化的兼容性，促进形成符合战略需要的文化。

2. 选取样本进行分析

依据确认的绩效标准，在从事该岗位工作的员工中，分别从绩效优秀和绩效普通的员工中随机抽取一定数量进行分析研究。在选取真正的高绩效的员工时，应当注意此类员工不仅是在具体效率标准上杰出，而且发展前途被企业领导看好，同时受到同事、部属与顾客的欢迎和尊重。

3. 收集数据

选择合适的方法来收集模型构建中必要的数据信息，这将是构建过程中的重要工作。通过数据收集，了解胜任特征的主要模块和指标体系。通常采取的方法有行为事件访谈法、专家小组法、问卷调查法、全方位评价法、胜任特征模式资料的“专家系统”和直接观察法等，通过这些方法获取效标样本有关胜任特征的数据，但一般以行为事件访谈法为主。

4. 分析数据，建立模型

利用各种方法对所收集到的数据进行分析、归类与编码，鉴别出能区分绩效优秀者和绩效平平者的胜任特征，提炼出胜任特征并描述胜任特征，最后初步建立胜任特征模型。

5. 验证胜任特征模型

在胜任特征模型建立后，还需对确定的胜任特征模型进行验证。对已经建立的胜任素质模型需要通过严格的验证，包括模型的准确性和预测效度。检验方法一般有以下 3 种方法。

1）选取另一组绩效优秀者和绩效平平者为样本，同样采用上述第三步的行为事件访谈法、问卷调查法等测试确定的胜任特征是否能区分业绩优秀者与业绩一般者，检验该职位胜任特征模型对其行为差异以及未来绩效的预期意义，最终对偏差及其原因进行分析。

2）选取标杆企业进行比较，最终确认胜任特征模型。通过比较企业间的核心能力来进行胜任特征模型基准化的过程，对于保证胜任特征模型与企业构筑核心能力的意图相吻合是非常重要的。

3）编制量表，选取较大规模的样本进行测试，对量表进行因素分析，考察量表的结构是否与原有模型吻合。

6. 修正和完善胜任特征模型

胜任特征模型建立后需根据内外部环境变化，跟踪验证的情况等进行动态修订，不断完善胜任特征模型。

课外阅读：胜任力素质模型案例及分析

第三节 招聘的信息基础

一、大数据时代背景

大数据（big data）被认为是继云计算、物联网之后信息科学领域的又一次颠覆性技术变革。

2008 年 *Nature* 杂志推出了“Big Data”专刊，*Science* 也在 2011 年推出了“Deal With Data”专刊，介绍了大数据的前沿问题。2011 年，麦肯锡发布《大数据：创新、竞争和生产力的下一个前沿领域》报告，指出“数据已经渗透到每一个行业和业务职能领域，逐渐成为重要的生产因素，而人们对于海量数据的运用将预示着新一波生产率增长和消费者盈余浪潮的到来”。2012 年，世界经济论坛发布了《大数据、大影响：国际发展的新可能性》的报告，从金融服务、健康、教育、农业、医疗等多个领域阐述了大数据给世界经济社会发展带来的机会。同年，奥巴马政府公布《大数据研究和发展计划》，计划在科学研究、环境、生物医学等领域寻求突破，以改进人们从海量和复杂数据中获取知识的能力，从而加速美国在科学与工程领域发明的步伐，增强国家安全。这被认为是美国政府继信息高速公路之后在信息科学领域的又一重大举措。

2015 年 9 月，国务院印发《关于促进大数据发展的行动纲要》，对大数据的发展形势和重要意义、大数据发展的指导思想和总体目标、促进大数据发展的工作任务和政策机制作了重点阐述和具体说明。同年 11 月，十八届五中全会胜利闭幕，会议发布的《中共中央关于制定国民经济和社会发展第十三个五年规划的建议》提出，推进数据资源开放共享，实施国家大数据战略。这是我国首次提出推行国家大数据战略。大数据将带来一场翻天覆地的变革，深刻改变各行各业的业态。

随着互联网、物联网、云计算等 IT 与通信技术的迅猛发展，数据正以前所未有的速度在不断地增长和累积，大数据时代已经到来。如何利用大数据技术丰富人力资源管理手段，优化招聘流程，创新招聘方式，提高人力资源管理效率，是一个值得探索的领域。

二、大数据的概念和特点

2011 年 6 月，麦肯锡全球研究院在报告《大数据：下一个创新、竞争和生产率的前沿》

中指出大数据是大小超出常规的数据库工具获取、存储、管理和分析能力的数据集。维基百科认为：大数据或称巨量资料，指无法在允许的时间里用常规的软件工具对内容进行抓取、管理和处理的数据集合。研究资讯机构 Garnter 则认为，“大数据”是需要新处理模式才能具有更强的决策力、洞察发现力和流程优化能力的海量、高增长率和多样化的信息资产。百度百科认为，大数据，指无法在可承受的时间范围内用常规软件工具进行捕捉、管理和处理的数据集合，是需要新处理模式才能具有更强的决策力、洞察发现力和流程优化能力的海量、高增长率和多样化的信息资产。

对大数据的特征概括，道格·莱尼（Douglaney）2001 年指出的数据增长有三个方向的挑战和机遇，即海量（volume）、高速性（velocity）、多样性（variety），形成最初的“3V”特征。之后，研究者进一步把 3V 扩展到了“4V”，从不同视角对第四 V 进行表述，如布赖恩·霍普金斯（Brian Hopkins）和鲍里斯·埃韦尔松 （Boris Hopkins）撰写的《首席信息官，请用大数据扩展数字视野》的报告，提出大数据还应有易变性（variability）特征。维克托·库克耶编写的《大数据时代》以及国际数据公司（IDC）均认为，大数据则还具有价值密度低、商业价值高的价值性（value）特点。IBM 则认为大数据必然还具有真实性（veracity）特征。2014 年，IBM 发布了《践行大数据承诺：大数项目的实施应用》白皮书，认为大数据的主要特点可以简单地概括为 Vs，“Vs”增加了数据黏度（viscosity）特征。

三、大数据给招聘带来的影响

大数据给企业招聘带来的影响如下：

一是人才招聘立体化。大数据时代的到来，使得企业能够通过人才简历信息以及报考职位信息，结合社交网站提供的应聘者社会信息，分析应聘人员就业倾向及需求状况等立体信息。这为企业招聘工作的开展提供了有力依据，使得招聘需求更加明朗、招聘计划更趋合理、招聘过程更有针对性，招聘结果更有成效，实现精准的人岗匹配。

二是人才测评科学化。目前，人才测评的主观性较强，大数据技术将改进测评方法，为人才工作提供新的参考手段和方法。传统胜任力模型的构建，需通过访谈、调查问卷、统计分析等系列过程。而依托大数据建立的人力资源系统可以利用现代信息技术，精确计算出绩效优秀员工胜任力特征，改变传统构建模式，不断优化人才测评和胜任力分析工具。

三是人才决策量化分析。随着大数据技术的发展，更多组织人事信息得以收集整理，可实现对组织、岗位、人员等全面关联性分析，各项人才决策将更加有数可考、有据可凭。

四、大数据在招聘中面临的困境

招聘过程的最根本诉求是解决企业职位与候选人之间匹配的问题，而大数据技术恰恰能高效精准地完成这个匹配过程。通过大数据手段，分析与挖掘数据信息所蕴含的不同属性，运用这些信息，人力资源招聘就能够对求职者的工作表现进行预测及把握，把招聘从依据“经验＋直觉”转化为依据“数据＋事实”，提高招聘成功的概率。但同时我们应该注意，大数据在招聘过程中也存在一些难点。

（一）数据管理难度大

伴随企业网络招聘方式的广泛应用，由此产生的简历、应聘者申请、求职咨询的数据量也呈指数形式增长，传统的人工简历筛选或中介招聘网站的简单关键词筛选方式无法高效处理这一海量数据，造成招聘初选效率下降，应聘者求职反馈严重滞后，入职者与职位匹配度下降，无法有效识别潜在候选人，职位空缺无法得到及时满足。如何高效处理海量招聘数据，提高企业招聘录用率，成为采用网络招聘方式的企业所面临的共性问题。

（二）数据安全隐患严重

招聘的服务商不仅是数据的生产者，也是数据的存储者和使用者，单纯依靠技术手段很难限制商家对信息的使用，也就难以保护应聘者的隐私。被侵犯的信息主要包括两大类别：一种是不在应聘者公开意愿范围内的个人信息，属于应聘者个人隐私的部分；另一种是与应聘活动无关的其他人员的信息被侵犯。企业收集的数据可能包括购物习惯、好友联络情况、社交规模、阅读习惯、兴趣爱好、检索习惯等。这些无害的数据被大量收集后也会暴露个人隐私。在大数据时代，告知与许可、模糊化和匿名化这三大隐私保护策略都失效了。

（三）数据价值密度低

招聘中的大数据价值密度远远低于传统关系型数据库中存在的结构化数据，且随着大数据对应聘者信息的不断收集，数据量会呈指数增长，但是隐藏在海量数据中的有用信息却没有相应比例增长。企业所需要的信息，是能够帮助企业判断应聘者个人素质的信息，但是海量信息当中绝大多数是与企业招聘关系程度不高的噪音信息，噪声信息会使我们获取有用信息的难度加大，整个大数据当中的关于招聘的信息价值密度低。例如博客圈中存在大量垃圾博客、在微博当中的“僵尸粉”、微信当中的广告信息等，对于企业的招聘活动来说，这些数据都是一种无效信息，不具有利用价值。

五、大数据技术支持下的候选人与岗位的匹配

从最原始的报纸刊登招聘消息，到招聘 1.0 时代以 PC 端智联招聘、51Job 为代表的简历仓库，再到 2.0 时代以 LinkedIn 与拉勾网为代表的社交、垂直类招聘，都无法同时解决招聘中最大的两个痛点：效率与精准。如何实现招聘的智能匹配，背后的技术驱动正是基于大数据技术。海量应聘者信息恰恰具备了大数据的特点，应用大数据技术分析应聘者数据中潜在的规律，以判断其与空缺职位胜任素质的匹配性，有助于企业做出正确的招聘决策，进而提高人力资源管理的运行效率。

针对当下网络招聘存在的数据筛选难、岗位匹配难等诸多难题，国内外众多互联网信息服务供应商进行了一系列的数据研究与新技术的开发，希望依靠大数据处理技术支撑的人才测评标准和定量化的人才决策模式，对传统的招聘方式进行革新，帮助企业高效地完成招聘任务。

（1）人才雷达技术

人才雷达（talent radar）技术是招聘企业“数联寻英”与招聘服务商 HiAll 联手推出的

基于大数据的精准员工间的模式及解决方案。它是一个基于云端、利用大数据定向分析和挖掘，帮助企业寻找适合人才的员工推荐平台。通过在网络上的收费平台和微信上为企业搭建系统，为有特殊需求的企业定制模型和匹配算法，对求职网站和社交网站的数据库进行数据的定向挖掘和数据分析。它的主要模式是，员工登录系统并关联其社交网络（LinkedIn、微博、人人等），在 HR 发布招聘信息之后，其一，员工可以进行内部推荐；其二，通过职业背景、专业影响力、好友匹配、性格匹配、职业倾向、工作地点、求职意愿、新人关系、行为模式这九大维度分析，人才雷达会通过大数据社交网络和简历数据库挖掘和分析数据，提出一套同时面向求职者和招聘官的双向扩展匹配算法，找出同公司员工有关联的潜在求职者，之后可借助对应员工内推，或直接联系潜在应聘者这两种方式，帮助企业找到适合岗位的人解决招聘问题。国外类似人才雷达的公司包括 ZALP、Jobvite、Zao，国内类似的项目包括人人猎头、哪上班、内推网、爱伯乐、速评网、猎聘秘书等。

（2）纳人网络押宝

纳人公司于 2015 年 3 月推出的大数据智能筛选软件产品，通过大量搜集潜在的应聘者的背景资料，形成大数据，然后利用人工智能，自动过滤掉不符合标准的应聘者，提高了招聘的前端工作效率。纳人公司在过去近一年的时间里，以在线面试为核心，建立了多维度的动态个人信息库，为每个人建立了 1000 多种标签和相应不同的权重，构建了一套具有核心竞争力的 NR 人岗匹配评测模型。该模型通过对应聘者的专业技能和个人能力做出综合性的分析和评判，在给定某个职位的状况下，预测应聘者胜任的成功率，帮助雇主们解决了在数量庞大的求职者和有限的岗位之间，精确进行人岗匹配的问题。

课外阅读：关于大数据招聘的几个案例

综上所述，大数据时代的到来无疑为企业人力资源管理打造了一把利剑，它为人力资源带来挑战的同时也创造了良好的契机，如何利用这把利剑大幅度提高人力资源管理效率是每个人力资源管理者应该思考的问题，一味地固步自封，沿袭“经验＋直觉”的传统招聘方式只会让利剑削弱人力资源管理的能力。随着大数据时代的推进和信息化建设的日益完善，相信在未来 5 到 10 年间，大数据分析技术会大规模地应用到企业的招聘环节中，以改变原有的招聘流程，重塑招聘机制。

第四节　招聘的影响因素分析

一、影响招聘的外部因素

（一）国家政策法规

国家的有关法律、法规和政策，是约束企业招聘和录用行为的重要因素，从客观上界定了企业招聘对象选择和限制的条件。我国在 1995 年 1 月 1 日开始实施在劳动就业方面的法律总则《中华人民共和国劳动法》（以下简称《劳动法》），并于 2008 年 1 月 1 日开始施行《中华人民共和国劳动合同法》。此外，我国已经颁布了一系列与招聘和录用有关的法律、法规、条例和规定，包括《女职工禁忌劳动范围的规定》《未成年工特殊保护规定》《人才市场管理规定》《禁止使用童工的规定》等，以此来制约着企业的招聘行为。因此，企业在制订招聘计划和实施招聘录用决策过程中，必须充分考虑现行法律、法规和政策的有关规定，防止出现违背政策法规的行为，避免产生法律纠纷，使企业人力、物力、财力及企业形象遭受不必要的损失。

影响企业招聘管理的法制环境主要是指法制，尤其是与劳动相关的法制的健全与否、法律的普及程度以及法律的执行情况等。这些法制主要包括劳动用工法规、养老和医疗保险以及相应的福利政策（如住房政策）、儿童升学规定、配偶迁入规定、户口准入政策等。这些与劳动相关的法律法规对企业的招聘管理的影响是十分明显的。与劳动相关的法制的健全，可以使企业的招聘管理有法可依；与劳动相关的法制普及程度高，不但可以使全社会都来关注和监督企业的招聘行为，而且可以使应聘者依法维护自己的利益；与劳动相关的法制的执行情况好，最终可以保证企业的招聘管理工作顺利开展。以招聘单位对应聘者的歧视现象为例，在我国由于立法内容不够完善和缺乏有力的执法监督机构，在一定程度上使得这一现象愈演愈烈。在立法方面，我国法律对歧视的规定只包含了对民族、种族、性别、宗教等几大类歧视的原则性规定，一些大城市，如上海、深圳等地方法规禁止了地域歧视和年龄歧视，但对其公民人身权利的宗旨，所有的歧视都是被禁止的，但在我国现行的法律框架体系内，宪法不能作为现实中审案的依据，因此，在实践中出现了法的缺位的现象，立法内容的不完善造成了保护不利。

另外，在执法方面，我国目前的相关法律监督主要是依据《劳动法》和一些规章，由政府行政人事部门实施。有些地方性的规定，如最近《上海人才招聘会试行管理办法》中也规定人才招聘会的主办单位、人才中介行业协会有这方面的监督职能。但在现实中，由于权利意识的缺乏，政府行政人事部门对用人单位的监督大都集中在劳动合同、劳动条件等方面，对于用人单位在招聘中出现的违法问题却认为这纯粹是用人单位自己的事情，持谨慎态度，很少过问。退一步讲，即使行政人事部门意识到了问题的严重性，能够恪守职责地履行监督职责，经常主动地对用人单位在招聘中的违法问题进行检查，但因为其力量毕竟有限，检查单位不可能涵盖所有的用人单位。并且，劳动行政部门的处罚权限仅限于责令改正、行政处分、罚款等，威慑力非常有限。至于对人才招聘会的主办单位、人才中介行业协会的监督，首先，同样因为权利意识的问题，监督单位很难意识到用人单位在招聘过程中的违法问题并加以重视。其次，即使有这样的维权意识，前者仅局限于人才招聘会，对其他招聘形式，如网上招聘、广告招聘等就无力涉及；而后者只是一种自律性的行业协会，存在着行政依附性较强、运作不规范、职能不健全等问题，依靠自立的行规和准则规范成员，但由于缺乏法律依据，公正性、权威性大打折扣。这两种监督都没有法律上的强制性，只能依靠用人单位的“自觉”促使其改正，其有效性微乎其微。

（二）社会经济制度

经济制度对招聘工作的影响主要表现在对劳动力供求的调节机制上。在经济学中，资源有狭义和广义之分。狭义资源是指自然资源，广义资源是指经济资源或生产要素，包括自然资源、劳动力和资本等。可以说，资源是社会经济活动中人力、物力和财力的总和，是社会经济发展的基本物质条件。在任何社会，人的需求作为一种欲望都是无止境的，而用来满足人们需求的资源确实有限的，因此，资源具有稀缺性。资源配置是指资源的稀缺性决定了任何一个社会都必须通过一定的方式把有限的资源合理分配到社会的各个领域中去，以实现资源的有效利用，即以最少的资源耗费，生产出最适用的商品和劳务，获取最佳的效益。

资源配置即在一定的范围内，社会对其所拥有的各种资源在其不同用途之间分配。资源配置的实质就是社会总劳动时间在各个部门之间的分配。资源配置合理与否，对一个国家经济发展的成败有着极其重要的影响。一般来说，资源如果能够得到相对合理的配置，经济效益就显著提高，经济就能充满活力；否则，经济效益就会明显低下，经济发展就会受到阻碍。

在社会化大生产条件下，资源配置有以下两种方式。

1. 计划配置方式

计划部门根据社会需要和可能需要情况，以计划配额、行政命令来统管资源和分配资源。计划配置方式是马克思主义创始人的设想，在社会主义社会，生产资料将由全社会占有，商品货币关系将不再存在，因而资源配置的方式主要是计划，即通过社会的统一计划来决定资源的配置。前苏联和东欧国家，正是按照这一理论来实践的，把计划作为资源配置的主要方式。我国改革开放以前的一段时间里，计划也曾经是资源配置的主要方式，而市场的作用受到很大的限制。在一定条件下，这种方式可以从整体利益上协调经济发展，集中力量完成重点工程项目。但是，配额排斥选择，统管取代竞争，市场处于消极被动的地位，从而容易出现资源闲置或浪费的现象。

2. 市场配置方式

市场配置方式即依靠市场运行机制进行资源配置的方式。市场成为资源配置的主要方式是从资本主义制度的确立开始的。在资本主义制度下，社会生产力有了较大的发展，所有产品、资源都变成了可以交换的商品，市场范围不断扩大，进入市场的产品种类和数量越来越多，从而使市场对资源的配置作用越来越大，市场成为资本主义制度下资源配置的主要方式。这种方式可以使企业与市场发生直接的联系，企业根据市场上供求关系的变化状况，根据市场上产品价格的信息，在竞争中实现生产要素的合理配置。但这种方式也存在着一些不足之处，例如，由于市场机制作用的盲目性和滞后性，有可能产生社会总供给和社会总需求的失衡，产业结构不合理以及市场秩序混乱等现象。

我国的人力资源配置方式已经从计划配置方式转向市场配置方式，但同时还受到国家经济制度的宏观调控，通过建立合理的供求机制来调节市场供给与需求矛盾。供求机制是指人力资源的供求关系与价格、竞争等因素之间相互制约和联系而发挥作用的机制。供求关系受价格和竞争等因素的影响，而供求关系的变动，又能引起价格的变动和竞争的开展。

供求机制对社会经济的运行和发展具有重要作用。供求机制可以调节人力资源的价格，也可以调节人力资源的生产与消费的方向和规模；供求结构的变化能调节生产结构和消费结构的变化。供求机制起作用的条件是，供求关系能够灵活地变动，供给与需求背离的时间、方向、程度应当是灵活而适当的，不能将供求关系固定化。供求关系在不断变动中取得相对的平衡，是供求机制作用的实现形式。

人力资源供求机制的直接作用具体表现为以下 4 个方面。

1）调节总量平衡。供不应求时，价格上涨，从而吸收更多的投资；供过于求时，一部分人力资源的价值得不到实现，迫使部分人力转型。

2）调节结构平衡。供求机制通过“看不见的手”使人力资源在不同部门之间合理转移，导致人力资源结构的平衡运动。

3）调节地区之间的平衡。它促使统一大市场的各个地区调剂余缺，互通有无，使总量平衡和结构平衡得到具体落实。

4）调节时间上的平衡，它促使部分劳动者从事跨地区的人力资源管理，在一定程度上满足了市场需求，缓解了供求矛盾。

（三）宏观经济形势

中国市场经济改革的一个重要内容就是对外开放。进入20世纪90年代后，外国资本开始大量涌入中国，世界大型跨国公司纷纷在中国投资设厂，并在日益开放的中国市场上与包括国有企业在内的中国企业展开激烈的竞争。外国在华企业对我国企业的人事制度带来很大影响，尤其是它们用高薪不断地从国有企业吸引大量的人才，其实这一向是跨国公司人才战略的一部分。而这些促使我国本地企业不得不重视人才的引进工作，逐渐认识到人才招聘工作的重要性。而另一方面，外国企业的进入也有其有利的一面，首先它们带来先进的管理方式和管理思想，这也体现在我国企业消化、吸收并借鉴其中的招聘理念和选拔测评方法方面。其次，国外企业在实施本地化过程中，为中国培训了大量的拥有现代管理理念的管理人才，随着中国劳动人才市场的完善，我国企业也可以从中吸收各类有用的人才，国有TCL公司聘用前微软中国公司总经理就是一个很好的例子。

在国有企业的人事改革中，企业家的配置与选拔仍难摆脱行政机制这一问题，这与中国市场经济的完善进程有关。实际上，在1994年中国的市场经济初步形成后，国有企业人事改革将是一种完善和改良式的进程。1999年9月中共中央发布《关于国有改革和发展的若干重大问题的决定》，强调公司法人治理结构将是国有企业公司制的核心，并指出国有企业经营管理人员的选拔将采取企业推荐与市场机制、公开向社会招聘相结合的方式。国家将会进一步促进市场经济的形成与完善，通过将企业经营管理者的激励与约束机制外显化，运用市场机制来实现对企业经营管理者的优胜劣汰。2015年8月24日中共中央、国务院关于深化国有企业改革的指导意见（中发〔2015〕22号）指出：建立健全企业各类管理人员公开招聘、竞争上岗等制度，对特殊管理人员可以通过委托人才中介机构推荐等方式，拓宽选人用人视野和渠道。建立分级分类的企业员工市场化公开招聘制度，切实做到信息公开、过程公开、结果公开。构建和谐劳动关系，依法规范企业各类用工管理，建立健全以合同管理为核心、以岗位管理为基础的市场化用工制度，真正形成企业各类管理人员能上能下、员工能进能出的合理流动机制。

目前，企业在招聘中出现的“尴尬”以及“民工荒”问题与我国的经济发展形势也有很大关系。2004年上半年我国国内生产总值同比增长9.7%，广东、浙江、江苏的同比增长均高达15%以上，许多内地省份的增长也在两位数，经济的高速发展带动了劳动力需求的增长。目前珠江三角洲经济发展的势头依然强劲，各种制造业还出于“发烧发热”的阶段，对工人的需求持续增长。总而言之，宏观经济形势对于招聘的影响主要表现在以下几点。

1）当宏观经济形势处于高速增长的繁荣时期，就会带来对企业产品（服务）需求的急剧增长，企业的发展机会必然增多，而企业的规模扩张往往需要招聘更多的员工。此时，失业率减少，而劳动力市场供给量却大增。

2）通货膨胀率的高低会影响到企业的招聘成本。

3）经济政策会影响招聘工作。

（四）技术进步

狭义上的技术进步主要是指生产工艺、中间投入品以及制造技能等方面的革新和改进。具体表现为对旧设备的改造，采用新设备改进旧工艺，采用新工艺使用新的原材料和能源对原有产品进行改进，研究开发新产品提高工人的劳动技能等。从广义上讲，技术进步是指技术所涵盖的各种形式、知识的积累与改进。在多主体参与、多要素互动的过程中，作为推动力的技术进步与作为拉动力的应用创新之间的互动推动了科技创新。技术进步和应用创新可以被看做是既分立又统一、共同演进的一对“双螺旋结构”，或者说是并行齐驱的双轮。技术进步为应用创新创造了新的技术，而应用创新往往很快就会触到技术的极限，进而促进技术的进一步演进。只有当技术进步和应用创新的激烈碰撞达到一定的融合程度时，才会出现模式创新和行业发展的新热点。技术创新正是技术进步与应用创新“双螺旋结构”共同演进催生的产物。实现技术进步与应用创新的良性互动，进而全面推动技术创新是知识社会条件下面向未来、以人为本模式的重要内容。企业的生产技术水平、管理手段的现代化程度等，影响着企业对人力资源素质与结构的需求，技术的进步必然会对招聘活动产生深刻的影响。

技术进步对企业人力资源招聘的影响反映在 3 个方面：一是技术进步引起招聘职位分布以及职位技能技巧要求的变化；二是技术进步影响招聘数量；三是技术进步影响应聘者素质。现代技术的不断运用改变了传统的生产模式，工作岗位对人们脑力劳动付出的要求越来越高，对工作技能和工作沟通与协调的要求也越来越高。因此，现代企业对既具备熟练的操作技能，又具备一定的管理技能的“灰领”复合型人才的需求量越来越大。由此可见，技术进步与社会发展对企业与应聘者双方都将产生很大的影响，企业在进行招聘时应该考虑这些影响因素并预测这些因素的发展变化趋势。

（五）劳动力市场

劳动力市场对招聘的影响主要体现在以下 3 个方面。

1. 市场的地理位置

劳动力市场状况对招聘具有重要影响，其中一个因素是劳动力市场的地理位置。根据某一特定类型的劳动力供给和需求，劳动力市场的地理区域可以是局部性的、区域性的、国家性的和国际性的。通常，那些不需要很高技能的人员可以在局部劳动力市场招聘。而区域性劳动力市场可以用来招聘那些具有更高技能的人员，如水污染处理专家和计算机程序员等。专业管理人员应在国家的劳动力市场上招聘，因为他们必须熟悉企业的环境和文化。最后，对某类特殊人员如宇航员、物理学家和化学家等，除了在国内招聘外，还可在国际市场上招聘。

某些西方国家根据工人愿意工作的路程长短来确定局部劳动力市场的边界。例如，如果人们愿意到 48 千米（30 英里）以外的地方工作，那么 48 千米以外的地区就不属于这一局部市场。另外，在局部和区域市场与国家或国际市场招聘之间的差异在于后者要引起人员的迁移。因此，企业的地理位置往往是很多人考虑是否变更工作的重要因素。

2. 市场的供求关系

我们把劳动力的供给大于需求的市场称为需求约束型劳动力市场；而把劳动力的需求大于供给的市场称为资源约束型劳动力市场。一般来说，在需求约束型劳动力市场上，在外部招聘人员比较容易。相反，在资源约束型劳动力市场上，某类人员的短缺可能引起其价格的上升并迫使企业扩大招聘范围，从而使招聘工作变得错综复杂。

3. 企业所属行业的发展性

如果企业所属的行业具有巨大的发展潜力，就能吸引大量的人才涌入这个行业，从而使企业选择人才的余地较大。如近几年来处于 IT 行业的企业。相反，当企业所属行业远景欠佳时，企业就难以有充裕的人才可供选择。如现在的纺织业陷入低谷状态，很多人不愿加入这类行业。

总之，劳动力市场状况影响招聘计划、范围、来源、方法和所必需的费用。为了有效地工作，招聘人员必须密切关注劳动力市场条件的变化。

二、影响招聘的内部因素

（一）职位的性质

企业招聘的目的主要是为企业储备人才和填补职位空缺，后者较为常见。空缺职位的性质由两个方面决定：一是人力资源规划决定的空缺职位的数量和种类；二是工作分析决定的空缺职位的工作职责、岗位工作人员的任职资格要求等。因此，空缺职位的性质就成为整个招聘过程的核心。它决定了企业需要招聘什么样的人。另外，它可以让应聘者了解该职位的基本概况和任职资格条件，便于进行求职决策。

空缺职位在企业中所处的层次也会影响其对应聘者的吸引以及企业对该职位的招聘策略，如招聘地点的确定和招聘渠道的选择。一般来说，基层职位宜采用广泛招聘的策略，应尽可能地吸引到更多的符合任职资格条件的人员来应聘，这样可以及时填补所需人力并能降低招聘成本；对于技术和专业知识要求较高的职位，应更加关注应聘者与空缺职位的匹配度，力求所聘人员在本技术领域内做到专而精。因此，职位的层次会对招聘策略产生较大的影响，企业应该根据职位的层次来制定相应的招聘策略。职位的层次和性质除了会对招聘策略产生影响外，也会影响其对人才的吸引。例如，职位的稳定性是职位的重要性质之一，这也是人才求职时考虑的重要因素之一。稳定性越高的职位能够给人带来越高的安全感，这也成了吸引人才的一个重要因素。有些稳定性高的职位，虽然不像别的职位那样充满新奇和挑战，但是它带来的稳定性是别的职位所不能比拟的。另外，职位的晋升前景和该职位所能带来的成就感等，也是人才在求职时考虑的重要因素。晋升机会大、带来成就感高的职位，对人才的吸引力也更大。

（二）企业的经营战略和发展阶段

企业发展战略的选择对企业的人力资源招聘产生很大的影响。企业的发展战略会影响企业招聘的数量，不同的发展战略对人员的需求量差异很大。企业发展战略的选择决定了企业招聘人员的素质和类型，也决定了选择录用新员工的工作作风与风格。

企业在不同的发展阶段有不同的战略，发展阶段和经营战略在宏观上、全局上影响招聘决策。企业的经营战略不同，招聘策略也会不同。若企业的经营战略计划范围是全面的，计划期限是长期的，则倾向于招聘储备性人才；若企业的经营战略计划范围是全面的或者部分的，计划期限是长期的或者中期的，则倾向于对招聘的角色进行规划和定位；若企业的经营战略计划范围是全面或者部分的，计划期限是短期的，则倾向于招聘企业现时现用人才。另外，企业所处的发展阶段也会影响到企业对人才的吸引。例如，处于成熟期的企业更能吸引到高端人才，而处于幼稚期和发展期的企业则不容易吸引到优质人才。此外，企业的发展阶段也会影响到企业对招聘渠道的选择。例如，处于成长期的企业，人才需求量较大，对于公司高层管理人员，宜采用内部招聘的方式，因为内部人员对公司非常熟悉，对新工作能更容易上手，快速的工作转换对处于高速发展的企业不会造成太大影响；对于中低层次的人才，企业更倾向于采用见效快的招聘渠道，如现场招聘以及网络招聘。

（三）企业形象和自身条件

企业形象是企业在生产、市场、管理、技术等各方面的综合反映，身处其中的员工能够深刻感受到良好企业形象所带来的心理满足感和愉悦感，能够满足员工寻求归属、被接纳的需求。因此，一个良好的企业形象非常重要。企业是否在应聘者心中树立了良好的形象以及是否具有强大的号召力，将从精神方面影响着招聘活动。《东方企业家》与精群管理咨询公司及亚顿企管公司合作，针对国内中外资企业的 300 多位高级管理人员与人力资源部门主管，发出一份“最佳企业用人策略调查”。该调查显示，企业吸引求职者应聘的主要原因依次是：公司品牌（37%）、薪资（18.8%）、公司文化（13.95%）工作环境（13.95%）、工作培训（11.86%）、福利津贴（10.23%）。

品牌是市场营销中关键的一环，并在人才招聘中扮演了关键角色。应聘者在对公司信息不太了解的情况下，公司品牌是他们评价一家公司最主要的方式。公司有知名品牌会吸引更多的求职者，知名度不高的企业，则往往需要以公司的发展前景及给予求职者较高的职位，来吸引应聘者。打造优良的公司品牌，是企业争才策略中重要的一环，好的品牌吸引好的工作者，这样才能形成良性循环，增强公司的竞争力。

企业形象和自身条件会影响其对应聘者的吸引力还体现在企业的发展阶段上。以中小企业为例，处于不同阶段的中小企业，其人力资源管理的水平呈现差异性。中小企业在初创期，靠的是亲情、朋友间的情谊和相互间的信任，企业的核心层很少由“外部人”参与进来。而处于成长阶段的中小企业设立人事部门和研究机构的比例明显上升对普通员工层的任用和配置要求也随之提高，外聘人员的数量也随之增加。

另外，企业的管理水平也是招聘优秀人才很实际、很有力的“武器”。企业的管理水平对企业人力资源招聘的影响体现在 3 个方面。

1）企业领导者水平和能力是许多求职者求职时优先考虑的因素。

2）招聘过程实际上也体现着企业的管理水平的状况。

3）招聘过程中招聘人员的形象也会影响招聘质量。

（四）企业招聘政策和用人观念

企业的招聘政策影响着招聘方法。例如，对于要求较高业务水平和技能的工作，企业可以利用不同的来源和招聘方法，这取决于企业高层管理者是喜欢从内部还是从外部招聘。目前，大多数企业倾向于从内部招聘上述人员，这种内部招聘政策可以向员工提供发展和晋升机会，有利于调动员工现有的积极性。其缺点是可能将不具备资格的员工提拔到领导或重要岗位。

用才观念是指公司上下对待人才的态度。在这个人才竞争激烈的时代，企业已经认识到人才的重要性，不惜代价利用各种渠道招聘优秀人才的现象已成为常态，有些企业甚至主动出击，向同业企业挖角。这些都体现了企业重视人才、爱护人才的先进人才观念。当企业上下都抱着求才的观念时，必然会对企业的员工招聘带来正面影响。

但是，对于人才的界定，有很多企业却仍然停留在以学历、学校来衡量。我国的很多企业在招聘新员工的时候过分看重应聘者的学历和毕业院校，导致错失了很多非名校毕业的优秀人才。另外，在我国的很多企业中，“人才高消费”的现象较为普遍，一些单位和部门招聘人才时，不是根据用工需要，而是相互攀比，竞相以高文凭、高学历为条件，出现了大材小用、高能低用的怪现象。这种错误的“人才高消费”招聘观念导致企业人员成本的上升，且由于人员和岗位不能有效地匹配，势必造成较大的人员流失，给企业带来更大的损失。

另外，企业是否具备科学合理的人才储备体系也会影响招聘效果。人才储备是指公司根据自身的经营战略，科学地招聘并培训符合企业未来发展需要的人才。人才储备是企业的一种前瞻性行为，能为企业的长远发展提供人才，为企业的长远目标服务。很多公司的招聘只是在人员短缺时进行的短期应急行为，没有上升到战略性招聘的层面。科学合理的人才储备体系是符合战略性招聘要求的，它能为企业的未来发展储备相应的人才。在企业发展的过程中，出现人员短缺时，可以从储备人才中挑选合适的人员，而不会出现在忙乱中招聘不到合适人才的情况；另外，有些人才比较短缺，短时间内在劳动力市场上可能无法招聘到。若企业有科学合理的人才储备体系，则可以及时满足这些人才需求。

显然，企业是否具备科学合理的人才储备体系，会影响到招聘效果。因此，企业应根据自身的经营战略有计划、有意识地建立人才储备体系。

（五）招聘成本

由于招聘目标包括成本和效益两个方面，同时各种招聘方法奏效的时间也不一致，所以，成本和时间上的限制明显地影响到招聘效果。招聘资金充足的企业在招聘方法上可以有更多的选择，它们可以花大量费用做广告，所选择的传播媒体可以是在全国范围内发行的报纸、杂志和电视等。但是广告费一般比较高，其费用水平取决于所用媒体的类型、地点和时间的长短。此外，它们也可以去大学或其他地区招聘。在各种招聘方法中，对西方企业来说，最昂贵的方法是利用高级招聘机构。目前，我国并没有专门的招聘机构。

时间上的制约也影响着招聘方法的选择。如果某一企业正面临着扩大产品或服务所带来的突发性需求，那么它几乎没有时间去大学等单位招聘，因为学生毕业时间有一定的季节性，而且完成招聘需要较长的过程。因此，企业必须尽快想方法满足对新员工的需求。一般来说，许多招聘方法所涉及的时间随着劳动力市场条件的变化而变化。当劳动力市场短缺时，应聘者的数目减少，他们愿意花更多的时间去比较和选择，所以企业一般要花较长的时间才能完成招聘工作。

一般来说，通过对人员需求的预测可以使招聘费用降低并且提高招聘效率，尤其是在劳动力市场短缺时，对某类劳动力需求的事先了解可以减少招聘费用并有效地获取所需的合格员工。

三、应聘者的个人因素

企业人力资源招聘是企业与应聘者双方互动的过程，从应聘者角度来看，影响企业人力资源招聘的个人因素主要有应聘者的寻职强度、应聘者的个人职业生涯设计、应聘者的动机与偏好、应聘者的个性特征。

（一）应聘者的寻职强度对招聘的影响

寻职强度是指应聘者寻找职位的努力程度。格卢克（Gluck）把寻找工作的人分为 3 类：最大限度利用机会者、满足者和有效利用机会者。

寻职强度与个人背景和经历有关，寻职强度和个人财政状况成负相关关系。寻职强度高的应聘者容易接受应聘条件，应聘成功率高。反之，寻职强度低的应聘者对应聘条件较挑剔，应聘成功率低。

（二）不同的“职业锚”对招聘的影响

职业生涯是一个人从职业学习开始到职业劳动最后结束的这一人生旅程。职业生涯设计是人们在“衡外情，量己力”的情况下设计出各自合理且可行的职业生涯发展方向，基本上可分为觉醒、确立目标、职业生涯策略和职业生涯评估 4 个步骤。

职业生涯的设计要基于职业锚的认定。职业锚是建立在不同的工作动机和能力之上，引导个人的工作经历的自我概念。所谓职业锚，又称职业系留点。锚，是使船只停泊定位用的铁制器具。职业锚，实际就是人们选择和发展自己的职业时所围绕的中心，是指当一个人不得不做出选择的时候，他无论如何都不会放弃的职业中的那种至关重要的东西或价值观。职业锚，也是自我意向的一个习得部分。它个人进入早期工作情境后，由习得的实际工作经验所决定，与在经验中自省的动机、价值观、才干相符合，达到自我满足和补偿的一种稳定的职业定位。职业锚强调个人能力、动机和价值观 3 方面的相互作用与整合。

职业锚以员工习得的工作经验为基础，产生于早期职业生涯。员工的工作经验进一步丰富发展了职业锚。1978 年，美国 E. H. 施恩（E. H. Schein）教授提出的职业锚理论包括 5 种类型：技术职能型、管理型、自主独立型、创造型、挑战型。

技术职能型（technical functional competence）：技术职能型的人，追求在技术职能领域的成长和技能的不断提高，以及应用这种技术职能的机会。他们对自己的认可来自他们的专业水平，他们喜欢面对来自专业领域的挑战，不喜欢从事一般的管理工作。

管理型（general managerial competence）：管理型的人追求并致力于工作晋升，倾心于全面管理、独自负责，可以跨部门整合其他人的努力成果。他们希望承担整个部门的责任，并将公司的成功与否看成自己的工作，具体的技术功能工作仅仅被看作是通向更高管理层的必经之路。

自主独立型（autonomy independence）：自主独立型的人希望随心所欲地安排自己的工作方式、工作习惯和生活方式。追求能施展个人能力的工作环境，最大限度地摆脱企业的限制和制约。他们即使放弃提升或工作扩展机会，也不愿意放弃自由与独立。

创造型（entrepreneurial creativity）：创造型的人希望靠自己的能力去创建属于自己的公司或创建完全属于自己的产品（或服务），而且愿意去冒风险，并克服面临的障碍。他们想向世界证明公司是他们靠自己的努力创建的。他们可能正在别人的公司工作，但同时他们在学习并评估将来的机会。一旦他们感觉时机到了，他们便会去创建自己的事业。

挑战型（pure challenge）：挑战型的人喜欢解决看上去无法解决的问题，战胜强大的对手，克服无法克服的困难障碍等。对他们而言，参加工作或职业的原因是工作允许他们去战胜各种不可能。新奇、变化和困难是他们的终极目标。

职业锚作为一个人自身的才干、动机和价值的模式，在个人的职业生涯与工作生命周期中，发挥着锚定人生的导向作用。

运用职业锚可识别个人的职业抱负模式和职业成功标准。职业锚依循个人的需要、动机和价值观进行定位，清楚地反映出了个人的职业追求与抱负。根据职业锚还可以判断雇员达到职业成功的标准。

通过职业锚可有针对性地选择职业生涯发展通道。职业锚是个人职业方向和路径选择的结果，密切关系着职业生涯的成功与否。透过职业锚的建立过程，有针对性地为职业生涯发展设置合理、有效、可行、顺畅的职业通道与职业阶梯。

每个人的职业生涯发展都是一个持续不断的探索过程，在这一过程中，每个人都在根据自己的天资、能力、动机、需要、态度和价值观等慢慢地形成较为明晰的与职业有关的自我定位。所谓职业锚是在个人工作过程中依循个人的需要、动机和价值观，经过不断探索所确定的长期职业贡献区或职业定位，有助于指导、制约、稳定和整合个人的职业。因此，在招聘时特别要注意不同职业锚的员工的不同特征，使得员工的职业锚发展和职位的发展相吻合。

（三）应聘者动机与偏好对招聘的影响

美国心理学家维克托·H. 佛隆（Victor H. Vroon）1964年提出了解释员工行为激发程度的期望理论。佛隆认为，个体行为动机的强度取决于效价的大小和期望值的高低，动机强度与效价及期望值成正比，用公式表示为

$$F=V\times E \tag{2-1}$$

式中，F 为动机强度，是指积极性的激发程度，表明个体为达到一定目标而努力的程度；V 为效价，是指个体对一定目标重要性的主观评价；E 为期望值，是指个体对实现目标可能性大小的评估，即目标实现概率。

个体行为动机的强度取决于效价大小和期望值的高低。效价越大，期望值越高，个体行

为动机越强烈，就是说为达到一定目标，个人将付出极大努力。如果效价为零乃至负值，表明个人实现目标。在这种情况下，目标实现的可能性再大，个人也不会产生追逐目标的动机，不会为此付出任何积极性的努力。如果目标实现的概率为零，那么无论目标实现的意义多么重大，个人同样不会产生追求目标的动机。例如，一名大学毕业生去应聘保姆，被聘用的可能性是很大的，几乎不需要怎么努力就可能实现，但这不是大学毕业生的奋斗目标，所以，很少有大学生去应聘。又如，一个大型企业招聘一个高级经理，这个职位对很多大学毕业生都具有强烈的吸引力，是大学毕业生梦寐以求的，但是，对于一个普通高校的、各方面都很平常的毕业生，能获得这个岗位的可能性很小，所以，一些大学毕业生很可能就放弃对这一职位的竞争。

佛隆将这一期望理论用来解释个人的职业选择行为，即个人如何进行职业选择：

$$择业动机=职业效价\times职业概率 \tag{2-2}$$

择业动机表示择业者对目标职业的追求程度，或者说是对某项职业选择意向的大小。

职业效价是指择业者对某项职业价值的评价，职业效价取决于以下两个方面。

1）择业者的职业价值观。

2）择业者对某项具体职业要求，如兴趣、劳动条件、工资、职业声望等的评估。

因此

$$职业效价=职业价值观\times职业要素评估$$

职业概率是指择业者获得某项职业可能性的大小，通常主要决定于 3 个条件：竞争系数、竞争能力、其他随机因素。

1）竞争系数是指该项职业的需求量与谋求该职业的劳动者人数的比值，即

$$竞争系数=\frac{该项职业的需求量}{谋求该职业的劳动者人数} \tag{2-3}$$

在其他条件一定的情况下，竞争系数越大，职业概率越大。

2）竞争能力，即择业者自身工作能力和求职就业能力，竞争力越强，获得职业的可能性越大。

3）其他随机因素。因此

$$职业概率=竞争系数\times竞争能力\times随机性 \tag{2-4}$$

综上所述

$$择业动机=职业价值观\times职业要素评估\times竞争系数\times竞争能力\times随机性 \tag{2-5}$$

择业动机公式表明，对择业者来讲，某项职业的效价越高，获取该项职业的可能性越大，择业者选择该项职业的意向或者倾向就越大；反之，某项职业对择业者而言其效价越低，获得此项职业的可能性越小，择业者选择这项职业的倾向也就越小。

择业动机理论表明，择业动机的大小，不仅取决于个人的主观因素，更决定于社会的客观条件，不仅取决于某些职业对个人的吸引程度，还取决于获得这些职业的可能性大小等因素。

（四）应聘者的个性心理特征

个性心理特征就是个体在其心理活动中经常地、稳定地表现出来的特征，这主要是指人的能力、气质和性格。能力指人顺利完成某项活动的一种心理特征（特性）。气质是个人生来就有的心理活动的动力特征，表现在心理活动的强度、灵活性与指向性等方面的一种稳定

的心理特征，具有明显的天赋型，基本上取决于个体的遗传因素。性格指一个人对人对己对事物（客观现实）的基本态度及相适应的习惯化的行为方式中比较稳定的独特的心理特征的综合。气质无好坏、对错之分，而性格有。

我们很难想象一个沉默寡言的人能成为一名优秀的推销员，同样我们也很难想象依赖性强的人能成为一名合格的领导者，这就是个性在其中的影响力。现在有许多年轻人在谈及他们跳槽的原因时也常会抛出一句“不适合自己的个性”。这些都表明个性在职业选择中的重要作用。

心理学家一直在关注个性与职业间的关系，他们认为个性与职业存在着一种相关。弗兰克·帕森斯（Frank Parsons）和 E. G. 威廉森（E. G. Williamson）创立的特性——因素论认为个体差异现象普遍地存在于个人心理与行为中，每个人都具有自己独特的能力特征和个性特征。而某种能力模式及个性特征又与某些特定职业存在着相关，如果个性适宜于某种职业，那么个体就能感到满足，并能创造出良好的工作绩效。

约翰·霍兰德（John Holland）在特性—因素论基础上发展起来的人格类型论认为，在我们的生活中，大多数人的个性和环境可以区分为 6 种类型：实际型、调查型、艺术型、社会型、企业型和传统型。每一特定类型个性的人会对相应职业类型中的工作感兴趣。如果个性与环境不和谐，则该环境或职业无法提供个人的能力与兴趣所需的机会与奖励。一个人在与其个性类型相一致的环境中工作，容易感到乐趣和内在满足，最可能充分发挥自己的才能。如果个体选择与其个性类型相斥的职业，则既不能感到乐趣，也很难适应，甚至无法胜任工作。霍兰德为此进行了大量的研究，并得出了许多有价值的数据，编制了职业兴趣问卷，按照职业个性对众多职业进行了分类，如将出纳划分为传统型-社会型-调查型，这就意味着如果某个人的个性类型也是传统型-社会型-调查型，那么他最有可能适应这个职业。

许多工业与企业心理学家进行了大量的实证研究，证实个性与工作绩效间存在着相关，这也为以上两种理论提供了某种支持。巴里克（Barrick）和芒特（Mount）在 1992 年的无分析研究中发现责任意识因素能在多种职业中有效地预测整体绩效。施密特（Schmidt）在 1993 年发现责任意识与情绪稳定性能在不同环境中预测上级对工作绩效的评价。麦克丹尼尔（McDenial）和弗雷（Frei）在 1994 年发现在对顾客服务质量的测量中，相容性与情绪稳定性能预测上级对绩效的评定。霍夫（Hough）、伊顿（Eaton）和麦克洛伊（McCloy）在 1990 年用效标关联效度对 1960～1984 年的数据进行了元分析，发现成就感与依赖性是所有效标的预测指标，外向是两项职业（管理人员和销售人员）中有效的预测工作绩效的预测指标（这是因为在这些工作中人际交往是工作的一项重要内容）。莫托韦罗（Motowidlo）和范-斯科特（Van Scotter）在 1994 年的研究中发现工作定向和依赖性与任务绩效有着显著相关。这些研究进一步表明了个性与职业间的关系。

在越来越尊重员工自我发展的今天，企业招聘已经不能仅仅只考虑经济与社会声望等因素，还要充分考虑人的个性。在国外，专门为人们就个性特征、能力水平等提供择业咨询或职业指导的机构已有 80 多年的历史，他们的建设性建议，对咨询者的职业生涯发展非常有益，同时企业对这类机构的认可程度也是非常高的，这点值得我国企业借鉴。

复习思考题

1. 岗位胜任特征模型的构建方法有哪些？
2. 应该如何理解招聘的基础？
3. 谈谈你对胜任素质模型的认识。
4. 影响招聘的因素有哪些？

案 例 分 析

案例背景

得胜公司是一家发展中的公司，它已有15年的历史，拥有10多家连锁店。在过去的几年，从公司外部招聘的中高层管理人员中，大约有50%的人员不符合岗位的要求，工作绩效明显低于公司内部提拔起来的人员。在过去的两年中，公司外聘的中高层管理人员中有9人不是自动离职就是被解雇。

从外部招聘的商业二部经理因年度考评不合格而被免职之后，终于促使董事长召开了一个由行政副总裁、人力资源部经理出席的专题会议，会议分析了这些外聘的管理人员频繁被更换的原因，并试图得出一个全面的解决方案。

首先，人力资源部经理就招聘和录用的过程作了一个回顾，公司是通过职业介绍所，或者在报纸上刊登招聘广告来获得职位候选人的。人员挑选的工具包括一份申请表，三份测试表（一份智力测试表和两份性格测试表），有限的个人资历检查以及必要的面试。

行政副总裁认为，他们在录用某些职员时，犯了判断上的错误，应聘者的履历表看上去挺不错，应聘者说起话来也头头是道，但是工作了几个星期之后，不足之处就明显地暴露出来。

董事长则认为，根本的问题在于没有根据工作岗位的要求来选择适用的人才，“从表面上看，几乎所有我们录用的人都能够完成领导交办的工作，但他们很少在工作上有所作为，有所创新”。

人力资源部经理提出了自己的观点，他认为公司在招聘时过分强调了人员的性格特征，而并不重视应聘者过去在零售业方面的记录。例如，在7名被录用的部门经理中，有4人是来自与其任职无关的行业。

行政副总裁指出，大部分被录用的职员都有某些共同的特征。例如，他们大都是30多岁，经常跳槽，多次变换自己的工作；他们都雄心勃勃，并不十分安于现状；在加入公司后，他们中的大部分人与同事关系不是很融洽，与直属下级的关系尤为不佳。

会议结束的时候，董事长要求人力资源部经理：“彻底解决公司目前在人员招聘上存在的问题，采取有效措施从根本上提高公司人才招聘的质量！”

课外阅读：宝洁：个性化招聘策略吸引人才

案例讨论

1. 得胜公司管理人员的招聘有什么问题？造成这些问题的原因是什么？

2. 您对该公司管理人员的招聘有哪些更好、更具体的建议？

第二编　员工招聘

第三章　战略招聘及招聘准备

教学目标

从企业战略层面理解员工招聘，掌握招聘计划的制订，熟悉招聘团队的构成及分工，掌握招聘策略和招聘准备过程中的相关方法和技术。

教学要点

企业战略、人力资源战略及招聘决策的关系，招聘计划的制订，明确招聘策略。

关键词

战略招聘　　招聘计划　　招聘团队

导入案例

欧莱雅在1907年由欧仁·舒莱尔（Eugene Schueller）创立。2003年，欧莱雅集团全球销售额达140.2亿欧元。作为财富500强之一、世界第一大化妆品公司的欧莱雅集团，其经营活动已遍及150多个国家和地区，在世界各地拥有员工5万多人。

欧莱雅在企业管理，特别是人才管理上有一套成熟而有效的管理方法。它的战略性人才招聘的策略更是为人称道。正是因为它的战略性的招聘，使自己的品牌得到了不断的提升，更是聚集了大量的人才。

2003年9月，虽然2004届毕业生距离毕业还有近1年的时间，但南京的“准”毕业生们已经被欧莱雅吸引，欧莱雅主办的一场“工业设计大赛”已经让学生们真实了解到了欧莱雅的文化。

此次欧莱雅大赛主题是请大学生设计一套环保化妆的方案，获奖者分别有10 000元、5 000元和2 000元的奖励。除了高额奖金以外，冠军可获得在欧莱雅6个月的实习期。

对于这样的活动，很多企业都在搞，但是它们收到的效果却是非常有限的，因为常规的企业并没有把活动放进自己企业的人才管理体系，最多是为了推广自己的产品。

与这些企业不同，欧莱雅的校园活动现在已经是欧莱雅人力资源战略的一个重要组成部分。校园活动只是为吸引人才做热身运动罢了。

“提前进行人力资源开发”的第一步就是，要让大学生在大二、大三的时候就开始了解欧莱雅，了解欧莱雅的企业文化、价值观、市场策略，了解欧莱雅的产品和管理。

欧莱雅希望这些大学生在将来入职的那一刻就能起飞。加快他们迈向成功的步伐，也可减少企业后期培训的投入。欧莱雅认为，这样的人力资源开发是相对稳定的。

战略招聘的实质是通过对公司文化以及公司战略的分析，识别实现战略目标所需的人力资源特征，继而设计出能够吸引、识别所需人力资源的流程和方法，从而确保获取有助于提升公司业绩的人力资源队伍。

第一节　企业经营战略与人力资源战略

企业的人力资源战略派生和从属于企业的经营战略，要制定有效的人力资源战略，就必须明确企业的经营战略，以及人力资源在其中的位置与作用。

一、企业经营战略的概念和类型

企业经营战略是企业为了求得长远的发展，在对企业内部条件和外部环境进行有效的分析的基础上，根据企业的总体目标所确定的企业在一定时间发展的总体设想和谋划，包括战略指导思想、战略目标、战略重点和战略步骤等。

企业经营战略多种多样，千差万别，这里主要分析与人力资源战略有密切关系的企业基本竞争战略、企业发展战略和企业文化战略。

（一）企业基本竞争战略

企业基本竞争战略主要分以下 3 种：成本领先战略、产品差别化战略和市场焦点战略。

1. 成本领先战略

企业在采取这种战略时，力求在生产经营活动中降低成本、扩大规模、减少费用，使自己的产品比竞争对手的产品成本低，从而可以用低价格和高市场占有率保持竞争优势。这种战略尤其适合于成熟的市场和技术稳定的产业。

2. 产品差别化战略

企业采取这种战略是努力使自己的产品区别于竞争对手的产品，保持独特性。为达到这一目的，企业可能生产创新性产品，即竞争对手无法生产的产品，或具有竞争对手产品所不具有的独特功能。企业也可以生产高品质产品来实现这一目的，以优秀品质胜过竞争对手的产品。

3. 市场焦点战略

这种经营战略是指企业集中精力于某一个较小较窄的细分市场进行生产经营，努力使自己在这一市场缝隙中专业化，弥补他人产品的不足。这一战略主要是通过巧妙地避开直接竞争而求得生存和发展。

（二）企业发展战略

企业的发展战略主要分以下 4 种：成长战略、维持战略、收缩战略和重组战略。

1. 成长战略

企业在市场不断扩大、业务不断增长时通常采取成长战略，以抓住发展机会。企业在采取成长战略时，可以根据其具体情况而选择以下 3 种不同的战略。

（1）集中式成长战略

集中式成长战略，即在原有产品基础上，集中发展成为系列产品，或开发与原产品相关联的产品系列。采用这种发展战略的典型范例是四川长虹电器股份公司。在公司的开创阶段，长虹选择了“独生子女”政策，即集中全部精力和资源生产经营电视机。当公司的产品形成规模，创出了品牌后，又改为“多子女”政策，在电视机的基础上，开始全面出击，开发相关联的其他家电产品，如空调、VCD、数字移动通信电话等。

（2）纵向整合式成长战略

纵向整合式成长战略，即向原企业产品的上游产业或下游产业发展，如饲料生产厂家可以发展养殖、食品加工和销售，甚至餐饮。希望集团在其成长阶段就是成功运用了这种纵向整合式成长战略。

（3）多元化成长战略

多元化成长战略，即企业在原产品或产业的基础上，向其他不相关或不密切相关的产品和产业发展，形成通常所说的“多角化经营”的格局。海尔集团从 1992 年开始走多元化道路，从家电领域的相关多元化战略，发展到后来的产业多元化，如今已成为以家电产业为主，辐射制药、金融、软件、通信、家居、物流、餐饮业等多产业的企业集团。

2. 维持战略

当市场相对稳定，且被几家竞争企业分割经营时，处于其间的企业常常采取维持性战略，即坚守自己的市场份额、客户和经营区域，防止企业利益被竞争对手吞食，同时保持警惕，防止新的对手进入市场。采取这种战略的企业，经营目标不再是高速发展，而是维护已有的市场，尽可能大地获取收益和投资回报。常用的维持方法包括培养客户的忠诚感、维护品牌的知名度、开发产品的独特功能、挖掘潜在的顾客等。

3. 收缩战略

当企业的产品进入衰退期或因经营环境变化而陷入危机时，企业可以采取收缩战略以扭转颓势，克服危机，争取走出困境。常见的收缩战略方法包括以下几种。

（1）转向

转向，即放弃当前经营的产品产业而转入其他经营领域。

（2）转移

转移，即将已呈颓势的产品产业转移到其他发展相对落后的地区，本地的“瘦狗产品”可能在其他地方就成了“明星产品”。

（3）破产

破产，即通过清算破产彻底退出某一产品或产业的经营，避免损失扩大，或者是为了“断其一指而保留全身”。

（4）移交

移交，即将企业的经营管理权交给其他企业，依靠他人走出困境。经营管理权的移交常通过兼并、合资、托管、租赁等方式完成。

4. 重组战略

这是指企业通过资产重组的方式寻求发展战略，常见的资产重组方式有以下几种。

（1）兼并

兼并，即一家企业收买另一家企业，被收买企业的法人主体被撤销，整体并入收买企业。康佳公司就是通过对全国数十家电视机生产厂家的兼并，在短短几年里就迅速发展成为一家大型企业集团。

（2）联合

联合，即两家以上的企业合并在一起，组成新的企业，原企业法人主体撤销，全部并入新的企业。20 世纪 90 年代开始，世界大型企业掀起了一股联合的浪潮，如波音公司与麦道公司，克莱斯勒汽车公司与大众汽车公司等。

（3）收购

收购，即一家企业对另一家企业的股权进行收买，直至达到控股，从而控制被收购企业。

这既可以通过股市对上市公司进行收购，也可以通过接触和说服大股东出让股权从而控制非上市公司。

（三）企业文化战略

企业文化主要指一个企业长期形成的并为全体员工认同的价值信念和行为规范。每一个企业都会有意或无意地形成自己特有的文化，它来源于企业经营管理者的思想观念，企业的历史传统、工作习惯、社会环境和组织结构等。密执安大学的罗伯特·E. 奎因（Robert E. Quinn）认为，企业文化可以根据两个轴向而分成4大类，如图3-1所示。

1. 发展式企业文化

特点是强调创新和成长，组织结构较松散，运作上非条规化。

2. 市场式企业文化

特点是强调工作导向和目标的实现，重视按时完成各项生产经营目标。

3. 大家庭式企业文化

特点是强调企业内部的人际关系，企业像一个大家庭，员工就是这个大家庭里的成员，彼此间相互帮助和相互关照，最受重视的价值是忠诚和传统。

4. 官僚式企业文化

特点是强调企业内部的规章制度，凡事皆有章可循，重视企业的结构、层次和职权，注重企业的稳定性和持久性。

以上是对企业经营战略的分析，每个企业的经营战略实际上都是竞争战略、发展战略和文化战略的综合运用，这3个方面都将影响到企业人力资源战略的选择和制定。

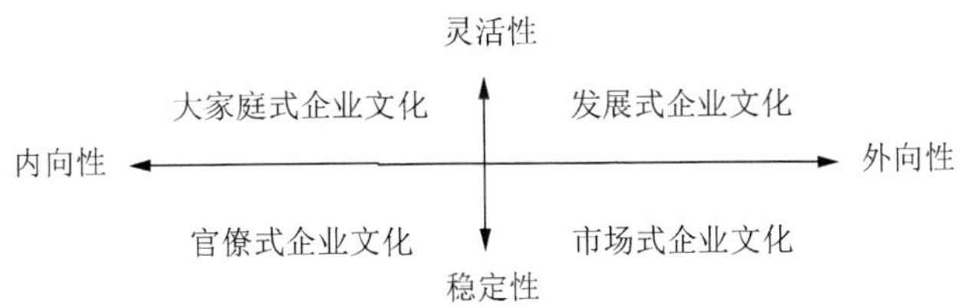

图3-1 企业文化的分类

二、人力资源战略概念及分类

人力资源战略确定一个企业将如何进行人员管理以实现企业目标。与其他战略一样，人力资源战略是为管理变化而制订的一种方向性的行动计划，是使人力资源管理与企业经营战略保持一致的手段。它提供了一种通过人力资源管理获得和保持竞争优势的企业行动思路，即在变化的环境中将重点放在对人的管理上。

（一）按照人力资源管理眼光的长短来划分

罗纳德·舒勒（Ronald Schuler）将人力资源战略分成 3 种类型：累积型、效用型和协助型。

1. 累积型战略

累积型战略即用长远观点看待人力资源管理，注重人才的培训，通过甄选来获取合适的人才。以终身雇用为原则，以公平原则来对待员工，员工晋升速度慢；薪酬是以职务及年资为标准，高层管理者与新员工工资差距不大。

2. 效用型战略

效用型战略即用短期的观点来看待人力资源管理，较少提供培训。企业职位一有空缺随时进行填补，非终身雇用制，员工晋升速度快，采用以个人为基础的薪酬。

3. 协助型战略

协助型战略即介于积累型和效用型战略之间，个人不仅需要具备技术性的能力，同时在同事间要有良好的人际关系。在培训方面，员工个人负有学习的责任，公司只是提供协助。

（二）按照吸引员工策略不同来划分

根据美国康奈尔大学的研究，人力资源战略可分为：诱引战略、投资战略和参与战略。

1. 诱引战略

这种战略主要是通过丰厚的薪酬去诱引和培养人才，从而形成一支稳定的高素质的员工队伍。常用的薪酬制度包括利润分享计划、奖励政策、绩效奖酬、附加福利等。由于薪酬较高，人工成本势必增加。为了控制人工成本，企业在实行高薪酬的诱引战略时，往往严格控制员工数量，所吸引的也通常是技能高度专业化的员工，招聘和培训的费用相对较低，管理上则采取以单纯利益交换为基础的严密的科学管理模式。

2. 投资战略

这种战略主要是通过聘用数量较多的员工，形成一个备用人才库，以提高企业的灵活性，并储备多种专业技能人才。这种战略注重员工的开发和培训，注意培育良好的劳动关系。在这方面，管理人员担负了较重的责任，确保员工得到所需的资源、培训和支持。采取投资战略的企业目的是要与员工建立长期的工作关系，故企业十分重视员工，视员工为投资对象，使员工感到有较高的工作保障。

3. 参与战略

这种战略谋求员工有较大的决策参与机会和权力，使员工在工作中有自主权，管理人员更像教练一样为员工提供必要的咨询和帮助。采取这种战略的企业很注重团队建设、自我管理和授权管理。企业在对员工的培训上也较重视员工的沟通技巧、解决问题的方法、团队工作等，日本企业开创的QC小组就是这种人力资源战略的典型。

（三）按照企业变革程度划分

根据史戴斯（Stace）和顿菲（Dunphy）在1994年的研究，人力资源战略可能因企业变革的程度不同而采取以下4种战略：家长式战略、发展式战略、任务式战略和转型式战略，如表3-1所示。

表3-1　史戴斯和顿菲的人力资源战略分类

人力资源战略	管理方式	变革程度
家长式战略	指令式管理为主	基本稳定，微小调整
发展式战略	咨询式管理为主，指令式管理为辅	循序渐进，不断变革
任务式战略	指令式管理为主，咨询式管理为辅	局部改革
转型式战略	指令式管理与高压式管理并用	总体改革

三、企业竞争战略与人力资源战略的整合

（一）企业竞争战略与人力资源战略之间的整合

迈克尔·波特（Micheal Porter）提出的企业竞争战略有：低成本战略、差异化战略和专门化战略。采取的企业竞争战略不同，相应的人力资源战略强调的重点就不同。路易斯·R.戈梅斯（Luis R. Gomes）和麦嘉（Mejia）等人提出了与迈克尔·波特的竞争战略相对应的3种人力资源战略，具体内容如下。

1. 低成本战略

当企业采用低成本战略（即成本领先战略）时，主要是通过低成本来争取竞争优势，因此需要严格控制成本和加强预算。为了配合低成本的企业战略，此时的人力资源战略强调有效率的生产、明确的工作说明书、详尽的工作规则等，并且不鼓励创新性。

2. 差异化战略

当企业采用差异化的企业战略时，这种战略思想的核心在于通过创造新产品或者服务的独特性来获得竞争优势。因此，这种战略的一般特点是具有较强的营销能力，强调产品的设计与研究开发，公司是以产品的质量著称。此时的人力资源战略则是强调创新性和弹性，工作类别广，以团队为基础的薪酬等。

3. 专门化战略

当企业采用专门化战略（集中化战略）时，企业战略的特点是综合低成本战略和差异化战略，相应的人力资源战略也综合上述两种人力资源战略的特点。同时，适应不同的企业战略的一般组织特征也不相同，具体内容如表3-2所示。

表 3-2　企业竞争战略与人力资源战略的整合

企业竞争战略	一般组织特征	相应的人力资源战略
低成本战略	·持续的资本投资 ·严密地监督员工 ·经常、详细的成本控制 ·低成本的配置系统 ·结构化的组织和责任 ·方便制造的产品设计	·有效率的生产 ·明确的工作说明书 ·详尽的工作规则 ·强调具有技术上的资格证明和技能 ·强调与工作有关的培训 ·强调以工作为基础的薪酬 ·用绩效评估作为控制机制
差异化战略	·营销能力强 ·重视产品的设计与开发 ·基本研究能力强 ·公司以科技或品质的领导著称 ·公司的环境可吸引有创造性的员工、科学家或其他具有创造性的人	·强调创新和弹性 ·工作类别广 ·松散的工作规划 ·外部招聘 ·团队为基础的训练 ·强调以个人为基础的薪酬 ·用绩效评估作为员工发展的工具
专门化战略	·综合上述两种战略且具有特定的战略目标	·综合上述两种人力资源战略

（二）企业发展战略与人力资源战略的配合

如果从企业从事的产品范围或业务领域来看，企业采用何种发展战略也将对企业人力资源战略产生重要影响，尤其是在人员招聘、绩效考评、薪酬政策和员工发展等方面。冯布龙·C. J.（Fobrun C. J.）、蒂契·N. M.（Tichy N. M.）和迪维纳·M. A.（Devana M. A.）认为，人力资源战略的这些方面应与企业的发展战略相配合，这样才能实现企业的发展目标。企业发展战略和人力资源战略的配合如表 3-3 所示。

表 3-3　企业发展战略与人力资源战略的配合

企业发展战略	相应的人力资源战略
·单一产品式发展战略 这种战略的典型特征是企业采用单一产品主攻特定的市场区域。企业采取这种战略时，往往具有规范的职能型组织结构和运作机制，高度集权的控制和严密的层级指挥系统，各部门和员工都有严格的分工	·家长式（集权型）人力资源战略 这种企业相应采用集权型人力资源战略，在员工选聘和绩效考评上，较多从职能作用上评判，且较多依靠各级主管的主观判断。在薪酬上，这种企业多采用自上而下的独裁式分配方式。在员工的培训和发展方面以单一的职能技术为主，较少考虑整个系统
·纵向整合型发展战略 采用这种战略的企业在组织结构上仍较多实行规范性职能型结构的运作控制，控制和指挥同样较集中，但这种企业更注重各部门实际效率和效益	·任务式人力资源战略 这种企业的人力资源战略多为任务式，即人员选聘和绩效考评较多依靠客观标准，立足于事实和具体数据，奖酬的依据主要是工作成绩
·横向多元化发展战略 采取此战略的公司因为经营不同产业的产品系列，其组织结构较多采用战略业务单元或事业部制。这些业务单元都保持着相对独立的经营权	·发展式人力资源战略 这类企业的发展变化较为频繁，其人力资源战略多为发展式。在人员选聘上，较多运用系统化标准；绩效考评主要是看员工对企业的贡献，主客观评价标准并用，奖酬的基础主要是对企业的贡献和企业的投资贡献；员工的培训和发展往往是跨职能、跨部门甚至跨业务单元的系统化开发

四、企业战略、人力资源战略及招聘决策

企业要做好招聘工作，就必须从企业战略和企业文化出发，在战略的高度上制订人力资源招聘战略，建设和完善招聘工作流程体系（完善招聘面试技术手段，建立起基于企业战略的招聘工作体系）。基于战略的招聘工作体系如图 3-2 所示。

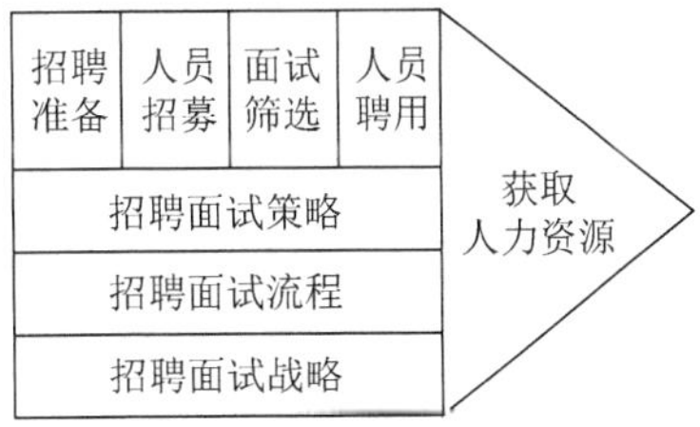

图 3-2 基于战略的招聘工作体系

战略层面的招聘计划的制订，职位说明书的编写和评估以及招聘环境分析，解决的是招聘多少人、招聘什么样的人、如何招聘等根本性的问题；制度层面的招聘面试流程的建设，主要帮助企业解决如何组织招聘、如何进行面试等制度性问题。而人力资源规划技术、人员招募技术、筛选技术、聘用技术等是招聘工作技术层面的具体操作方法，可以直接提高招聘面试工作的效率和效果。在招聘工作体系中，战略层面的招聘战略、制度层面的招聘流程和技术层面的具体技术，这三者缺一不可，并且共同构成了企业招聘工作体系的基础。在这个基础上进行招聘工作的组织和实施，才有战略、制度和技术的保障，招聘工作才能顺利开展。

（一）生产、服务战略与招聘

雷蒙德·迈尔斯（Raymond Miles）和查尔斯·斯诺（Charles Snow）将组织战略划分为 3 种类型，即防御型战略、分析型战略和探索型战略。这 3 种战略类型主要依据生产、服务方法来划分。不同组织战略、不同人力资源战略与影响招聘决策的情况如表 3-4 所示。

表 3-4 组织战略、组织要求、人力资源战略及招聘决策

组织战略	组织要求	人力资源战略	招聘决策
防御者战略： 产品市场狭窄 效率导向	· 维持内部稳定性 · 有限的环境侦察 · 集中化的控制系统 · 标准化的动作程序	累积型战略：基于建立最大化的员工参与及技能培训，获取员工的最大潜能，开发员工的能力、技能和知识	侧重内部招聘。低层次职位采用招聘新员工的方式，高层次职位从内部提拔那些有财政金融和生产制造背景的人才，以利于稳定市场份额，特别适合那些对安全有较高需求、对变化的容忍度较低的人
分析型战略： 追求新市，场维持目前存在市场	· 弹性 · 严密及全面的规划 · 提供低成本的独特产品	协助型战略：基于新知识和新知识的创造，获取自我激励的员工，鼓励及支持能力、技能和知识的自我发展在正确的人员配置及弹性结构化团体之间的协调	既重视内部招聘，也重视外部招聘。对高层次职位更多用外聘方法，注意发掘那些具有应用研究才能、市场开发才能和制造才能的人
探索型战略： 持续地寻求新市场 外部导向 产品市场的创新者	· 不断地改变使命 · 广泛的环境侦察 · 分权控制系统 · 组织结构的正式化程度低 · 资源配置快速	效用型战略：基于极少员工承诺及高技能利用，雇用具有岗位所需技能且立即可以使用的员工，使员工的能力、技能和知识与特定的工作相配合	侧重从外部招聘。倾向于在所有层次职位上都雇用有经验的员工，特别注意那些有工程研究和市场开发背景的人，以利于组织开发新产品和新市场。比较欢迎独立性强、具有创造性思维能力、乐于冒险的人

（二）企业竞争战略对招聘的影响

1. 低成本战略

在这种情况下，公司的竞争优势在于以较低的成本提供某种产品和服务，公司不追求技术上的高端和创新，在提供产品和服务的效率上有较高要求。因此，在员工的招聘和保留策略所体现出来的特点有以下几点。

1）不打算以高工资来吸引最拔尖的人才，而是希望以中等或者较低的工资待遇招聘到能够胜任工作的人。

2）在人员招聘工作方面注重效率，希望用较低的成本获得职位候选人，并且在人员选拔方面也采用简单高效的手段。

3）尽可能地保留现有的人才以减少招聘的成本。

4）招聘那些可以立即胜任工作的人，或者以较低的培训投资即可以使员工胜任工作。

2. 差异化战略或者创新战略

公司期望提供与竞争对手不同的有创新的产品，以产品高的边际利润来提高公司的收益。当公司创造出一种新的产品或服务时，它的独特性使得公司能够为之设定高的价格，并且消费者愿意接受这个高价格。在这种战略下，员工的招聘和保留策略体现出来的特点有以下几点。

1）以高报酬吸引本领域中的高端人才。

2）必须设法主动接触所需的人才，而不是等待他们找上门来。

3）注重对关键员工的保留。

4）有些人才需要具有本领域独特的技能，因此往往不能直接获得已经具备这种技能的人，必须对那些有潜力的人才进行投资，培训他们使之具备公司所需的特定才能。

3. 多元化战略

课外阅读：宝洁的人力资源战略

有的公司实行的是多元化战略，从事几个不同领域的业务，那么在人员招聘选拔方面就应做到以下几点。

1）在制订新的业务扩张计划的同时就应该考虑如何高效地获取相应的人才。

2）设法从现有员工中发现适合新业务的潜能，并加以培养，通过现有人员的调配满足新业务的需要，以减轻从外部招聘的压力。

3）为新业务进行适当的人才储备。

第二节 招聘计划

要做到有效招聘，企业必须制订详细的招聘计划，根据招聘岗位类别确定招聘流程、人员分工和责任以及考核奖惩办法，只有这样才能真正保证招聘工作的井然有序。

一、招聘计划的制订过程

招聘计划应由用人部门制订，然后由人力资源部门对其进行复核，特别要对人员需求量、费用等项目进行严格复查，签署意见后交上级主管领导审批。编制招募计划的过程，有调研分析、预测和决策 3 个步骤。

（一）调研分析

调研分析是制订计划的基础。为了避免盲目编制计划和盲目实施招聘，首先要做好组织人力资源状况分析，并根据本组织人力资源规划及当前的工作任务情况，招聘的范围、数量和规模，确定如何开展招聘工作。一般可从以下几方面进行。

1）了解本组织发展与运行现状，并作详细周密的分析，以便明确工作任务及完成这些任务所需或所缺人员的情况。调查的结果是明确和确定工作岗位或者在岗人员任职情况，以及岗位职责和要求。

2）了解与分析本组织人力资源或者局部人力资源状况，内容主要是人员的学历结构、技术人员结构、年龄结构、人力资源分布与分配状态，以及人力资源利用情况，目的是掌握组织人力资源现状以及当前管理利用情况。

3）了解与分析组织对人员更新、技术发展与革新、企业扩张等方面的规划与预测，结合组织人力资源战略与规划，预测近期人力资源的需求量、类型和趋势。

（二）预测

预测是计划的前提和依据。它主要包括组织机构变化预测，产品规划对人力资源需求的预测，新产品开发对人力资源结构和数量影响的预测，设备的技术改造与更新对人力资源结构影响的预测，劳动（工作）效率对人力资源结构和数量影响的预测，减员预测，人才市场和劳动力市场预测。例如，在确定职位空缺时，不妨仔细考虑和科学地测算：本组织目前是否拥有足够的员工以及他们是否拥有足够的技能开展工作，组织是否合理地利用了现有的员工以及他们是否需要学习或从事一些不同的或新的工作以满足组织未来发展的需要，组织现有职工的数量和才干是否能满足组织未来的发展需要，是否有财力进行新员工的招聘，需要的员工是兼职的还是专职的，空缺岗位的工作性质与要求是什么等问题，以此来确定是否需要招聘以及招募计划的内容。

（三）决策

决策是计划的核心，具体包括招聘的岗位，人员需求量，每个岗位的具体要求（工作/岗位分析在整个招聘中的作用很大，它主要是确定空缺岗位所包含的一系列特定任务、职责和责任，为整个招聘甄选过程提供有效的依据），招聘信息发布的时间、方式、渠道与范围，招聘对象的来源与范围，招聘方法，招聘测试的实施部门，招聘预算，招聘结束时间与新员工到位时间。决策完成了，招募计划也形成了招聘计划后，需要经过人力资源部经理及高层管理的批准，表 3-5 为一份年度报批表的示例，是人力资源部每年根据人力资源规划而制订的招聘计划报批表，主要是向组织领导说明本组织目前人力资源规划分布状况及今年增加员工的数目。

课外阅读：万科集团未来五年的人力资源规划

表 3-5 人力资源部年度招聘计划报批表填表日期： 年 月 日

部门有关情况	录用部门	录用职位概况				考试方法和其他		
		职位名称	人数	专业	资格条件	考试方法	招考范围	招考对象
公司核定的编制数								
本年度缺编人数								
本年度拟录用人数								
备注								

二、招聘计划的内容

（一）招聘规模

招聘规模是指组织准备通过招聘活动吸引多少数量的应聘者。无论组织的规模如何，在进行招聘之前都应明确招聘范围和规模，就是说要明确哪些岗位需要多少人员，以及获得这些人员大致需要招聘到多少应聘者。

招聘规模，取决于两个因素：一是企业招聘录用的阶段，阶段越多，招聘的规模相应地就越大；二是各个阶段通过的比例，这一比例的确定需要参考企业以往的历史数据和同类企业的经验，每一阶段的比例越高，招聘的规模就越大。

（二）招聘地点

选择在哪个地方进行招聘，应考虑人才分布规律、求职者活动的范围、组织的位置、劳动力市场的状况及招聘成本等因素。招聘地点选择的规则一般有以下几点。

1）在全国乃至世界范围招聘组织所需的高级管理人才或专家教授。

2）在跨地区的市场上招聘中级管理人员和专业技术人才。

3）在招聘单位所在地区招聘一般工作人员和技术工人。

组织之所以在这样的地理范围内进行选择，是因为在不同的范围内，劳动力的供给是不同的，尤其是不同的市场倾向于提供不同素质的劳动力。表 3-6 所示显示了由职业和地理因素共同决定的相关劳动力市场的范围。

表 3-6 按照地理范围和雇员群体划分的劳动力市场

地理范围	雇员群体/职业					
	生产工人	文职和办公人员	技术人员	科学家和工程师	管理人员	主管
地方市场	可能性很大	可能性很大	可能性很大			
区域市场	只有在短缺或紧急情况下	只有在短缺或紧急情况下	可能性很大	可能性很大	可能性很大	
全国市场			可能性很大	可能性很大	可能性很大	
国际市场			只有在极为短缺或针对特殊技能	只有在极为短缺或针对特殊技能	可能性很大	

（三）招聘时间

招聘过程中一个重要的问题是在保证招聘质量的前提下确定一个科学合理的招聘时间。雇主要想使人员得到及时补充，保证招聘要求的方法之一，就是按照各种工作的要求，对整个组织劳动力的情况进行检查。在出现位空缺之前，必须仔细确定每个招聘步骤可能占用的时间，以便决定填补空缺职位需要花费的全部时间。表 3-7 列出了在招聘过程中从接到个人简历到新雇员开始工作的时间阶段分布情况。

表 3-7 招聘过程中的时间阶段分布

事件	平均天数
收到个人简历到发出面试通知	5
发出面试通知到面试	6
面试到提供工作	4
提供工作到接受所提供的工作	7
接受工作到实际开始工作	21
总的时间	43

根据各阶段工作时间的安排，计划中应明确制作一张招聘工作时间表，以保证招聘工作能有条不紊地如期进行。

（四）招募信息发布的范围

招聘信息发布的时间、方式、渠道与范围是根据招聘计划来确定的。由于所需招聘的岗位、数量、任职者要求的不同，招聘对象的来源与范围的不同，以及新员工到位时间和招聘预算的限制，招聘信息的发布时间、方式、渠道与范围也是不同的。

信息发布的范围是由招聘对象的范围来决定的。发布信息的面越广，接收到该信息的人就越多，应聘者也会越多，挑选的余地也就越大，即“人才蓄水池”的容量越大，招聘到合适人选的概率也相应地有保证，只是费用也会相应地增多。这就需要我们根据人才分布规律、求职者活动范围、人力资源供求状况及成本大小等确定招聘区域。通常招聘区域选择的规则是：高级管理人员和专家一般在全国范围内招聘，甚至可以跨国招聘；而专业技术人员可以跨地区招聘；一般办事人员在本地区招聘，如图 3-3 所示。

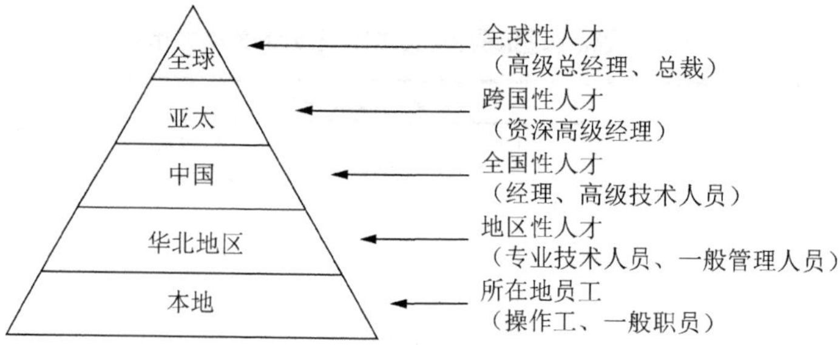

图 3-3 招募范围

（五）招聘标准

设置招聘标准，可以将资格要求分为两大类：必备条件和择优条件。所谓必备条件，就是对候选人最低限度的资格要求，不能依靠学习新的技能或从其他途径获得帮助等加以弥补。例如，要求汽车司机能驾驭复杂的路况，那么他的基本驾驶能力则必不可少。一旦必备条件确定以后，与此对应的要求也需要确定，即带有倾向性的资格要求，也就是所谓的择优条件。在候选人其他方面都相当的情况下，择优条件可以帮助组织比较候选人的相对优劣。只有掌握了招聘标准，招聘者才能用这把“尺”去衡量每一位应聘者。

（六）招聘经费预算

在招聘计划中，还要对招聘的预算做出估计，以便提高招聘效率，降低招聘成本。招聘的成本预算可以由以下几项费用组成。

1）人工费用，即组织招聘人员的工资、福利、差旅费、生活补助以及加班费等。

2）业务费用，包括通信费（电话费、上网费、邮资和传真费）、专业咨询与服务费（获取中介信息而支付的费用）、广告费（在电视、报纸等媒体发布广告的费用）、资料费（组织印刷宣传材料和申请表的费用）以及办公用品费（纸张、文具的费用）等。

3）其他费用，包括设备折旧费、水电费以及物业管理费等。

（七）招聘计划书

在完成以上 6 项工作后，应该完成招聘计划书的写作，以便提高招聘效率。下面就是某单位的招聘计划书，可做参考。

课外阅读：万科高、中、基层岗位招聘计划

阅读资料

招聘计划书

1. 招聘职位、人数

招聘职位	招聘人数	主要职责和任职资格
研发工程师		
销售代表		
培训主管		
服务工程师		

2. 招聘方式

上述职位均采用外部招聘，拟利用报纸和本地人才网站以及本企业网站进行招聘。

3. 招聘宣传

××报第三版，7月1日开始，每周1次，共两次（第三次为免费赠送）。

4. 招聘小组成员名单

组长：张平（招聘负责人，负责整个招聘的全程跟进、组织与筹划，撰写招聘广告，组织编写面试题目，参与培训主管以及部分人员的面试）。

副组长：刘刚（研发部经理，负责研发人员的专业面试题目、面试、初步录用决定）；

王晓（销售部经理，负责销售人员的专业面试题目、面试、初步录用决定）；

王树一（服务部经理，负责维修工程师的专业面试题目、面试、初步录用决定）。

组员：孙莹、于宁（人力资源部，负责招聘广告刊登、简历筛选、面试题目打印、面试、组织各类测试安排、通知等相关事宜）；

李强（研发部主管，参与研发人员专业面试题目编制、面试）；

郭跃（服务部副经理，参与服务工程师专业面试题目编制、面试）；

宋晓梅（销售副经理，参与销售代表专业面试题目编制、面试）。

5. 甄选流程以及时间安排

（1）甄选阶段（7月份）

职　位	资料筛选	笔　试	初　选	专业测试	专业面试	初步录用决定
研发工程师	15～20日		21～25日	28～29日	30日	8月1日
销售代表	同上	22日	25日		27～29日	8月3日
培训主管	同上	23日	27日	28～29日	30日	8月5日
服务工程师	同上		21～25日	27～29日	30～31日	8月2日

（2）录用阶段（8月份）

职　位	薪酬谈判	高层审批	体　检	背景调查	录用手续	入职培训
研发工程师	8月3日	10日	13日	15日前	18日	19～30日
销售代表	8月5日	同上	同上	同上	同上	同上
培训主管	8月6日	同上	同上	同上	同上	同上
服务工程师	8月3日	同上	同上	同上	同上	同上

第三节　招聘团队的组建

在招聘过程中，应聘者与组织的招聘者直接接触，招聘者的表现将直接影响着组织的形象，也直接影响应聘者是否愿意接受组织提供的工作岗位。因此，对于招聘者的选择是非常关键的。

一、招聘团队构成及其人员分工

在大型企业中，一般都有专门的人力资源管理部门，企业的人力资源管理决策大多由这个部门做出。但是有一些人力资源管理的决策必须由企业的部门管理决策者做出，主要包括提出增补雇员、审阅申请表、与应聘者面谈、培训员工和帮助上层管理人员制订职业生涯发展规划等。在现代企业中，部门经理的人力资源管理职能也在逐渐扩大，人力资源管理越来越依赖于全体经理的合作。

现代组织中，内部的人力资源管理部门和用人部门都要参加重大的招聘工作。人力资源管理部门主持日常性招聘工作并参与招聘的全过程，在招聘团队中，仍以人力资源管理部门为主，并吸收有关部门人员参加。另外，用人部门（业务部门）的意见将在很大程度上起决定性作用。在传统观念中，招聘是人事部门的事，用人部门只要提出用人需求就可以，不用参与或很少参与到招聘过程中。事实上，只有用人部门最清楚需要什么样的人，因为招聘进来的人员的素质和能力将直接关系到本部门的工作绩效。具体说来，用人部门的经理人员和人力资源部门的招聘人员在此合作过程中分别承担着不同的工作，如表 3-8 所示。

表 3-8 招聘管理中的组织分工

人力资源部	用 人 部 门
1. 招聘过程规划 招聘渠道选定、广告刊登 2. 实施招聘过程 • 应聘简历筛选登记 • 公司情况介绍 • 评价方式、候选人确定 • 面试、各类测试的组织 • 背景调查 • 录取通知书寄发 • 录取报到手续办理 • 新员工培训 3. 评价招聘过程	1. 辨认招聘需求 2. 传达招聘需求 • 招聘申请的制定与报批 • 招聘岗位要求的填写 • 新增岗位说明书填写 3. 参与招聘过程 • 负责协助外地招聘的联系或广告刊登 • 传达公司及岗位信息 • 笔试或实际操作、考卷及标准设定及参与评价 • 参与应聘人员的初选 • 参与面试和候选人确定

二、招聘团队成员素质要求

（一）团队成员的基本素质

1. 良好的个人品质

对于应聘者来说，招聘者的形象、行为代表着该组织及组织的文化，从他们身上能够反映出组织的风范，所以组织对招聘者的个人品质应该有很高的要求。

首先，招聘者要热情、诚恳。招聘者热情、诚恳的态度，让应聘者如沐春风，感受到该组织拥有的良好的亲和力以及可信赖性，在无形中对应聘者形成带动和示范作用。这里需要说明的是，为避免应聘者产生不合实际的心理期望，招聘者在招聘期间的任何允诺都应慎重，一定要诚实地提供真实的信息。在发达国家，在招聘中越来越推崇通过所谓的真实职位预期（realistic job preview，RJP）使应聘者形成一种更加接近真实情况的预期。

其次，招聘者要公正、认真。招聘者在招聘过程中，应本着公正公平的原则，一切从组织利益出发，避免任人唯亲的情况发生。同时，招聘者要有强烈的责任心，能够尽心尽责、踏踏实实地做好招聘工作中的每一环节，这样才能保证招聘工作的有效性。

2. 相关的技能要求

招聘工作可谓复杂而又关键，需要招聘者具备一定的能力和相关的技术。招聘者须具备以下能力。

（1）表达能力

表达能力包括口头表达能力和书面表达能力。招聘者需要与人才市场、人才中介公司、广告媒体、校园、社区等各种各样的人员接触，会面对各种场合，他们需要通过谈话、报告、信件等形式来清楚地表达自己的想法，表明组织对应聘者的要求，因此，表达能力十分重要。

（2）观察能力

招聘者被要求在很短的时间内认识和了解应聘者的性格、才能等方面的信息，因此，招聘者需要培养和具备很强的观察能力。

（3）协调和沟通能力

无论是实行内部招聘还是外部招聘，都需要同组织外部和组织内部发生关系，因此，招聘者也要具备良好的协调和沟通能力。

（4）自我认知能力

心理学研究认为，人们总是习惯以自我为标准去评价他人，但对于招聘者而言，就要超越一般的自我，对自我有一个健全、完整的认识，才能公正、公平地评判应聘者。

（5）不断完善自我的能力

招聘者为能适应现代企业的变化和发展，要不断地完善自我，学习各方面的知识来充实自己。心理学、社会学、法学、管理学、组织行为学等学科内容，招聘者都应该有所涉猎，使自己具备广博的知识和不断更新知识的能力，并有效地运用到招聘实践中。

（二）相关技术要求

1. 人员测评技术

通过掌握人员测评的方法和手段，来提高对应聘者的评判能力，从而提高招聘能力和技巧。测评技术包括创造力测验、能力倾向测验、笔迹测验、人格测验、兴趣测验等。

2. 面谈技术

这里的面谈不仅仅指面试，它包括同应聘者进行的所有谈话。招聘者只有掌握策略性的谈话技巧，才能突破应聘者的心理防线，使之放松心情，展现真实的自我，从而为获取应聘者的真实信息奠定基础。面谈技术的关键是如何找到与交谈者之间的心灵共鸣点或思想交汇点。

3. 观察技术

观察是招聘者评价应聘者常用的方式。有经验的招聘者往往善于通过观察应聘者的不同的体态语言、习惯动作等，来进一步了解应聘者的情况。

4. 招聘环境设计技术

良好的招聘环境既能让应聘者充分发挥自己的才华，亦可使招聘者提高工作效率，即双方都能在这样的环境里，保持心情愉快、注意力集中、思维敏捷。所以，招聘者应有意识地提高自己的环境设计能力，招聘前要考虑环境布置问题，包括招聘场所的整洁、光线的柔和、温度的适中、空间布置的美观等因素。

5. 招聘测试题的设计技术

对于不同的招聘目的，只有设计与之相适合的测试形式，才能加强人员招聘的有效性。测试形式的演进，从初始多凭现场感觉到经专业人员按特定要求进行科学设计，测评效果有了很大的改变。为准确判断与选择应聘者，要求招聘者具有较强的对测试题的选择与设计技术。

三、招聘者需避免的招聘误区

在当今十分激烈的国际市场竞争环境下，能否招聘到有用之才，对组织来说往往是至关重要的事情。调查显示，30%～50%的主管级别的任命都以解雇或辞职告终，员工招聘的复杂性由此可见。同时，成功组织令人瞩目的业绩，也让人体会到了成功的招聘对组织的重大意义，为此，人们不遗余力地不断探求更好的招聘理念与招聘方法。下面所列“招聘者误区”或称“招聘者陷阱”，就是在探求过程中总结出来的、招聘者在招聘活动中常常不由自主会犯的几种错误。

（一）类比效应

类比效应在这里也可以称为反复性行为。很多组织在面对空缺职位去寻找合适人选时，常常关注和寻找与前任者拥有相似个性和有效能力的人，进行一种简单的类比，而不是根据这个职位的工作要求去衡量与挑选。事实上，没有人能够完全像其前任那样，而且也不应作如此要求。

（二）苛刻的招聘要求

尽心尽责的招聘者为了完成招聘任务，会以冗长详细而重点不明的职位说明书指导自己的招聘工作。这些职位说明书对工作的方方面面都作了毫无遗漏的规定，但这些职位说明书却往往包含着矛盾，如要求应聘者既是一个强制型的领导又是一个团队合作者，既是一个精力充沛的实干家又是一个深思熟虑的分析家。这样的苛刻规定，显然大大缩小了甄选范围，于是，那些拥有成功所需要的必需能力的最佳候选者，很可能因未达到某些条款而被拒之门外。

（三）只根据表面价值或履历做出判断

很多应聘者都对简历的制作非常用心，然而，这些精美的简历中所提供的信息却不能完全信赖。事实上，许多应聘者并未考虑与公司的长期契合，他们所想的可能只是逃避一个恶劣的环境，或获得更多的薪酬等，履历的撰写强调的往往是个人的成功经验，而那些不利于个人求职的信息则会被有意识地剔除掉。例如，在某家银行信贷部门工作三年以后，一位拥有 MBA 学历的人非常想进入一家位于硅谷的高速成长的科技企业。当被问及是否喜欢冒险时，这个应聘者十分热情地说他是如何喜欢给“勇于冒险的小企业”贷款的，但实际上，他只给两家小企业贷过款。而在同一时期，为了避免风险，他拒绝了大约 150 家小企业的贷款申请。可以理解的是，应聘者总是一心想把自己最好的一面展示出来，但大多数的招聘企业都忽视了应聘者的其他方面。

（四）片面相信背景调查

要慎重看待背景调查，尤其是申请者所提供的证明信（人）所提供的信息，因为前任或现任老板和同事通常都不会吝啬他们的赞美之词，他们只报告申请者好的一面而不会报告其不足之处，他们更关心的是他们与申请者之间的关系，而不是帮助一个素未谋面的人做出正确的雇用决定。有趣的是，尽管招聘不知道那人是否可信，他们通常仍会相信证明信（人）所说的一切。

（五）寻找“似我者”之偏见

判断失误在招聘过程中会时有发生。例如，刻板印象——轻易将某些特征与某些种族、性别或民族联系在一起；晕轮效应——爱屋及乌等。但最常发生的偏见是对那些与招聘者相像的人给予过高的评价。如一位北京大学毕业的招聘者或许会更多地倾向于有同样教育背景的申请者，而不幸的是，有时工作恰巧需要那些拥有不同视角或不同技能的人来完成，这样才能取得更好的效果。

（六）过度授权

过度授权就是我们强调的招聘者职位应高于应聘者的原则。但实际上，很多组织管理人员因为业务繁忙，往往将关键的对空缺岗位的说明书的编制，授权给其下属或人力资源部。如果被授权者能很好地完成任务，一般就不会产生不良后果，但事实很少如此。另外，一些主管人员或者让那些未做好评估准备的职员，或者让那些不具备正确动机的职员去进行第一轮的面试，于是，一些谋求高职位的应聘者会认为让其未来的下属审查自己完全是一种侮辱，结果也就可想而知了。

（七）非结构化的面试

研究表明，在各种面试评估方法中，结构化面试是最可信的。结构化，也就是意味着招聘者须使用一些精心设计的问题来考评应聘者的能力——相关的知识、技能和通用能力。但在现实中，大多数的面试是轻松、随意的，谈一些知名人士或者体育比赛等，即使言归正传，考官也只问一些简单的问题，面试变成了闲聊。这种非结构化面试有许多缺点，其中最致命的是，那些企业真正需要的应聘者因为不善于闲聊而被拒之门外。

（八）忽视情商

大多数企业一般只关注应聘者的“硬件”数据——教育背景、智商和工作经历等，而忽视其“软件”数据——情商。根据《工作情商》一书的作者丹尼尔·戈尔曼（Daniel Goleman）的研究，情商对于杰出绩效水平的贡献是智力和专业技能贡献的两倍。戈尔曼还发现，在高级领导人中，90%的成功取决于情商的水平。然而，或许是忽视，或许是测定情商的难度很大，情商的特性，如自我意识、自我调节、动机、同情心、社会技能，很难在个体身上准确辨别。而且，不同的职位所需要的情商类型也不相同。例如，对一个战略联盟单位的首席执行官的要求是具有高超的冲突管理技能，而对一个最近刚刚私有化的企业的中层管理人员或许更多地要求其具有强烈的同情心和推动变革的特殊能力。另外，大部分应聘者在招聘过程中会有意识地在人前表现得冷静、沉着、友善和合作和。对情商的评估很复杂，所以，大多数的公司在招聘过程中没能给予足够的重视。

（九）缺乏客观准确的评价标准

如果在招聘过程中，缺乏客观准确的评价标准，会导致多种情况的发生。例如，以绝对的方式评价人的现象就是这样发生的。表现在招聘中，就是未能全面了解招聘者的情况就评判一个人，说“王先生是个好经理”“张先生工作很努力”等，但也许，王先生作为经理在达成组织目标方面很得力，但却不善于沟通人际关系；张先生工作努力只是因为想获得升职的机会。评判一个人的业绩应该考虑所处情境的因素，建立客观准确的评价标准，而不可简单地做出判断。再比如，有些招聘者因为身居要职就推举其朋友出任某职位，其他人则碍于情面而放弃应有的招聘和评判标准，这种现象在招聘管理中危害极大。

四、组建招聘团队的原则

对个体的招聘者要求要有突出的能力和良好的素质，如果他们能够按照知识、气质、能力、性别、年龄和技能互相组合在一起，就可以起到增值的效果，更好地达到招聘目的。

招聘团队的组建应该遵循以下原则。

（一）知识互补

不同知识结构取长补短，互为补充，丰富招聘团队整体知识水平的深度和广度，易于对不同知识结构的人员进行考评。

（二）能力互补

招聘团队要为组织招聘各个岗位的员工。如果招聘团队中有的人懂生产、有的人精通销售、有的人了解办公室工作，各种不同能力的人组合在一起，便于招聘组织不同岗位的员工。

（三）气质互补

不同的招聘者具有不同的心理特征和气质。将不同气质的招聘者组合在一起，可以消除招聘工作中由于某一气质类型员工的心理偏差或者成见而造成的失误。

（四）性别互补

不同的性别有不同的长处，女性喜欢从细节考察人，男性则往往善于从全局进行把握。另外，性别互补还可以避免考评过程中的性别歧视，有利于正确地评价应聘者。

（五）年龄互补

年龄的差别体现了精力、知识、经验、处理问题的方式、思维方式等方面的差别。年龄稍大的人，往往比年轻人更稳重，经验更丰富；而年轻人则往往富有激情，接受新事物快等。另一方面，同龄人之间更容易沟通和理解，能够很好地获取对方的信息。因此，不同年龄层次的招聘者组合在一起，更能客观地对不同年龄段的应聘者进行正确的分析，把招聘工作完成得更好。

以上几个原则，可以使每个招聘者优势互补、扬长避短，使整个招聘团队的功能达到最优。

第四节　招聘策略的确定

招聘策略，主要是指组织为了达到一定的战略目标，尤其是为了实现组织对人力资源的需求，而利用资源采取的招聘行动的总计划。招聘员工是讲求“实用性”还是为后期发展储备人才，不同的目的有不同的招聘策略。当不同的企业根据环境状况和自身情况确定了不同的发展战略之后，招聘管理就需要随之制订相应的策略。

一、基于企业生命周期的人才招聘策略

（一）企业在创业期的招聘策略

企业在创业期，还没有得到社会承认，实力弱、规模小、人员少，但却极富灵活性和成长性。在这一时期企业各方面均不成熟，制度基本没有，企业文化也未形成，由管理者直接管理，企业发展战略的目标是求得生存与发展。企业的发展与业务的开展主要依靠管理者的个人能力，企业员工高度团结，效率高，但品牌知名度差，市场占有率低，面对的主要问题是市场开拓和产品创新。创业期高层团队依靠创业精神维系比较稳定，中层相对稳定，但一般员工却由于企业管理制度不完善、保障体系不健全、工资待遇低等因素的影响流动率通常较高。此时期企业的招聘策略如下。

1）对外部人才的需求不突出，数量少，以一般员工尤其是销售人员的招聘为主，招聘极少的中层人员，基本没有高层招聘。

2）对人员的要求较高，丰富的工作经验和工作业绩是重点选择标准，最好是多面手，尤其是一些对企业发展方向和目标比较认同、年纪较轻的人员。

3）吸引人才的手段主要依靠良好的职业前景、工作的挑战性和领导者的个人魅力。薪酬虽然较低，但弹性相对要高，有较大的增长空间；也可采取股票期权的激励方式。

4）由于企业资金不充裕，招聘费用较低，多采用朋友介绍、网络招聘和招聘会等招聘渠道。

5）企业还没有形成人力资源的专业部门，甄选主要依赖管理者的个人判断力。

6）用人的灵活性较强，一人多岗和因人设岗的现象普遍，对招聘时间和招聘效率没有明确的要求。

（二）企业在成长期的招聘策略

在成长期，企业逐步走向正规化，经营规模不断扩大并快速增长，人员迅速膨胀，品牌知名度急剧上升，机构和规章制度不断建立和健全，企业的经营思想、理念和企业文化逐渐形成；跨部门的协调越来越多，并且越来越复杂和困难；企业面临的主要问题是组织均衡成长和跨部门协同。高层之间开始出现分歧，跟不上企业发展步伐的员工主动辞职，员工流动性相对较大。此时期企业的招聘策略如下。

1）人才需求大，外部招聘数量多，高层、中层、一般员工等各层级均有。对专业技术人才和中层管理人才的需求大幅度增加。

2）要求人员具备相同职位的工作经验，能直接上手，具备一定的发展潜力，同时对变化的适应速度快。

3）吸引人才的手段主要依靠较大的晋升空间、良好的发展前景和与行业平均水平接近或以上的薪酬。

4）有一定的招聘费用，由于招聘需求急迫，因此采用以招聘会为主，网络招聘为辅，在专业人才的招聘上开始引入猎头，建立广泛而灵活的招聘渠道。

5）企业已经设置了人力资源部，但专业性不强，甄选主要依赖用人部门的部门经理进行评判。

6）根据业务的发展进行人力资源需求预测，用人开始有一定的计划性，对招聘时间和招聘效率的要求高。

（三）企业在成熟期的招聘策略

成熟阶段的企业是企业发展的巅峰时期，在这个阶段，企业规模大，业绩优秀，资金充盈，制度和结构也很完善，决策能得到有效实施。另外，企业也非常重视顾客需求和顾客满意度，一切以顾客至上为原则，重视公司形象，要求计划能得到不折不扣地执行，而如何使繁荣期延长并力争使企业进入到一个新的增长期则成为制订企业发展战略的关键。在企业的成熟期，晋升困难，各层面人员的流动率低，人员规模上相对稳定。企业的发展，主要是靠企业的整体实力和规范化的机制，企业内部的创新意识可能开始下降，企业活力开始衰退。此时期企业的招聘策略如下。

1）人才需求不多，外部招聘数量少，只在公司开拓新业务和新市场时才会产生大量的外部人才需求。

2）人员要求高，强调综合能力素质，尤其是创新意识、执行力和明确的职业发展方向。

3）吸引人才的手段主要依靠企业实力、形象和领先于行业平均水平的薪酬。

4）招聘费用充裕，高级人才的招聘以猎头为主，辅以内部推荐、专场招聘会、网络招聘、校园招聘、平面媒体等招聘渠道。

5）人力资源部具备较好的专业性，开始使用评价中心技术对人才的能力素质进行评价，业务水平则由用人部门的部门经理进行评判。

6）有规范的招聘计划，对招聘时间和招聘效率有明确的规定。

（四）企业在衰退期的招聘策略

这是企业生命周期的最后时期，此时期企业市场占有率下降，整体竞争能力、获利能力和赢利能力全面下降，资金紧张，危机开始出现。企业战略管理的核心是寻求企业重整和再造，使企业获得新生。企业内部官僚风气浓厚，人浮于事，制度多却缺乏有效执行，员工做事越来越拘泥于传统，注重于形式，只想维持现状，求得稳定。人心涣散，核心人才流失严重，一般员工严重过剩，高层更替频繁，并波及中层。此时期企业的招聘策略如下。

1）对外部人才的需求集中在高层，其他层级基本以内部竞聘为主，无对外招聘。

2）要求高层管理人员具备改革意识、大局观、决策能力、战略眼光和驾驭企业的整体能力，尤其是同行业类似企业的运营经验，有扭亏为盈的经历最好。

3）吸引人才的手段主要依靠利益分享机制和操作权限。

4）招聘经费锐减，但由于招聘时间短，而且还是高级、稀缺人才，因此仍然以猎头为主要渠道。

5）总经理的招聘由董事会直接进行评价，并引入专业的人才评价机构辅助。

二、基于不同类型人力资源的招聘策略

（一）人力资源分层分类

一个企业的人力资源可以根据价值与稀缺性两个维度进行分层分类，如图 3-4 所示。横轴代表人力资源的价值，人力资源的价值通过收益成本比进行衡量；纵轴代表人力资源的唯一性或是稀缺性。其中，价值高同时也很稀缺的人才就是核心型人力资源；价值低同时也稀缺的人才是企业的独特型人力资源；价值高同时在市场上又很容易获得的人才是企业的通用型人力资源；最后一类是低价值、在市场上也很容易获得的人才，也就是所谓的辅助型人力资源。

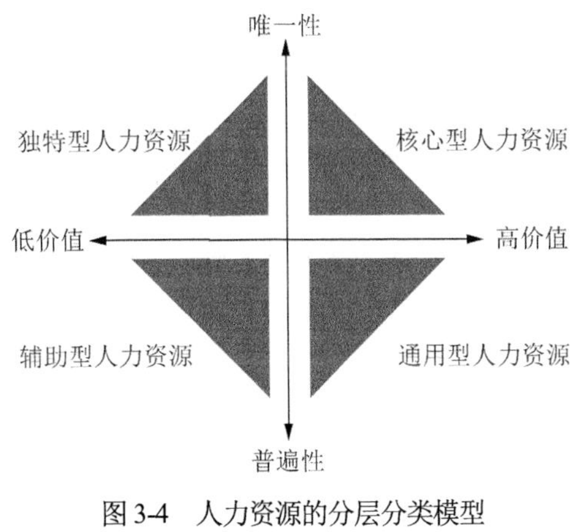

图 3-4　人力资源的分层分类模型

（二）人力资源分层分类管理

人力资源的管理体系对不同的人力资源应该有不同的管理方法，具体而言，对核心人力资源应该采取基于承诺的人力资源管理方法，对于通用型人力资源应该采取基于效率的人力

资源管理体系，对于辅助型人力资源应该采取基于服从的人力资源管理体系，而对于独特的人力资源应该采取合作的人力资源管理体系。4 种不同的管理方法，可概括为承诺、效率、服从与合作。

进一步讲，基于承诺的人力资源管理体系，其基本含义是对核心人力资源采取的管理方法不要太严格，可以与其进一步沟通，要以人为中心。基于效率的管理方法是指对这一类人力资源的管理主要是为了获得效率。基于服从的人力资源管理体系，是指这一类人力资源服从企业，企业要求这些人只要服从命令即可。最后一种管理方法是合作，因为这类人力资源比较稀缺，供职于一个企业里又不切实际，可以采取在需要的时候签合同进行合作的方式。上述即是分层分类的人力资源管理理念，如表 3-9 所示。

表 3-9　不同类型的人力资源所具有的特点及适用的管理方法①

类　型	核心型人力资源	通用型人力资源	辅助型人力资源	独特型人力资源
例子	微软的软件开发人员、证券和基金公司的操盘手	企业的财务会计、销售人员	流水线装配工人、前台、门卫、清洁工	某企业雇用的专业咨询师和咨询顾问
价值	・高价值 ・直接与核心能力相关	・高价值 ・直接与核心能力相关	・低战略价值 ・操作性角色	・低战略价值 ・与核心价值间接联系
独特性	・独一无二 ・掌握了公司特殊的知识和技能	・普遍性 ・普通知识和技能	・普遍性 ・普遍性知识和技能	・独一无二 ・特殊的知识和技能
雇用方式	知识工作	传统工作	合同工	伙伴
雇用关系	以组织为核心	以工作为核心	交易	合作
人力资源管理系统	以责任为基础的人力资源管理系统	以生产率为基础的人力资源管理系统	以服从为基础的人力资源管理系统	以合作为基础的人力资源管理系统
工作设计	・授权、提供资源 ・因人设岗	・清晰定义 ・适度授权	・准确定义 ・圈定范围	・以团队为基础 ・资源丰富/自主
招募	・内部提升 ・根据才能	・外部招募 ・根据业绩	・人力资源外包 ・为特别的任务招聘	・能够合作 ・根据成绩

三、人才吸引策略

为了吸引足够多的应聘者，组织需要分析与研究人才吸引策略。人才吸引策略制订前，应做一些调研工作。首先，调查目前已经在本组织任职的员工，他们最初是出于什么目的来到这里，现在他们认为本组织有哪些吸引力，还有哪些让他们担忧和犹豫的地方。其次，了解本组织最近一个时期的招聘情况和效果，如投递简历的应聘者一般来自哪些地方，他们为什么选择本组织，由此基本可以确定本组织在招聘中的优势和劣势。第三，了解优秀组织具有哪些共性特点。通过与优秀组织的比较找出差距，提出改进措施。通常情况下，吸引度高的组织往往有以下特点。

（一）高工资和高福利

高工资和高福利是吸引人才的重要因素。由于薪酬对于几乎所有的应聘者而言都很重

① 文跃然. 2007. 人力资源战略与规划. 上海：复旦大学出版社：48-49.

要，因此向员工支付比现有市场通行工资水平更高的工资，可以使组织在招募方面具有一种独特的优势。

（二）良好的组织形象

一方面，组织招聘工作受到组织形象和声誉的影响，良好的组织形象是组织在生产、市场、管理、技术等各方面的综合反映，是广大应聘者选择应聘单位的重要因素；另一方面，人员招聘也是组织向社会展示形象的机会，如果组织在招聘过程中能创造尊重知识、重视人才的氛围，给社会以良好的印象，就会增强组织的吸引力。美国就以其人才政策吸引了世界各地各方面的人才，为其发展提供了大量的人才资源。

（三）组织的稳定性和职位的安全感

组织的不稳定，职位的不安全感，来自于有威胁的竞争者，行业状态的无序，公司或单位生态的不确定性。影响这种安全感的因素包括：职业是否有保障，企业是否随意地解除与员工的合同，企业自身的稳定性等。如果企业比较稳定，职业的安全感较高，那么对那些渴望稳定工作的人才来讲具有很强的吸引力。

（四）工作本身的成就感

虽然目前本组织可能并不是最有竞争力的，如正处于发展阶段，很多体系还没有构建起来，效益和收入也不太好，但是员工可以亲历一个创业的过程，可以从事很多创造性的工作，这对于那些希望体验成就感的人来说是很有吸引力的。

（五）更大的责任或权力

例如，任职的公司规模虽小，但可能有机会负责全面的人力资源工作，这对从事人力资源管理的人员会是一次成长和锻炼的机会。

（六）工作和生活之间的平衡

例如，这个职位并不要求放弃个人生活中的乐趣，讲求工作与生活的平衡，这对于那些在过去的工作中常常夜以继日地加班、频繁出差、苦于没有时间体验个人生活中乐趣的人来说，也是很有吸引力的。

此外，有出色的上司和同事、弹性的工作时间、开放的沟通、以人为本的管理风格、学习型组织、工作本身对社会的贡献等，都是吸引应聘者的因素。

在某种程度上，招聘工作会类似于营销工作，既需要清楚自己的优势和不足，也需要了解竞争对手的优势和不足，还要知道自己的目标顾客是什么样的人群，如何才能使他们对本组织感兴趣。关键是要找出自己“产品”的优势，并且明确哪些人是要吸引的关键“顾客”。

四、人才选聘策略

保留核心员工，降低人才流失率，是组织人力资源保持与发展的重要关注点。而选聘关没有把握好，就有可能为日后的人才流失留下隐患。

（一）关注人才的文化、价值追求

鉴于人才流失的原因之一，是由于人才不认可组织的文化、价值追求，因此，成功的选聘应该关注人才对组织文化、价值追求的认可程度。例如，朗讯公司在人员选聘过程中，就非常注重考虑人才对全球增长观念、注重结果、关注客户和竞争对手、开放和多元化的工作场所、速度等文化价值观的认同。选聘中有必要既重视人—岗的匹配度，又重视人—组织的匹配度。这里的组织，主要指的是组织的文化和价值追求。

（二）关注人才与团队的融合度

一些组织中，有些优秀人才尽管也认同组织文化，但最后还是流失了，究其原因是人才的个性特点与所在团队结构的兼容性太小。试想，一个观念陈旧、员工素质普遍较低的组织，选聘一位观念超前、思想有创意的人才，会出现什么样的结果。因此，在选聘过程中，除了关注人才个体的素质外，还要认真分析团队的结构特点，如团队成员的学历、性别、年龄、观念、价值取向等，尽量减少不必要的磨合成本，增加人才与团队的融合度。

（三）关注选聘与培训开发的结合度

人员选聘是企业吸收新鲜血液的源泉，也是组织积累人力资本、提升组织竞争优势的起点。在选聘人才时更多的应是考虑人才在组织中的长远发展，将组织目标的实现与人才职业生涯的发展结合起来，找到两者的平衡点。因此，人才的培训开发应该贯穿于包含人员选聘在内的所有人力资源活动中。对新聘任的人员在上岗前针对岗位要求进行导向性培训（包括环境介绍、业务熟悉、了解工作关系、了解组织文化等），让他们尽快适应岗位，从而创造出优良的业绩。

（四）关注“心理契约”

“心理契约”理论认为，在组织与其成员之间存在一种非正式且十分重要的契约，即“心理契约”（psychological contract）。这种契约的基本含义是指在组织成员之间及组织与成员之间存在着“期望”和“对义务的承诺与互惠”。与经济契约不同的是，心理契约强调个人与组织的关系而不是交换。这种心理契约在组织招聘人员的过程中就已经开始，并且存在于组织管理活动的几乎所有方面。在现实生活中，某些组织的招聘者为招到满意的人员，会把组织说得天花乱坠，似乎一切要求都可以得到满足，等人才进入组织后才发现事实并非如此，就有上当受骗的感觉，期望越高失望也越大，离职率势必上升。为此，在人员选聘中招聘者应注意坦诚相见，需要给应聘者以真实、准确、完整的有关职位的信息，明确告知组织的战略和企业的发展目标，使应聘者了解组织的真实情况后进行理性的选择，从而提高招聘的有效性，降低雇员流失率。

阅读资料

上海通用汽车公司的招聘策略

上海通用汽车有限公司（SGM）是上海汽车工业（集团）总公司和美国通用汽车（GM）公司合资建立的轿车生产企业。

SGM 的目标是成为国内领先、国际上具有竞争力的汽车公司。一流的企业，需要一流的员工队伍。因此，如何建设一支高素质的员工队伍，是中美合作双方都十分关心的首要问题。同时，SGM 的发展远景和目标定位也注定其对员工素质的高要求：不仅要具备优良的技能和管理能力，而且还要具备出众的自我学习能力、适应能力、沟通能力和团队合作精神。要在一个很短的时间里，客观公正地招聘到高素质的员工并配置到适合的岗位，对 SGM 来说无疑是一个重大的挑战。

一、“以人为本”的公开招聘策略

“不是控制，而是提供服务”是 SGM 人力资源部职能的特点，也是与传统人事部门职能的显著区别。

首先，根据公司发展的战略和宗旨，确立把传递“以人为本”的理念作为招聘的指导思想。SGM 在招聘员工的过程中，在坚持双向选择的前提下，还特别注意应聘者和公司双向需求的吻合。应聘者必须认同公司的宗旨和五项核心价值观：以客户为中心、安全、团队合作、诚信正直、不断改进与创新。同时，公司也充分考虑应聘者自我发展与自我实现的高层次价值实现的需求，尽量为员工的发展提供良好的机会和条件。

其次，根据公司的发展计划和生产建设进度，制订拉动式招聘员工计划，从公司的组织结构、各部门岗位的实际需求出发，分层次、有步骤地实施招聘。1997 年 7 月至 1998 年 6 月分两步实施对车间高级管理人员、部门经理、骨干工程师、行政部门管理人员和各专业工程师、工段长的第一层次的招聘计划；1998 年底到 1999 年 10 月分两步实施对班组长、一班制操作工人、维修工和工程师的第二层次的招聘计划；二班制和三班制生产人员的招聘工作与拉动式生产计划同步进行。

再次，根据“一流企业，需要一流员工队伍”的公司发展目标，确立面向全国广泛选拔人才的员工招聘方针。并根据岗位的层次和性质，有针对性地选择不同新闻媒体发布招聘信息，采取利用媒体和人才市场为主的自行招聘与委托招募相结合的方式。

第四，为确保招聘工作的信度和效度，建立人员评估中心，确立规范化、程序化、科学化的人员评估原则。并出资几十万元聘请国外知名的咨询公司对评估人员进行培训，借鉴美国 GM 公司及其公司已有的“精益生产”样板模式，设计出具有 SGM 特点的“人员评估方案”。同时，明确各类岗位对人员素质的要求。

最后，建立人才信息库，统一设计岗位描述表、应聘登记表、人员评估表、员工预算计划表及目标跟踪管理表等。

两年来，公司先后收到 50000 多封应聘者的来信，最多一天曾收到 700 多封信，收发室只好用箩筐收集。这些信件来自全国各地，有的还是来自大洋洲和欧洲等国家的外籍人士。为了准确及时处理这些信件，SGM 建立了人才信息系统，并开通了应聘查询热线。成千上万的应聘者，成筐的应聘简历，充分说明 SGM 人员招聘策略的成功。

二、严格规范的评估录用程序

1998 年 2 月 7 日到上海科学会堂参加 SGM 招聘专场的人士无不感慨：“上海通用招聘人才门槛高！”那天，凡是进入会场的应聘者必须在大厅接受 12 名评估员岗位最低要求的应聘资格初筛，合格者才能进入二楼的面试台，由用人部门同应聘者进行初次双向见面，若有意向，再由人力资源部安排专门的评估时间。在进入科学会堂的 2 800 人中，经初步面试合格后进入评估的仅有百余人，最后正式录用的只有几十人。

1. 录用人员必须经过评估

这是 SGM 招聘工作流程中最重要的一个环节，也是 SGM 选择员工方式的一大特点。公司为了确保自己能招聘到适应一流企业、一流产品需要的高素质员工，借鉴通用公司位于东德和美国一些工厂采用人员评估中心来招聘员工的经验，结合中国的文化和人事政策，建立了专门的人员评估中心，作为人力资源部的重要组织机构之一。整个评估中心设有接待室、面试室、情景模拟室、信息处理室，中心人员也都接受过专门培训，评估中心的建立确保了录用工作的客观公正性。

2. 标准化、程序化的评估模式

SGM 的整个评估活动完全按标准化、程序化的模式进行。凡被录用者，须经填表、筛选、笔试、目标面试、情景模拟、专业面试、体检、背景调查和审批录用 9 个程序和环节。每个程序和环节都有标准化的运作规范和科学化的选拔方法，其中笔试主要测试应聘者的专业知识、相关知识、特殊能力和倾向；目标面试则由受过国际专业咨询机构培训的评估人员与应聘者进行面对面的问答式讨论，验证其登记表中已有的信息，并进一步获取信息，其中专业面试则由用人部门完成；情景模拟是根据应聘者可能担任的职务，编制一套与该职务实际情况相仿的测试项目，将被测试者安排在模拟的、逼真的工作环境中，要求被试者处理可能出现的各种问题，用多种方法来测试其心理素质、潜在能力的一系列方法。如通过无领导的两小组合作完成练习，观察应聘管理岗位的应聘者的领导能力、领导欲望、组织能力、主动性、说服能力、口头表达能力、自信程度、沟通能力、人际交往能力等。SGM 还把情景模拟推广到了对技术工人的选拔上，如通过齿轮的装配练习，来评估应聘者的动作灵巧性、质量意识、操作的条理性及行为习惯。在实际操作过程中，观察应聘者的各种行为能力，孰优孰劣，一目了然。

3. 两个关系的权衡

SGM 的人员甄选模式，特别是其理论依据与一般的面试以及包括智商、能力、人格、性格在内的心理测验相比，更注重以下两个关系的比较与权衡。

（1）个性品质与工作技能的关系

公司认为：高素质的员工必须具备优秀的个性品质与良好的工作技能。前者是经过长期教育、环境熏陶和遗传因素影响的结果，它包含了一个人的学习能力、行为习惯、适应性、工作主动性等。后者是通过职业培训、经验积累而获得，如专项工作技能、管理能力、沟通能力等，两者互为因果。但相对而言，工作能力较容易培训，而个性品质则难以培训。因此，在甄选录用员工时，既要看其工作能力，更要关注其个性品质。

（2）过去经历与将来发展的关系

无数事实证明：一个人在以往经历中，如何对待成功与失败，对其将来的成就具有或正或负的影响。因此，分析其过去经历中所表现出的行为，能够预测和判断其未来的发展。

SGM 正是依据上述两个简明实用的理论、经验和岗位要求，来选择科学的评估方法，确定评估的主要行为指标，从而取舍应聘者。如在一次员工招聘中，有一位应聘者已进入第八道程序，经背景调查却发现其隐瞒了过去曾在学校因打架而受处分的事，当对其进行再次询问时，他仍对此事加以隐瞒。对此公司认为，虽然人的一生难免有过失，但隐瞒过错却属于个人品质问题，个人品质问题会影响其今后的发展，最后经大家共同讨论一致决定对其不予录用。

4. 坚持“宁缺毋滥”的原则

为了招聘一个工段长，人力资源部的招聘人员在查阅了上海市人才服务中心的所有人才信息后，发现符合该职位要求的具有初步资格者只有 6 人，但经评估，遗憾的是一个人都不合格。对此，中外双方部门经理肯定地说：“对这一岗位决不放宽录用要求，宁可暂时空缺，也不要让不合适的人占据。”评估中心曾对 1997 年 10 月到 1998 年 4 月这段时间内录用的 200 名员工随机抽样调查了其中的 75 名员工，将其招聘评估的结果与半年的绩效评估结果作了一个比较分析，发现当时的评估结果与现实考核结果基本一致，两次结果基本一致的在 84%左右，这证明人员评估中心的评估有着较高的信度和效度。

（资料来源：中国教育在线.www.eol.cn.）

复习思考题

1. 人力资源战略与企业战略有什么关系？
2. 请替某一组织设计一份完整而实用的招聘计划。
3. 一个合格的招聘者应具备什么样的技能？
4. 招聘中人力资源部门与用人部门是如何进行分工的？
5. 如何组建一个高效的招聘团队？
6. 简述招聘者会存在哪些招聘误区。
7. 企业不同发展阶段人才招聘策略有哪些？
8. 有效的人才吸引策略有哪些？

案例分析

案例背景

飞越科技有限公司招聘计划书

1. 招聘目标（需求分析）

2. 招聘方式及信息发布时间

（1）×××报刊登招聘广告　　3 月 8 日

（2）××招聘网站发布信息　　3 月 8 日

3. 招聘小组成员名单

组长：×××（人力资源部经理）

对招聘活动全面负责

成员：×××（研究开发部经理、销售部经理、行政部经理）

具体参与面试、录用工作

×××（人力资源部薪酬管理人员）

具体负责接待应聘者、求职资料整理

×××（人力资源部招聘专员）

具体负责招聘信息发布以及安排面试、笔试

4. 招聘地区

北京、上海、广州、武汉、西安、成都

5. 招聘选拔方案及时间安排

（1）软件开发工程师

资料甄选　研究开发部经理　3 月 15 日截止

初试（面试）　研究开发部经理　3 月 17 日

复试（笔试）　研究开发部命题小组　3 月 19 日

（2）销售代表

资料甄选　销售部经理　3 月 15 日截止

初试（面试）　销售部经理　3 月 17 日

复试（笔试）　分管销售副总经理　3 月 19 日

（3）行政主管

资料甄选　行政部经理　3 月 15 日截止

初试（面试）　行政部经理　3 月 17 日

复试（笔试）　分管行政副总经理　3 月 19 日

（4）选拔录用

总经理及分管副总经理、人力资源部和有关部门经理　3 月 20 日

6. 新员工上岗时间

预计在 4 月 1 日左右

7. 招聘费用预算

（1）××日报广告刊登费　4×8 000+2×6 000=44 000 元

（2）××招聘网站信息刊登费　800 元

合计：44 800 元

8. 招聘工作时间表

3 月 5 日：起草招聘广告

3 月 6 日：进行招聘广告版面设计

3 月 7 日：与报社、网站联系

3 月 8 日：到报社、网站刊登广告

3 月 9 日~15 日：接待应聘者、整理应聘资料、对资料进行甄选

3 月 16 日：通知应聘者面试

3月17日：进行面试

3月19日：进行软件开发工程师及行政主管笔试（复试）、销售代表测试（复试）

3月20日：录用决策

3月21日：向通过复试的应聘者发录用（试用）通知

3月25日～30日：新员工入职教育培训

4月1日：正式录用的新员工上班

9. 招聘人事政策（包括人事配置、薪酬福利等）

人力资源部　　总经理（签章）

2016年3月1日

案例讨论

1. 此招募计划设计书设计得正确、规范吗？
2. 组织中承担招聘任务的人员是如何确定的？

第四章　招 聘 渠 道

教学目标

掌握招聘渠道类型与方法；理解内部招聘与外部招聘的优缺点，招聘渠道选择的影响因素，企业生命周期不同阶段与招聘渠道的选择，不同职位与招聘渠道的选择；社交媒体在企业招聘中的应用；掌握招聘广告的一般要求；掌握招聘广告二维码生成方法；了解广告创意的基本要领。

教学要点

招聘渠道类型与方法、招聘渠道选择的影响因素、招聘广告的一般要求、招聘广告二维码生成方法。

关键词

招聘渠道　　内部招聘　　外部招聘　　社交媒体
招聘广告　　二维码

导入案例

在职工招聘方面，美国企业采取双向选择的自由雇用制。对人员的甄选具有实用的价值观，故美国企业招聘的对象以有实际工作经验者居多。对企业需要的高级人才，往往通过猎头公司获得。美国企业的这种聘用职工的方式，能使企业提高“速战能力”，对满足企业短期用人的需要非常适用。此外，美国公司认为报纸广告是行之有效的招聘渠道之一。通常经由雇员推荐的成功率很低，人们普遍认为，雇员推荐会导致招聘的人员只是与现雇员有相似背景，甚至可能导致对像妇女或少数民族这样特定群体的潜在偏见。美国经理认为公开招聘可以扩大可供选择的人才库。这样做使所有人都能针对空缺职位展开竞争，体现了人人平等的准则。

欧洲企业的招聘实践在很大程度上受到法律环境的影响。一方面，法律对有关招聘的方方面面都有规定，包括政府职业介绍所、临时工作、合同、工作时间、非工作时间、雇佣终止、机会均等与歧视问题等，企业必须严格执行。另一方面，法律的有关规定直接影响雇主在招聘问题上的战略与决策，因为人们总是愿意选择那些有关法律对自己有利的实践方式。欧洲企业的招聘渠道主要来自企业内部和外部。内部招聘是对公司现有的员工进行排名后选出承担新职位的最佳人选，这是欧洲企业招聘的主要方式。一项研究结果表明，2/3 的欧洲企业只有 30%的高级经理是从外部招聘来的。在丹麦和德国，有半数以上的企业先让员工任办事员（部分作为学徒工），再设立人才库，然后依此为大多数新职位提供合适人选。西班牙企业中 66%的专业人员是从雇员中招聘的，瑞典也是如此。外部招聘则是从公司的外部吸收劳动力，主要来源是劳动力市场。外部招聘主要通过下面几种途径：一是国家雇佣办公室；二是报刊广告；三是聘请招聘顾问；四是招聘中学和大学毕业生。

当前人才市场活跃，各用人单位间竞争激烈，真可谓“千金易得，一将难求”。如何招聘到适合企业的人才，同时又尽可能地减少招聘成本，一直是企业人力资源招聘部门要考虑的核心问题。而事实上，很多企业投入了大量人力、物力，在企业急需用人的时候，却常常苦于招不到合适的人才。要解决这一问题，就不得不建立企业有效的招聘渠道。

招聘的主体是招聘方，客体是应聘者，招聘渠道即连接招聘主体和客体之间的桥梁。从招聘主体的角度来看，招聘渠道是指招聘方为获取应聘者的应聘信息所采取的具体的招聘信息投放方式。从招聘客体的角度来看，招聘渠道是指应聘者获取招聘方招聘信息的途径。招聘渠道是与企业所在行业的特性、企业发展的阶段、招聘职位的特点以及人才市场的供给情况密切相关的。

第一节　招聘渠道类型

人员招聘的渠道可分为：内部招聘和外部招聘。内部招聘主要有内部公开招聘、工作轮换以及返聘等渠道；外部招聘主要有现场招聘、网络招聘、社交媒体招聘、校园招聘、传统媒体广告招聘、公共雇用机构、员工推荐等渠道。

一、内部招聘

内部招聘是指在企业出现职务空缺后，从内部寻找聘用者的方式。内部招聘的方法主要分为内部公开招聘、工作轮换以及返聘等。

（一）内部公开招聘

内部公开招聘指用现有员工来填补职位空缺的政策。一般而言，那些具有间接能力导向或者希望员工对组织有较高认同感的企业通常比较倾向于从内部选拔人员来填补职位空缺。如美国玛丽凯化妆品公司主张从本公司内部选拔干部，如果公司内部有合适的人选，他们一般不会聘请外人来公司任职。其具体做法是；当一个部门的领导职务出现空缺时，该部门的经理向公司人事部门正式提出担任这一职务必须具备的条件，人事部门即在每栋办公楼的布告栏上公布这一消息。公司里的每一个人都可以申请这个职位，无论申请者现在干什么工作，只要认为自己是合格的人选，就可以提出申请。人事部门将同每一名希望得到这个职务的雇员进行面谈，从中择优录取。只有在认为申请者都不理想的情况下，他们才聘请外部人员补缺，中国移动也采用这种招聘方式。

（二）工作轮换

工作轮换是暂时的工作岗位变动，是指在组织的几种不同职能领域中为员工做出一系列的工作任务安排，或者在某个单一的职能领域或部门中为员工提供在各种不同工作岗位之间流动的机会。一般来说，企业对各级管理人员，可考虑采取 5 年调换一次工作的方式进行重点培养。工作轮换有利于促进雇员对组织不同部门的了解，从而对整个组织的运作形成一个完整的概念；有利于提高雇员解决问题的能力和决策能力，帮助他们选择更合适的工作；有利于部门之间的了解和合作。

（三）返聘

返聘是指组织将提前退休，已退休职工再招回到组织来工作。这样不仅能够充分发挥他们的经验优势，使企业扬长避短，还能降低用人单位的劳动成本。

二、外部招聘

（一）现场招聘

现场招聘是一种企业和人才通过第三方提供的场地，进行直接面对面对话，现场完成招聘的一种方式。现场招聘一般包括招聘会及人才市场两种方式。招聘会一般由各级政府及人才介绍机构发起和组织，较为正规。同时，大部分招聘会具有特定的主题，如“应届毕业生专场”、“研究生学历人才专场”或“IT 类人才专场”等，通过这种毕业时间、学历层次、知识结构等的区分，企业可以很方便地选择合适的专场，从而设置招聘摊位进行招聘。对于这种招聘会，组织机构一般会先对入会应聘者进行资格的审核，这种初步筛选，节省了企业大量的时间，方便企业对应聘者进行更加深入的考核。在目标人群的细分方便企业的同时，也带来一定的局限性，如果企业需要同时招聘几种人才，那么就要参加几场不同的招聘会，这在另一方面也提高了企业的招聘成本。人才市场与招聘会相似，但是招聘会一般为短期集中式，且举办地点一般为临时选定的体育馆或者大型的广场，而人才市场则是长期分散式，地点也相对固定。因此，对于一些需要进行长期招聘的职位，企业可以选择人才市场这种招聘渠道。现场招聘的方式不仅可以节省企业初次筛选简历的时间成本，同时简历的有效性也较高，而且相比其他方式，它所需的费用较少。但是现场招聘也存在一定的局限，首先是地域性，现场招聘一般只能吸引到所在城市及周边地区的应聘者。其次是这种方式也会受到组织单位的宣传力度以及组织形式的影响。

（二）网络招聘

网络招聘是指人力资源部门通过网络发布招聘信息，经过信息处理后初步确定所需岗位人选的过程。在实际生活中，网络招聘一般以下面四种方式实现招聘工作：一是注册成为人才网站的会员，在人才网站上发布招聘信息，收集求职者信息资料，查询合适人才信息，如前程无忧、智联招聘、中华英才网等；二是在自己公司的主页或网站上发布招聘信息，很多求职者会瞄准特定的公司，经常上网查看其招聘信息；三是利用索引搜索相关专业网站及网页，发现可用人才；四是在某些专业的网站或者特定的浏览量大的网站发布招聘信息，如新浪网、搜狐网等。网络招聘没有地域限制，受众人数大，覆盖面广，而且时效较长，费用相对比较低廉。但是，这种渠道不能控制应聘者的质量和数量，海量的信息，包括各种垃圾邮件、病毒邮件等会加大招聘工作的压力。随着计算机网络的发展及广泛应用，网络已经深入人们生活的各个方面，网络招聘作为一个新的招聘渠道现在已经成为许多公司主要的招聘渠道。

知识拓展

在国内，网络招聘的发展可以分成 3 个时期。

第一个时期，以智联招聘、前程无忧为代表的收费时期。智联招聘、前程无忧走的模式是 To B 模式，即用户免费，向企业主收费。企业主需要向平台费缴纳一定的年费，才可以在网络招聘平台上发布招聘信息。用户可以免费建立简历和投递简历，当然，用户也有收费的情况，花费其设立的虚拟金币可以享受更优质的服务，但是从本质上来说，并不能改变用户求职的最终性。

第二个时期，是以 58 同城、赶集网等分类信息网站为代表的免费时期。无论是企业主还是用户，都可以免费在平台上发布招聘求职信息。

58 同城公布的数据显示，截止到 2014 年 11 月，平均每天 50 万企业在 58 同城上进行招聘，每天超过 650 万人在 58 同城上找工作，其简历存量已达 1.5 亿。赶集网在 2014 年 11 月 10 日表示，其在线招聘业务简历量超过 1 亿份，招聘销售额全年预期达 7 亿～8 亿元。

和前程无忧、智联招聘不同的是，58 同城、赶集网这些前期走的都是用户免费的路线，请企业发布信息也是免费的，这就吸引了大量 C 端用户上来，前程无忧这些前期走的是 B 端路线。当然，后期 58 同城、赶集网也纷纷触向 B 端商户，商户要想刷新信息，要想优先展示，就得进行认证，就得使用增值服务，而用户要想获得 VIP 服务，也需要交钱。

第三个时期是以拉勾网、猎聘网、内推网、周伯通招聘等为首的走精准化招聘的时期。拉勾网、猎聘网、内推网、周伯通招聘均是近两年发展起来的网络招聘平台，他们针对的是互联网方向的优质供需信息平台，无论是供方还是需方，都是相对精准的。他们无须再在一个大海洋里找寻自己需要的信息，彼此在一个很细分的平台上相互匹配。第三个时期，数量已经不是他们唯一的追求，相反质量才是他们的追求。

（三）校园招聘

校园招聘通常是指企业到学校张贴海报，召开宣讲会，吸引即将毕业的学生前来应聘，并从中选拔企业所需要的人才的招聘形式。传统的校园招聘是一种两点式招聘，即在学校与企业两点间进行。对于部分优秀的学生，可以由学校推荐，对于一些较为特殊的职位也可通过学校委托培养后，企业直接录用。校园招聘能够极大地提高公司在高校圈的知名度，为公司储备人才提供人才库，为建立良好的校企合作关系奠定基础。校园招聘虽然能够吸引众多的潜在人才，但是这类人员的职业化水平（态度、专业技能、行为习惯等）不高，流失率较高，需要企业投入较多的精力进行系统完整的培训。所以，当这类潜在的人才进入企业后，通常要接受比较完整的培训，再安排到生产经营的一线作为储备干部接受工作训练。通过这样一个过程，那些能够积极融入企业、满足企业要求的人才便会脱颖而出。

（四）传统媒体广告招聘

企业通过电视、广播、报纸、杂志等媒体向社会公开发布招聘广告。具有受众面广、收效快、过程简单的特点，一般会收到较多的应聘资料，这样不仅可以提升企业在当地的知名度，也可以有效宣传企业的业务，有一举多得之功效。中国电视广告媒体呈 4 层金字塔结构，塔尖是中央电视台，第二层为省级卫视，第三层是省级非卫视频道，第四层为城市电视台。电视广告招聘就是通过以上电视媒体向社会公开发布招聘信息的招聘方式；一个城市的报业集团有属于自己的晨（日）报、晚报或商报，企业招聘方可通过以上所列报纸的广告版块发布招聘信息，即报纸广告招聘；广播是一般家庭重要的收听信息的媒介，企业也可以通过广播媒体发布招聘信息；国内杂志种类众多，从行业来看，前几年 IT 类杂志发展很快，近几年，汽车类和财经类杂志发展很快，另外还有时尚类和航空类杂志，企业在类似的杂志上发布招聘信息有很强的针对性。但是这种招聘渠道会吸引到很多的不合格的应聘者，增加人力资源部门筛选简历的工作量和难度，延长招聘的周期。另外，该渠道的费用比较高，特别是选择“抢眼”版位和版式费用会更高。通常，公司采用这种方式招聘有实际工作经验的社会人员。另外，该渠道的效果会受到广告载体的影响力、覆盖面、时效性的影响。与网络招聘相比，传统媒体广告招聘也有其自身的优缺点，如表 4-1 所示。

表 4-1　传统媒体广告与网络招聘的优缺点与适用范围

类　型	优　点	缺　点	适 用 范 围
报纸	发行量大，读者面广	对象无针对性，印刷质量差	招聘对象限定在某一区域时
杂志	特定职业群体	预约期太长，发行区域分散	需要专业工作人员时
广播电视	视听效果明显	不能保留，费用昂贵	组织需要迅速扩大影响时
互联网	范围广，速度快，成本低	网站知名度影响信息发布有效性	上网人群

（五）公共雇用机构

公共雇用机构，也就是就业中介机构，这种机构一方面为企业寻找人才，另一方面也帮助人才寻找合适的雇主。一般包括针对中低端人才的职业介绍机构以及针对高端人才的猎头公司。目前，我国就业中介机构的主要种类有劳务市场、人才交流中心或人才市场、人才咨询公司、猎头公司等。组织可以利用这些就业中介机构所提供的信息和条件扩大招聘范围，直接面对应聘者对其进行评价和筛选，或先由就业中介机构根据组织的招聘要求对应聘者进行评价和筛选，从而大大提高招聘工作的效率。其中，猎头公司的招聘成本也是相当高的。它的招聘费用一般是按照应聘者进入企业后年薪的一定比例来收取。当然，当企业对某职位的应聘者有某些较特殊的要求时，委托给猎头公司是一种比较快速、有效的途径。

知识拓展

猎头公司

“猎头”在英文里叫 head hunting，原意为割取敌人的头作为战利品的人，这里意为物色人才的人。“头”是智慧、才能集中之所在，“猎头”特指猎夺人才，即发现、追踪、评价、甄选和高级人才。猎头公司（executive recruiters/headhunter）就是猎取社会所需各类高级人才的中介组织。在国外，这是一种十分流行的人才招聘方式，港台地区把它翻译为“猎头”，意指“网罗高级人才”。与人才交流中心不同，猎头公司采取隐蔽猎取、快速出击的主动竞争方式，为所需高级人才的客户猎取公司在人才市场得不到的高级人才。猎头公司的猎物对象是高级管理人才。一般来说，主要是总裁、副总裁、总经理、副总经理、人事总监、人事经理、财务经理、市场总监、市场经理、营销经理、产品经理、技术总监、技术经理、厂长、生产部经理、高级项目经理、高级工程师、博士后、博士、工商管理高级人才、其他高级顾问及其他经理级以上人才等。猎头公司和简单的中介公司有很大不同，猎头公司不对个人进行收费，而中介公司是谁需要就对谁收费，个人要找工作就对个人收费，企业找人就向企业收费，层次比较低。猎头公司只向企业收费，如果向个人收费的话，那肯定不是猎头，而是中介。猎头公司需要提供人才评价、调查、协助沟通的顾问咨询服务，中介公司往往是非常简单的撮合；猎头公司收费很高，而中介公司收费往往比较低；猎头公司主要是主动寻找人才，中介公司更多的是在现有资源中撮合。另外，中介公司更多地为找工作的人服务，猎头公司更多的是为能力强、职业道德好的人才服务。目前世界上比较著名的猎头公司有光辉国际咨询顾问公司、海德思哲国际有限公司、美国阿托兹顾问有限公司、亿康先达国际咨询公司、罗兰贝格尔国际有限公司、尼科尔森国际有限公司、优异人力资源顾问公司、EMDS 顾问有限公司、联合资源顾问有限公司、优利投资咨询有限公司等。

（六）员工推荐

企业可以通过员工推荐其亲戚朋友来应聘公司的职位，这种招聘方式最大的优点是企业和应聘者双方掌握的信息较为对称。介绍人会将应聘者真实的情况向企业介绍，节省了企业对应聘者进行真实性的考察，同时应聘者也可以通过介绍人了解企业各方面的内部情况，从而做出理性选择。目前已经有许多企业采用这种招聘方式，如高露洁公司就鼓励员工推荐，并设置了激励手段，如果应聘者被录取，介绍人将会得到一定的奖金。但采用该渠道时也应注意其负面影响：一些公司内部员工或中高层领导为了培植个人在公司的势力，在公司重要岗位安排自己的亲信，形成小团体，这会影响到公司正常的组织架构和运作。

（七）社交媒体招聘

社交媒体招聘是指通过社交网站、职业 SNS 网站微博、微信等社交媒体进行企业招聘行为。社交媒体招聘渠道比传统招聘渠道显得更为灵活，时间和资金成本上都有明显的降低。这对于中小型企业而言，不失为一个不错的选择，也可为他们带来更多的机会。根据 Jobvite 公司 2011 年发起的第三次年度社交网络调查报告显示：在 600 名接受调查的 HR 中，有 70% 已经开始利用社交网络进行招聘活动。社交媒体为企业招聘活动提供的便捷性已经开始得到广泛认可。社交网络的“互动”优势和基于现实关系网的深度数据挖掘能力让社交招聘双方信息的匹配更为“精准”，候选人的教育背景、职业履历、专业优势、人际口碑等企业所重视的简历项目都可以通过事先的沟通与账号信息比对提前获知，不仅极大地降低了人才搜寻与背景调查成本，也为拟录用人员的可靠性与稳定性提供了一定程度的保障。

课外阅读：企业 HR 利用社交媒体招聘的 5 个步骤

知识拓展

社交媒体

从类型上讲，社交媒体的形态包括博客及微博客（如国内的饭否网等）、百科（如国内的互动百科、百度百科等）、图片分享播客及视频分享（如国内的土豆网、优酷网等）、社交网络（如国内的开心网、校内网等）和网络社区（如国内的猫扑等）。奥美公关集团 360 数字影响力亚太区团队制作的中国社交媒体信息图将社交媒体按照功能划分为 16 种类型，而这 16 种类型又可以被进一步概括为五类，分别是创作发表型、内容共享型、协同编辑型、社交服务型与个体商务型。

社交媒体渠道作为一个新兴的事物，在最近几年才开始发展，国外已经做出了很多用社交媒体渠道招聘的尝试，并取得了巨大的成功。在众多的招聘渠道中，社交媒体渠道拥有着自己独到的特点。

（1）传播结构扁平化、多样化

社交媒体和传统的其他媒体，都可以向全球传播信息。不过，传统媒体多属于中央集权的组织结构。社交媒体通常扁平化、无阶层、依照多元生产或使用的需求，而有不同的形态。企业在通过社交媒体发布消息时，可以采取多种形式：图片、视频、文字、音乐等。同时对于企业而言，可以改变传统的招聘渠道“你—找到—我”的模式，开辟了“我—发现—你”的模式。

（2）使用门槛低

能够使用传统媒体的，绝大多数都只有该媒体的政府或私人业主。例如，某大报的头条由该报编辑室决定、某电影的集资拍摄由政府和民间资金主决定。社交媒体可让社会大众便宜或免费使用；例如网络博客，人人可免费申请，申请人可任意编辑博客的内容。这样不论企业大小，不论部门或个人都可以使用社交媒体渠道，发布信息。

（3）即时信息发布

一般而言，根据招聘内容的规模，在传统媒体渠道发布信息，通常有几天的制作时间，有些比较热门的渠道，可能需要长达几周的投标、谈判等。社交媒体渠道因为偏好轻薄短小的图文发布，所以制作时间减少至一天、几小时、几分钟。同时还可以对招聘进程情况进行即时的发布与播报。

（4）互动性沟通

通过社交媒体渠道进行企业招聘，一改以往发布招聘信息后，就等待简历的被动局面。通过社交媒体渠道发布信息后，可以同潜在雇员进行在线沟通，了解潜在雇员对于招聘过程的意见和建议，可以更快地调节招聘工作中的不足和缺失。同时互动性的沟通，潜在雇员及时关注招聘，关注企业雇员与企业在整个过程中，都处于互通信息的环境，避免了某一方的被动带来的信息缺失或沟通不畅。

社交媒体在新时代的环境下诞生，社交媒体渠道在企业招聘渠道拥有自身的特点，这也使得它与其他渠道拥有很多不同。

同时根据美国移动分析公司 Flurry 最新的报告显示，中国已超越美国成为全球最大的智能终端设备市场，这一调查结果充分说明了未来移动智能终端领域功能研发与推广的优渥潜力。随着智能手机的日趋普及，各种移动终端的发展模式陆续被开发出来，手机终端融合社交网络的招聘模式，能够使客户端前的求职者充分利用碎片时间浏览招聘信息，因此更受到年轻求职者的青睐。招聘服务供应商借势不断优化产品功能，为了逐步扩大用户覆盖面，在职位搜索、掌上求职管理、简历编辑等基本功能服务的基础上，还提供了诸多个性化的需求，如薪酬查询、加入企业粉丝团等，为基于社交媒体的移动招聘在国内招聘行业的发展找到了方向。

课外阅读：如何在社交媒体上找工作

（八）招聘流程外包（RPO）

招聘流程外包（recruitment process outsourcing，RPO）服务，即企业将全部或部分招聘活动外包给第三方专业的外部服务商来完成。有调研显示，2011 年全球 RPO 市场规模达 16 亿美元，年增速超过 25%，绝大部分世界 500 强企业部采用了 RPO 服务。根据客户需求，RPO 服务商可以提供从建立具体职位需求到候选人入职等内部招聘流程的各环节服务，包括职位需求分析、招聘渠道管理、简历筛选、背景调查、候选人面试、入职通知发放等，以此区别于猎头公司所提供的高级管理人才搜寻服务。由于 RPO 服务提供商一般具备更好的招聘方法与技能，可以为企业节约大量招聘成本，因此堪称在专业技术领域快速招聘合格员工的首选。

三、内部招聘与外部招聘的比较

（一）内部招聘的优缺点

内部招聘的优点：可信度高、忠诚度高、适应能力强、组织效率高、激励性更佳、费用低。许多企业特别注重人才的内部招聘，尤其是招聘企业高级管理人才时。如著名的通用电气原总裁韦尔奇就是从公司内部选拔出来的。

内部选拔有许多优势，但其本身也存在明显的不足，具体包括：可能造成内部矛盾；容易“近亲繁殖”，抑制个体创新；可能出现裙带关系的不良现象，引发组织内的“政治小团体”，削弱组织效能；失去选取外部优秀人才的机会，降低组织更新的机会；内部发展计划需要培训成本，在短时间内会影响到组织的整体动作效率和绩效。

（二）外部招聘的优缺点

外部招聘的优点：外部人员对现有组织文化有一种崭新、大胆的视野，而少有主观的偏见，可以迅速打开局面；新员工会带来不同的价值观和新观点、新思路、新方法，有利于企业的发展和创新；外部招聘会起到广告作用，树立企业良好的形象和口碑；外部招聘会给组织原有的员工施加压力，使他们产生危机意识，激发他们的斗志和潜力，产生鲇鱼效应；外部人才来源广泛，选择余地充分，能引进许多优秀人才，可以节省大量的内部培训和培养的费用；有利于平息和缓和内部竞争者之间的紧张关系。从宏观意义上说，外部招聘可以在全社会范围内优化人力资源配置，促进人才合理流动，具有巨大的社会效益。

外部招聘的缺点：筛选时间长、难度大，进入角色状态慢，引进成本高，决策风险大，影响内部员工的积极性，有“中转站”的风险，外部招聘人才之间、外部招聘人才和内部人才之间关系复杂，矛盾重重。

第二节　招聘渠道选择

一、招聘渠道选择

关于招聘渠道选择，目前国内外尚无完整的定义，本书对招聘渠道选择进行了如下界定：招聘渠道选择是指组织以招聘成本利益最优化为目标，为空缺岗位选拔从事者时，根据岗位的特点对招聘渠道做出的一系列决策，决策时主要考虑选择什么、何时选择、由谁来选择、用什么进行选择以及如何选择等问题。其需要实现的步骤包括信息收集、预测和决策。主要包含了两个方面的工作：①在每次招聘时，通过科学的方法预测成本收益，从而选择合理的招聘渠道；②通过以往的招聘渠道相关数据，进行数据分析，为以后选择招聘渠道提供依据。

从劳动市场信息学方面来看，处于劳动市场中的企业和应聘者都是盲目的，因此双方实现良好的匹配非常困难。同时，企业发布的招聘信息是一种时效性很短的信息。基于以上的情况，当某个应聘者获得一则招聘信息时，如果与自己的条件不符合，他会放弃这则信息。如果招聘信息是由一个信息中介机构进行搜集和发布的，则对某个应聘者无用的信息可能对其他人是有用的，所以这些招聘信息可以通过这个信息中介进行更加有效的配置。因此，科恩（Cohen，1960）及台湾学者李诚和简士评（2001）等均认为采用正式的招聘渠道是更为有效的招聘方式。

也有一些学者通过实证研究得到了相反的评价。早期德克（Decker）和科尼利厄斯（Cornelius）在 1979 年的研究主要是采用应聘者的工作年限来评价招聘渠道的效果，研究结果表明员工推荐表现最好，应聘者最为忠诚，而报纸和职业中介则是最差的。甘农（Gannon）在 1971 年，科纳尔（Conard）和阿什沃思（Ashworth）在 1986 年通过比较员工离职率同样发现员工推荐是最好的招聘渠道。比艾夫（Breaugh）在 1981 年做了更加全面的比较，他采用员工绩效、缺勤天数和工作态度（工作满意度、工作投入和上级满意度）等变量来衡量招聘渠道的效果，并得到这样的结论：学校就业指导中心和报纸比起杂志和自荐者要更差一些。另外一名学者莫泽（Moser，2005）认为，招聘渠道的效果能用各种雇佣后表现的变量来进行测量。对于这些雇佣后表现的变量，一般可以分为近期表现和远期表现两种，一些在员工入职后很快可以测量出的如工作满意度为近期表现，而如员工流失率、员工工作年限长度等，需要较长时间甚至是员工离职后才能测出的变量则是远期表现。1992 年瓦努斯（Wanous）对员工的远期表现进行测量，得到的结果是，内部招聘渠道选出的员工的流失率要略微低于外部招聘渠道。他对此的解释是，内部推荐时，推荐者与被推荐者之间的关系是一种约束和激励被推荐者的因素，并在被推荐者的工作中发挥着重要的作用。

通过以上的讨论我们可以发现，基于不同的样本以及理论推理得到的招聘渠道的效果是不一样的。因此，企业不应该盲目地依赖某种招聘渠道，而应该结合企业自身特点，包括财务状况、紧迫性、招聘人员素质等，同时考虑招聘职位的类型、层次、能力要求等，来选择适当的招聘渠道。

二、影响招聘渠道选择的因素

影响企业招聘渠道选择的因素有很多，包括国家的宏观影响因素、企业的中观影响因素和应聘者的微观影响因素。国家的宏观影响因素包括政府管理及相关法律、经济发展状况、人口与劳动力市场、社会文化、产品或服务市场、技术发展等；中观影响因素包括企业的性质、发展阶段、企业战略及人力资源规划、企业文化；微观影响因素包括应聘者的种族、性别、年龄等人口学差异及受教育程度、所学专业、职称级别、相关工作经验等个人背景差异。由于招聘渠道的选择是为招聘的最终结果负责的，因此招聘渠道的选择也应从如何有利于提高企业招聘的有效性出发。自企业决定招聘某个或某些职位开始，人力资源部门招聘工作的基本目标就是在有限的时间内以合理的成本将人员招聘到岗，较高目标就是确保招聘来的人员能与企业对所招聘职位的要求相匹配，并能稳定地留在企业中工作。从上述目标中可以看出影响企业招聘渠道选择的因素主要有时间、数量、质量以及成本因素。

（一）时间因素

时间是影响企业招聘渠道选择的非常重要的因素之一，企业专门负责招聘的人员要具备识人的本领，将适合企业的较优人员从众多的应聘者中筛选出来。这不仅是和众多候选者斗智的过程，也是同其他企业争夺人才的过程，也是与时间赛跑的过程。空缺职位填补的急切性和劳动力市场的有限性共同作用，迫使招聘者争分夺秒地工作，直至招聘到能填补该空缺职位的企业满意的人选为止。从这一角度来看，招聘渠道的选择对企业招聘者来说是至关重要的。试想从一开始就没分清各招聘渠道之间的差别，盲目地投放招聘信息，就可能产生大量的无效的信息接受者，影响企业招聘的进程，使企业招聘的时间延长。

报纸招聘相对现场招聘、校园招聘等来说比较节省招聘者的时间和精力，他们只需要将招聘信息委托给报纸来发布即可；招聘会花费招聘者大量的时间和精力，包括前期的准备工作以及到现场进行招聘，但在招聘会上，企业和应聘者可进行简短的交流，这可节省人力资源部初次筛选简历的时间。而且在招聘会上收到的简历有效性比较大，即投递简历的人绝大多数为寻找工作的人；校园招聘招来的学生都没有实际工作经验，企业要花费大量的时间及精力来对他们进行培训，这包括正式培训和非正式培训；公共雇佣机构这种招聘渠道对企业来说，比较省时、省力；员工推荐，推荐方对被推荐方和企业都比较了解，由于他们之间存在着特殊的关系，推荐方会向企业提供被推荐方比较全面而真实的信息，企业可以省掉许多时间和精力来对被推荐方进行各种调查；网络招聘的招聘信息的时效性较强而且在较长时间内可以持续收到大量的简历。

另外，企业应遵循劳动力市场人才流动的时间规律，一般来说，在每年的大学毕业生就业阶段是人才寻找就业机会的高峰，这段时间一般是从每年的 11 月份开始，直到第二年的五六月份结束。在这个时期进行人员招聘，因为劳动力供给充分，所以可以在很大程度上雇佣到素质较高的员工，同时也有利于节约招聘成本。企业的应届生招聘计划一般在 11～12 月，最晚应在次年的 1 月上旬就应确定。如果招聘的是热门专业的学生，在 12 月底或次年的 1 月底之前就要与各校的毕业分配办公室联系，让其协助发布招聘信息，并了解当年的毕业分配政策。各校的毕业生分配洽谈会一般会在次年的 1～3 月举行，人事部门可以组织有选择地参加几次。另外，每年春节长假过后，很多企业都面临员工“跳槽”的影响，这时候多数企业都要补充招聘非应届人员。

（二）数量因素

招聘是市场营销活动，是让目标群体对企业产生美好的联想行为，从而打动他们的内心，使双方有机会直面交流。有效招聘的基础在于获取充足的应聘者，这样才有足够的空间选拔优秀的人才，并保证面试求职者时的谈判优势。招聘方要利用一切可以利用的手段来吸引足够多的应聘者，使他们产生主动应聘的行为，并乐于来公司工作。在发布招聘信息以前，企业必须考虑在多大范围内吸引应聘者，吸引多少应聘者为宜。例如，某公司需要招聘 5 名工程师，公司根据以往招聘时的经验以及劳动力市场当时的供求状况，估计了各环节的淘汰比率，如图 4-1 所示。

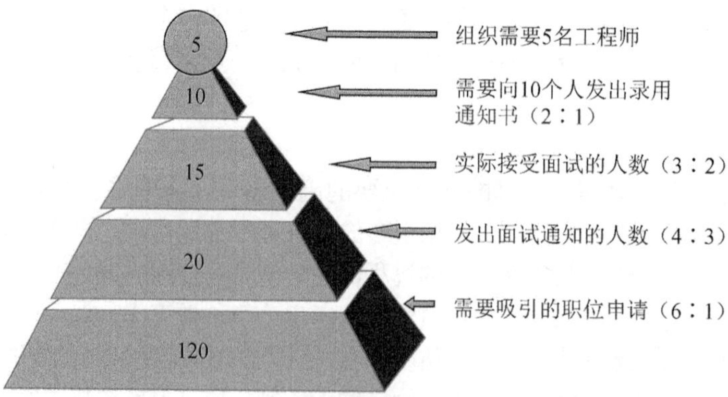

图 4-1　招聘金字塔

根据图 4-1 可知，必须要有 120 个人申请，才能产生出 20 个被邀请到招聘地点进行面谈的人；企业大约需要对 15 个被邀请者进行面谈；在这些被面谈的人中间可以发出 10 份录取通知书；这 10 个人中有一半的人，即 5 个人会被最终雇用。实践中，大型公司或经常招聘的公司积累这方面的数据相对要容易一些，小公司或不常招聘的公司，在数据收集上会有一定的困难。尽管如此，作为招聘者，还是应该尽量收集能反映实际问题的有关数据。

（三）质量因素

招聘有效性的高低与不同招聘渠道的人员质量的好坏密切相关，而不同渠道人员质量的好坏又与招聘职位要求的匹配程度密切相关。由于不同的行业、不同的企业和不同的职位要求不同，导致对候选人资格的要求不同，从而企业采用的招聘渠道也应不同。可见，衡量如何选择招聘渠道的一个重要因素是招聘渠道的职位匹配性。体现在某种招聘渠道针对某类职位的招聘比其他招聘渠道更有效的现象，即通常所说的质量较好。职位匹配性具体表现在人-岗匹配、人-团队匹配、人-组织匹配 3 个方面。人-岗匹配方面，人岗匹配是双重匹配，岗位要求与人的知识、技能、能力相匹配；工作报酬与人的期望、工作动机相匹配。一个有着既定知识、技能、能力的人不可能适应所有的岗位，不同的岗位要求不同的知识、技能、能力；一个有着既定期望和工作动机的人不可能满足于所有岗位，因为不同岗位提供的报酬也不相同。因此，招聘者需要根据拟聘岗位的工作要求和报酬来评价应聘者。人岗的双重匹配要求招聘者在招聘渠道选择中给予同等重视。如果招聘者只是强调工作要求与应聘者知识、技能、能力的匹配，而忽略了工作期望、动机与报酬的匹配，那么，他可能会找到高绩效的人，但无法说服应聘者接受工作机会，即便应聘者接受工作机会，也不会在企业工作很长时间。其中，工作要求包括明确的工作任务和完成工作任务所需要的知识、技能和能力。

人-团队匹配，是指应聘者与其将要工作的直属团队之间的匹配。不论是新员工还是老员工，他们与团队其他成员之间的关系都会影响他们对团队的贡献。新成员的素质很重要，因为它能够影响其他成员的工作绩效，乃至影响整个团队的绩效。所以，在渠道选择中就要考虑应聘者的素质是否与团队的要求相一致。新员工与其工作团队之间的匹配既要获得辅助匹配又要获得互补匹配。辅助匹配是以新员工和其他员工有相似的价值观和信念为前提的，这些价值观和信念在工作当中就成为团队成员共同遵守的规范和准则，使员工在工作中表现出积极的工作态度。互补匹配是以新员工和团队其他成员之间有明显不同的素质和性格为前提。由于新成员具有不同于其他成员的素质，他可以补充其他成员的素质和性格上的不足。

人-组织匹配方面，员工不只是在企业找到一份工作，也要能融入团队、融入组织，这就涉及组织的价值观念。组织的价值观念是组织希望其员工拥有的一系列态度和行为规范，这些价值观念虽然不会写在工作说明书中，但组织希望应聘者拥有这些价值观念。新员工刚进企业时，有些工作任务不明确或很难明确，组织希望新员工能够承担这些工作任务，并且组织在有了新的工作任务时，不需要再雇佣新人。随着组织的发展，组织希望员工与组织能够长期匹配。

（四）成本因素

企业选择不同的招聘渠道花费是各不相同的，资金的有限性使得招聘人员对于空缺职位的资金预算必须非常清楚。要知道，企业每年的招聘资金预算是全年人力资源开发与管理总预算的一部分，每个公司根据自己的实际情况，按照所采用的招聘方式、招聘对象的不同，招聘人数的多少等因素来具体决定招聘资金预算。

招聘资金预算具体落实到企业招聘渠道上就是招聘渠道成本。招聘渠道成本主要表现在两个方面，一是因为使用该种招聘渠道发布招聘信息所发生的直接成本；另一种是因为采用这种招聘渠道导致招聘人员花费的时间、精力、员工工资以及管理费用等间接成本。不同渠道的招聘成本是不同的，报纸招聘的成本受报纸影响力、覆盖面以及招聘信息所占版面位置及大小等因素影响；相对来说，招聘会的招聘费用较低；校园招聘的成本比较偏高，这包括直接成本和间接成本，尤其对有些需要在全国各地举行校园招聘的企业来说，其成本更高；人才交流中心和职业介绍所主要面对中、低层次的人才，其招聘成本相对于其他招聘方式来说稍偏高，而猎头公司主要为企业输送中、高层次的人才，其招聘成本也是相当高的，它的招聘费用一般是按照应聘者进入企业后职位年薪的1/4～1/3，也就是说，猎头的费用相当于某一职位三四个月的薪水。内部招聘相对于外部招聘，其最明显的优点就是最大限度地节约了招聘成本；员工推荐可降低企业的招聘成本，通常企业人力资源部可选择某些职位向员工公布，推荐成功者将获得奖励；网络招聘费用相对来说比较低，但是也有很多大型网站费用高昂，但是他们颇有口碑，声誉佳，如想雇用一名能干突出的多面手，在大型网站刊登广告绝对物超所值，如果想要招聘具备特殊专业技能的人才，那么在相对低廉的特殊职业网站，或在一个专业人员联合会网站上登载信息则更为明智。此外，招聘的沉没成本也构成了企业招聘成本很重要的一部分，因为当企业招聘失败的时候，对企业造成的损失也是巨大的。

三、企业生命周期不同阶段招聘渠道的选择

（一）初创期

1. 初创期企业一般人员的招聘渠道

（1）招聘广告

招聘广告的内容可以让招聘的要求一目了然，同时信息面广，可吸引较多的应聘者，从而提高企业选拔到合适人选的概率。但由于广告费用高，应聘者多，所以企业要根据自己的资金规模慎重选择合适的广告媒体以及选拔的方式，并尽量将招聘录用过程简化。

（2）通过学校招聘应届毕业生

这阶段企业鉴于自身的条件限制，最好选择在一般大学进行招聘，从而节省费用。简单的学校招聘费用不高，目标范围限定，虽然许多学生经验不足，但可塑性强，并且不乏许多有兼职经验的学生。和工作经验丰富的人相比，在校学生绝大多数不了解市场的平均工资，在人才供过于求的局面，一般院校毕业生的工资起点不高，他们更多关注日后的发展前景，因而初创期企业可用美好的发展前景来吸引毕业生，让他们和企业一同成长。

（3）政府职业辅导机构

企业只需将自己的要求告之政府职业辅导机构，由他们负责初选，这种方式快捷、成本低，可为企业节约大量的时间和费用。由于政府职业辅导机构大多是失业人员，面临再就业的压力，要求的薪金不会太高，企业在招聘到有经验的员工的同时也帮助政府解决了失业人员再就业的问题，从而有利于企业树立良好形象，也易得到政府的帮助。

以上3种方式对初创期企业而言，共同的特点就是对应聘者没有过多的要求，只要求具备一定的基本素质和基本技能。

2. 初创期企业管理人员的招聘渠道

初创期企业的管理处于混沌阶段，不清晰也不规范，一个管理人员常常身兼数个管理职位。这一时期，企业需要的是能独当一面的管理人员，而这些角色通常都由企业的创业团体担当。当管理人员缺乏时，企业不会选择外聘，更不用说通过猎头公司，因为对于管理人员的招聘，这些方式成本都较高，并且不能保证招聘到合适的人才，所以初创期企业的管理人员往往都是通过内部招聘或人员推荐来满足需求。

（二）成长期

1. 成长期企业一般员工的招聘渠道

（1）广告招聘

由于该阶段资金压力缓解，企业有资金支持广告费用，因而企业会选择影响较大的媒体，随着应聘者的增加而提升企业招聘到合适人才的概率。

（2）学校招聘

因为该阶段不仅招聘数量多而且要求提高，企业可能会比较青睐从重点大学招聘员工，提高在名牌学校的录用比率。

（3）人才交流市场

人才交流市场有大量具备工作经验的员工，也不乏少许学校毕业生，这为企业招聘一般员工提供了方便。

同时，政府职业辅导机构也可继续使用。以上几种渠道都具备某些相同的特征，这些渠道应聘者多，企业可以快速招聘到合适的人才，从而满足企业较多、较急的人才需求。

2. 成长期企业管理人员的招聘渠道

（1）猎头公司

这种方式可以为公司最高管理层节省大量招聘和选拔时间。猎头公司的联系面广，信息量大，对各类管理人才比较了解，因而可以为企业招到有能力的管理人员，但企业需要支付给猎头公司较高的费用。

（2）职业团体

职业团体和人才交流市场、私人职业介绍机构相区别，后者仅使用于一般人员的招聘，而职业团体为中高级管理人员、技术人员的选拔提供服务。职业团体的申请者水平和素质较高，并且人才集中，不仅有利于企业在较短的时间内选拔出合适的人员，也可以帮助企业节约时间和费用。

以上两种渠道对成长期企业的管理人员招聘较有效，除了这些渠道，企业在需求仍不能得到充分满足的情况下可以选用其他渠道做辅助，如广告招聘，可在必要时候应急。

（三）成熟期

1. 成熟期企业一般人员的招聘渠道

虽然对成熟期的企业而言招聘不是重点，但也应当选择合适的渠道，招聘合适的人，从而避免给企业带来不必要的花费。对于一般员工和技术人员，学校招聘、广告招聘、人才交流市场都适用，有新项目的时候，公司还可以选择人才租赁的方式，这样公司不必过多储备人才，又可解决急需人员的状况。由于企业的人才需求量不大，资金充足，企业知名度高、信誉好，人力资源管理系统比较完善，培训方法也更加成熟。所以，企业这时的招聘重点不在于一般员工，而在于管理人员。

2. 成熟期企业管理人员的招聘渠道

成熟期企业机构臃肿，缺乏活力，急需为企业注入新鲜血液，所以企业需要到外界“挖”优秀的管理人才。对于管理人员的外聘，公司可选择实力雄厚、信誉度较高的猎头公司，也可选择通过职业团体招聘人才，甚至在有项目的时候，可以采取外包的形式，通过猎头公司或者当地一些公司聘请高级管理人员领导团队，直至项目完成。与此同时，企业也应注重内部人员的晋升，以此维持员工的忠诚度，使员工对个人的职业发展充满信心，这样有利于鼓舞士气。因此，内部招聘仍然是招聘公司管理人员的一个重要渠道。

（四）衰退期

在企业继续衰退，直至灭亡的情况下，过多的人员已成为企业巨大的包袱，企业几乎不存在招聘。在企业内部进行大变革，企业获得新生的情况下，公司需要招聘部分管理人员，通过外聘为企业带来新的管理方法和理念，为企业老化的躯体注入新鲜的血液。这时企业需要的不仅是优秀的管理人员，还要求必须是对整个行业市场环境较熟悉的人才，这样的人才适应时间短，能快速协助企业进行改革。这种情况下企业不能使用广告招聘的方式，因为企业对应聘者没有较多的了解，处于信息不对称的劣势，对录用者能否胜任也是未知的。最好的方式是采用人员推荐和猎头公司来获取人才。对于人员推荐，推荐者对被推荐者比较了解，并熟知被推荐者所创建的业绩以及所具备的能力，被推荐者也对企业的困境有所了解，一上任便能针对性地采取措施。猎头公司有大量行业内出色的管理人员的信息，可帮助企业找到合适的人才。另外，企业可以裁减不合格的员工，加强培训，将精简后的人员成功转型组成新领域的人才队伍，同时仍需外聘部分人才和原有员工共同进行第二次创业。于是，企业又开始新一轮的生命周期，这时员工招聘要选用初创期所适用的渠道，由此开始，企业的人才招聘渠道随着第二轮生命周期进入下一次循环。

四、不同职位与招聘渠道的选择

组织在进行招聘时必须使潜在的工作申请人能够知道存在的工作机会。一般而言，哪些人会知道组织的就业机会与组织所使用的招聘渠道之间存在着密切的关系。在现实的招聘实践中，组织有多种招聘渠道可以选择。而组织具体选择的招聘渠道应该能够保证组织以合理的成本吸引到足够数量的高质量的工作申请人。美国人力资源管理学界的一个主流的看法是：招聘专业技术人员最有效的 3 个途径依次是员工推荐、广告和就业服务机构，招聘管理人员最有效的 3 个途径依次是员工推荐、猎头公司和广告。在 20 世纪 80 年代末，美国曾经公布过一个包含 245 个样本组织的调查结果，结果显示了这些组织对不同的招聘渠道的有效性的评价，如表 4-2 所示。

表 4-2 不同职位采用不同招聘渠道的匹配度

有效性	行政办公	生产作业	专业技术	佣金销售	经理
一	报纸招聘	报纸招聘	报纸招聘	报纸招聘	内部招聘
二	内部招聘	内部招聘	内部招聘	员工推荐	报纸招聘
三	员工推荐	员工推荐	校园招聘	内部招聘	私人就业服务机构
四	政府就业服务机构	政府就业服务机构	员工推荐	私人就业服务机构	猎头公司

由此可见，不同的工作岗位应该有不同的招聘渠道。对于行政办公人员，被认为最有效的招聘渠道依次是报纸招聘、内部招聘、员工推荐和政府就业服务机构。对于生产作业人员，被认为最有效的招聘渠道依次是报纸招聘、内部招聘、员工推荐和政府就业服务机构。对于专业技术人员，被认为最有效的招聘渠道依次是报纸招聘、内部招聘、校园招聘、员工推荐。对于获取佣金的销售人员，被认为最有效的招聘渠道依次是报纸招聘、员工推荐、内部招聘、私人就业服务机构。对于经理人员，被认为最有效的招聘渠道依次是内部招聘、报纸招聘、私人就业服务机构、猎头公司。值得注意的是，各个组织对招聘渠道的选择和使用与他们的有效性评价存在着很大程度上的不一致。

第三节 招聘广告的撰写

人才就是资源，招聘人才就是引进资源。招聘广告作为招聘人才的载体和桥梁，在现代人力资源管理中占有十分重要的位置，其写作是人事招聘工作者应具备的基本技能，好的招聘广告不仅能扩大宣传、吸引众多求职者前来应聘，还可极大地降低招聘成本。否则，就会造成高成本付出，低效益收获。

一、招聘广告的定义、特点、目的

（一）招聘广告的定义

招聘广告是指通过地方、国家及特定的报刊和其他媒介（包括互联网）对空缺职位进行广告宣传，其目的是要吸引足够数量的候选人。广告本身应清晰明确，内容翔实，应避免歧视性内容，其中包括列入年龄相关的标准或年龄的限制；应尽可能避免具体的语言、形象、性别或文化的限制；同时也应设法呼吁更多的人来关注。

（二）招聘广告的特点

招聘广告作为广告的一种类型，有其自身的特点：①招聘广告从本质上来看是大众的而非个体的；②有相当一部分招聘广告是放在自己公司的招聘网站上的；③大量招聘广告的目的是要让求职者应聘空缺的岗位以便公司找到合适的人才；④发起者必须是特定的群体；⑤很多招聘广告信息是通过诸如报纸、杂志、电视、广播以及网络传递给大众的。

（三）招聘广告的目的

招聘广告有一个清晰的目的，即为了吸引和说服潜在的求职者来应聘公司提供的空缺岗位，以便企业能够招募到合适的人。除此之外，招聘广告还有其他的目的，如建立公司的形象、提供就业信息等。但有些求职者可能对公司或者提供的职位不感兴趣，因此，招聘广告设计者面临着这样的难题：①如何才能“捕捉”求职者的注意力，唤起他们的兴趣；②如何才能激起他们的“斗志”以致“刺激”他们的行动（比如向公司投出简历）。因此招聘广告主要有以下的目的。

1. 说服求职者

从某种意义上来说，招聘广告设计者的目的就是要让那些求职者有所行动，即投出简历。然而要完成这一目标并不容易，它需要从社会、文化、心理甚至广告策略上下一番工夫。

2. 吸引注意

如今，每天都有大量的招聘广告充斥于各个媒介中，求职者很有可能错过对于他们来说合适的工作岗位。同样，从公司角度来说，他们也遭受大量合格的人才与之交臂的可能。所以，好的招聘广告必须是能够吸引那些已经有工作意向或根本没打算找工作的人的注意。

3. 唤起兴趣

仅仅“捕捉”到求职者的注意是永远不够的，如果招聘广告不能引起求职者的注意并唤起他们的兴趣，那么这个招聘广告是毫无意义的。

4. 建立一个良好的形象

对每个应聘者来说了解所有的公司情况，那是不可能的。因此，建立一个良好的形象对那些尤其是不太出名的企业来说尤为重要。企业可以在招聘广告中体现能够给求职者提供广阔的发展空间、培植其潜能、挖掘其天赋、发挥其特长等条件。即使有些求职者在看到这些内容后不会有所行动，但对公司来说达到了一个目的，即给潜在的求职者及顾客留下了深刻的印象，提高了企业的形象。

5. 让求职者了解企业的情况

招聘广告的一个基本功能就是要让求职者了解具体的工作岗位的信息以及企业的一些基本情况，这样才能知己知彼，在充分了解后有所行动。

6. 激发“斗志（愿望）”付诸行动

在很好地了解企业情况后，求职者很可能还不会展开行动，一般说来，求职者的行动取决于内部的需求和外部的刺激。内部的需求就是这个岗位提供的应聘条件和要求是否和求职者本身的实际情况相符合；外部的刺激是在他们得到这份工作之后会有什么好处，如获得具有竞争力的报酬、培训的机会、发展晋升的机会以及自我价值实现的机会等。此外，在招聘广告中还要说明该岗位需求的人数以及招聘信息的有效期限等。

7. 联系方式

当企业收到求职者的求职信或简历时，招聘广告的目的就已达到。这时企业的联系方式就要清楚地让求职者了解，如电话、邮箱、传真等。

8. “过滤”部分应聘者

除了上面提到的目的外，还有一个目的就是对应聘者进行过滤。例如，一个著名的企业在网络上进行招聘时，往往会有超出岗位需求数量的求职者的关注，并收到大大超过需求量的简历，因为它提供的大多是有高薪酬和广阔发展机会的具有相当诱惑力的岗位。因此也会导致人力资源部的巨大负担。为了避免这种情况的出现，招聘广告中还必须完成一项任务——通过对一些招聘条件的澄清来“过滤”部分应聘者。例如，在中国有大量的外资企业和合资企业，招聘广告用全英文的形式呈现，使得那些对英文不熟悉者知难而退。

二、招聘广告的写作技巧

让我们先来看一则招聘广告，看看其中存在怎样的问题。

经典案例

××省地方电力(集团)有限公司招聘公告

根据公司发展需要，面向全国公开招聘文书兼文员。

要求：40 岁以内，国民教育序列全日制本科学历，硕士研究生优先考虑。

报名时间：8 月 27 日上午，9:00。

报名地点：××市西二环××大厦 508 室。

报名方式：报名时须持本人身份证、学历证明、职称证（职业资格证书）、业绩证明材料原件和复印件 1 份，近期 1 寸免冠照片 3 张，现场报名（报名资料不予退还）。

详情可登录 www.××.com 查看。

这是一家电力企业在当地最大的招聘报纸中占用 1/2 版面刊登的招聘广告，但该广告刊登两周后，应聘的求职者却寥寥无几，原因是什么呢？

1）岗位定性不准确。

2）缺少公司简介。

3）缺少岗位职责。

4）岗位要求过于简单和宽泛。

5）应聘信息不够全面、准确，缺少报名截止时间。

6）详情内容省略显得过于简单，1/2 版面完全可容纳更多的内容。

7）语言措辞不够严谨，“硕士研究生优先考虑”与“国民教育序列全日制本科学历”相互矛盾。

8）文体错用，招聘广告属启事，并非公告。

上述 8 处问题是招聘广告中出现最多的问题。要解决这些问题，要注意以下 5 个方面。

1. 区分招聘广告与普通商业广告的不同

招聘广告就是为招聘满足岗位需求的各类人才，通过报纸、电视、网络、宣传单等媒体发布的招聘、宣传信息。它不同于普通的商业广告，不以盈利创收为主要目的，而是有着招聘满足岗位需求人才的特定目的和面向求职者的特殊受众。

因此，对招聘广告来说，最重要的是根据求职者的需求和心理，找出招聘广告的关键点和关键词汇，而不是利用这一机会让招聘者了解公司，记住公司产品。

2. 精心构思，巧妙布局

构思犹如施工图纸，是一个呈现着系统性的、有中心及层次的、物化的整体性思维活动。它是写作活动和应用写作活动中承前启后的一个环节，对写作成果水平的高低有着重要影响，是文章写作的关键。

招聘广告中的构思就是对招聘广告整体考虑、策划的过程。企业必须根据发布媒介、发布渠道和招聘预算费用等限制条件提前做好构思。构思时主要需要考虑以下几个方面。

1）写哪些，不写哪些，在联系方式中留电话还是留 E-mail。

2）是否需要在招聘广告中增加宣传公司的口号、标语或其他材料。对此，某些企业会尽量巧妙地利用每次对外宣传的机会。例如，某汽车销售公司在招聘广告中写了“××，您的销售服务专家，4 周年店庆即将到来，试驾、购车均有大礼相送”，就十分巧妙地将 4 周年店庆融入了招聘广告中，在招聘员工的同时为企业 4 周年店庆做广告宣传，达到了事半功倍的效果。

3）篇幅长短也需要仔细斟酌，这主要依据发布渠道而定。通过报纸、电视发布招聘广告对篇幅长短要求较为严格，因为篇幅长短将直接影响报纸版面占用多少和电视播放时长，版面占用和播放时长都要根据招聘预算成本而定。但是，网络招聘则不需对此过多考虑。

4）考虑写作布局。写作中的布局通常是指合理安排结构，并根据结构组织安排相关材料。先写哪些，后写哪些，是按照招聘职位高低安排顺序，还是按照部门安排顺序等，都需要事先有个规划。一般情况下，招聘广告按照职位从高到低排序，遵循岗位对应要求的原则。同时也要考虑哪些该详，哪些该略，哪些需要重点突出。如果公司是世界 500 强企业，那就可以重点突出公司的知名度；如果公司提供的年薪高于同行业的职位，则可重点突出薪酬。

3. 细化广告内容，分块各个击破

在经过精心构思和巧妙布局后，还需将广告的内容进一步细化，然后根据材料分块写作。

（1）标题无须复杂

在不偏离启事这一日常应用文文体的前提下，标题写作非常灵活。“招聘启事”“单位＋招聘＋启事”“年度＋单位＋招聘启事”“年度＋单位＋招聘岗位（职位）＋招聘启事”“××单位诚聘”均可作为标题。甚至在一些专业的招聘媒体中即便广告标题只有单位名称，也丝毫不影响招聘的效果。

（2）公司简介简短明了

招聘广告中的公司简介与一般公司简介不能相提并论，篇幅不宜过长，因为在现代信息大爆炸的时代，广大受众已经很难承受巨大的信息冲击，如果篇幅过长，很多求职者就会把简介部分直接跳过，而这也就失去了简介应有的价值。简介在写作中主要突出公司规模、主营业务、发展前景即可，篇幅不宜超过200字。

（3）准确定位岗位名称，详细列举工作内容

岗位名称是求职者除公司名称外关注的又一重点内容，岗位名称是否准确，直接影响求职者的求职欲望。在案例中，文书兼文员的岗位定性显然不符合现代人力资源岗位界定标准和要求。我们在实际操作中，常将文员与秘书、文员与助理、秘书与助理等职位混淆，导致应聘者想当然地根据自己的理解认识招聘岗位，而不关注招聘的具体内容。文员、秘书、助理三者的主要直观区别在于：文员主要是内勤工作；秘书则是跟随领导，内外均需要处理；而助理并非岗位，属职位，具有决策、监督、检查、指导权。如此看来，不同的岗位对员工素质要求大不相同，而待遇差距也很大。这就需要招聘广告写作人员准确定位招聘岗位，充分认识、区分工作内容，并按照工作内容合理确定岗位名称。

工作内容又称岗位职责，就是具体做哪几项工作。写作时采用逐条罗列式，其内容既要概括精练，又要具体到位，要用简洁的语言文字概括性地描述岗位的所有具体工作。因为随着劳动者法律观念和意识的不断增强与提高，劳动者往往因招聘广告中未涉及部分工作内容而拒绝额外工作，容易与用人单位产生劳动纠纷。例如，某小型餐饮企业招聘人事主管，工作内容为员工招募、员工培训、人事档案管理，但该人事主管入职后，公司要求其设计员工薪酬体系，并统计考勤、核算工资。该人事主管以招聘广告中工作内容不含上述工作为由断然拒绝，遂产生劳动纠纷。后诉讼至人民法院，公司因规模小，无人事主管岗位说明书，不能够证明上述工作为人事主管的工作内容而败诉。

可见，工作内容应该全面涵盖招聘岗位所有的工作内容，特别是对于各种人事制度尚不完善和健全的中小企业来说，工作内容的描述更要具体、详尽。

（4）任职资格表述准确

任职资格条件是招聘广告中的核心内容，决定了公司会招聘一个什么样的人，所具备的知识和能力是否可以满足岗位要求。同时，《劳动合同法》第三十九条规定劳动者在试用期被证明不符合录用条件的，用人单位可以在不通知劳动者的前提下，随时解除劳动合同，换言之，用人单位在招聘广告对任职资格条件表述不全面或不准确，很可能就不能依据此条规定与试用期员工解除劳动合同。任职资格是胜任岗位所具备的基本条件和能力要求，一般包括年龄、学历、专业、工作经验、技能技巧和素质要求等。一篇好的招聘广告可以从工作内容中看出任职资格要求，也可以从任职资格条件中看出工作内容。写作时与工作内容一样采取逐条罗列的方式，除内容全面、语言表达准确外，还需注意以下几个方面。

1）非特殊岗位尽量避免性别要求，否则容易让人视为性别歧视。

2）年龄必须是分段年龄，如28岁以内、30岁左右或25～35岁，不可具体要求多少岁。案例中所写的“40岁以内”，其时间跨度较大，不利于求职者自我判断，一般以10岁的跨度为宜。

3）学历要求为××学历或同等学力。知识经济时代，各种社会学历琳琅满目，除统招、

自考、函授的学历外，还有 MBA、EMBA 等，所以企业在招聘时需尽量明确岗位所需的是哪种学历。

4）技能技巧尽量避免出现难以测量的表述，如有“较高的管理能力和领导水平”就不如“有 3 年以上大型企业类似工作岗位工作经验”更为具体。

4. 明确应聘须知，减少招聘困扰

应聘须知就是告诉求职者应聘时间、应聘方式或应聘流程（是先投简历，经过初步筛选后面试，还是直接面试）、应聘地点、联系方式以及应聘时需要哪些资料和证书等信息。应聘须知应根据实际情况而定，若当次招聘是安排先投递简历，经过初步筛选后再面试，则可省略联系电话，直接告知电子信箱，必要时可以告知公司网址，以方便求职者更全面地了解公司。

大量的求职者在没有认真阅读招聘启事前提下，直接通过电话咨询招聘启事中已列明的事项，致使电话长时间占线或堵塞，影响正常办公，这在无形中增加了招聘的成本。直接告知 Email 和公司网址后，求职者可以通过网站较为详细地了解公司，并通过 E-mail 将简历先发过来。这对于维持日常的工作秩序，合理安排工作时间较为有利。

5. 把握文体，避免应聘者理解混乱

招聘广告属于日常应用文，是告知广大求职者本公司正在招聘，邀请求职者前来应聘的过程，适合用启事。

启事就是机关、企业、团体、个人向公众陈述、告知某项事情，并希望更多人参与或响应的诉求性应用文。公告则属国家行政公文，向国内外宣布重要事项或者法定事项。在招聘广告写作中，经常出现启事与公告混用的现象。

三、招聘广告的信息化发布

随着智能终端设备的普及，传统的信息发布方式越来越受到挑战。基于二维码的信息识别技术在招聘广告发布中得到应用，通过将企业招聘信息生成二维码，求职者可以使用智能手机扫描二维码，相关企业招聘信息就直接显示在手机上，求职者就能通过手机方便快捷地详细了解用工单位、岗位信息，并经由客户端投递简历。二维码招聘，不用接受纸质简历、不用打印携带。以往参加人才招聘会要付出的成本，如场地费用、人工费用、印刷材料费用，通过使用简单的二维码，就不再需要。

同时，应聘者也可以把简历生成二维码，招聘者通过扫码就可以快速的得知其简历详情并能立刻联系到求职者本人。

1. 二维码的特点

二维码，又称二维条形码，二维条形码最早发明于日本，它是用某种特定的几何图形按一定规律在平面（二维方向上）分布的黑白相间的图形记录数据符号信息的，在代码编制上巧妙地利用构成计算机内部逻辑基础的“0”“1”比特流的概念，使用若干个与二进制相对应的几何形体来表示文字数值信息，通过图像输入设备或光电扫描设备自动识读以实现信息

自动处理。

它具有条码技术的一些共性：每种码制有其特定的字符集；每个字符占有一定的宽度；具有一定的校验功能等。同时还具有对不同行的信息自动识别、高密度编码、信息容量大等特点。

二维码自诞生之时就受到了国际社会的广泛关注，现已应用在国防、公共安全、交通运输、医疗保健、工业、商业、金融、海关及政府管理等多个领域。目前已经开发了很多的免费二维码生成网站，如：草料[①]、联图等。

2. 二维码在企业招聘中的应用

二维码在公司招聘中的主要应用主要包括两个方面：岗位信息和应聘者信息。

企业可以通过下载二维码编码软件或者二维码生成器，输入招聘文本内容：公司简介、招聘岗位、任职要求、工作职责、薪酬福利、联系方式，生成二维码，或者接入在线编码网站，在线生成二维码。二维码图形生成后，企业将二维码图形显示在电脑屏幕上或者打印出来，二维码中可包含文字标题、正文、图片等信息。公司招聘内容生成二维码的过程及方法如图 4-2 所示。

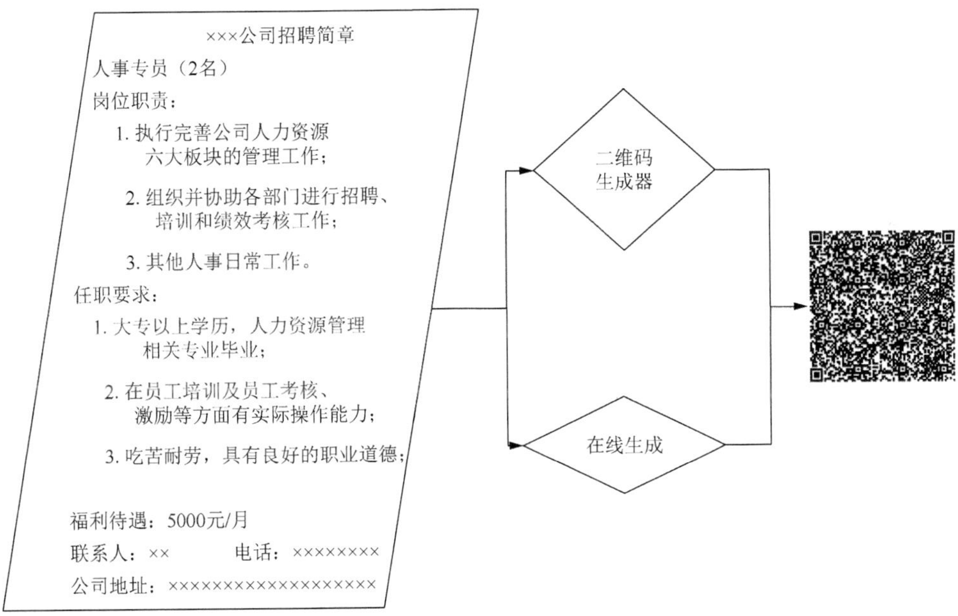

图 4-2　招聘广告生成二维码的流程

企业在招聘的时候，把上述生成的二维码通过在网上发布企业招聘二维码，或者招聘会现场打印出来，求职者只用轻松一扫，就可以查阅企业招聘信息并直接储存。

① 草料网：http://cli.im/.

四、招聘广告的创意

创意是广告的灵魂，招聘广告也不例外。特别是在人才流动越来越频繁、人才竞争越来越激烈的今天，企业要想通过广告招聘到自己真正需要的人才，就要在创意上下工夫。首先在招聘广告中要有新颖独特的标题，使自己的广告在众多的招聘广告中脱颖而出，引起目标受众的关注。其次要突破常规，以情动人，在传达招聘信息的同时塑造鲜明的企业形象，使目标受众从招聘广告中就对企业有一个良好的印象，从而使企业招聘到真正所需人才，达到招聘的目的。

1. 招聘广告标题要新颖独特，吸引目标受众的注意力

对于以广告文案为主的招聘广告来说，创意首先表现在标题上。“读报读题”是人们的普遍阅读习惯。美国广告大师大卫•奥格威（David Ogilvy）认为读标题的人为读正文的人的5倍，可见标题的重要性。招聘广告标题无须千篇一律用“招聘××启事”，“诚聘××”等形式，可以将广告中最重要的、最吸引人的信息进行富于创意性的表现，以一种新颖独特的形式来吸引受众的注意力。

如中国台湾1995年的一则招聘广告标题是“一只蚊子”，正文：1994年12月20日晚，我彻夜未眠，不是为了客户提案，也不是为了下午的两个重要会议，也不是为了那只一直在我周边飞来飞去的蚊子。而是因为公司的发展，需要招聘一批人才。相互广告公司在业绩稳定增长下，仅短短的两个星期，竟能从1995年开始服务两个在业界极具代表性的客户。客户服务总监告诉我，业务部必须增加5～6人；创意总监告诉我：希望能增加4个工作伙伴；制作总监说他要3个人；媒体总监也表示TV Buyer必须增加一位。身为相互总经理我答应在1995年1月10日前给他们一个满意的答复。1994年12月21日凌晨5点，蚊子依然飞来飞去，我还是睡不着。无论你什么时候看到这个信息，如果你也因此睡不着，请随时与我联络。

这则广告的创意出人意料，首先看它的标题，不是“招聘××”而是“一只蚊子”。从结构类型上说，这是运用了间接标题的写法，不直接点明广告的主题和宗旨，而是以耐人寻味的词句引起人们的注意和好奇心。一只蚊子，什么意思呢？受众在好奇心的驱使下，对广告产生追根究底的欲望，他们只能到正文中去寻找答案。读完正文后方才领悟到这是一则招聘广告。招聘广告一般是刊登在媒体的“招聘广告”栏目中，在大同小异的众多“招聘××”标题中，忽然“一只蚊子”出现在人们的眼前，这个有别于常情的标题，是受众意想不到的，会使受众兴致勃勃地去想办法搞明白，那就是急于要读正文以揭开这个悬念。从标题内容的来源看，它选择了最有趣味性的信息。在标题中传达最有趣味性的信息比不包含趣味性的信息更能够吸引受众，这也是增强标题效果的一个好办法。这些信息包括与企业或产品相关的故事、传说、新闻、消费者或名人证言等。“一只蚊子”的信息就是相互广告公司的总经理，为招聘人才彻夜未眠写招聘广告的故事。这使受众感到很有趣味，并使他们产生了极大的好奇心，从而密切关注正文。

2. 招聘广告正文要突破常规，以情感人，塑造鲜明的企业形象

广告是塑造企业形象的重要手段，也就是说，广告的功能之一就是塑造企业形象。这一

点在其他广告中非常突出，但在一般招聘广告中我们看到的只是招聘信息，却看不到企业形象，那是因为这些招聘广告没有创意。企业形象需要通篇广告去塑造，因此在招聘广告正文写作时，就要紧承标题精心创意，突破常规，运用各种艺术手段进行表现，在传达招聘信息的同时传达企业的理念和价值观，塑造企业形象，给媒体受众留下深刻的印象。

这篇标题为“一只蚊子”的招聘广告正文正是这样写的，它紧承标题，首先告知受众“1994 年 12 月 20 日晚，我彻夜未眠”，紧接着说明“彻夜未眠”的原因：“不是为了客户提案，也不是为了下午的两个重要会议，也不是为了那只一直在我周边飞来飞去的蚊子。而是因为公司的发展，需要招聘一批人才。”短短一句话表现出了广告主对人才的高度重视。他把人才看得比客户提案和重要会议更重要，还巧妙地、不露声色地使受众不知不觉地得知了公司良好的业务状况。接下去又用一句话“相互广告公司在业绩稳定增长下，仅短短的两个星期，竟能从 1995 年开始服务两个在业界极具代表性的客户”强有力地表达出了公司的飞速发展，而事实是最有说服力的。于是，一个富有生机的、业务良好的公司形象呈现在受众面前，这对应聘者当然是很有诱惑力的。

在飞速发展的情况下，公司各部门人员紧张，需要招聘人才。“客户服务总监告诉我，业务部必须增加 5～6 人；创意总监告诉我，希望能增加 4 个工作伙伴；制作总监说他要 3 个人；媒体总监也表示 TV Buyer 必须增加一位。”在这里，文案不是像一般招聘广告那样站在居高临下的角度“客户服务部招聘 5～6 人……”，而是站在平等的角度，招聘“工作伙伴”，这就给受众一种很亲切的感觉。招聘期限的表达也非常富有人情味：“身为总经理我答应在 1995 年 1 月 10 日前给他们一个满意的答复。”结尾，文案照应开头：“1994 年 12 月 21 日凌晨 5 点，蚊子依然飞来飞去，我还是睡不着。”再次强调总经理对人才的重视程度，表示“请随时与我联络。”没有时间限制，随时可以与他联系。至此受众看到了这个总经理的感人形象：重视人才、平易近人、态度诚恳。这就给受众一种很亲切的甚至很感动的感觉。

文案以“一只蚊子”为引子，以广告者的思路为线索，串联起整个广告信息，语言机智活泼，句式富于变化，使信息表达得非常清楚而传神；文案用第一人称来写，亲切感人，虽然是以老板的口吻表达，却可以使受众感受到整个公司的风格和个性。这样的广告，受众看了不仅不烦，而且深受感动。正是创意使很平常的信息具有了不同寻常的吸引力，也塑造了鲜明的企业形象：一个对人才高度重视，亲切诚恳，具有民主、平等意识的管理者领导下的一个富有生机、业绩良好而又富于亲和性的公司，就展现在受众而前。因此达到以情感人、招聘人才的目的。

从以上分析可以看出，创意不仅使招聘广告的信息传达更具吸引力，同时也塑造了良好的企业形象，还使整个广告充满了感情色彩。广告是一种信息传播活动，而传播的核心问题是使传播者与接受者之间互相领会对方的含义，即广告必须与受众沟通，而创意的追求正是为了获得最大限度的沟通力。因此，招聘广告应针对其目标受众进行新颖独特的创意，以打动高素质人才，从而取得良好的效果，使广告发挥更大的效益。

知识拓展

最早的招聘广告

人才流动，一方面可以使文臣武将得以充分发挥他们的聪明才智；另一方面因为担心人才竞争，君主使出百般手段挽留人才。

东汉末年，董卓占洛阳之时，十八路诸侯并起，一时间，人才辈出。然而在今天，唯有目标明确、管理有序、制度严明的企业才能真正留住人才。

而事实上，大多诸侯国在历史舞台上消失，最后仅剩下了曹魏、东吴、西蜀三大“财团”。最早打出招聘广告的是曹操，他预谋刺杀董卓没能成功，回到老家“先发矫诏，驰报各道”，然后召集各方义兵，竖起招兵白旗一面，上面写着“忠义”二字。

没等几天，前来应征的人络绎不绝。就在这短短的时间内引进了乐进、李典、夏侯惇、夏侯渊、曹仁、曹洪等人才。这里，曹操采用的就是公开招聘的方式。

阅读资料

中国农业银行招聘渠道选择

招聘渠道的选择是中国农业银行（Agricultural Bank of China，ABC）招聘流程中的重要一环，为了能找到足够的合适人员，银行注重多渠道引进人才，综合使用内部选拔和外部引进的各种招聘渠道。ABC 外部招聘渠道主要有校园招聘、猎头招聘、现场招聘会、员工推荐、网络招聘等；内部招聘渠道主要有同级别工作轮换和内部公开招聘等。

1. 校园招聘

ABC 校园招聘主要用来招聘普通实习生和管理培训生。对于普通实习生，ABC 各分行与所在地的高校建立长久合作关系，通过在校园的网站公布 ABC 内部需要招聘的实习职位，招聘能长期实习的大四学生或者研究生二年级学生。要求每周能兼职工作 4 天以上，实习期为 3 个月至 1 年。在实习期内，通过各种在职培训，考察实习生的工作胜任能力，观察实习生的性格特质是否适应 ABC 的工作氛围和企业文化。如果在实习期内能被证明是符合空缺职位要求的，ABC 会与实习生签订就业协议，等学生毕业后立即转为正式员工。

对于管理培训生，招聘渠道来源主要面对各个国家一流大学品学兼优的应届研究生或者工作经验少于两年的名校研究生毕业者，目标是寻找公司未来的领袖。ABC 从 2003 年开始在新加坡、中国香港等亚洲地区率先进行校园管理培训生招聘，2006 年开始在中国大陆地区实行中国的管理培训生招聘项目，这个项目的起点比一般的管理培训生起点高。这些管理培训生一开始就是以银行副经理级别入职，而一般本科学历的员工升职到副经理级别至少需要拥有 4 年的相关工作经验。

2. 猎头招聘

ABC 一般都对助理副总裁级别以上的空缺岗位或者针对市场紧缺人才岗位才选择使用

猎头公司这一渠道进行招聘。猎头公司的服务费用，一般为招聘进来的新员工 13 个月的固定工资总数的 20%～25%，并同时注明，如果在试用期内此新员工辞职，猎头公司必须无偿提供代替的候选人应聘，如果实在找不到合适的代替者，必须退还至少一半的服务费用。

ABC 与猎头公司的合作分为以下两种形式。

1）长期合作的战略伙伴关系。在这种合作模式下，ABC 挑选世界知名的猎头公司作为合作伙伴，双方签订长期服务协议，并规定该猎头公司不得主动接触、挖掘、推荐 ABC 所有员工到竞争对手公司就职，同时规定猎头公司按期提供人才市场相应的调查报告，而 ABC 也承诺相比其他猎头公司，在面对空缺职位时，ABC 会优先考虑长期合作的战略伙伴猎头公司，并会参加由他们组织的各种论坛和同业聚会，并在市场薪酬调查、招聘意向、同业意见等市场调查中给予配合。

2）签订一次性服务协议的合作关系。只有在空缺岗位发给战略伙伴超过两周后一直没有合适的应聘候选人时，才会与本地其他的猎头公司进行合作。一般一次性合作没有竞业限制，不得规定该猎头公司不能挖掘 ABC 的在职员工，而且往往这种一次性服务的协议价格会比较高，通常都是新员工 13 个月的固定工资总数的 25%～28%。ABC 人力资源部会把所有战略合作伙伴和一次性服务协议的合作伙伴的具体信息、收费价格、联系方式等随时补充至“猎头公司服务质量评估一览表”中，同时把猎头公司在接到空缺岗位信息开始到送出合适的候选者的反应时间、送出候选人与空缺岗位的匹配程度等服务质量注明在这张表中，随时补充、更新战略合作伙伴公司，摒弃与不合格的猎头公司的合作。

3. 现场招聘会

由于 ABC 会在 5 年内大力扩展全国各地一线城市的个人银行网点分布，急剧增加的全国各营业网点需要大量有银行从业经验的员工加入。当面临在短时间内要熟悉当地人才情况并招聘到符合银行岗位需求的招聘规划时，ABC 通常会选择现场招聘会这一招聘渠道去完成这项艰巨的任务。

ABC 组织现场招聘会常通过两个途径完成：一是与全国各地有名的人才市场中介机构保持长期的联系，把现场招聘会的组织工作外包出去。人才市场中介机构提供的外包现场招聘会的费用，一般根据外包服务的期限和服务内容而定，其中单次招聘会（分为综合场和专场）的费用要比长期会员服务费用高很多。二是与全国各地星级酒店和当地新闻报社联系，由当地的 ABC 招聘经理自己预定招聘会场并向社会发布招聘会广告。

现场招聘会的方式不仅可以节省企业初次筛选简历的时间成本，同时简历的有效性也较高，而且相比其他方式，它所需的费用较少。但是现场招聘会也存在一定的局限，首先是地域性，现场招聘一般只能吸引到所在城市及周边地区的应聘者。其次是这种方式也会受到组织单位的宣传力度以及组织形式的影响。

4. 员工推荐

ABC 在招聘渠道选择方面一直推行“全员招聘，伯乐推荐”策略。由于银行的岗位大多都需要具备银行工作经验的专业金融人才，而通过猎头招聘的费用又很高，所以内部员工推荐成为既经济又实用的招聘渠道。具体原因如下。

首先，由于被推荐者曾经与推荐者同处一个金融单位，互相对对方的工作能力、职责、为人等都有一定的了解，能保证推荐的候选人能力与ABC的空缺岗位要求相匹配。

其次，由于被推荐者知道推荐者在ABC工作，并且愿意推荐自己到ABC工作，他们能从侧面了解到ABC确实有吸引员工的地方。另外，这也是在帮ABC进行品牌宣传。

最后，通过员工推荐，可以节省很多招聘成本，如猎头费用、广告费用、现场招聘会费用。同时，由于每周更新最新的空缺岗位，员工可以及时推荐候选人，可以节约招聘的时间，及时完成招聘需求。

推荐者可以凭借发票去财务部报销现金 100 元，如果被推荐者通过最终面试得到了录用，只要他们完成了试用期，推荐者可以按照被推荐者的级别领取相应的推荐奖金。奖金将会被直接打入推荐者的当月工资中，并被代扣个人所得税。具体内部推荐伯乐奖金领取条款明细如下。

1）入选并参加人力资源部面试，给推荐者人民币100元现金。

2）被推荐者完成试用期后，给推荐者的奖金如下。

被推荐者为助理级别：人民币2000元；

被推荐者为经理级别：人民币5000元；

被推荐者为副总裁级别及以上：人民币10000元。

5. 网络招聘

网络招聘没有地域限制，受众人数多，覆盖面广，而且时效较长，可以在较短时间内获取大量应聘者信息，费用相对来说也比较低，并且在较长时间内能持续收到大量的简历。

ABC一共有3类网络招聘渠道方式，用来吸引或者储藏人才信息和简历。第一类是IT供应商 JobsDB 提供的与 ABC 银行内部网站主页互相链接的招聘网站。这个招聘网站通行整个 ABC 集团，从新加坡到中国香港再到中国大陆地区，所有亚洲地区的人力资源部招聘负责人都可以在网上看到应聘者的简历。ABC 各地区各分行按照岗位性质排列空缺岗位，应聘者通过因特网，可以在 ABC 网站主页上轻松找到。这个方式寻找到的候选人，都具有为ABC工作的热情和积极性，因为只有关注ABC的人，才会到ABC的网站主页去了解相关空缺岗位的信息。同时，由于所有的空缺岗位的职责说明书和网站信息介绍和简历登陆模版都是全英文的，所以应聘的候选人都具有一定的英语阅读能力和书写技巧。

这个网站实质是一个人才储备的信息库，因为所有应聘者的简历和信息都会被永久留在这个网站中，即使当时没有选用某个应聘者，但是在稍后的空缺岗位中，可能还会通知该应聘者再次尝试新的岗位。ABC 的人力资源招聘中，大约有 20%的空缺岗位可以从这个信息库中找到合适的应聘者。

第二类是利用外部网站的人才信息库。现在 ABC 正和 Sljob 网站进行合作，通过 Sljob 可以获得成批的具备银行工作经验背景的候选人简历信息库。这种方式能帮银行扩大寻找业界人才的渠道。但缺点是，这些人才的简历只要付钱给 Sljob，所有的银行竞争对手都能得到，不具备单一性，往往一个候选人会在同时刻接到两个以上银行的面试邀约，给招聘工作带来一定困难。

第三类是 ABC 自己在线统计整理的 Excel 形式的人才信息库。这些资料存储在专门的地方，每次新岗位空缺出来时，会首先察看是否在该信息库中有合适的候选人。信息库中包含了猎头公司推荐过来的所有候选人简历信息和通过邮递传来的应聘者的简历信息，以及内部员工推荐的所有候选人简历信息。但是缺点是，信息库中候选人的信息可能会过期，不是最新的版本。

6. 内部招聘

由于内部招聘渠道选择的人才一般对公司概况、环境、文化、发展等情况比较熟悉和了解，而且候选人对新岗位的磨合期和适应期比较短，能较快进入新角色，不需要大量的培训成本，这在一定程度上节约了招聘成本。

因此，ABC 鼓励集团内部员工对于空缺岗位进行申请，这既能提供更多有兴趣转行的员工新的就业机会，同时也能适当减少集团员工的离职流失率。

内部应聘主要分为两类，一是同级别不同岗位轮岗应聘，二是内部升职应聘。

第一类为同级别不同岗位轮岗。在这类内部应聘中，员工发现自己有兴趣的空缺岗位出现，会通过 Email 投递自己的简历给人力资源部。人力资源部会首先确认该员工是否在原部门工作时间超过一年，并且确认该员工去年的绩效评定分数是否超过同级别员工的平均分，如果同时满足了以上两个条件，将会把简历送往招人部门进行推荐。招人部门的经理在阅读简历后，发现合适空缺岗位，会与应聘者进行面试，如果面试结果令人满意，通知人力资源部进行第二轮面试。如果内部应聘者通过了面试，人力资源部会直接发“内部调职审批表”给调出部门总经理签字，在接收部门总经理签字同意后，应聘者就可以在工作交接完成后进入新部门工作。在这类内部调动中，员工的基本工资和公司级别都将与原岗位一样保持不变。

第二类为内部升职招聘。这种采用内部升迁方式来补充空缺岗位的做法，在 ABC 是非常普遍的事情。因为管理层相比招聘“空降兵”来说都崇尚提拔 ABC 内部培养出来的员工，这样不仅能减少新入职员工与公司的磨合期，更能激励员工的士气和精神。在这类内部应聘中，应聘者会在自己熟悉的业务领域寻求更高级别的工作空缺岗位。应聘程序与第一类相似，要求在原岗位工作满两年，都要通过招人部门和人力资源部门的考核。一旦通过面试，人力资源部会把应聘者信息填入“员工升职审批表”，交由 ABC 首席执行官审批，通过后，员工的基本工资和公司级别都将比原岗位要提升一级以上。

复习思考题

一、思考题

1. 招聘渠道类型与方法有哪些？

2. 社交媒体有哪些特点？应用在企业招聘中有哪些优势？

3. 内部招聘与外部招聘的优缺点是什么？

4. 招聘渠道选择的影响因素有哪些？

5. 企业生命周期不同阶段对招聘渠道的选择有影响吗？不同职位与招聘渠道的选择有影响吗？请具体阐述。

6. 招聘广告的一般写作要求是什么？如何才能创造出好的招聘广告？

7. 企业如何通过二维码技术发布招聘广告？

二、拓展练习

用在线二维码生成网站生成以下招聘广告。

人事专员

岗位职责：

1．人事管理。办理员工入离职、转正手续，负责劳动合同管理与维护；员工考勤及请休假管理、新员工培训及公司内部培训等。

2．行政管理及后勤管理：会议安排、员工关系管理、宿舍管理。

3．领导安排的其他事宜。

岗位要求：

1．大专及以上学历，人力行政管理等相关专业。

2．品貌端正，普通话标准，形象气质好。

3．两年以上相关工作经验。

联系人：杨老师

联系电话：023-×××××××

地址：重庆市渝中区上清寺环球广场×楼509

答案：

案例分析

案例背景

美国一家报纸的老板，有事要乘汽车前往加利福尼亚州，但又不想自己开车，于是他在自己的报纸上刊登了一则简短的（招聘司机）广告："汽车车主征司机，到西海岸，费用由车主负担。"但是这则广告连登3天却毫无反应。报社老板恍然大悟，对文案稍加改动再次刊登，结果第一天就收到26封询问信，3天内就有近60人应征。到底他使用了什么样的语言魔术呢？其实很简单，他只不过是将广告文案中的汽车改成了"凯迪拉克"。

（资料来源：高志宏，徐志明．2002．广告文案写作．北京：中国物价出版社．）

案例讨论

1．为什么原广告连登三天受众没有反应，而将广告文案中的"汽车车主"改为"凯迪拉克车主"就应者如云呢？

2．谈谈如何进行广告创意。

第三编　人员甄选

第五章　人员甄选概述

教学目标

了解人员甄选的基本概念及内涵；掌握甄选的基本流程；了解多种人员甄选的方法；掌握甄选中测验指标——信度和效度的重要性以及类型，并能够按照招聘实施流程提高甄选工作的信度与效度。

教学要点

人员甄选的概念和原则、甄选的基本流程、甄选中的信度和效度指标。

关键词

甄选流程　　甄选方法　　信度　　效度

导入案例

A公司是一家知名的外资企业，现要招聘一位公关部经理助理，待遇优厚，很有发展前途。招聘过程非常严格，经过一个月的层层选拔，最后只剩下了小林、小李和小王3个人。

最后一轮的淘汰开始，每个人面前都有一台电脑，旁边摆了一篇朱自清的名作《背影》，要求将这篇文章录入电脑，看谁在3分钟内完成。当哨声响起时，三人都开始埋头苦干。等到时间结束，小林仅仅完成了一半内容，小李则用搜索引擎找到文章后直接粘贴了过来，小王打了开头和结尾，中间没来得及完成的部分则用省略号代替。

接着，人事部经理请三人谈一下自己失败的经历。小林回想起自己读小学时有一次考试得0分被妈妈罚饿了一餐的过程。小李则大谈特谈自己的成绩，从学生时代的“三好学生”到公司的“优秀员工”，无所不能，却对失败的经历无关痛痒地一句带过。小王说的则是曾经有一次因为工作疏忽给公司造成了很大的损失，但是后来在同事的帮助下挽回了部分损失。最后，人事部经理对三人说，老板在外出差，他回来后会第一时间通知大家录用谁。

如果你是这家公司的人力资源部经理，你会设计一个什么样的甄选流程？你会运用哪些甄选方法？如果你是该公司的老板，你会遵循什么甄选原则？你会录用谁？

第一节　人员甄选概述

一、甄选的含义

一般而言，企业招聘包括招募、甄选、录用和评估等几个紧密相连的环节。招募阶段之后，就需要对应聘者进行甄选。人力资源甄选是整个人力资源管理体系中具有基础意义的重要一环，为了对应聘者的知识水平、能力、专业兴趣和个性特征等多方面的情况有比较全面、深入的了解，绝大多数企业都会借助不同方法来甄选适合工作岗位要求的最佳人选。甄选和招募是两个相对独立的过程，招募是甄选的基础和前提，甄选是招募的目的和后续。招募主要是以宣传来扩大影响，吸引足够合格的应聘者，为甄选提供选择对象。招募工作成功与否直接影响着甄选的效率和效果。

人员甄选指通过运用一定的工具和手段，根据特定岗位的要求，对招募到的求职者进行测量、考察与评价，区分他们的人格特点与技能水平，预测他们未来的工作绩效，从而最终挑选出组织所需要的合适的人员的过程。人员甄选活动涉及社会学、管理学、心理学及统计学等多门学科的知识，企业必须综合利用各学科的理论、方法和技术对众多应聘者进行系统、客观地测评，才能够做出最终的录用决策。

进行人员甄选时，需要注意以下3点。

1）甄选包括两方面的工作：①评价应聘者的知识、技能和个性；②预测应聘者未来在组织中的绩效。很多企业在甄选时，只注重考察应聘者的知识技能水平，而忽视了预测应聘者能否为企业带来绩效的情况，导致录用决策的失误。

2）以岗位要求为依据，最优秀的人不一定是最合适的人，知识技能水平最出色的人员，也未必是未来绩效最好的员工。只有在准确预测的基础上，选拔合适的员工才能保证选拔的有效性。

3）甄选应由人力资源部门和用人主管部门共同完成，而录用决策应由用人主管部门做出。

知识拓展

中国有着悠久的人力资源甄选的历史，古人已经具有了丰富的测评思想和具体实践。战国时期孟子对齐宣公说：“权，然后知轻重；度，然后知长短。物皆然，心为甚，王请度之。”孟子的话体现出人力资源甄选的假定之一，即人是可以测量的。孔子也说过：“听其言而观其行”。即对一个人的评价，既要听他说了什么，也要观察他是怎么做的。《吕氏春秋·谨听》描述了尧考察舜的过程，共包括了5个方面：一是把两个女儿嫁给他，并考察舜的品格；二是让舜制定常法，考察他能否服众；三是让舜总理百官，考察他的管理能力；四是让舜接待宾客，考察他的交往能力；五是派舜巡查山林，考察他的实际工作表现。这充分说明了古人早期的测评思想和方法已经较为全面和系统。唐代韩愈明确地指出：“千里马常有，而伯乐不常有。”伯乐相马的历史典故就反映出中国人很早就认识到了人力资源甄选的重要性。在甄选的技术方面，我国也早在隋唐时期就开始实行科举制度，依据客观的考试结果来选拔政府官员。这一制度在中国延续了近千年，并传入欧洲，成为西方国家公务员选拔考试制度乃至所有人力资源甄选测验的前身。从历史上来看，中国的人力资源甄选最大的缺陷在于以定性测量为主，定性测量当中又以品德测量为主。这导致甄选受决策者的影响很大，而难以制定出一套稳定可靠、长期有效的甄选系统。

二、甄选的内容

招聘甄选的内容即是应聘者各方面的综合素质。在人力资源管理领域，人员素质是指个人在完成特定活动和特定任务时必须具备的基本条件和基本特点，是影响个人从事活动的自身因素，是个人固有的特点，对一个人的职业倾向、工作能力与潜力、工作成就和事业的发展起着决定性的作用。我们把人员素质分为身体素质、文化素质、品德素质、智能素质和心理素质。这些素质构成体系如图5-1所示。

- 人员素质
  - 身体素质
    - 体质
    - 体力
    - 精力
  - 文化素质
    - 学校教育程度
    - 自我学习程度
    - 社会化程度
  - 品德素质
    - 政治品质
    - 思想品质
    - 创新意识
    - 道德品质
  - 智能素质
    - 知识
    - 智力
    - 技能
    - 才能
  - 心理素质
    - 认识能力
    - 情绪和情感品质
    - 意志品质
    - 气质和性格才能

图5-1　人员素质构成体系

（一）身体素质

身体素质是人体的体质、体力和精力的总称，是人体在运动、劳动和日常活动中，在中枢神经调节下，各器官系统功能的综合表现。如力量、耐力、速度、灵敏、柔韧等机体能力。身体素质的强弱，是衡量一个人体质状况的重要标志之一。

现代职场竞争日益激烈，来自各方面的压力不断增大。企业需要员工具备良好的身体素质，具体表现为：身体健康、体力充沛、精力旺盛、思路敏捷等。需要注意的是，不同的岗位对身体素质的要求也不同。某些特殊工作岗位对任职者的身体素质也有特殊要求。例如，飞行员的工作岗位就要求应聘者要体质好、视力好，要有稳定的神经系统功能、良好的耳气压功能、健全的心血管功能、良好的平衡功能和消化功能等。

（二）文化素质

文化素质指人们在文化方面所具有的较为稳定的、内在的基本品质，表明人们在这些知识及与之相适应的能力、行为、情感等综合发展的质量、水平和个性特点。

文化素质不仅包括考查应聘者的学历、文凭及各种技能培训等学校教育程度、自我学习程度，更多的要测评应聘者日常生活经验和社会化程度。这些综合气质或整体素质可通过应聘者的语言或文字的表达体现出来，也可通过应聘者的举止行为反映出来。

（三）品德素质

品德素质包括政治品质、思想品质、创新意识和道德品质。

在不断加剧的市场竞争中，企业越来越普遍地认识到员工品德素质的重要性，纷纷把“德”放在人员考察的首位，他们的用人原则是：宁愿用一个品德过硬、对企业忠诚、有职业操守而能力略低的人才，而不愿冒风险用一个专业才能很高但品德有问题的人。因而，近年来，员工招聘中企业越来越看重品德素质测评，其中测评重点包括创新意识、职业道德和团队精神等。

例如，宝洁公司招聘员工的标准包括领导能力、诚实正直、勇于承担风险、积极创新、解决问题能力、团结合作、专业技能等。而联合利华公司招聘员工的标准是目标清晰性、客观分析能力、实际创造性、风险承担精神、团队合作精神、影响他人的能力、领导他人的能力、发展他人的能力、市场导向性、自信、诚实、经验总结能力。据统计，在招聘广告中，大学生素质被提及次数最多的几项是：责任感、创新精神、敬业精神、团队协作意识、表达能力、工作热情、道德修养。

知识拓展

杜邦公司的一位面试考官曾经碰到过这样一个年轻人。这位年轻人在争取一份在杜邦工作机会的时候超过了许多竞争者，可是在最后一轮面试的时候却很遗憾地被淘汰了。这个年轻人虽然心里十分难受，可是他没有像大多数人那样把沮丧的心情表现在脸上，而是礼貌地向面试考官表示感谢。

当他起身离开的时候，椅子上一个突出的钉子把他的裤子划了一道小口子，面试考官并没有发现，可是年轻人还是走上前去，拿起桌上的镇尺，把凸出的钉子给钉了回去，然后给面试官鞠了一躬，转身离开。

此时，面试考官却拦住了他，问："为什么你都已经知道自己被淘汰了，却还会在意椅子上一颗小小的钉子？"

年轻人笑着说："这和面试毫无关系，我只不过是不想让后来坐这把椅子的人和我一样把裤子划破了。"

面试考官握着年轻人的手说："恭喜你，你被录取了！"年轻人正惊愕的时候，面试考官解释说："专业知识的欠缺并不可怕，可以通过努力来弥补，可是职业道德却是一个员工最宝贵的素质，这才是我们最需要的。"

（四）智能素质

智能素质包括知识、智力、技能、才能等。智能素质测评除了考察应聘者的人文社科类的知识，包括哲学、历史、文学、社会学等方面的知识外，还考察应聘者认识、理解客观事物并运用知识、经验等解决问题的能力，包括记忆、观察、想象、思考、判断等。而技能和才能考察主要倾向于考察与应聘岗位紧密相关的技术水平与操作经验。

（五）心理素质

心理素质包括人的认识能力、情绪和情感品质、意志品质、气质和性格等个性品质。心理素质是衡量应聘者身心发展的综合素质指标内容，在 21 世纪及未来社会的人员素质测评中居于重要地位。

亚伯拉罕·马斯洛（Abraham Maslow）认为良好的心理素质表现在以下几个方面。

1）具有充分的适应力。

2）能充分地了解自己，并对自己的能力做出适度的评价。

3）生活的目标切合实际。

4）不脱离现实环境。

5）能保持人格的完整与和谐。

6）善于从经验中学习。

7）能保持良好的人际关系。

8）能适度地发泄情绪和控制情绪。

9）在不违背集体利益的前提下，能有限度地展现个性。

10）在不违背社会规范的前提下，能恰当地满足个人的基本需求。

综上所述，组织在进行人员甄选时，不仅要看重应聘者专业技术能力，更重要的是要考查应聘岗位所需的技能知识和应聘者的潜在素质（动手操作、判断、决策、人际沟通等各方面能力），以及对工作的态度和道德责任感等，这决定员工未来的工作绩效和对企业的忠诚度，同时也是我们选用何种甄选技术的依据。

三、甄选的意义

人力资源甄选是人力资源招聘管理的核心环节。有效甄选的意义表现在以下几个方面。

（一）提高招聘的效率，降低员工录用的风险

人员甄选的过程，是使用科学的技术和方法测评应聘者，了解其身体状况、心理素质、个性特点、技能水平等各方面素质的过程。在一系列科学而规范的测评后，可以找到最适合拟聘岗位要求的人选，有效地提高人才与拟聘岗位的适配性，避免将不符合任职要求的应聘者留用，或者将合适的人才拒之门外的情况，从而提高人员招聘的效率，尽可能降低人员录用可能给企业带来的风险。

（二）满足企业对人才的需求

企业所处的发展阶段不同，对人才的需求层次或种类往往不同，不同环境背景和时期对人才的素质要求也会有所不同，而有效的甄选能为组织不断充实新生力量，实现组织内部人力资源的合理配置，为组织发展提供人力资源上的保障，满足企业对人才的需求。

（三）增强企业人员的稳定性，减少人员的流失

企业招聘容易陷入选择最优人才的误区，招聘者往往容易忽视这些人才的稳定性。优秀人才就业选择的机会很多，入职后所面临的外界诱惑也很多，因此一些重要人才的流失往往给企业造成很大的损失。有效的甄选是对人事成本的有效利用，可减少重复性的人员招聘和安置所造成的成本损失，有效甄选可以帮助企业聘用到最合适的优秀人才，增强员工工作稳定性和对企业的忠诚度，也可以避免招聘到不符合职位要求的员工，从而增强企业人员的稳定性，减少人员流失。

（四）有利于员工录用后的安置和管理

通过人员甄选，可以大致了解应聘者各方面素质的差异，了解其优势和劣势，在具体安置岗位时，就可以做到用其所长，避其所短，使个人特点和岗位要求结合起来，做到人岗匹配。另外，还可以帮助主管人员在录用员工之前就了解员工特点，有助于在今后的管理中有针对性地开展工作。

第二节　甄选的流程和方法

一、人员甄选的一般流程

企业的人员甄选工作是一个复杂、完整而又连续的程序化操作过程。甄选的程序因招聘规模、用人理念、工作种类等的不同而有所差异，一般情况下，合理的甄选过程应该按照以下几个阶段实施，如图 5-2 所示。

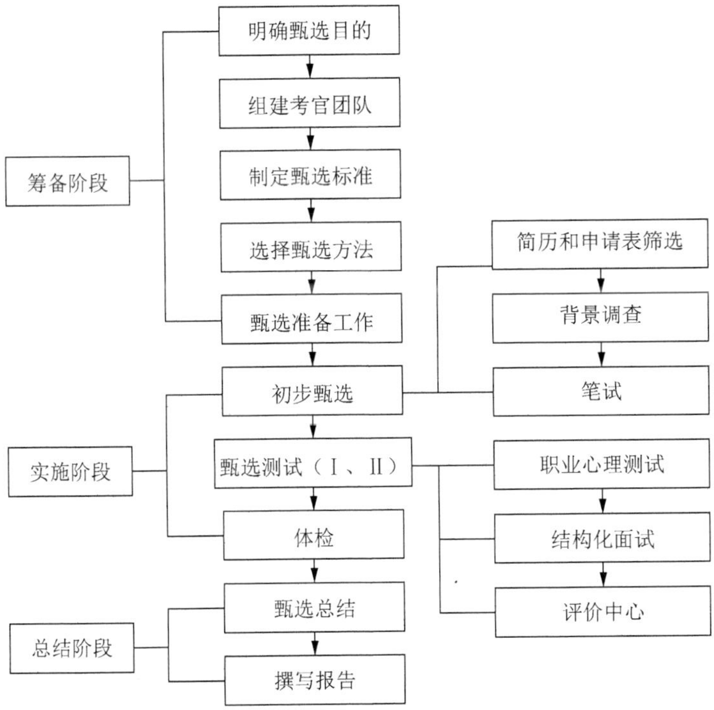

图 5-2 甄选流程

（一）筹备阶段

1. 明确甄选目的

甄选目的是指为什么进行甄选以及甄选结果的用途。由于甄选的应用除了招聘以外，在人力资源管理的其他方面也能用到。因此，要明确招聘的甄选目的是为了区分应聘者是否与招聘岗位匹配，而非选择最优者。要明确企业需要什么样的人才，需要为企业解决什么问题，只有弄清了企业的真正需求，才有可能招聘到最适合的人才。因而，甄选第一步首先要明确甄选目的，把适合的人放在正确的位置上，让引进的人才充分发挥其才智。

2. 组建考官团队

甄选的考官团队一般可在招聘团队中产生，但不局限于招聘团队。甄选考官既要熟悉岗位工作内容，又要有很强的评价能力。通常情况下，考官团队由组织的高层领导、人力资源管理部门、用人部门领导、外聘人力资源专家或测评专家共同组成。

3. 制定甄选标准

甄选标准一般分为三大类：生理标准、技能标准、心理标准。生理标准主要是指年龄、健康等标准，有时根据工作的特殊需要，要增加相应标准，如服务员有身高、相貌要求，司机有视力要求等。技能标准是指学历、专业、资格证书、工作经验、工作能力等标准，根据岗位需要制定。最难制定的标准是心理标准，需要考官团队在企业要求和岗位要求前提下制定。对内心世界的探测，可以借助各种测试完成。许多测试最早是用于心理学领域，目前越来越广泛地运用于人力资源甄选中。

4. 选择甄选方法

对于不同的岗位，应该选择适当的测评方法。例如，对于技术岗位，专业知识的测试必不可少；而对于管理岗位，采用评价中心测试方法可以比较全面地测试应聘者的管理能力。具体用什么样的甄选方法，或是综合使用哪些甄选方法，还需要参考甄选项目的预算和时间限制以及实施条件等因素。

5. 甄选准备工作

甄选前的准备工作，包括甄选通知的发放、应聘人员的联系、场地和时间的确定、桌椅茶水的准备、各种测试器材的准备和调试、纸制材料的印刷、体检医院的联系等。

（二）实施阶段

1. 初步甄选

在初步甄选工作中，常用的筛选工具是简历和申请表。在筛选简历时，一般从简历的结构和内容上判断应聘者的经验与技术，阅读完一份简历后考虑对简历的整体感觉，然后再作出判断。而申请表是企业针对某一空缺岗位专门设计的初步筛选工具，由于其带有限制性，因而可以使企业接收到更加全面的跟空缺岗位紧密相关的信息。

在审查筛选过简历或申请表后，应进行背景调查，该步骤主要是为了验证申请者所提供的信息的真实性，获得申请者更全面的信息。进行背景调查主要是证实个人履历中的细节，核实个体有无违反纪律或其他隐瞒问题，并发现申请者的新信息及预测未来工作绩效。

由于个人资料和申请表所反映的信息不够全面，决策人员往往容易凭个人经验与主观臆断来决定下一步进行甄选测试的人员，带有一定的盲目性，经常会产生漏选或错选的现象。因此，在经费和时间允许的情况下，可在初步甄选阶段加入预备性面试和笔试。此阶段的面试和笔试应当简短有效，尽可能地让更多的应聘者参加，为后续工作增强意向性和针对性。

2. 甄选测试

通过初步甄选的应聘者，接下来就需要应对更多的甄选测试。常用的甄选测试技术有职业心理测试、结构化面试、评价中心等。职业心理测试又包括智力测试、个性测试、专业能力测试、职业倾向测试等。结构化面试是此阶段需要花费较多时间和精力去完成的一种测试方法。一般以观察和谈话为主，内容灵活但需考官团队提前准备好结构化面试提纲，并从多方面考察后填写《面试评价表》，为甄选决策提供依据。需要说明的是，对于招聘一般人才，测试只需要做到一般甄选测试（Ⅰ）即可，对于中高级人才，需要在一般甄选测试的基础上进一步作甄选测试（Ⅱ）。

3. 体检

通过以上甄选过程的应聘者，通常要进行甄选的最后一个测试——体检。一般情况下，体检不作为一种选拔工具，而是为了剔除不符合职位身体要求的应聘者。通过体检，也能帮助企业清楚地了解应聘者的身体情况，有利于工作安排时考虑其身体因素。除此之外，体检后企业可以立即为员工建立健康档案，用于保险或员工赔偿要求，降低企业的相关费用支出。然而企业设定应聘者体格健康标准，一定要符合国家有关法律法规的要求。例如，除部队、幼师、食品和制药等类型的单位之外，一般行业用人单位不得以劳动者携带乙肝表面抗原为由，拒绝招用或辞退乙肝表面抗原携带者。

知识拓展

2007 年 5 月，劳动和社会保障部、卫生部联合下发《关于维护乙肝表面抗原携带者就业权利的意见》（以下简称《意见》），要求各级劳动保障部门和医疗机构共同维护乙肝表面抗原携带者的合法就业权利，促进其公平就业，保护乙肝表面抗原携带者的隐私权。

《意见》规定，除国家法律、行政法规和卫生部规定禁止从事的易使乙肝扩散的工作外，用人单位不得以劳动者携带乙肝表面抗原为理由拒绝招用或者辞退乙肝表面抗原携带者。用人单位在招、用工过程中，可以根据实际需要将肝功能检查项目作为体检标准，但除国家法律、行政法规和卫生部规定禁止从事的工作外，不得强行将乙肝病毒血清学指标作为体检标准。各级各类医疗机构在对劳动者开展体检过程中要注意保护乙肝表面抗原携带者的隐私权。

《意见》要求，各地劳动保障部门要加强企业劳动用工管理和劳动争议处理工作，维护劳动者的合法就业权利。各级劳动保障部门和卫生部门要加强协调配合，共同维护劳动者的合法权益，指导用人单位树立公平就业的观念，消除就业歧视现象，营造公平就业的良好氛围。

4. 甄选决策

应聘者通过层层考核和测试之后，考官团队应在此阶段做出最终甄选决策，并把甄选结果上报主管部门或企业负责人。甄选决策基本可以分为两类：简单的和复杂的。简单的甄选决策是指若干求职者申请一个职位的情况。在这种情况下，要根据对工作绩效来说具有重要意义的知识、技术和能力对应聘者进行评价。获得录用的是最接近职位要求的应聘者。复杂的甄选决策是指若干求职者申请若干职位的情况。在这种情况下，决策就不仅仅是录用谁的问题，它还涉及将被录用的人安排到什么职位上的问题。至此，甄选阶段主要工作告一段落，进入录用工作阶段。而在做出正式录用决定之前，企业一般会有试用期考察，以对上述甄选测试效果进行验证。试用合格后，企业应给应聘者办理相关正式录用手续。

（三）总结阶段

甄选测试工作之后，考官团队还需要进行甄选工作的总结，统计实施过程中所获得的信息资料，收集整理应聘者信息并进行备案，总结测试工具和技术的使用情况，评价测评指标体系的设计，并总结本次甄选工作的优点与不足。根据岗位特点提出发展建议，并最终形成书面总结报告形式，为下一次甄选工作提供参考。

二、常用的甄选方法

企业越来越需要用科学的手段挑选员工，这在一定程度上促使了甄选技术的不断发展，也促使了甄选方法的增多。严格地讲，只要是可以用来挑选人员的方法都属于甄选方法。因此，除了人们正在关注的甄选方法外，还有一些方法早已被用于实践。常用的人员甄选方法有：简历和申请表筛选、心理测验、面试、笔试、背景调查、评价中心技术等。

1. 简历和申请表筛选

经过招募阶段，企业会获取大量的应聘简历。除此之外，部分企业还会专门设计与制作申请表让应聘者填写后收集。简历和申请表都是用来确定应聘者是否满足应聘职位的最低要求，以及评估、比较应聘者的相对优势和劣势。二者都是比较传统而且运用非常广泛的初步筛选工具。相比之下，使用申请表对应聘者进行初步筛选能够弥补个人简历不利于筛选和比较的缺陷，提高筛选效率，但又不能如简历般能提供更多的详细信息及各种复印件。初步甄选就是要淘汰掉那些不符合基本条件的简历和申请表，筛选出符合基本条件的应聘者进入下一阶段甄选程序。而对进入下一甄选程序的应聘者的个人简历或申请表中有不明确的地方，应该明确标示出来，以便进一步核实。

2. 心理测验

心理测验是应用心理学的相关理论，使用一定的操作程序，通过观察人的少数有代表性的行为，对于贯穿在人的全部行为活动中的心理特点做出推论和数量化分析的一种科学手段。人的心理特性是不能被直接观察到的，而且还存在明显的个体差异，但任何一种心理特性总会以一定的行为表现出来。心理测验就是让人们在测验时产生某些行为，即个体对测验题目的反应，并根据这些行为反应来推论其相应的心理特性。心理测验按测验功能分类，可以分为能力测验、成就测验、人格测验等。随着心理学的发展，心理测验技术已经被广泛地应用于教育和人员甄选中。目前比较有影响力的心理测验有艾森克人格测试、瑞文标准推理测验、霍兰德职业倾向测验、卡特尔 16 种个性要素测验、明尼苏达多相个性测验、大学生人格问卷等。

知识拓展

专业的心理测试题虽然科学，但比较复杂，目前，越来越多的公司自己设计测试题来测试应聘者。下面是一道 IBM 的智力测试题及答案。

智力测试题：

在房里有 3 盏灯，房外有 3 个开关，在房外看不见房内的情况，你只能进门一次，你用什么方法来区分哪个开关控制哪盏灯？

答案：

同时开两个，过一会关掉一个，马上进去。亮的对应还在打开的开关，摸一下不亮的两个灯泡，热的对应刚关掉的开关，剩下的对应一直没有打开的开关。

3. 面试

面试即面试测评，也叫专家面试，是要求被测试者用口头语言来回答主试者提问，以便了解被测试者心理素质和潜在能力的测试方法。面试是企业最常用的甄选测试工具之一，是招聘选拔的重要过程。通过面试，招聘双方都可以获得更全面和更真实的信息，以便组织做出录用决策。企业可以通过面试，了解应聘者的背景、个性、应聘动机等，并对应聘者做出有效的评估；同时，应聘者通过面试也能进一步对组织的情况有所了解，从而决定是否加入该组织。好的面试会为应聘者提供一个战胜自我和领略未来工作情况的良好机会，从而对组织产生浓厚的兴趣；相反，缺乏质量的面试会造成招聘双方的损失。面试方法主要有非正式面试、结构化面试和陪审团面试，甄选的不同阶段，应该选择不同类型的面试方法。

4. 笔试

笔试主要是用来测试应聘者的基本知识、基本技能等的一种测试方法。当然，现在也有企业通过笔试来测试应聘者的性格特点和兴趣等。通常来说，对知识的测试有两个方面，即一般知识与能力和专业知识与能力。一般知识与能力包括个人的社会文化知识、智商、语言理解能力、数值才能、推理能力、理解速度和记忆能力等；专业知识与能力是与应聘岗位相关的知识和能力，如财务会计知识、管理知识、人际关系能力、观察能力等。笔试的优点是一次能够出十几道乃至上百道试题，考试的取样较多，对知识、技能和能力的考核的信度和效度都较高，可以大规模地进行分析，因此用时少，效率高，报考人的心理压力较小，较易发挥水平，成绩评定比较客观。

笔试的缺点主要表现在不能全面地考察应聘者的工作态度、品德修养以及组织管理能力、口头表达能力和操作技能等。因此，笔试虽然有效，但还必须采用其他测评方法以补其短。一般来说，在企业组织的招聘中，笔试作为应聘者的初次竞争，成绩合格者才能继续参加面试或下一轮测试。

5. 背景调查

背景调查就是企业在甄选过程中，通过各种正常的、合法的、合理的方法和渠道，对拟聘人员的工作经历、教育背景、兴趣、薪资等多种情况进行暗中调查，以获得拟聘人员背景资料的相关信息，并对获得的信息与拟聘者所提供的应聘简历、面谈介绍以及职位信息进行对比，以成为企业对员工聘用的参考依据，为甄选决策提供重要的证据材料。如宝洁公司、可口可乐公司等许多中外大型企业为了降低企业人才招聘带来的风险，都会对公司研发工程师、配方员、市场销售经理等核心技术岗位和中高层领导岗位以及关键管理和销售岗位的拟聘人员进行背景调查，甚至不惜投入重金委托猎头公司、中介调查公司等外部机构，从而为员工聘用提供客观、真实的参考依据，避免因人员录用不当，产生经济及技术损失和风险。

6. 评价中心

评价中心起源于德国心理学家 1929 年建立的一套用于挑选军官的多项评价程序，这种程序被英国和美国采用和改进后得到更广泛的应用，并于第二次世界大战后迅速发展起来。评价中心技术自 20 世纪 80 年代开始介绍到我国，并在我国企事业单位的人员招聘与选拔中有比较广泛的应用。这种方法主要用于甄选和评估管理人员，其核心内容是多种情境性甄选方法。在这些情境性甄选方法中，可以充分地对应聘者行为进行观察。但评价中心技术的费用较高，花费时间长，所需人力多。而且，参加评价中心的考官需要经过专门的训练。因此，这种方法一般在甄选中高级管理人员或较重要职位的人员时才使用。

我们正处在一个工作环境迅速变革的信息时代。新的职位层出不穷，企业越来越小型化，固定的工作者—职位匹配的模式正逐渐让位于更具有灵活性的团队工作、弹性工作等工作模式。所有这些变革都对传统的人力资源甄选提出了挑战。为了迎接挑战，人力资源甄选专家还研究出了一些新的甄选工具和方法，如效度概化、职位要素效度、毒品测试、笔迹测试、正直测验等。而小型企业如何进行有效甄选，也是一个新的研究热点。

值得注意的是，现代社会已经进入一个互联网时代，这是一个人与人、人与社会、人与组织、现实世界与虚拟世界都相互关联、彼此交融、互联互通的零距离时代。这种互联互通的关系将会产生大量数据、信息。组织的人力资源甄选决策将日益依赖这些大数据。如何有效分析、挖掘与应用这些大数据，做好正确人力资源甄选工作，将是每个组织需要重点关注的领域。

第三节　甄选中的信度与效度

人员甄选工作就是借助于各种测试方法来选拔应聘者的过程。这些测试方法是否可靠，对应聘者的测试报告能否正确地反映应聘者的真实情况，对于甄选效果影响很大。所以，企业在选择甄选方法之前要了解其“信度”和“效度”，这样有利于甄选方法的选用。当然，企业在招聘工作完成之后，还需要对所用的甄选方法的可靠性和正确性进行验证，这样有利于下次甄选方法的选用和改进。由此可见，对甄选信度和效度进行评估，有利于科学合理地选择甄选方法，改进甄选方法，提高甄选结果的可靠性和正确性。

一、信度

（一）信度的相关概念

1. 信度

对人力资源甄选来说，信度是指甄选研究中进行测量所得结果（预测工具、效标或其他变量）的可靠性、一致性或稳定性。

例如，我们到市场上买 5 斤苹果，对于如何测量苹果的重量是不是 5 斤，我们可能运用多种方法：用手拎，用眼观察估计，用杆秤测量，用电子秤测量等。而我们一般会选用电子秤测量的方法，因为这种方法信度更高。信度高低是评价一个测量工具好坏的重要指标，好的测量工具必须稳定可靠，多次测量的结果要保持一致。

在研究信度时，我们需要去考虑两方面的问题：稳定性与影响稳定性的原因。而稳定性问题，涉及以下 3 个方面：①测量结果一致性的程度，即不同时间、不同测量条件下所得结果之间的一致性程度；②测试者所得分数与真实分数之间的接近程度如何；③测量一致性是否可以达到实际应用的程度。影响稳定性的原因问题，涉及两个方面：①哪些因素造成了这种差异；②这些误差效应的相对作用如何。

2. 信度系数

在统计学上，信度通常由信度系数来表示。信度系数，是真实分数的方差与实得分数的

方差的比率。我们用以下公式表示为

$$\gamma_{xx}=\frac{S_T^{\ 2}}{S_X^{\ 2}} \tag{5-1}$$

式中，γ_{xx}代表信度系数；S_T代表真实分数；S_X代表实得分数。

由于真实分数的标准差是无法直接测量的，因此信度是一个理论上构想的概念，只能通过一组实得分数来估计。由于每一个测试的实得分数 X 总是由真实分数 T 和误差 E 两部分组成，上述公式可转化为

$$\gamma_{xx}=S_X^{\ 2}-\frac{S_E^{\ 2}}{S_X^{\ 2}}=1-\frac{S_E^{\ 2}}{S_X^{\ 2}} \tag{5-2}$$

式中，S_E代表误差分数。

因此，信度也可以看作是总的标准差中测量误差的标准差所占的比例。

一般来讲，信度最高的情况为$\gamma_{xx}=1.00$，但实际情况下基本达不到。一般能力与成就测试的信度系数应在 0.90 以上，有的可以达到 0.95；人格、兴趣、价值观等人格测评的信度系数通常在 0.80～0.85 之间；用于团体间比较的信度系数应不低于 0.70；而只有当信度系数不低于 0.85 时，才可用于个体测试。当信度系数低于 0.70 时，在人力资源甄选中既不能用于团体测试，也不能用于个体测试。表 5-1 表示出几种常见类型的测量工具的信度系数。

表 5-1 几种常见类型的测量工具的信度系数①

测验类型	信度		
	低	中	高
成套成就测验	0.66	0.92	0.98
学术能力测验	0.56	0.90	0.97
成套倾向性测验	0.26	0.88	0.96
客观人格测验	0.46	0.85	0.97
兴趣问卷	0.42	0.84	0.93
态度量表	0.47	0.79	0.98

3. 测量误差

在日常生活中，我们常常会遇到测量误差的问题。例如，我们用磅秤来测量自己的体重，可能会出现第一次测量出的结果跟第二次测量出的结果不一样的情况，也可能会出现在这个秤上测出的结果与在另外一个秤上测出的结果不一样的情况，或者，还有可能出现，由不同的操作者来测量，也会得出不同的测量结果。这些测量结果与真实结果之间的差异，就是误差。我们对应聘者知识、技能、心理特征等方面的测量，并不具有对生理特征的测量那样的准确性。因而，人员甄选并没有绝对的信度，在一定程度上存在着测量误差。一般而言，测量误差越大，甄选测量的信度就越低；测量误差越小，甄选测量的信度就越高。

甄选测量误差的出现一般与测量系统本身的性质、测量对象的性质、实施测量的情景、估计信度的方法等几个方面有关。由测量系统或工具本身引起的误差，称为系统误差。由与测量目的无关的偶然因素、操作差异或者外界因素的影响而引起的误差称为随机误差。系统误差影响测量结果的准确性，但不影响结果的稳定性，而随机误差既影响准确性又影响稳定性。

① 王垒．2002．实用人事测量．北京：经济科学出版社．

每一个测量的实得分数 X 总是由真实分数 T 和误差 E 两部分构成的，用公式表示为

$$X=T+E \tag{5-3}$$

式中，X 代表被试在实际测量中所得分数；T 代表被试在测量中真实应该得到的分数；E 代表被试在测量中的误差分数，即被试的实得分数中，被测量时出现的与测量因素无关的一些因素影响的数量。

这种实得分数由真实分数和误差两部分构成的观点是测量理论的一个基本原理。

知识拓展

同对心理特征的测量相比，对生理属性的测量通常都有着很高的测量信度，如图 5-3 所示。一般而言，图上部对生理特征测量的信度要比图下部对心理属性的测量高。这并不是说我们对重要的甄选特征进行测量的信度是很差的，而是因为甄选并没有绝对的信度。

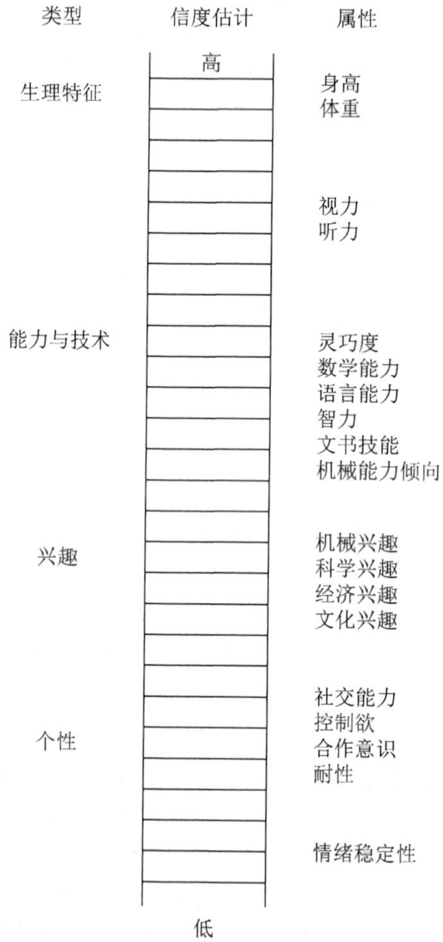

图 5-3　对人的各种属性测量的相对信度①

① 罗伯特·D. 盖特伍德，等. 2005. 人力资源甄选. 北京：清华大学出版社.

（二）信度的种类

针对不同的误差来源，可以有不同的估计信度的方法。不同方法得出的信度系数，只能说明信度的不同方面，具有不同的意义。4 种常见的信度种类及其估计方法有：重测信度、复本信度、内部一致性信度、评分者一致性信度。这些不同的种类分法或者不同的估计方法，一个重要的区别在于，每一种方法对测量误差有不同的认定。这一种方法可能将某因素看作是误差，另一种方法却可能将这种因素看作是有意义的信息。而评估者可以根据自己侧重的误差因素，选用最合适的方法进行信度的估计。

1. 重测信度

重测信度又称稳定性信度，是指用同一测验工具或方法对同一组被试施测两次所得结果的一致性程度。重测信度所考虑的是评估时间差异所造成的误差及其对测验稳定性的影响，这些影响包括气候、噪声等其他环境因素的变化，以及被试因疾病、疲劳、情绪波动、焦虑等原因造成的对测量结果的影响。重测信度越高，代表该测量受时间因素的影响程度越小，测量结果越稳定。

评价重测信度时应注意重测间隔时间长短对重测相关系数的影响。间隔时间太短，而试题重复量过大，被试对测试题记忆犹新，两次测量结果可能会与假性高相关；而间隔时间太长，环境变化和被试身心情况变化所带来的影响可能会降低相关系数。最合适的时间间隔需根据测试目的和性质以及被试特点的改变而定。一般认为，时间间隔最好不超过 6 个月，在 1～3 个月之间。在甄选总结阶段，进行测评结果报告时，应该附上两次测评的间隔时间，以及在此期间被试的相关经历，这样才能使结果更具参考价值。值得注意的是，重测信度一般只反映随机性因素所导致的变异度，应试者由于时间差异，智力、能力等得到提高，导致前后一致性程度低，这并不能说明该测量工具的重测信度低。

估计重测信度，最为简单的方法是计算前后两次测评得分的积差相关系数。计算公式为

$$\gamma=\frac{N\sum xy-\sum x\cdot\sum y}{\sqrt{\left[N\sum x^2-\left(\sum x\right)^2\right]\left[N\sum y^2-\left(\sum y\right)^2\right]}} \tag{5-4}$$

式中，γ 代表稳定性系数；N 代表测评结果数据的个数；x 代表被分析的测评结果；y 代表重复测评得到的结果。

2. 复本信度

复本信度又称等值性信度，是指采用两个功能等值但题目内容不同的测验复本来测量同一组被试所得结果的一致性程度。这里所谓的等值，是指在测评内容、效度、要求、形式上都相同，因而其中一个测评可看作是另一个测评的近似复写，即复本。在重测信度中，由于第二次测验用的是与上一次测试完全相同的测试项目，因此会存在诸如学习、记忆、动机方面的问题。而复本测验则不会存在这个问题，编制一个等值的复本就是用它来替代重测信度中的第二次测验。

复本测验有两种方式：一种是在同一时间里连续进行测验，此时相关系数所反映的是不同复本的关系，而不被时间所影响。而在实际工作中，为了避免施测顺序效应，一般是一半

被试先做其中一个复本，另一半被试做另一复本。这种方式可以判断两次测验内容之间是否等值，因此用这种方法得到的信度系数也被称为等值性系数。另一种是间隔一段时间后再进行测试。这种方式不仅可以判断两次测验之间内容的等值状况，而且可以反映出时间因素对被试潜在属性的影响程度。因此，用这种方法得到的信度系数也被称为等值稳定性系数，是更为严格的信度考察方法，也是应用较广泛的方法。

3. 内部一致性信度

可靠的测量系统的一个重要特征即是整个测量系统的各个组成部分是相互关联的，因此，我们才可以认为这个测量系统测量的是同一个事物。测量系统内容相似性的一个指标是内部一致性信度。内部一致性信度是指把同一组被试进行的同一测试分成若干部分加以考察后，分析各部分所得结果之间的一致性程度。这种一致性可以用各部分结果之间的相关系数来判别，所以它又称为内部一致性系数。这是检测测验本身好坏的重要指标。

例如，某测验一共有 10 道 100 以内的加减法计算题，能够正确计算并回答出其中一道题的被试，也许就能够正确计算回答出另外 9 道，那些不能够正确计算并回答出这道题的人，可能也就不能正确回答其他 9 道。这种情况下，这套测验就是内部一致或均一的，内部一致性信度高。

内部一致性信度是使用最为频繁的信度方法之一。通常可以分为两种：分半信度和同质性信度。分半信度只施测一次，通常在测试后将测试题分为等值的两半，分别计算被试在两半测试上的得分，得出这两半分数的相关性。奇偶分半法是最常见的分半方法，即将所有测试题按题号分为奇数题和偶数题两半。同质性信度是指测试内部的各个题目在多大程度上考察了同一内容或特质。所有题目都应该保证只测量了一项内容或特质，同质性信度低时，即使各个测试题看起来似乎是测量同一特质，但事实并非如此，这样就无从判断究竟反映了被试的什么特征。

4. 评分者一致性信度

评分者一致性信度是指不同评分者对同一组被试进行评定时的一致性程度。这一指标主要测试评分者的主观误差。这种信度估计主要用于对面试与观察评定等主观性较强的测试方法获得的结果的可靠性分析。评分者及其测评的无关差异越小，测评与选拔结果就越可靠。事实上，评分者误差是测量误差的一个重要来源，评分者的知识水平，对测评标准的把握，因心理效应而产生的各种心理误差等，都容易使评分者对同一被试的评分产生差异。

二、效度

（一）效度的相关概念与内涵

1. 效度与效度系数

简单地说，效度即有效性，是指所测量到的结果反映所要考察内容的程度。“测验的效度”是简便的说法，实际上效度指的是“测量结果的效度”，是指测量结果的准确性程度，而不是指测验本身。进一步理解什么是效度，需要把握以下几点。

1）效度不是直接测量而得到的，而是从已有的证据推理而得出的。

2）效度的概念具有相对性。效度是针对测量目标而言的，反映了测量结果对测量目标的体现程度。任何一个人员测评方案都是为特定目标设计的，不存在一种对任何目的都有相同效果的测评方案。因此，在使用和评价某测试时，应该根据所要使用的用途，有针对性地考察其效度。

3）效度是连续性的，效度高低只是程度上的差别，它不是"全有"或"全无"的变量。因此，应避免对某一素质测评结果用"有效"或"无效"来衡量，应用"高效度""中等效度""低效度"等评价标准。

4）效度是测评的随机误差与系统误差的综合反映。测评的随机误差影响测评信度，而测评的系统误差与随机误差影响测评效度。

从测量理论角度，效度的定义可以用相关系数来表明。即与测量目标相关的真实分数方差与总分方差的比率。用公式可以表示为

$$\gamma_{xy}=\frac{S_V{}^2}{S_X{}^2} \tag{5-5}$$

式中，γ_{xy} 代表效度系数；S_V 代表有效分数；S_X 代表总分数。

求出的效度系数 γ_{xy} 值越高，表明所编制的测验准确性越大。一般标准化测验的效度系数在 0.4～0.7 之间。效度系数最大等于 1，表明测试完全反映了所要测验的内容；最小等于 -1，表示测验结果与受试者的实际水平完全相反。实际上，这种完全相关（或正、或负）的极端情况是很少发生的。当效度系数等于 0 时，表示测验结果与所要测量的内容无关。

2. 信度与效度的关系

信度与效度所考虑的误差不同。信度考虑的是随机误差的影响，效度考虑的误差还包括对测验目的来说无关的变量所引起的系统误差。

信度与效度在同一测验中的关系有 4 种情况，具体如下。

1）信度高，效度未必高。测量结果反映被试的实际情况的信度很高，但是，对于测量所要说明的问题来说，它的效度可能很高，也可能不高。

2）信度低，效度必然低。这就是说，调查结果反映调查对象实际情况的信度很低，它就必然不能有效说明调查所要说明的问题。这说明，不可信的设计，就不可能有可信的调查，更不可能有效说明调查所要说明的问题。

3）效度高，信度必然高。这就是说，调查结果能有效说明调查所要说明的问题，它所反映的调查对象的实际情况必然是可信的。

4）效度低，信度未必低。这就是说，调查结果不能有效说明调查所要说明的问题，对于反映调查对象的实际情况来说，它的信度可能很低，也可能很高。

另外，信度与效度同时提高有难度。同一测评要同时拥有较高的信度和效度是比较困难的。如果测评是同质性的，测评的各个部分都以同一因素测评同一属性，那么将会有高度的内在一致性信度。但是，如果用同质性测评对某种效标进行预测时，可能因为测评分数中构成这部分方差的单一因素与效标分数中构成这部分方差的几个因素缺乏共同性，缺乏建立联系的机会，从而使效度下降。如果测评是异质性的，测评分数中构成这部分方差的几种因素

与效标分数中构成这部分方差的几种因素建立联系的机会较多，它的内在一致性信度可能较低，但却有较高的效度。解决这一问题的最好办法是避免采用单一测评，而尽量采用成套性的测评。

（二）估计效度的方法

估计效度的方法很多，J. W. 弗伦奇（J. W. French）和 W. B. 米歇尔（W. B. Michel）根据测验目标把效度分为内容效度、构想效度和效标关联效度，这种分类为美国心理学会在 1974 年发行的《教育与心理测验的标准》一书所采纳，成为通行的效度分类方法。

1. 内容效度

内容效度，是指测验题目对有关内容或行为范围取样的适当程度，即一个测验实际测到的内容与所要测量的内容之间的吻合程度。因此，一个测验的内容效度必须具备两个条件：一是要有明确的内容范围。内容范围可以是一个明确而有限的题目总体，也可以是由编制者界定的一些范围较广的材料与技能，也可以包括具体知识或复杂的行为。二是测验题目应是所界定的内容范围的代表性取样。例如，要想测试员工的工作绩效，就应该先从工作行为角度界定工作内容，然后随机挑选一些任务和工作行为作为测试中的行为样本。

内容效度的确定方法有以下几种。

（1）逻辑分析法

专家根据自己的知识经验对评定量表的有效性（逻辑性）作出判断，也称逻辑效度。为使内容效度的判断过程更客观，一般采用下列步骤，如图 5-4 所示。

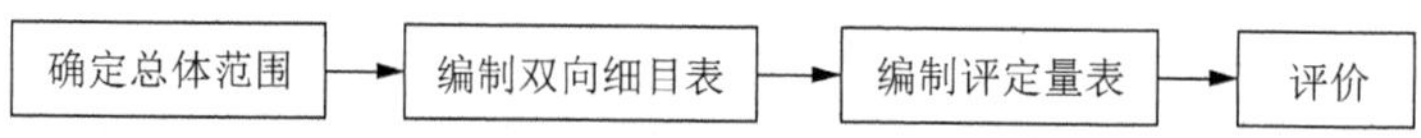

图 5-4　内容效度的确定步骤

确定测验内容的总体范围，即描述有关的知识与技能及所用材料的来源；编制双向细目表，即确定内容和技能各自所占的比例，并由编制者确定各题目所测的是何种内容与技能；编制评定量表，即测量测验的整个效度及其他特点。最后，从测验内容所测的技能、题目对所定义的范围的覆盖率、题目数量和分数的比例以及题目形式的适当性等方面，对测验作出总的评价。

（2）统计方法

借用评分者一致性信度、复本信度、重测信度来估计内容效度。如再测法。即对同一组被测用同一个测评要素试题的两个复本在培训前后实施测评，该测评内容的有效性可以由两次测评成绩差异的显著性来加以判断。如果两次测评分数的平均数有显著差异，且培训后优于培训前，则表明测评所测量的内容正是培训的内容，可以认为测评的内容具有有效性；如果两次测评分数的平均数无显著差异，则表明测评所测量的内容与培训的内容不符，可以认为测评的内容效度较低。

（3）蓝图对照分析法

将测验内容与设计蓝图对照，将内容范围的内涵等与蓝图逐一对比检查，再作出分析判断。例如，对知识测评的效度鉴定，是把试题涵盖的知识内容，各部分内容在试卷中的比例、测评目标层次结构等与蓝图或双向细目表逐一对照检查，从而鉴定测评效度。

内容效度最适合于评估教育和职业成就测验，其中，内容效度对效标参照测验尤为重要，因为在效标参照测验中，被试的表现往往以测验内容来解释。内容效度也适用于某些用于选拔和分类的人事测验。在这种测验中，测验内容是实际工作的一个样本，应包含实际工作所需要的技能和知识。在这种情况下，应该通过内容效度的分析来确定测验是否的确测量了实际工作中所需要的技能和知识。但内容效度的评估一般不适用于能力倾向测验和人格测验。能力倾向和人格测验不太要求与所取样行为领域的内在相似性，其测验题目的选择更多地受某种假设的指导，这种假设的正确与否最后由测验的其他效度形式来确定。

2. 构想效度

构想效度，也称结构效度、建构效度，是指一个测验实际测到所要测量的理论结构或特质的程度。在实际测评中，我们会遇到智力、动机、态度、品德、善良、忠诚等一些抽象概念，对这些素质我们是无法直接测评的，总是需要通过选取一些具体的行为进行测评，以此来推断实际的素质水平。例如，对“善良”这一素质，我们不能直接进行测评，但如果被试有爱做好事、拾金不昧、关心爱护小动物、资助贫困儿童、尊老敬老等行为，我们可以推断被试具有“善良”的特质。把抽象素质构想成具体行为特征，是否具有效度是最关键的，这是测验是否能正确反映理论构想的特性。

（1）构想效度的特点

1）具有不同理论构思的测验，其构想效度是无法进行比较的。同一个构想，不同研究者可能给予不同的名称，并赋予不同的定义。即使是同一个定义，不同研究者的理解也可能不一致。由于构想的定义不同，理解各异，导致研究结果无法比较。

2）构想效度有时很难获得。例如，所编制的测评并不适应于这一构想，或者理论上的构想有误，导致不正确的推论，或者是这个实验设计不能对该假设作适当的检验等。

3）构想效度没有单一的指标，是由各方面的证据累积起来进行评价的，因而虽然可以将来自所测素质要素的误差比例作为构想效度的数量指标，但这个值是随情况而变的。

（2）构想效度确立的步骤

1）提出理论框架。

2）依据理论框架推演出有关测验成绩的假设。

3）用逻辑或实证的方法来证明假设。如果不能证明，则应该修改上述假设，直到能作出恰当解释为止。例如，从一般的智力理论，可提出 4 项主要的假设：①智力随年龄的增长而增长；②智商是相对稳定的；③智力与学业成就有密切关系；④智力受遗传和环境的影响。根据上述假设，编制智力测验，再对实施测验的结果进行分析。如果受测者的分数随着年龄的增长而增长，其智商在一段时间内保持相对的稳定，智力与学业成就之间有正相关存在，同卵双生子的智力相关高于一般兄弟姐妹，一起抚养的双生子的智力的相关高于分开抚养的双生子，这些实际的研究结果就成了肯定该测验构想效度的有力证据。因此，确定构想效度没有简单的逻辑分析或统计分析，而是从各种来源中逐渐累积资料以确定测验的构想效度。

（3）确定构想效度的方法

1）测验内方法。这种方法主要是通过研究测验内部构造（如测验内容、对题目作反应的过程、题目间或分测验间的关系）来界定所测评的构想的范围。

① 分析测验的内容效度：若内容效度高，说明其构想效度也高。

② 分析被试对题目作反应的过程：通过观察被试的操作，询问其如何处理题目，以及必要的统计分析，这样就可以发现究竟哪些变量影响了被试的反应，因而可以确定是否测评了要测的特质。例如，人格测验中某题目“我喜欢在别人面前说另一个人的缺点”，某被试回答“否”，当被询问他是怎么考虑时，被试回答：“一个人如果喜欢在别人面前说另一个人的缺点，那他就是个小人。”显然，从被试的回答中可以看出，这一测题还反映了被试的道德观念，受道德因素的制约，如果用这样的题目来测量人格，则构想效度并不高。

③ 分析测验的内部一致性：对内部一致性进行估计的方法主要有克伦巴赫系数、分半系数、斯皮尔曼-布朗公式等。通过判断测验测的是单一特质还是多种特质，从而确定测验构想效度的高低。从测验的一致性可以为构想效度提供证据。

2）测验间方法。这一方法的特点是同时考虑几个测验间的相互关联，考察这些测验是否在测量同一特质，通过这种方式来确定测验的构想效度。

① 相容效度：估计被试在新测验上的分数与原有的已知的效度较高的同类测验上的分数之间的相关。若相关高，则说明新测验可能有较高的效度。

② 会聚效度：要确定一个测验的构想效度，则该测验应与测量相同特质或构想等理论上有关的变量有高的相关。例如，一个数学推理能力测验与数学课成绩的相关就是会聚效度。

③ 区分效度：一个有效的测验不仅应与其他测同一构想的测验有关，而且还必须与测量不同构想的测验无关。用此种方法确定的效度称区分效度。例如，一个数学推理测验与阅读理解能力测验的相关显著低，就是区分效度高。因为在测验设计时，已将阅读理解能力作为数学推理能力的无关因素来考虑。

④ 因素效度：通过对一组测验进行因素分析，找到影响测验分数的共同因素，每个测验在共同因素上的负荷量，即每个测验与共同因素的相关，称作测验的因素效度。

3）考察测验的实证效度法。测验分数与效标行为的一致性有助于证明测验确实测量了某种构想。根据效标把被试分组，考察其得分差异。根据测验得分差异把被试分组，考察其所测特质（行为表现）的差异。

4）实验操作法。通过控制某些实验条件，观察其对测验分数的影响，也可以获得构想效度的证据。例如，甄选过程中举行两次笔试，使被试相信其中一次考试关系重大，另一次考试无关紧要，然后在考试前进行焦虑测验，看被试的焦虑测验分数是否存在显著的差异，并分析原因。如果，有些被试无差异，则他们根本不存在考试焦虑，如果被试有显著的差异，并且发现这些被试确实存在考试焦虑，那就证明这个测验确实有构想效度。

构想效度是一个有争论的概念。有人认为它反映了效度的本质，所有其他效度概念都包含于构想效度中。但也有人强烈反对构想效度这个概念，认为它无法直接考察，违反了操作论的原则。另外一些人同意这个概念，但建议作些修正。总的看来，构想效度这一概念的最大贡献是把着眼点放在提出假设、检验假设上，使心理测验不再是作实际决定的辅助工具，而成为发展心理学理论的重要工具，从而使测验有了更广阔的发展前景。

3. 效标关联效度

效标是指效度标准，即确实能显示或反映所欲测评的属性的变量，是考察鉴定测验效度的一个参照标准，通常是指我们要预测的行为。效标关联效度又称为效标效度，是以某一种测评分数与其效标分数之间的相关来表示的效度。例如，对于一个管理能力测验而言，其效标可以是将来管理工作的绩效。效标关联效度往往是用于预测性测验，因而广泛运用于人力资源甄选中。

根据搜集效标的时间，可以将效标效度分为预测效度和同时效度。预测效度的效标材料往往是测量结束后隔一段时间才能获得。预测效度适用于人员选拔、分类和安置的人事测验。常用的效标有专业训练的成绩、实际工作的表现等。而预测效度的效标不能及时获得，要经过一段时间才能收集到，这段时间可能是数周、数月，甚至是数年，这就需要用追踪的方法，对被试的未来行为表现进行长期观察并积累材料，以衡量测验结果对其将来表现的预测能力。另外，效度的效标材料可以和测验分数同时搜集，因为同时效度可以替代预测效度。例如，大学生的测验成绩可以与其在学校的学习成绩相比较，选拔测验的得分也可以与被试在现有工作中的绩效作比较。同时效度是用途很广、意义非常现实的一种效度。

可以用来作为效标的变量有很多。效标可以是连续变量（如分数），也可以是分类变量（如职业）；可以是自然的现成的指标（如产量、薪水），也可以是人为设计的指标（如课堂测验）；可以是主观评判，也可以是客观测量。所以，效标可以细分为观念效标和效标测量。观念效标，即效标的实质概念内容；效标测量，即效标的具体度量方法。例如，对于销售人员的销售能力测验而言，其观念效标是销售工作的成功，而效标测量用销售额来表示。再如，对于大学生入学考试来说，“大学学习的成功”是观念效标，而“大学的学习成绩”则是效标测量。如果无效标测量，观念效标则毫无用处。为某一测评选择一个有效的效标是件非常重要但却非常困难的事情。一方面，效标需要一定的可靠度，我们不能凭主观认为哪一个变量能反映或显示所欲测评的特征；另一方面，选择哪一个变量作为某种测评的效标还与该测评的种类有关。归纳起来，常见的效标主要有学术成就、等级评定、临床诊断、特殊训练成绩、实际工作表现、团体对照、先前有效的测验等。

测量的各种效度的区别在于各自强调的方面不同。一个测验可以有多种效度，每种效度视使用者的具体目的而定，因此，一般不存在测验的统一效度。但各种效度又是相互联系和相互补充的。内容效度和构想效度既是效标关联效度的保证，又须得到效标关联效度的支持。考察内容效度和效标关联效度又有助于确定构想效度。

知识拓展

常用甄选方法的信度与效度的比较，如表 5-2 所示。

表 5-2　常用甄选方法的信度与效度比较①

甄选方法	信　度	效　度	普遍适用性
面试	当面试为非结构性时或当所评价的是不可观察的特征时，信度较低	如果面试为非结构性的、非行为性的，则效度较低	低

① 侯典牧．2006．人力资源经理 360 度全程序工作手册．北京：中国经济出版社．

续表

甄选方法	信度	效度	普遍适用性
认知能力测试	高	效标关联度中等，不适合于内容效度	较高，可对大多数工作进行预测，最适合复杂的工作
人格测试	高	对于大多数人格特征来说，效标关联效度较低，不适合于内容效度	较低，只有少数特征适用于对多种工作进行预测
履历性信息	再测信度高，尤其当信息证据确凿时	效标关联效度较高，但内容效度较低	通常针对特定工作，但已成功地为多种工作设计出搜集方法

阅读资料

丰田的全面招聘体系

日本丰田汽车公司（简称丰田公司）著名的“看板生产系统”和“全面质量管理”体系名扬天下，但是其行之有效的“全面招聘体系”鲜为人知，正如许多日本公司一样，丰田公司花费大量的人力物力寻求企业需要的人才，用精挑细选来形容一点也不过分。

丰田公司全面招聘体系的目的就是招聘最优秀的有责任感的员工，为此公司做出了极大的努力。丰田公司全面招聘体系大体上可以分成六大阶段，前5个阶段招聘大约要持续5~6天。

第一阶段，丰田公司通常会委托专业的职业招聘机构，进行初步的筛选。应聘人员一般会观看丰田公司的工作环境和工作内容的录像资料，同时了解丰田公司的全面招聘体系，随后填写工作申请表。一个小时的录像可以使应聘者对丰田公司的具体工作情况有个概括的了解，初步感受工作岗位的要求，同时这也是应聘者自我评估和选择的过程，许多应聘者会因此而知难而退。专业招聘机构也会根据应聘者的工作申请表和具体的能力和经验做初步筛选。

第二阶段，评估应聘者的技术知识和工作潜能。通常会要求应聘者进行基本能力和职业态度心理测试，以此来评估员工解决问题的能力、学习能力和潜能以及职业兴趣爱好。如果是技术岗位工作的应聘者，更加需要进行6个小时的现场实际机器和工具操作测试。通过前两个阶段的应聘者的有关资料就会转入丰田公司。

第三阶段，丰田公司接手有关的招聘工作。本阶段主要是评价应聘者的人际关系能力和决策能力。应聘者在公司的评估中心参加一个4小时的小组讨论，讨论的过程由丰田公司的招聘专家即时观察评估。比较典型的小组讨论可能是应聘者组成一个小组，讨论未来几年汽车的主要特征是什么。实地问题的解决可以考察应聘者的洞察力、灵活性和创造力。同样，在第三阶段应聘者需要参加5个小时的实际汽车生产线的模拟操作。在模拟过程中，应聘者需要组成项目小组，负担起计划和管理的职能。例如，生产一种零配件时，人员分工、材料采购、资金运用、计划管理、生产过程等一系列生产因素的有效运用。

第四阶段，应聘者需要参加一个1小时的集体面试，分别向丰田公司的招聘专家讲述自己取得过的成就，这样可以使丰田公司的招聘专家更加全面地了解应聘者的兴趣和爱好，以便使公司更好地做出工作岗位安排和职业生涯计划。在此阶段也可以进一步了解应聘者的小组互动能力。

通过以上 4 个阶段，应聘者基本上被丰田公司录用，但是应聘者需要参加第五阶段的一个 25 小时的全面身体检查，以此来了解新员工的身体状况和特别的情况，如酗酒、药物滥用的问题。

第五阶段，新员工需要接受 6 个月的工作表现和发展潜能评估，接受监控、观察、督导等方面严密的关注和培训。

丰田公司的全面招聘体系使我们理解了如何把招聘工作与未来员工的工作表现紧密结合起来。从全面招聘体系中我们可以看出，首先，丰田公司招聘的是具有良好人际关系的员工，因为公司非常注重团队精神；其次，丰田公司生产体系的中心点就是品质，因此需要员工对于高品质的工作进行承诺；再次，公司强调工作的持续改善，这也是为什么丰田公司需要招收受过良好教育的员工。另外，基本能力和职业态度心理测试以及解决问题能力模拟测试都有助于良好的员工队伍的形成。正如丰田公司的高层经理所说：受过良好教育的员工，必然在模拟考核中取得优异成绩。

（资料来源：中华管理学习网.www.zh09.com.）

复习思考题

1. 甄选的原则和意义是什么？
2. 人员甄选有什么样的基本流程？
3. 常见的甄选方法有哪些？
4. 什么是信度？它有哪些种类？
5. 什么是效度？它有哪些种类？

案 例 分 析

案例背景

镜头一：在“互联网＋”还没把猪吹到风口上之前，某企业在沿海地区招聘企业普工，采用的是在人才密集处设点摆摊（俗称摆地摊）、工业区内贴小广告、街道口发招聘简章等方式，低效耗时。从事招聘的员工也经常抱怨，整的人力资源部人人像街头小贩。就在前不久，一个近五十岁的大姐打电话给该企业人力资源招聘专员说要应聘，问她如何知道招聘信息的，大姐说我是在某某网站上看到你们的信息，别人教她用手机上网，还注册了简历。

镜头二：前几年，招聘企业技术人员，多是通过同行挖墙脚或猎头推荐的方式开展，尤其是有些专业度的技术人员，牛得不行。这是因为，一方面技术人员在多数企业都是宝，自然是待价而沽，求职的主动性极低；另一方面，技术人员哪里找？这是摆在很多企业招聘人员眼前的难题，自然不是“山东技校找蓝翔了”。

镜头三：有位HR专员前一阵子和一个大学毕业生聊求职的事情，问他现在很多人挺反感职介机构的，是什么原因。这位小兄弟应道："是呀，我就被中介忽悠了一次，去年找暑期工，看到一家中介宣传就进去登记交了费用，结果工作没干成，钱也要不回来。"又问，"你一个大学生，找份工作需要通过中介吗？"小兄弟说，"我也不知道怎样找工作，看到人家挺热情的，说的也挺好的就信了。"我追问了一句："你们每天都聊微信、玩游戏，就没试着在互联网上求职？"小兄弟没说话。我不清楚是我说得太直白了还是他没听明白。

课外阅读：互联网时代人力资源管理的十大新思维

案例讨论

1. 你认为这三则材料显示出现代企业招聘中出现了哪些新问题？

2. 企业应该做出哪些改变来应对这些问题？

第六章　人员初步甄选

教学目标

掌握简历的制作和筛选技巧，掌握申请表的概念及设计，了解如何跟踪应聘者的信息，掌握如何对应聘者进行笔试。

教学要点

简历的制作和筛选技巧、申请表的概念及设计、应聘者背景调查、笔试。

关键词

简历　　申请表　　背景调查　　笔试

导入案例

环球公司是一家位于沈阳的空调销售公司，过去一年里由于市场需求旺盛，公司运作得当，业务量迅速上升，但是人力资源部经理却高兴不起来，一年内接连发生的几起事件令他极为难堪。

2009 年 8 月，业务员王某与代理商景旺公司签订了一笔货款为 10 万元的供货合同，但货物发出后迟迟不见货款返还，年底公司派人上门催款，发现景旺公司人去楼空。环球公司感觉不妙，报告北京总公司，总公司向法院提起诉讼，请求法院判决对方支付货款。法院和律师几次到沈阳调查取证，由于景旺公司已经逃遁，无功而返。鉴于缺乏被告主体，民事诉讼难以进行下去。由于王某是经手人，其工作失误给公司造成巨额损失，2010 年年初环球公司将其辞退。后来环球公司律师在工商局查阅代理商景旺公司的注册资料时发现，业务员王某原来是景旺公司的第一大股东。此时，环球公司意识到这是一起有预谋的诈骗案，一场普通的经济纠纷演变为情节恶劣的刑事案件，环球公司遂向公安局报案。经立案侦查，将王某和作案同伙抓获，追回了部分货款。审讯中发现王某曾经有前科，因犯盗窃罪被拘留过。

案件终结后，人们纷纷指责人力资源部引狼入室，人力资源部经理压力很大。偏偏祸不单行，2010 年又发生几起假文凭案，人力资源部在整理档案时发现几名员工的文凭可疑，经向学校查实，他们的文凭果然为假，公司领导层震怒，当即决定予以辞退。但公司为他们已经花了不少的培训费用，且他们对公司的许多商业秘密已经掌握，不知道以后这些人是否还会给公司带来麻烦，这更是让人力资源部经理担心。

第一节　简历的制作及筛选

一、简历概述

（一）简历的定义

所谓简历，就是应聘者对自己的职业经历、教育背景、成就和知识技能等的简明扼要的书面介绍。简历显示了个人形象，包括资历与能力的书面表述，对于应聘者而言，是必不可少的一种应用文。

（二）简历的类型

按照简历的风格，可以把简历分为时间顺序型、职能顺序型、心理型 3 种。

1. 时间顺序型简历

它是指按时间的顺序来书写工作经历的简历。这种简历一般比较长，适合于应聘与过去工作经历相关的岗位，或说明自己的工作是连贯的。

2. 职能顺序型简历

它是按照工作所需要技能的不同来书写过去工作经历的一种简历。这种简历一般比较短，适合于不断变换职业，或工作有间断的应聘者。

3. 心理型简历

它是以心理理论为基础来书写的简历，融合了时间顺序型和职能顺序型两种简历的优点。它的特点是，首先将个人优点列出，给人以很好的第一印象；然后列出自己与众不同的方面；最后再对以上两个方面进行强化。总之，这种简历强调的是追求与众不同。

（三）简历的内容

总体来讲，对于一般的职位来说，简历必须包括个人基本情况、教育经历、主要工作经历情况、职业目标和职业理想。简历一般包括如下内容：婚姻状况、喜好和态度、健康状况、人际关系、经济状况、家庭状况、个人特点、业余爱好和兴趣、教育经历、自我印象、价值观、个人贡献等。对于应届毕业生来讲，需要包括的内容有：个人基本信息、学习情况和成绩、主要社团活动或实践经历、职业理想和个人特点。

二、优秀简历的制作

课外阅读：个人简历实例

无论是从企业筛选的角度，还是从应聘者求职的角度，都需要一份好的简历。因为好的简历对企业来讲是做广告宣传，对应聘者来讲是个人的自我形象，一份好的简历需要具备以下5个特点。

（一）简练、明确

简历千万不能太长，一页就已足够。同时，简练还要求表述要简单，可以借鉴工作描述的书写方式（动词＋名词）。为了更好地传达自己的优势，每部分的重点和需要强调的地方，都需要加以明确。

（二）信息与岗位相关

为了使自己的简历给筛选者留下更深刻的印象，简历中陈述的信息必须与岗位相关，要避免一种自传式的简历。自传式简历之所以不成功，就在于没有把握筛选者最看重的内容，即是否具备岗位所需要的特点。这个原则是最为关键的。

（三）优点突出

简历本质上讲是应聘者优势的自我展示，但也不能太过于夸张，也不能过于谦虚。书写时需要以关键的词语客观地把自己的优势展示在简历中。

（四）给人以深刻的印象

在制作简历时，需要把最为关键的，也是岗位所最需要的内容信息放在最前面，或最为显眼的地方，以便让简历筛选者有眼前一亮的感觉。

（五）信息全面

简历虽然简洁，但并不是过于强调某些方面，而漏掉其他方面。简历在追求简洁的同时，一定不要忽略对自己工作的全面总结。过于强调某些方面也许成为简历的败笔，因为这不符合人的客观实际情况。

三、二维码在简历中的应用

求职者在运用二维码技术的时候可以选择两种应用：①直接编辑简历内容生成二维码；②把一些简历扩展内容（如视频、图片）生成二维码，复制在打印的简历上，增加简历的特点。

运用第一种方法时，通过下载二维码编码软件或者二维码生成器，输入求职简历内容：基本信息、求职意向、自我介绍、个人情况等生成二维码，或者进入在线编码网站，在线生成二维码，发送给企业进行应聘。简历内容生成二维码制作流程如图 6-1 所示。

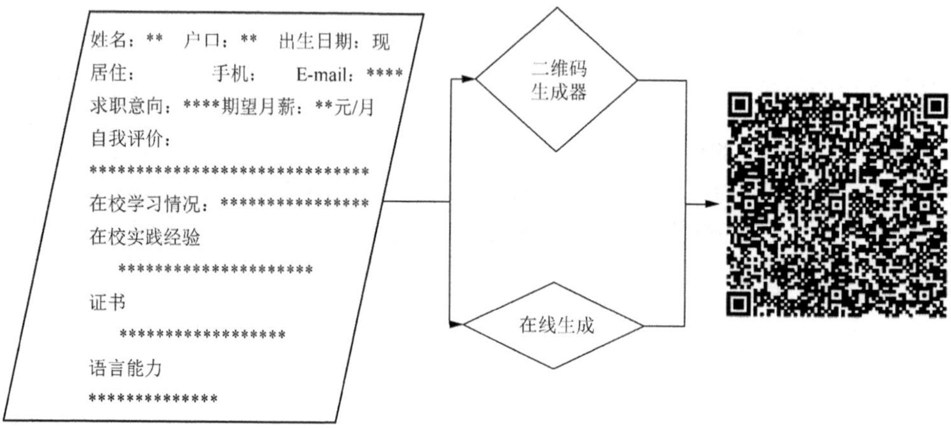

图 6-1 简历内容生成二维码

第二种方法需要以下几个步骤：第一，下载二维码生成器或在线生成二维码的网站。目前已经开发了很多的免费二维码生成网站，如：草料、联图等。求职者可以针对自己的简历内容进行对此类二维码生成网站的选择。因为有些二维码生成网站不能支持上传视频、音频文件等。第二，对简历的格式排版，策划需要展示的内容。把即将放在二维码中的内容进行排版策划，充分展示求职者才能，提高求职的成功率。第三，上传制作好的图片以及视频资料，待上传后，数据库便保存了应聘者的相关信息。第四，直接生成属于自己的二维码，并根据自己的需求调整二维码的样式，然后导出适合规格的二维码再保存。第五，将二维码粘贴在简历当中。

课外阅读：简历是二维码，面试考官"刷"一下

四、简历的筛选

（一）简历筛选的方式

目前，简历的筛选一般有两种方式：一种是人工筛选；一种是计算机检索。

1. 人工筛选

人工筛选的好处在于，可以使操作者了解比较多的有关应聘者的综合信息，筛选的准确性比较高。但它的不足之处在于，所需要的时间长，工作量大。如果企业进行专场招聘，招聘人员桌前常常会堆满小山似的简历。

人工筛选简历，需要对参加筛选的人员进行简单的培训，明确筛选原则和标准，以便得到相对客观的结果。

2. 计算机检索

微软、宝洁、思科等知名外资企业在中国进行招聘大多利用计算机进行筛选。应聘者登录招聘公司的网站，填写申请表的同时，计算机已经开始筛选。对于其他途径收到的简历，通常扫描后进行检索。计算机筛选简历，可以大大减少人员的工作量，保证筛选效率，但筛选的质量相比人工筛选效度要低。

无论是计算机检索还是人工筛选，主要都在于筛选关键信息或关键词的确定。企业在简历筛选中往往容易关注到应聘者的硬件：如学历、毕业院校、专业、工作经历、资格证书等，而对应聘者的综合素质信息提取不足。这样很容易与优秀的候选人失之交臂。企业在制定简历筛选的标准时，不仅要仔细研读职位相关的所有信息，而且在确定筛选关键信息或关键词后，还必须进行模拟检验，以切实保证效果。

（二）人工筛选简历的关注要点

1. 外观行文

重点关注简历的整体外观，如整洁与否、排版是否美观合理、语法用词是否准确得当、是否有错别字、标点符号的使用是否准确等。一些企业还会要求应聘者填写英文简历，透过简历来了解应聘者的英文水平。也有一些企业要求应聘者手写简历，通过字迹了解应聘者的相关素质。

2. 工作经历

了解应聘者有无与应聘岗位相关的工作经历，从中读取应聘者对岗位的兴趣及其日后发展情况等信息。例如，某人应聘的是销售代表岗位，其简历中显示其在做了两年销售代表后转到后勤岗位，如果应聘者没有其他交代，这个信息对该候选人“经历”这一考察因素而言，就应该是负面信息。

另外，在简历筛选中，还应该关注到应聘者所在的行业或企业，如应聘者是否具有行业龙头企业或品牌企业的从业经历、是否有在竞争对手企业的从业经历等。

3. 起始时间

筛选简历时，应该关注应聘者岗位变动的起始时间，看其在时间上有无重叠、空白或矛盾之处。

4. 回避要素

简历筛选人既要关注应聘者工作经历中及能力上出彩之处，也要关注其闪烁其词的地方。应聘者对于其工作经历变动的关键环节，应该有所交代。如果此类信息缺乏，需要面试考官在面试中进行挖掘。

5. 应聘原因

着重分析应聘者以往工作变动的原因和本次应聘的出发点。只有了解到其应聘的动机，才能判断其工作的稳定程度。

6. 教育背景

应聘者教育背景中是否有与本招聘岗位相关的部分，其接受的教育、培训以及家庭背景等对于胜任本岗位的利弊分析。

7. 薪酬要求

薪酬要求包括其原有的薪酬标准及本次薪酬要求。简历筛选者应关注其薪酬是否一直在上升、上升的幅度等，从侧面了解其能力轨迹；同时，判断其价值观以及本企业薪酬标准与其期望的匹配程度。

8. 素质信息

筛选者应关注应聘者在简历中所展现的能力要素，以及这些能力与岗位的匹配程度。一些文职类岗位，甚至可以从行文、外观、语法、用词等方面了解到应聘者的岗位知识和技能情况。值得注意的是，简历筛选者应该尽量从应聘者的简历中搜寻出不实的信息。

（三）计算机筛选简历关注要点

计算机筛选简历，需要仔细研读相关职位要求和说明，确立应聘岗位的各项能力素质要求，并提炼出关键词。选择关键词时应该注意如下事项。

1. 应聘者撰写习惯

应聘者习惯或可能的表达方式。例如，“人力资源经理”岗位，有的企业会称作人事行政经理、主管等；有的企业则由办公室主任分管负责；还有的企业则由企业管理部、人力中心、干部处、干部科等负责管理。所以，在确定关键词时，要关注到是否有相近词语、可替代的词语，尽量不要有遗漏。

2. 应聘者群体

一般而言，对于校园应聘者和社会应聘者的筛选标准应该有所不同。对于校园应聘者，一般应关注毕业院校、专业、成绩、主修或选修的课程、社会实践、组织或参加的活动、勤工俭学、特长、兴趣爱好、奖学金、校园职务、其他奖项、潜力、相关资质证明、理想和目标等。

而对于已有一定工作经验的人而言，关注点是其原工作单位的品牌和性质、行业经历、工作经历、职位变动、工作内容、薪酬期望、原工作单位离职原因、就业期望、受训经历、职业特长、业绩描述、资质证书、专业造诣等。由于社会应聘者的来源跨度大，简历撰写习惯差异很大，如果筛选集中在一些硬件上，很容易遗漏真正有能力的人员，所以在有可能的情况下，还是应该尽量采用人工筛选简历。

3. 简历模板

如果采用计算机筛选，企业根据岗位特点，让应聘者统一按规定格式填写简历，一些企业也会在网站上设置“应聘者申请表”。通过这样引导应聘者按要求填写简历要项，可以保证筛选的有效性。表 6-1 所示的应聘申请表中展示了企业招聘社会应聘者时应该收集的主要信息。

表 6-1　应聘申请表

应聘职位　　　　　　　　　　　　　　　　　　　　　　　　年　月　日

姓名		性别		年龄		婚否		身高	
血型		视力		健康状况		职称		工龄	
毕业学校				毕业时间		专业		专业成果	
通讯地址				邮编		电话			
原工作单位				原工种					
主要经历									
专业技能及特长描述									

第二节　职位申请表的设计及筛选

一、申请表概述

申请表是指组织为收集申请人与应聘岗位有关的全部信息而专门设计的一种规范化表格。它是企业设计的、让申请者填写的、反映应聘者基本情况的表格。

一份制作精美的申请表可以把握申请者以下 5 个方面的信息：一是可以对一些问题做出相对客观的判断，以审查申请者是否具备岗位或企业所需要的某种素质；二是可以评价申请者过去大概的情况；三是可以了解申请者过去在工作上的稳定性；四是可以对申请者是否符合岗位和企业的最低要求作出判断；五是可以比较和评价申请者的相对优势和劣势。

按照申请表的适用范围可以把申请表分为两种类型：通用型和专用型。所谓通用型申请表是普遍适用于企业所有岗位或大部分岗位的申请表。这种类型的申请表比较常见。而专用型申请表是专门适合于某一类特定职位，并根据其具体特点专门设计的申请表格。例如，某企业中的研发主管与其他诸如人力资源或财务总监的求职申请表一般是不同的。表 6-1 就是一个通用型的申请表。

按照申请表是否作为选拔的依据，可以把申请表分为两种类型：普通型和加权型。所谓普通型申请表，是企业为了了解申请者一般的背景信息而制作的一种规范化的表格，这种表格主要是为了避免由应聘者自发提供相关信息而可能带来的信息遗漏等。表 6-1 就是一个普通型申请表。

加权型申请表是指根据应聘岗位所需条件与工作成绩之间的关系而制作的一种可以量化的申请表。它可以根据企业现有员工在某些条件上实际情况的不同，为申请表中的信息资料赋予不同的权重，从而可以将申请表项目计算总分，根据总分就可以筛选应聘者的申请表。

表6-2所示就是一个根据企业现有员工的工作成绩情况，对申请表项目赋予权重的例子。表中显示，根据对现有企业员工的调查，企业中没有工作经验的员工工作出色的比例仅仅是22%，而有推销经验的员工工作出色的比例是81%。所以，根据现有员工的基本情况，可以把没有工作经验这一信息赋予2的权重，而把具有推销经验这一信息赋予8的权重。其他项目信息依此类推，这样就可以对一张申请表的所有项目赋予分数，计算整个申请表的总分。很显然，申请表总分高的申请者与本企业工作出色员工的基本情况更接近，将来更有可能成为企业中工作出色的员工。所以，申请表的总分可以直接用来筛选申请表。

表6-2　申请表项目加权量化表

项　　目	工作出色人数比例/%	加 权 分 数
婚姻：未婚	60	6
已婚	80	8
离婚	10	1
文化：小学	52	5
中学	45	5
大学	61	6
研究生	64	6
工作经验：无	22	2
生产	43	4
推销	81	8
管理	77	8

二、加权型申请表的制作

从人力资源选拔的过程来看，如果运用普通型的申请表，仅限于对申请者基本信息的了解，对企业的筛选和选拔工作没有多大帮助。所以，为了提高选拔的效率和准确性，在选拔中尽量采用加权型的申请表。要制作一份好的加权型申请表，需要做一些申请表项目的设计和统计工作，最终的目的是要找到申请表项目与所需要招聘人员胜任特征的相关性。这主要包括4个步骤，如图6-2所示。

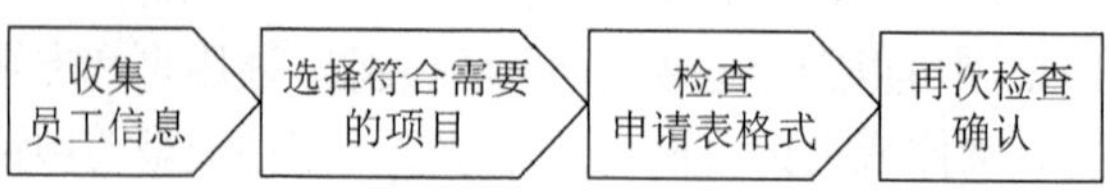

图6-2　加权型申请表制作步骤

（一）收集员工信息

收集员工的基本信息是制作申请表的第一步，因为申请表是对员工基本信息的一个总结和提炼。这时有两种情况：一种情况是企业已经有旧的申请表；另一种情况是企业没有申请表。如果企业有旧的申请表，这时需要做的就是对旧的申请表格所包括的内容进行补充或删除，但这个工作的前提是对现有员工的基本信息有一个统计。在对企业员工基本信息进行统计时可以借助于人力资源信息系统，或其他电子化的企业员工信息系统。

如果企业没有申请表，那么就需要对企业现有员工的信息进行充分了解。这时除了可以参考人力资源信息系统外，还可以通过查阅档案和采用问卷法来了解员工的现有信息。

（二）选择最符合需要的项目

一般而言，申请表所包含的项目数量不确定，一般的申请表包括的项目数量为50个左右。

1. 申请表项目区分度分析步骤

在制作加权型申请表时，最为关键的是要看哪些信息与应聘岗位所需要的胜任特征有关系，能够预测员工未来的工作成绩。所以，制作申请表有两个基础性工作，即工作分析和项目区分度分析。工作分析可以参照本书前面内容。项目区分度分析可以参照胜任特征模型建立的基本逻辑和思路来进行，以便寻找能够把工作成绩优秀的员工和工作成绩普通员工区分开来的员工的基本信息。项目区分度的分析可以按照如下6个步骤开展工作。

（1）选择效标

第一步是要确定企业在衡量工作成绩优秀和一般的标准，是财务方面的指标，还是劳动生产率、客户满意或者是个人的学习和创新能力等。这时需要找到真正能区分员工工作成绩高低的工作行为的测量指标，可以按照平衡记分卡的模式来选择效标。

（2）根据效标将员工分为高低两组

确定衡量工作是否优秀的效标后，可以根据这些效标在企业中抽取工作成绩优秀和工作成绩普通的两组员工。如果企业的规模很大，根据一般的统计原则，可以抽取工作成绩最高的27%作为工作成绩最高的代表，工作成绩最低的27%作为工作成绩最低的代表。在选取员工数量时，一定要注意统计上的大样本原则，因为如果人数太少，统计的结果会有很大误差，所以要抽取足够数量的两组员工。

（3）比较两组在申请表每一项目上是否存在差异

只有那些两组存在显著差异，也就是优秀组显著高于非优秀组的项目，才是申请表中包括的项目。而确定两组在每个项目上的差异，可以采用统计上的差异显著性检验方法，差异显著的就是要找的项目，同时显著性越高，其质量越好，但这时需要进行统计处理。

（4）赋予各项目以权重或分数

给各项目赋予权重是一个关键环节，这主要有3种方法：一是相关法；二是垂直百分比法；三是横向百分比法。所谓相关法，就是通过统计了解某项目对员工是否优秀的影响程度，如果影响程度大，则赋予较大的权重；如果影响程度小，则赋予较小的权重。这可以通过相关系数来考察。

垂直百分比法虽然带有其主观性，但实施相对比较容易。这种方法的弱点是，当两组的差距不大时，是否存在显著差异的判断就存在很大的主观性。表6-3就是垂直百分比法的一个例子，并以任期长短作为效标。不同工作经验的人其任期长短有很大差异，这样就可以根据其差异特征赋予各类经验以一定的权重分数。

表 6-3　垂直百分比法赋予权重表

经验 效标	长任期组/%	短任期组/%	百分比差异/%	权　　重
行政	25	55	−30	−1
销售	66	36	+30	+1
技术	51	22	+29	+1

横向百分比法如表 6-2 所示，可以看出权重或分数大小与某项目上优秀人的比例相关。

（5）计算总分

把申请表中各个项目所得分数相加，求得申请表的总分，通过比较总分就可以比较和筛选各申请表。例如，表 6-2 中一位已婚、大学毕业、具有管理经验的员工的申请表的总分是 22（8+6+8）。

（6）根据总分设立最低分

如果在基本情况方面为岗位设立一个最低要求，那么就可以根据总分来筛选申请表，那些分数低于所设定最低分的申请表将被淘汰。

当然，在确定申请表所包括项目时，除了上面所述的对工作成绩有影响外，可以考虑以下一些条件：一是某个项目是个体能够控制的，那些个体无法控制的项目作为筛选被试的标准不合适；二是项目是与工作相关的方面；三是每个项目的回答是可证实的；四是申请表不能侵犯申请者的个人隐私。

2. 申请表包含的基本内容

申请表一般所包括的内容有以下 5 个方面。①背景：性别、年龄、婚姻、身体、居住、身高和体重；②教育和培训：受教育水平、学位、成绩、语言、奖励；③工作经历：上任雇主姓名和联系方式、企业类型、岗位职责、任职时间和职位、过去或现在薪酬、前任公司工作期限、离职理由、现在有其他工作还是失业；④工作特殊要求：技术技能、特定技能；⑤其他：上任雇主评价、证明人姓名和证明信、专业证明、兴趣和爱好、个性特征、态度。

除了上面的基本内容外，与工作相关的一些项目也是制作申请表需要非常重视的。下面是一些与工作和职业相关项目的举例，这些项目往往在鉴定工作优秀员工上是很有区分度的。因为它们都是与一个人的职业意识相关的项目。

1）你认为你最适合的职业道路是怎样的？为什么？你认为你目前最理想的工作是什么？为什么？

2）请按自己的喜好程度给下列各事业发展途径打分：市场和销售、配送和供给、信息处理和计算机、财务会计、人力资源……

3）你是否愿意去国内的任何地方工作？如果不能，请写出你不愿意去工作的地区。

4）如果需要你开始工作，你还需要什么具体的协助、采取什么具体的措施？

（三）检查申请表格式

确定申请表的项目后，下一步需要以一种简洁明了的格式呈现出来。在确定其格式时，要考虑两个主要因素：一是申请者便于作答；二是便于后期统计。为了使申请者便于作答，申请表的语言需要以中性方式来表达，同时也尽量采取选择的作答方式，因为这样会节省申请者的时间。为了后期便于统计，在设计格式时尽量考虑到后期量化和编码的问题。具体来看，有两方面需要注意：①项目呈现顺序上，把那些区分度高的项目排在前面；②在提问方式上，申请表的提问方式主要包括以下 6 种形式。

1）是或否的选择。

2）连续性单项选择：如 5%、6%、7%三者进行选择。

3）非连续单项选择：如单身、已婚两者间进行选择。

4）非连续多项选择：如过敏、头痛、关节痛三者之间进行选择。

5）种类不同：如读书、听音乐、散步之间进行选择。

6）程度不同：如在很喜欢、有点喜欢、不太喜欢、不喜欢 4 种不同程度间进行选择。

（四）再次检查确认

确定好各项目和题目的格式后，最后需要对每个项目从以下 3 个方面去考察，以便使设计的项目符合选拔的要求，达到考察的目的。

1）申请表中的项目有没有提供所需要的信息？

2）申请表中的项目与工作有没有联系？

3）申请表中的项目能不能区分合格和不合格的申请人？

表 6-4 是一家金融机构的求职申请表。所包含项目比较全面，几乎包括了申请者所有的基本信息。

表 6-4 某金融机构求职申请表

申请岗位或职位： 第一选择： 第二选择： 第三选择：							贴照片处
1．基本资料							
姓名		性别		出生年月日		身高	
身份证号码				婚姻状况		子女	（个）
籍贯	省 县（市）			政治面貌		民族	

续表

户籍地址		入党（团）时间		联系电话	
居住地地址					
档案所在单位及地址					
其他联系人	姓名： 关系： 电话：				

2．教育状况

学历	起止时间	学校名称	专业	所获证书 / 学位	学习形式
高中/中专					
大专					
本科					
硕士/MBA					
博士					

3．工作经历

起止时间	单位名称	职务 / 岗位	主管姓名及电话	年薪（税前）	离职原因

4．技能、培训

计算机能力		外语能力			
职称		获得日期		评定机关	
培训时间		培训机构		培训课程	
所获证书及成果					

5．奖励记录

6．处分记录

7．配偶情况

姓名		出生年月日		户籍地址	省 县（市）
学历		学位		专业	
结婚时间		毕业院校			
工作单位		职务		职称	

8．直系亲属情况

姓名	关系	出生年月日	工作单位	职务/岗位

9．个人特性

应聘理由	
目前及将来事业目标	
性格长处及短处	
特长	
习惯及爱好	

10．其他

① 是否有过犯罪记录？	否□是□ 如是，请简述

续表

<table>
<tr><td colspan="8">② 是否服务过本公司？</td><td colspan="3">否□是□　岗位/时间</td></tr>
<tr><td colspan="8">③ 是否有亲戚或朋友服务于本公司？</td><td colspan="3">否□是□　姓名/关系</td></tr>
<tr><td colspan="8">④ 是否能向原单位了解相关情况？</td><td colspan="3">否□是□</td></tr>
<tr><td colspan="11">⑤ 您如何获知本公司的招聘信息？</td></tr>
<tr><td colspan="11">⑥ 希望工资水平：　　元/年（税前）　可接受工资水平：　　元/年（税前）</td></tr>
<tr><td colspan="11">⑦ 可报到时间：</td></tr>
<tr><td colspan="11">本人郑重声明：以上资料一切属实，如有填报不实之处，愿接受无偿之解雇。
申请人签名：　　　　年　月　日</td></tr>
<tr><td>笔试成绩</td><td>综合</td><td></td><td>业务</td><td></td><td>英语</td><td></td><td>合计</td><td colspan="3"></td></tr>
<tr><td>面试综合评价</td><td colspan="10"></td></tr>
<tr><td>用人部门意见</td><td colspan="10">年　月　日</td></tr>
<tr><td>人力资源部意见</td><td colspan="4">年　月　日</td><td>总裁审批</td><td colspan="5">年　月　日</td></tr>
</table>

三、加权型申请表在人力资源选拔中的应用

（一）加权型申请表在人力资源选拔中应用的模式

加权型申请表在人力资源选拔中有两种用途：一是作为预审的工具；二是作为选拔系统的一个组成部分。

当应聘者人数很多，或下一步的测试或面试成本很高时，可以把加权型申请表作为预审的工具。通过申请表的审查，淘汰一部分明显不合格的应聘者，这样就为选拔系统的后面工作减轻了工作量，也节约了成本。

当把申请表作为整个选拔系统的一部分时，它只是应聘者所接受的测评方法中的一种，其作用是整合到对应聘者所有的评价信息中。当然，申请表只是在某些特定方面对预测员工未来的成功有所帮助，诸如学历、工作年限等。

（二）加权型申请表的适用条件

加权型申请表适用于下列招聘和选拔情形：一是从事类似职位工作的人数比较多；二是每位员工在职位上的人事记录全；三是培训成本高的职位；四是人员流动率高的职位；五是申请者很多；六是单位采用面试等其他方法的成本太高。

四、筛选申请表的方法

对应聘申请表的初审及评价是招聘录用系统的重要组成部分。初审的目的是迅速地从应聘者信息库中排除明显不合格者，以挑选出符合招聘条件、有希望被聘用的应聘者。因申请表和简历的筛选过程中并未和应聘者有直接的接触，所以评价标准往往以招聘条件的硬性指标为主，

如工作经验、学历、年龄等。

对申请表的筛选应注意以下几点。

（一）判断应聘者的态度

在筛选申请表时，首先要筛选出那些填写不完整和字迹难以辨认的材料。为应聘不认真的应聘者安排面试浪费时间和精力，可以将其筛选掉。

（二）关注与职业相关的问题

在审查申请表时，要估计个人材料的可信性，要注意应聘者以往经历中所任职务、技能、知识与应聘岗位之间的联系。在筛选时要注意分析其离职的原因、求职的动机，并对那些频繁离职的人员加以关注。

（三）将可疑之处作为面试的重点提问内容

不论是简历还是应聘申请表，很多材料都会或多或少地存在内容上的虚假。在筛选材料时，应该用铅笔标明这些疑点，在面试时作为一项重点考查的内容加以询问。为了提高应聘材料的可信度，必要时应检验应聘者的各类证明身份及能力的证件。

认真审阅申请表，将那些明显不适合这个岗位的人挑出来。根据工作说明和人员招聘条件将剩下的申请人排队，参考下列标准对每一位申请人进行评估：①达不到最起码的标准；②符合标准；③超出标准。

对所有的申请人进行认真的甄别和排队之后，就可以将结果引入表 6-5 的比较模型进行比较。

表 6-5 申请人条件比较表

申请人	身体情况			教育培训			知识经验			特长才能			性格特征			专业特长		
	1	2	3	1	2	3	1	2	3	1	2	3	1	2	3	1	2	3
1																		
2																		
3																		
4																		
5																		
6																		
7																		
8																		
9																		

第三节 背景调查技术

背景调查就是通过应聘者提供的证明人或从以前的工作单位那里搜集的信息来核实应聘者的个人资料。这是一种能直接证明应聘者个人资料的有效方法。背景调查的目的是获得应聘者更全面的信息，不被应聘者提供的虚假或夸张的信息所迷惑。在人才市场处于供大于求的状况下，应聘者面临极大压力，被迫在应聘时对自己进行包装，简历越做越精美，工作经历越来越丰富，其实水分很大。那些学历低、工作经验不足的应聘者为迎合用人组织的需要，弄虚作假，致使假文凭、假职称证书到处泛滥。背景调查是拒假于门外的有力武器，放弃背景调查意味着组织失去了基本的免疫力。

一、背景调查的作用

（一）核实个人简历中的信息

需要核实的信息包括教育背景和工作经历，要验证应聘者所提供的信息是否属实，这主要是针对应聘者在简历中故意提供虚假或模糊信息，有些信息在面试的过程中很难辨识。如果对应聘者提供的虚假信息信以为真，则可能会导致用人失误，会给组织造成人量的直接和间接的损失。

（二）核查应聘者有无过失或严重违纪的行为

应聘者的简历中不会暴露自己犯错误、违纪或是曾经被除名的经历，但如果录用这样的员工，对组织来说无疑是巨大的隐患。因此，通过调查可以了解应聘者在以往工作中有无违纪等道德风险事件，以降低录用风险。

（三）发现关于应聘者的简历以外的信息

通过应聘者以前工作过的组织可以了解到应聘者的人际关系、合作精神等信息，也可以了解到简历上未注明的某些个性和技能、工作习惯、品格等方面的信息。

（四）预测将来绩效的依据

应聘者以前的工作业绩是未来岗位上业绩预测最有效的参考。一个有效的甄选过程，可以了解应聘者的具体表现，预测其在新岗位上的表现，也可以了解应聘者的潜能，从而能够为其制定职业发展规划，或是为其提供适当的培训与提高的机会，有利于组织对人才结构进行有效的调整，并在组织与个人的发展方面实现共赢。

二、背景调查的类型

背景调查和参考资料查询有很多形式。一般来讲，几乎所有的组织都会查询应聘者目前的职位与薪资待遇，通常以电话方式向应聘者以前的任职组织查询。有些组织会向应聘者以前的主管查询应聘者的技术能力以及团队合作能力等方面的情况，有些组织还会向专业咨询公司了解应聘者的债务信用资料，还有些组织会要求应聘者附上推荐信。用这些方式来查证应聘者以前的工作岗位、薪资待遇、任用时间以及学历背景是有效而直接的方法。背景调查可以分为以下几种类型。

（一）以调查的对象和内容进行分类

1. 证明人核实

从应聘者前任工作的直接领导和同事那里获得相关信息，尤其是直接领导提供的材料有很大的参考价值。

2. 证照核实

从学校、认证机构核实应聘者提供的学位、证书、执照之类的证明材料的真伪，必要的话，到公安机关对其是否有犯罪前科、信用记录等进行调查。

3. 培训核实

确定是否对其进行相关培训，这样做可以了解应聘者是否真的接受过相关的职业培训，从而判断其职业技能和能力，为提高工作效率奠定基础。

（二）以背景调查的方式进行分类

1. 组织自己进行调查

人力资源部的人员可以根据应聘者提供的以前的工作信息或推荐人的信息，直接致电对方组织人力资源管理部门和相关人员，请其提供相关信息，以核实应聘者有关资料的真实性。通常来说，对于初级和中级职位，组织自行调查就可以达到目的。

2. 委托专业机构调查

选择中介机构时，一定要对各机构的服务、经验、收费、时间等进行比较。通常，对高级管理岗位和关键岗位，由于这些岗位对组织的运作影响很大，会请外部机构进行调查。如果应聘者是来自猎头公司推荐，则猎头公司应负责对应聘者的背景进行调查。

三、背景调查的内容

背景调查应根据工作岗位分析、申请表分析和个人简历分析的有关内容，来制作背景调查表。通常调查的内容如下。

（一）教育和专业培训背景

组织应检查应聘者所提交的正式教育的期限和类型，有时可以向其导师核对背景信息。美国公司强调大学教育，并花费很大力气发展同高校的联系；日本公司强调同高校的长期关系，这些高校为学生而展开竞争，并为向与学校有联系的公司推荐学生做好准备。

（二）职业资格和认证的信息

为了提升各个行业的运营标准和专业度，很多职业和岗位都有专门机构组织的职业资格考试和认证。如财务方面有注册会计师考试，通过这项考试，则证明应聘者有过硬的专业能力。

还有些考试，如人才中介师的考试。只有通过考试的人员才能取得执业证书从事相关的工作。正因为这些考试或认证有权威性，有一些急功近利的人会伪造虚假的职业证书或提供虚假信息以获取职位，因此，对于这些资格和认证应该进行确认，以免录用能力不合要求者。

（三）工作职位、经验和成就

详细核实应聘者的工作起止时间、所在部门、职位、职责、上下级关系。尽管申请表或简历可以列出各种职位等级、参加各种活动及其奖励的一系列名称，但要把这些与特定的职业要求联系起来则很难。有些应聘者在申请表或简历中表述的工作经验很丰富，在面试中也夸夸其谈，很难判断其真实的能力，因此可从其前任公司那里获取具体的业绩数据和相关信息，来判断其能力。

四、背景调查的实施

（一）背景调查的时机

对于背景调查的时机有两种不同的观点：一种观点认为应在完成申请表或个人简历分析后面试等其他甄选开始之前进行，这样可以避免不适合的应聘者进入后续的甄选过程；另一种观点认为背景调查最好安排在面试结束后与上岗前的间隙中进行，此时大部分不合格人选已经被淘汰，对淘汰人员自然没有实行调查的意义。剩下的合格者数量已经很少，进行背景调查的工作量相对少一些，并且根据几次面试的结果，对应聘者的资料已经熟悉，此时调查，在调查项目设计时更有针对性。根据调查结果，决定是否安排上岗，以免在上岗后又调查出问题，令公司和人力资源部进退两难。

一般而言，对于重要的且应聘人数较少的岗位，可以考虑采取第一种观点，因为这类重要岗位对应聘者的要求较高，因此需要通过较为复杂的甄选过程，其甄选的单位成本较高，先将不合适的人员淘汰掉，可以降低后期的招聘成本，是一种很好的初步甄选方法。而对于人数多、岗位要求相对不高的情况，可采用第二种观点，避免前期背景调查的成本过高，周期过长。具体而言，选择什么时机进行背景调查，是基于成本核算的基础之上的。

（二）背景调查的实施方和调查目标部门

背景调查大多数情况下由人力资源部门来进行，对于一些高级职位或很难获取信息的职位可以委托中介机构进行，但要注意，要选择一家具有良好声誉的中介机构，明确地提出需要调查的项目和时限要求。

根据调查内容把目标部门分为5类，分头进行调查。

1. 学校学籍管理部门

在应聘者毕业的院校查阅应聘者的教育情况，核实应聘者的教育经历是否属实、应聘者受教育的形式（如是全日制还是夜大学教育）、在学校的成绩和表现，这些信息用以核实学历的真实性，有效地防止应聘者以假文凭、假证书蒙混过关。另外，组织可以通过全国高等教育文凭查询网，对应聘者的学历进行检验。我国已经对近年来颁发的高等教育毕业文凭进行了电子注册，用人组织可以通过网络方便地检验出学历的真伪。对没有进行电子注册的文凭，可以通过与高校有关部门联系来证实。

2. 应聘者历任雇用公司

从应聘者前任公司那里可以了解到应聘者的任期、职位、工作部门、工作业绩、表现和能力等信息，用以帮助确定应聘者工作经验的真实性。但需要注意的是，在进行这部分信息调查时，应该从前任公司的人力资源管理部门和应聘者的前任上司那里了解情况，而不是一般同事和非直接的上级。同时，对于评价的客观性需要加以鉴别，有的上司为防止优秀员工被挖走，而故意低调评价，以打消竞争对手的挖人意图；有的直接领导对应聘者有些个人看法，因而故意给出较低的评价。因此，在收集这方面信息时应该确保公平性和客观性。

3. 应聘者的熟人

由有关人员写推荐信，从应聘材料中所提供的与应聘者熟悉的那些人那里获取信息。但研究表明，这种方法所得出的结果对应聘者未来工作业绩的预测效果不佳，原因是大多数推荐信或证明材料所显示的应聘者信息是积极的，因而很难利用它们对应聘者进行区分。写推荐信的人通常都是应聘者自己选定的，这就不排除应聘者选择自己熟悉或对自己评价较高的人来写推荐信。

4. 档案管理部门

一般而言，从原始档案里可以得到比较系统、原始的资料。目前，档案的保管部门是国有单位的人事部门和人才交流中心，按照规定，他们对档案的传递有一套严格的保密手续。因此，档案的真实性比较可靠，而员工手中自带的档案参考价值就大打折扣。但目前人才中心保管的档案存在资料更新不及时的普遍缺陷，员工在流动期间的资料往往得不到补充，完整性较差。相比较而言，国有单位人事部门对自己员工的资料补充较好，每年的考评结果都会入档。

5. 应聘者所接触的客户或合作机构

应聘者以前的客户和合作机构与应聘者在工作上有很多实质性的往来，尤其是重要的客户，在和应聘者的长期接触过程中，对应聘者的工作能力和业绩都有所了解。因此，他们是收集应聘者信息的一个很好的渠道。从另一个角度来说，外部人员的评价信息对应聘者个人信息的全面性有很好的补充。

五、背景调查应注意的问题

（一）取得应聘者的同意

由于调查中会涉及很多个人隐私，所以在调查之前获得应聘者的认可是不可忽视的重要环节。只有双方对此达成了共识，背景调查才不会演化成一种充满不信任乃至敌意的行动。为此，企业可以在应聘者个人情况登记表中增加一项《诚信调查授权声明》，并要求应聘者签名。该声明的大致内容是，“本人在此声明：以上所提供的求职申请信息是真实完整的。本人非常明白，在求职申请表上填写的内容如有任何伪造、隐瞒，将失去在贵公司的任职资格，而且即使将来被录用，也将因此导致无偿解雇。贵公司可针对求职申请中的信息进行诚信调查，特此授权。”在声明后面应要求应聘者附上亲笔签名。这个小小的“声明”既可以吓退那些心虚的应聘者，又会让招聘者获得调查的权力，还可以在公司一旦不小心上当后将损失降到最小。

（二）注意技巧性

背景调查并非简单的询问，需要一定的技巧。第一，调查的问题不可过多，否则会引起对方的怀疑和不耐烦。第二，尽量选择可靠、安全的调查方式。例如，信函调查必须开具企业介绍信和《诚信调查授权声明》复印件，对于特别重要的岗位可以安排面谈调查，必要时还可以求助专业人才服务机构，请求调查援助。第三，多角度选择调查对象和调查方式。总体上要坚持“偏听则暗，兼听则明”的原则，对于重要的岗位应该采取至少两种调查方式，调查对象除了调查应聘者列出的同事和上级外，还可调查与其有过业务往来的重要客户和其家属等。

（三）充分考虑可信度

在进行背景调查时，一般不宜过多设置评价类问题，而应更多要求对方以描述性语言对应聘者进行评价。为了避免削弱背景调查的效用和可信度，企业在做出录用决定前需要考虑以下几个方面。

1）应聘者前任公司的证明人不想以前的同事失去一次工作机会，于是夸大其过往工作表现或隐去一些不当行为，而不愿做过多负面评价。

2）证明人害怕因不适当的评价而承担责任甚至引起纠纷，而不愿过多评价。

3）证明人可能对应聘者的离职心存芥蒂，而给予其较低的离职评价。

4）证明人对背景调查反感，有抵触情绪，所以对应聘者的评价比较轻率。

5）证明人拒绝提供有关证明信息。

第四节 笔 试

笔试，是由企业的主考部门根据需要测试应聘者的知识和能力，事先拟定好试题，让应聘者在试题上笔答试题，然后由主考部门评判应聘者解答的正确程度的评定成绩的一种考试方法，也称为知识测验。

一、知识测验的概念

知识是指人们在生活、工作、学习等各种实践活动中所获得的对客观事物的认识与经验的综合，一般包括理论知识与经验知识。理论知识是对前人经验与认识的总结和概括，是通过学习获得的；经验知识是人们亲身实践的认识体会，是在生活实践过程中形成的。

知识测验，是指通过纸笔测验的形式，对应聘者的知识广度、深度和知识结构进行测评的一种方法。知识测验作为一种重要的甄选方法，可以有效地测试应聘者在基础知识、专业知识、管理知识、相关知识的掌握程度以及综合分析、文字表达等方面的能力。

（一）知识测验的优点

1）可以同时对大批应聘者进行测试，这样成本相对较低，费时少、效率高。

2）试题编制可经过深思熟虑，反复推敲，多方咨询，具有较高的信度和效度，科学性强。

3）试卷评判比较客观，体现出公平、准确的特点，成为测评人才素质的一个重要依据。

4）应聘者的心理压力较小，较易发挥正常水平。

5）知识测验能涵盖较多的考点，可以对应聘者的知识、能力进行多方面的测试。

6）知识测验的试题和结果可以作为一种档案材料长期保存，以备以后参考查询。

（二）知识测验的局限性

1）知识测验无法考查应聘者的思想品德修养、工作态度、口头表达能力、灵活应变能力、组织管理能力、操作能力等。

2）可能出现“高分低能”现象，使组织得不到真正需要的有能力的人才。

3）应聘者可能由于猜题、欺骗、舞弊而获得高分。

4）对应聘者表达不清的问题不能进行直接询问，以了解其真实水平。

二、岗位知识测验

招聘中的知识测验是衡量应聘者对所应聘职位的职责所要求具备的知识的掌握程度，重点是岗位知识测验。因此，考试的内容必须与岗位要求有关系，一般包括 3 个方面。

（一）基础知识

基础知识是根据岗位需要所应具备的一定的文化程度，掌握岗位要求人员必备的自然科学和社会科学知识。主要了解应聘者对基本常识、相关知识的了解程度或知识面的宽度。例如，公务员考试，通常包括人际沟通协调技巧、法律知识、行政管理、宏观经济、公文写作、时间管理知识等；外交人员的招聘考试，可能涉及对当前国内、国际重大事件的看法，当地的文化、民俗等内容；公共关系人员的招聘考试，可能涉及心理学知识、公关礼仪、人文知识等。此外，招聘组织的基本情况也越来越多地出现在知识测验的内容中，用以了解应聘者对组织的了解和认同情况。

（二）专业知识

专业知识指的是具备履行行政岗位职责或从事专业技术工作所需要的相应专业学科的理论知识。专业知识必须是以软科学为主的知识。所谓软科学是相对于硬科学而言的，传统的能够精确定量又有严格因果关系的学科称为硬科学，如工程技术、数学、物理、化学；而软科学则是不能精确定量又没有严格因果关系的、不能用传统的数学方法和逻辑方法来处理的科学，如管理科学、心理科学、领导科学、社会科学等。领导的非程序化决策正是需要这些科学。例如，招聘营销经理，专业知识测验内容可包括市场营销、会计、广告、公关策划、消费心理学等。

（三）外语考试

外语考试的目的是要了解应聘者对某一门外语的掌握程度。随着我国对外交流的增多，近几年实施外语考试的组织逐渐增多，不仅是外资企业，即便是一些政府部门和国营、民营企业，为了拓展业务或是学习国外的先进技术、管理经验等，也经常派人出国参观、考察、学习。因此，组织对应聘者外语水平的要求也越来越高。外语考试的形式可以分成笔试和口试两类。人员招聘中的外语考试与学校里的外语考试相比，前者更注重实际应用，而后者较强调基础知识。所以，人员招聘中的外语考试范围相对较小，题型相对较少，但与应聘者将要从事的工作联系较为密切，甚至有可能考卷上要求翻译的段落语句或者要求回答的问题，直接来自实践。

人的知识结构有专才和通才之分。所谓专才就是掌握一两门专业的知识和技能的专门人才；通才指的是掌握邻近学科知识，如哲学、自然科学、社会科学的一般知识，特别是现代科学技术的一般知识。通才型知识结构的特点是既有精深的专业知识，又有宽广的知识面，基础扎实。领导人的知识结构原则上必须是通才，而不能是专才，否则就不宜担任领导。

三、知识测验的题型

知识测验的题型有很多种类，从试题答案是否唯一可划分为客观题和主观题两类。

（一）客观题

客观题的答案是唯一的、封闭的。试题就某一个知识点要求应聘者做出精准的回答，试卷或是给出了每道题的固定答案，或是让应聘者补充完整唯一的内容，回答有偏差就不能得分。客观性的试题有明确的参照答案，不需要批阅人主观的判断，而且，批阅起来也很方便，可以大大提高批阅的效率。现在很多大型的考试采用计算机批阅客观题的形式，节省了很多批阅时间。

客观题的优点：①题目的分值小，适宜大量出题，考点可覆盖的面广；②评分依据唯一的答案，评判更科学、客观；③方便采用电脑阅卷等现代化的批阅工具，大大提高了效率。

客观题也有它的缺点：①编写试卷的难度大，如编写单项选择题，每个题目需要找出3～4个干扰项，比较有难度；②不易于对人的综合分析、运用能力和文字表达能力进行测试；③有一定的漏洞，考生便于猜答案，降低了考试的信度；④考试的耗费比较大，组织一次考试需要耗费大量的人力、物力和时间。

常见的客观试题有填空题、选择题、判断题、改错题等。下面就选择题和填空题作简要介绍。

1. 选择题

选择题由两部分构成：题干和选项。题干是问题的陈述部分，选项包括了正确答案和干扰信息。选择题分为单选题和多选题，选项一般为4～5个。相对而言，多选题的难度相对大一些。选择题的答案固定，批阅和统计都比较容易，因此被广泛使用。

2. 填空题

填空题由未完成的陈述句构成，要求考生填写其中空出的关键词。填空题旨在考查应聘者对知识的认知和记忆，而不是理解和应用。需要注意的是，填空题的空词部分应该是知识核心词汇，没有异议，而且空白之处不能太多，以便于考生的理解。同时，答案必须是唯一的，便于最后使用统一的评分标准。

（二）主观题

主观题的答案往往是开放性、非唯一的，给应聘者很大的自由度，能够看出应聘者的综合能力和思维深度。题目的判断由批阅人结合答案参考要点和自己的主观经验给分，因此会受到批阅人的个人认识、判断力的影响。

主观题的优点：①试题的内容综合度高；②具有一定的发散性，鼓励应聘者自由发挥，有利于考查知识的运用能力、深层次的认识思维能力；③主观试题命题量少，题干比较简单。

主观题也有它的缺点：①测试的内容范围有局限性，分数占的比重大，考生一道题目的得失对结果的影响偏大；②主观题没有统一的答案，容易受到批阅人主观的影响；③批阅主要靠人工来完成，效率比较低，不能用现代化的评分手段替代。

常见的主观题有简答题、论述题、作文题等，以下仅就简答题和论述题作一简单介绍。

1. 简答题

简答题是主观型题目，针对某一明确的知识点进行发问，答案也比较明确。简答题能够考查应聘者对知识点的理解，题目编制容易，不受猜测影响，也比较容易批阅。

2. 论述题

论述题是非常典型的主观题目，题目要求应聘者对某一个现象或者问题进行深入的分析，并能够有说服力地说明自己的观点。论述题不要求有统一的答案，有一定的灵活性，鼓励应聘者自由发挥。这种考试方式能够测评出应聘者组织材料的能力、综合分析能力和文字表达能力，有时还能测出创造力。但是，由于没有非常统一的答案，因此评分时会受到一些主观因素的影响。

四、知识测验的实施

知识测验一般包括以下几个步骤。

（一）成立知识测验考务小组

知识测验过程中有大量的工作要进行准备，通过知识测验考务小组可以有效推进整个过程的实施，具体包括计划的制订、试题的编制、考务的组织等。

（二）制订知识测验的实施计划

为了使知识考试能有序进行，需要制订周密详细的实施计划。计划的具体内容主要包括以下几点。

1）知识测验的目的和科目确定。

2）知识测验的组织与安排，包括知识测验的负责机构或负责人、测验估计的规模大小、测验实施的时间和地点的安排、监考人员和阅卷人员的安排等。

3）知识测验的效果预测等。

4）组织测验的预算。

（三）组织人员编制知识测验试题与进行试测

根据招聘职位的要求，确定要考查的指标，以此为基础确定试题的类型、内容、难易程度、题量和标准答案（或参考答案）等内容。有些岗位招聘的数量大、周期长、重复性多，则可考虑建立题库系统。通过题库的建立，避免经常进行题目的编制，同时通过诸如一定周期的试题更新来不断充实题库，完善知识测验的体系，也可为未来员工的培训提供素材。在试题编制完成之后，可以选择一部分相关人员进行试测，在此基础上对试题进行审核与修订，以确保试题的信度和效度。

（四）知识测验的实施

知识测验的实施包括考前通知、考场管理和考卷保管等内容。考前通知是根据考试计划的时间、地点通知应聘者和安排培训监考人员；考场管理是考试现场的布置、考务的组织、监考等工作；考卷保管是考试结束后的考卷回收和存放管理。

（五）知识测验阅卷评分

对回收的试卷，安排阅卷人员进行阅卷评分，安排工作人员审核分数，最终形成知识测验成绩报告。

（六）知识测验结果运用

对于知识测验的最终成绩，一般有两种用法：一种是按照分数从高到低的原则选取一定数量的人员进入下一轮的甄选，这是一种选拔性的方式，能起到择优的功能；另外一种是达到一定分数的人员进入下一轮的甄选，这个分数一般都已事先确定好，以体现公平性，这种方式在一定程度上避免了唯分数论导致的高分低能的风险。

目前，有些组织已经建立了知识测验的在线考试系统，事先将测验的试题导入考试系统，安排应聘者在线测验。这种方式一方面提高了知识考试中客观题的批阅效率；另一方面非常方便进行各类测验信息的统计比较，对知识测验效率和效果的提高起到了积极的辅助作用。

阅读资料

宝洁公司的笔试

宝洁公司的笔试主要包括3部分：解难能力测试、英文测试、专业技能测试。

1. 解难能力测试

这是宝洁公司对人才素质考察的最基本的一关。在我国使用的是宝洁全球通用试题的中文版本。试题分为5个部分，共50小题，限时65分钟，全为选择题，每题5个选项。第一部分为读图题（约12题），第二和第五部分为阅读理解（约15题），第三部分为计算题（约12题），第四部分为读表题（约12题）。整套题主要考核应聘者以下素质：自信心（对每个做过的题目有绝对的信心，几乎没有时间检查改正）；效率（题多时间少）；思维灵活（题目种类繁多，需立即转换思维），承压能力（解题强度较大，65分钟内不可有丝毫松懈）；迅速进入状态（考前无读题时间）；成功率（凡事可能只有一次机会）。考试结果采用电脑计分，如果没通过就被淘汰。

2. 英文测试

这个测试主要用于考核母语不是英语的人的英文能力。考试时间为两个小时。45分钟的100道听力题，75分钟的阅读题，以及用1个小时回答3道题，都是要用英文描述以往某个经历或者个人思想的变化。

3. 专业技能测试

专业技能测试并不是应聘任何部门的应聘者都需经过该项测试，它主要是考核申请公司一些有专业限制的部门的应聘者。这些部门如研究开发部、信息技术部和财务部等。宝洁公司的研发部门招聘的程序之一是要求应聘者就某些专题进行学术报告，并请公司资深科研人员加以评审，用以考察其专业功底。对于应聘公司其他部门的应聘者，则无须进行该项测试，如市场部、人力资源部等。

复习思考题

1. 申请表通常包括哪些内容？
2. 如何对申请表进行初步甄选？
3. 背景调查有什么意义和作用？
4. 背景调查的内容有哪些？
5. 知识测验的特点是什么？

案 例 分 析

案例背景

自己制作简历并筛选简历

请同学们以6人一组组成团队，每位同学制作一份标准的简历，然后分别复印小组数量的份数。把每位同学提交的简历分到各个小组，这样每小组各有一套全班所有同学的简历。各小组自己搜集一个国内著名企业的案例，并确定两个招聘岗位（建议一个行政管理岗位、一个销售岗位）及其岗位说明书。然后从岗位说明书中抽取岗位对人的要求。

每个小组的同学分别拿着自己小组确定的企业的两个岗位说明书，对全班所有同学的简历进行筛选。在筛选过程中，以及在筛选完后，把整个过程中碰到的、想到的以及不知道该如何解决的问题都记下来。这主要包括3个问题：一是一份适合这家企业某岗位的简历是什么样子；二是什么样的简历风格最好；三是自己的简历还需要在哪些方面进行完善。然后各个小组组长组织讨论，讨论如何根据不同岗位对简历进行筛选，并对每位同学总结的以上3个问题进行小组讨论，最后总结并提交讨论报告。

案例讨论

1. 怎样写简历？它主要包括哪些内容？
2. 怎样筛选简历？其中的技巧有哪些？
3. 自己的简历如何更完善？
4. 简历的编写和筛选对自己的启示是什么？

第七章　人员甄选测试技术（Ⅰ）

教学目标

掌握人员甄选测试技术中职业心理测试和结构化面试技术；通过了解学业成就测试、职业兴趣测试、职业能力测试、职业人格测试、投射测试等，思考在招聘中的具体应用；了解什么是结构化面试，掌握结构化面试题库的设计、评分标准的拟定、面试的方法技巧等。

教学要点

职业心理测试的类型、结构化面试的含义及特点、结构化面试题库的设计、面试考官与面试场所的选择、面试的方法技巧。

关键词

职业心理测试　学业成就测试　职业兴趣测试
职业能力测试　职业人格测试　投射测试　结构化面试

导入案例

众所周知，找到人才用对人，是企业人力资源管理中的最重要工作之一。随着同行竞争越来越激励，工作的可选性增加，这些无疑都对招聘和甄选工作加大了难度。所以招聘和面试工作作为企业人力资源竞争的第一步，对企业的长远发展有着举足轻重的作用。系统地掌握招聘与面试甄选技巧，为企业选拔优秀的人才是现代经理人必备的基本素质。在盖洛普公司的《首先，打破一切常规》中有这样一个故事：有一位厨师因他做的糖醋活鱼而远近闻名，生意兴隆。别人做的鱼上了桌没几下就不动了，可他做的鱼吃到最后，敲一下鱼头还会动。秘诀在哪里？因为他选的鱼与众不同：他不但有独特的挑鱼标准，而且亲力亲为[①]。

第一节　职业心理测试

职业心理测试就是传统心理测验用于人事领域或者人力资源方面，判定个体差异的工具。在控制情境的情况下，向被试提供一组标准化的刺激，以所引起的反应作为代表行为的样本，从而对个人行为作出评价。它是通过一系列手段，将人的某些心理特征数量化，以测量个人的智力水平和个性方面差异的一种科学测量方法，其结果是对个人能力和发展潜力的一种评定。

传统心理测试从内容上划分，可以分为个性测试、能力测试、职业兴趣测试；从形式上划分，可以分为纸笔测试、心理实验、投射测试、笔记分析测试等。而职业心理测试为了实用的需要，常常把传统心理测验按照特殊目的进行抽取、组合，并给予新的名字。

一、学业成就测试

（一）学业成就测试的定义和特点

1. 学业成就测试的定义

学业成就测试（academic achievement tests，AAT）是对经过训练所获得的某种知识、技能和成就的一种测试方法。所谓成就，即代表某种知识和技能的训练结果的水平。例如，学完一门专业课后，学生参加期末考试，这就是成就测验。通常适用于选拔专业技术人员、科研人员，以确定其是否具备特定招聘岗位所需要的专业理论知识和专业技能。因为这些工作的任职者必须具有某些特定的知识和技能，才能取得理想的工作绩效。如在选拔水电技工时，使用水电技工的专业成就测试就可以替公司选择最好的水电技工。

在实际工作中，各公司可根据工作分析的结果，编制适合本公司具体情况的学业成就测试，以便选聘合格的工作人员；或借用外部一些比较通用的学业成就测试及其考核成绩，如大学英语四六级考试、计算机等级考试成绩等来选聘求职人员。

① 马库斯·白金汉，柯特·科夫曼．2011．首先，打破一切常规．北京：中国青年出版社．

2. 学业成就测试的特点

（1）测试内容范围明确

学业成就测试涉及专业特定的知识和经验，而且一般以阶段性的学习时间为准。所评价的知识内容也是在这一阶段性学习时间内获得的，强调被试现在能够做些什么，偏重于分析内容效度，是对阶段性学习结果的测量与评价。

（2）测试内容具有代表性

学业成就测试反映的是相对标准或规范化经验的影响，测试的内容可反映被试者对该专业知识的掌握程度，具有一定的代表性。测试的内容与测验的目的相一致，符合专业技术要求，而且内容一般具有一定的切实性，能够鉴别出被试专业水平。

（3）测试条件具有同一性

学业成就测试是现有的标准化测试中数量最多的。标准化测试意味着测试条件相同，测试过程中，各个被试所测试的内容材料都相同，而且有统一的时间限制和相同的指导语，都是为了评价被试在一定阶段性学习时间内对知识或技能的掌握程度，利于对被试评价做到客观公正。

（二）学业成就测试的种类

1. 按测验的标准划分

按测验的标准划分，可分为标准化测试和自编测试。

标准化测验是由专家或专业的测验发行机构编制的，测验的设计、编制、实施、评分及分数解释等一系列过程都依据统一的标准而进行。标准化测验的试题取材广泛，题量多，涉及面广，具有较高的信度和效度。它的难度适中，区分度高，施测、评分等都按一定的标准进行，因而具有客观性、真实性等优点，是学业成就评价的主要方式之一。然而，标准化测验不易编制，有关的要求也比较高。

自编测验是依据招聘岗位工作的实际需要，为对被试专业技术学习结果进行诊断而自行设计与编制的测验。它的编制较简单、灵活，使用范围广，可以针对不同情况的被试使用，有利于正确评价被试的学习成就。当然，自编测验也要遵循一定的规则，才能达到真实评价的目的。自编测验的信度和效度要求不如标准化测验那么严格。

2. 按测验题目的特性划分

按测验题目的特性划分，可分为客观式测验与主观式测验。

测验的试题可以客观地记分，不受主观因素的影响，而且答案唯一，这样的测验叫客观式测验。客观式测验的试题形式多样，主要包括再现式的选择题、是非题、匹配题和再现式的填空题、简答题等。客观式测验的优点是测试试题容易且具标准化，试题内容取材广泛，评分也客观公正，而且省时。不足之处是只能评价一般的学业成就，而对较复杂的学业成就问题解决中的创造性等能力则难以胜任，而且也易受被试猜测因素的影响。

主观式测验是指传统的问答式测验，被试根据测验提出的问题自由作答。其中，论文式测验的优点是试题编制容易，被试可以充分表达自己对问题的理解和看法，可以有效地评价被试应用专业知识分析问题、理解问题、材料组织和应用等能力，而且被试回答的猜测因素较小。其缺点是取材范围有限，代表性不强，评分易受主观因素的影响，客观性不足，而且也很费时。

3. 按测验的形式划分

按测验的形式划分，可分为操作测验与纸笔测验。

操作测验主要考查被试实际的动手操作能力及知识的应用和迁移能力。尤其在物理、化学、生物学科方面比较突出。操作测验的准备和实施很费时，而且评分也困难，测试的条件不易控制。

纸笔测验是指以书面形式的测验工具评价被试学业成就或认知能力发展状况的一种评价方式，可分为再现式测验（如是非题、选择题、匹配题等）和回忆式测验（如简答题等）。纸笔测验是招聘者了解被试分析和有效解决各类问题、语言材料的组织和表达能力的有效手段。

（三）标准化学业成就测试的编制

1. 拟订测验计划

根据测验目的，由许多人共同拟订测验计划，集中各种观点，使其具有广泛的代表性。具体的编题计划通常采用内容和行为目标双向细目表。

2. 编题

一般编题是由学科专家和测验专家进行评论、修改、再评论，如此反复，直至得到一套满意的试题为止。编写的试题应比需要的多出几倍（通常为三四倍）。

1）试题的分布必须依据双向细目表，而且题目陈述的内容要有一定的代表性。

2）试题题目的陈述要简明、扼要，突出重点。

3）答案必须是公认的正确答案，应避免有争议答案的存在。

4）各类试题应是相互独立的，在内容上不应有重叠。

3. 项目分析

通过试测进行项目分析。项目分析可以用经典测量理论方法，也可用项目反应理论方法。成就测验一般多用复本信度和分半信度作信度指标。成就测验的效度指标主要是内容效度。用于预测的成就测验，实证效度很重要。除常模分数外，有时还需要提供内容参照分数。最后是编写测验说明书（测验手册），并制作各种辅助材料（如作答纸格式、剖析图、记分键等），必要时还要为被试编写测验指南并提供一些模拟试题，这些对测验的有效使用是必不可少的。

4. 建立题库

对大规模使用的标准化成就测验，最好建立题库。建立题库时应注意以下几点。

1）测验的要求、内容、题型、格式必须定型。

2）放在题库里的题目必须在与将来被试情况相一致的样本里试测过，而且难度和区分度等指标符合要求，同时要根据双向细目表做好分类、归档，以备随时检索、调用。

3）题库要有一套好的管理和检索系统，题目可用题卡或电脑储存，并将题目的变化、使用情况、试测结果都记录在案。

二、职业兴趣测试

（一）职业兴趣测试定义

职业兴趣测试（vocational interest tests，VIT）是心理测试的一种方法，它可以表明一个人最感兴趣的并最可能从中得到满足的工作是什么。该测试将个人兴趣与那些在某项工作中较成功的员工的兴趣进行比较，是用于了解一个人的兴趣方向以及兴趣序列的一项测试。

主要的理论是霍兰德职业兴趣理论（personality-job fit theory），常用的技术方法有斯特朗-坎贝乐兴趣调查（Strong-Campell interest inventory，SCII）、加利福尼亚职业爱好系统问卷（California occupational preference system，COPS）和库德职业爱好调查表（Kuder preference record vocational，KPRV）等。

（二）职业兴趣测试对于企业招募人才的价值分析

职业兴趣作为一种特殊的心理特点，由职业的多样性和复杂性反映出来。一方面，现代社会职业划分越来越细，社会活动的要求和规范越来越复杂，各种职业间的差异也越来越明显，对个体的吸引力和要求也就迥然不同；另一方面，个体自身的生理、心理、教育、社会经济地位和环境背景不同，所乐于选择的职业类型、所倾向于从事的活动类型和方式也就不同。

现代人力资源管理的基本原则是将合适的人放在合适的岗位上。因此，企业在招募新员工时，就非常有必要对申请在本企业工作的人员进行职业兴趣的测评。通过测试，企业可以得知它所能提供的职业环境是否与申请者的职业兴趣类型相匹配，即企业可以考查到申请者是否适合在本企业的职业环境中工作。所以，企业在招募人才的过程中，如果能够坚持以职业兴趣理论为指导，不仅可以招募到适合本企业的人才，还可以在招聘工作中减少盲目性。通过职业兴趣的测试，企业还可以给予新员工最适合的工作环境，以期最大限度地在工作中发挥他们的聪明才干。

（三）霍兰德职业兴趣理论

1. 基本观点

约翰·霍兰德（John Holland）是美国约翰·霍普金斯大学心理学教授，是美国著名的职业指导专家。他于1959年提出了具有广泛社会影响的职业兴趣理论，认为人的人格类型、兴趣与职业密切相关，兴趣是人们活动的巨大动力，凡是具有职业兴趣的职业，都可以提高人们的积极性，促使人们积极地、愉快地从事该职业，且职业兴趣与人格之间存在很高的相关性。霍兰德认为人格可分为现实型、研究型、艺术型、社会型、企业型和常规型6种类型。

2. 6种人格类型

（1）社会型

社会型（social type），又称社交型，用符号“S”表示。

共同特征：喜欢与人交往，不断结交新的朋友，善言谈，愿意教导别人。关心社会问题，渴望发挥自己的社会作用。寻求广泛的人际关系，比较看重社会义务和社会道德。

职业类型：喜欢要求与人打交道的工作，能够不断结交新的朋友，从事提供信息、帮助、培训、开发等事务，并具备相应能力。

典型职业：教育工作者（教师、教育行政人员）和社会工作者（如咨询人员、公关人员）等。

（2）企业型

企业型（enterprising type），又称商业型、事业型，用符号“E”表示。

共同特征：追求权力、权威和物质财富，具有领导才能。喜欢竞争、敢冒风险、有野心和抱负。为人务实，习惯以利益得失、权利、地位、金钱等来衡量做事的价值，做事有较强的目的性。

职业类型：喜欢要求具备经营、管理、劝服、监督和领导才能，以实现政治、社会及经济目标的工作，并具备相应的能力。

典型职业：项目经理、销售人员、营销管理人员、政府官员、企业领导、法官和律师等。

（3）常规型

常规型（conventional type），又称传统型、事务型，用符号“C”表示。

共同特点：尊重权威，遵循规章制度，喜欢按计划办事，细心、有条理，习惯接受他人的指挥和领导，自己不谋求领导职务。喜欢关注实际和细节情况，通常较为谨慎和保守，缺乏创造性，不喜欢冒险和竞争，富有自我牺牲精神。

职业类型：喜欢注意细节、精确度，做事有系统有条理，具有记录、归档、据特定要求或程序组织数据和文字信息的职业，并具备相应能力。

典型职业：秘书、办公室人员、记事员、会计、行政助理、图书馆管理员、出纳员、打字员和投资分析员等。

（4）实际型

实际型（realistic type），又称技能型、现实型，用符号“R”表示。

共同特点：愿意使用工具从事操作性工作，动手能力强，做事手脚灵活，动作协调。偏好于具体任务，不善言辞，做事保守，较为谦虚。缺乏社交能力，通常喜欢独立做事。

职业类型：喜欢使用工具、机器，需要基本操作技能的工作。对要求具备机械方面才能、体力或与物件、机器、工具、运动器材、植物、动物相关的职业有兴趣，并具备相应能力。

典型职业：技术性职业（计算机硬件人员、摄影师、制图员、机械装配工）和技能性职业（木匠、厨师、技工、修理工、农民）等。

（5）调研型

调研型（investigative type），又称研究型、探索型，用符号“I”表示。

共同特点：思想家而非实干家，抽象思维能力强，求知欲强，肯动脑，善思考，不愿动手。喜欢独立的和富有创造性的工作。知识渊博，有学识才能，不善于领导他人。考虑问题理性，做事喜欢精确，喜欢逻辑分析和推理，不断探讨未知的领域。

职业类型：喜欢智力的、抽象的、分析的、独立的定向任务，要求具备智力或分析才能，并将其用于观察、估测、衡量、形成理论、最终解决问题的工作，并具备相应的能力。

典型职业：科学研究人员、教师、工程师、电脑编程人员、医生、系统分析员等。

（6）艺术型

艺术型（artistic type），用符号“A”表示。

共同特点：有创造力，乐于创造新颖、与众不同的事物。渴望表现自己的个性，实现自身的价值。做事理想化，追求完美，不重实际。善于表达，怀旧，心态较为复杂。

职业类型：喜欢的工作要求具备艺术修养、创造力、表达能力和直觉，并将其用于语言、行为、声音、颜色和形式的审美、思索和感受，具备相应的能力。不善于事务性工作。

典型职业：艺术方面（演员、导演、艺术设计师、雕刻家、建筑师、摄影家、广告制作人）、音乐方面（歌唱家、作曲家、乐队指挥）和文学方面（小说家、诗人、剧作家）。

3. 6种人格类型的关系

大多数人都并非只有一种性向。例如，当一个人的性向中同时包含着社会性向、实际性向和调研性向这3种时，霍兰德认为，这些性向越相似，相容性越强，则一个人在选择职业时所面临的内在冲突和犹豫就会越少。为了帮助描述这种情况，霍兰德建议将这6种性向分别放在一个正六边形的每一角，并标示出六大类型的关系，如图7-1所示。

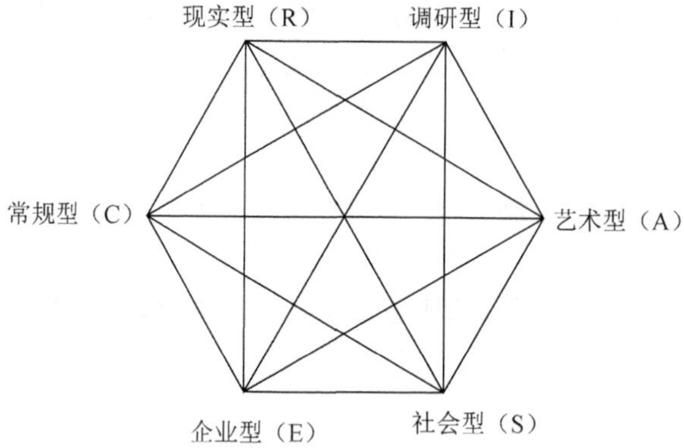

图7-1 人格类型间的一致性与区分性

霍兰德所划分的六大类型，并非是并列的，有着明晰的边界。

1）相邻关系，如RI、IR、IA、AI、AS、SA、SE、ES、EC、CE、CR及RC。相邻关系的几种类型的个体之间有着较多的共同点。现实型 R 、研究型 I 的人就都不太偏好人际交往，这两种职业环境中也都较少机会与人接触。

2）相隔关系，如RA、RE、IC、IS、AR、AE、SI、SC、EA、ER、CI及CS，属于这种关系的两种类型个体之间共同点较相邻关系少。

3）相对关系，在六边形上处于对角位置的类型之间即为相对关系，如 RS、IE、AC、SR、EI及CA，相对关系的人格类型共同点少。因此，一个人同时对处于相对关系的两种职业环境都感兴趣的案例较为少见。

从霍兰德人格类型六角形理论可以看出，相关程度较高的职业性向是相邻关系，其次是相隔关系，那些极不相关的则是位于六角形中对角线位置的相对关系。例如，现实型与调研型和常规型相关性较强，而与社会型相关性很弱。

4. 人格类型与职业环境的适配

通常情况下，人们倾向于选择与自我兴趣性向相匹配的职业环境。如果个体寻找的职业环境与自我兴趣完全背离，那么他可能难以适应工作，或者找不到工作的快乐。求职者如果能够选择职业兴趣与职业环境相一致的工作，他才能达到工作的最佳状态，其才能才会得以高水平发挥。人格与职业环境的匹配是形成职业满意度、职业成就感的基础。

霍兰德认为一种职业环境就是一种职业氛围，这种职业氛围是由具有类似人格特质的人所创造出来的特定环境，具有特定的价值观念、态度倾向和行为模式。因此，霍兰德将工作环境也分为 6 种类型，其名称及性质与人格类型的分类一致，如图 7-2 所示。

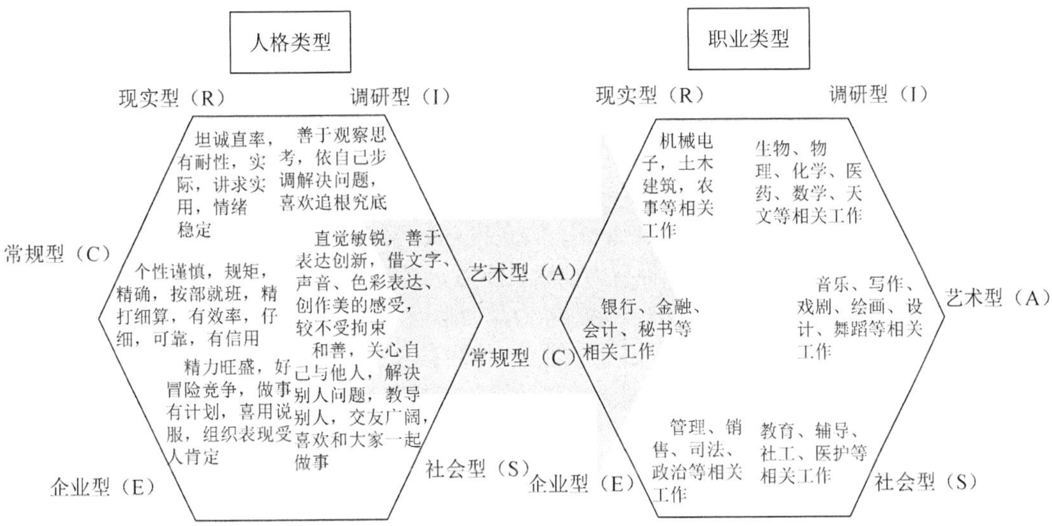

图 7-2　人格类型与职业环境的适配

人们往往尽量寻找那些能运用自己的技术、体现自己的价值和能扮演令自己愉快的角色的职业。个人的工作满意度、职业稳定性和职业成就感取决于一个人人格类型和职业环境之间的适配度。

课外阅读：《美丽岛屿》小游戏——测测你的职业兴趣

三、职业能力测试

（一）职业能力测试的定义

职业能力（occupational ability）是人们从事某种职业的多种能力的综合。如果说职业兴趣或许能决定一个人的择业方向，以及在该方面所乐于付出努力的程度，那么职业能力则能说明一个人在既定的职业方面是否能够胜任，也能说明一个人在该职业中取得成功的可能性。

职业能力测试就是通过测试个人的非生活经验积累而形成的能力来预测被试在某一职业领域的发展潜能。职业能力测试可以划分为一般能力（智力）测试和特殊能力（能力倾向）测试。

（二）一般能力（智力）测试

一般能力是在许多基本活动中表现出来，且各种活动都必须具备的能力。例如，观察力、记忆力、思维力、想象力都属于一般能力。学习、工作、创造发明、任何活动的顺利完成，都离不开这些能力。一般能力的综合也称为智力。

1. 个体智力测验

（1）比内-西蒙智力量表

比内-西蒙智力量表（Binet-Simon intelligece scale）。测验项目为 59 个，包括记忆、言语、理解和手工操作等。以通过多少项目作为区分智力的标准。因其简陋和非标准化而不再使用。

（2）斯坦福-比内智力量表

斯坦福-比内智力量表（Stanford-Binet intelligence scale）。因美国斯坦福大学的 L. 推孟（L.Terman）修订而得名。他使用比率智商和离差智商概念，以 IQ 作为个体智力水平的指标，将适用年龄扩展到 1.5～18 岁，选取了 2100 名常模样本。

（3）韦克斯勒成人智力量表

韦克斯勒成人智力量表（Wechsler adult intelligence scale）。韦克斯勒成人智力量表包括 11 个分测验，每一分测验评估一种智力要素或能力。这 11 个测验可分为两类，即言语测验和操作测验。前者是评估以言语来表现的能力，如常识、判断能力、概念掌握、抽象概括、注意集中和瞬时记忆等；后者是评估操作能力，如注意分配、精细观察力、视觉—运动技能、计划能力和空间知觉综合能力等。每一分测验又包括若干不同项目，它们按由易到难排列。

2. 团体智力测验常用量表

（1）陆军甲种测验

陆军甲种测验由 8 个分测验组成，包括指使测验（照令行事测验）、算术测验、常识测验、异同测验（区别同义词和反义词）、字句重组测验、填数测验、类比推理测验和理解测验。陆军乙种测验属于非文字测验，由 7 个分测验组成，包括迷津、立方体分析、补足数列、译码、数字校对、图画补缺和几何形分析。

（2）瑞文推理测验

瑞文推理测验（Raven's progressive matrices，RPM），是由英国心理学家 J. C.瑞文（J. C. Raven）于 1938 年设计的一种非文字智力测验。分为 3 个水平：瑞文标准推理测验，适用于 5.5 岁以上智力正常人；瑞文彩图推理测验，适用于幼儿和低智力者；瑞文高级推理测验，适用于智力高者。3 个水平的瑞文推理测验由两种题目组成，一是从一个完整图形中挖掉一块，另一个是补充一个图形矩阵中的欠缺。

（3）认知能力测验

认知能力测验，由爱德华·桑代克（Edward Thorndike）编制，分为4个组成部分：初级型，适用于低年级儿童，包括口头、词汇、关系概念、多重智力和数量概念；文字测验，适用于小学四年级以上，包括词汇、句子填充、词语分类、词语类推；数量测验，适用于小学四年级以上，包括数的大小比较、数列补充和建立关系；非文字测验，适用于小学四年级以上，包括图形分类、图形推理和图形综合。

（三）特殊能力（能力倾向）测试

特殊能力是指个体从事某种专业活动应具备的各种能力。测试目的在于评价个体在某一方面的发展潜能，用以预测个体在接受适当的训练后，从事某种工作可能获得的成就大小[①]。

1. 一般能力倾向成套测试

一般能力倾向成套测试（general aptitude tests battery，GATB），最初是美国劳工部自1934年起花了10多年的时间研究创制的。它是对许多职业群同时检查各自的不适合者的一种成套测验，曾风行全世界。这套测验由15种测验构成，其中11种是纸笔测验，其余4种是操作测验。15个分测验分别是：①工具匹配（tool matching）；②名字比较（name comparison）；③划纵线（h marking）；④计算（computation）；⑤平面图判断（two-dimensional space）；⑥打点速度（speed）；⑦立体图判断（three-dimensional space）；⑧算术应用（arithmetic reason）；⑨词义（vocabulary）；⑩打╨记号（╨ mark marking）；⑪形状匹配（form matching）；⑫插入（place）；⑬调换（turn）；⑭组装（assemble）；⑮分解（disassemble）。

GATB可以测定9种能力倾向，这9种能力倾向对完成各种工作是必要的。

G——智能（intelligence）。一般的学习能力。对说明、指导语和诸原理的理解能力，推理判断能力，迅速适应新环境的能力。

V——言语能力（verbal aptitude）。理解言语的意思及与它相关联的概念，并有效地掌握它的能力。

N——数理能力（numerical aptitude）。在正确迅速地进行计算的同时，能进行推理并解决问题的能力。

Q——书写的知觉（clerical perception）。对词、印刷物、票据之细微部分正确知觉的能力；直观地比较辨别词和数字，发现错误或校对的能力。

S——空间判断能力（special aptitude）。对立体图形以及平面图形与立体图形之间关系的理解能力。

P——形状知觉（form perception）。对实物或图形之细微部分正确知觉的能力；根据视觉能够进行比较辨别的能力；对图形的形状和阴影的细微差异及长宽的细小差别，进行辨别的能力。

K——运动协调（motor coordination）。正确而迅速地使用眼和手或指协调并迅速完成作业的能力；正确而迅速地做出反应动作的能力；使手能跟随着眼所看到的东西迅速运动，进行正确控制的能力。

① 郑日昌，蔡永红，周益群．2004．心理测量学．北京：人民教育出版社．

F——手指的灵活度（finger dexterity）。迅速而正确地活动手指，用手指能很好地操作细小的东西的能力。

M——手腕灵活度（manual dexterity）。灵活地活动手及腕的能力；拿取、放置、调换、翻转物体时手的精巧运动和腕的自由运动能力。

GATB 有 15 种职业能力倾向类型，如表 7-1 所示。

表 7-1　GATB 的职业能力倾向类型分类

职业能力倾向类型	职　业
1. G-V-N	人文系统的专业职业
2. G-V-Q	特别需要言语能力的事务职业
3. G-N-Q	自然科学系统的专门职业
4. G-N-Q	需要数理能力的一般事务职业
5. G-Q-K	机械事务的职业
6. G-Q-M	机械装置的操纵、运转及警备、保安职业
7. G-Q	需要一般性判断的注意力的职业
8. G-S-P	美术作业的职业
9. N-S-M	设计、制图作业及电气职业
10. Q-P-F	制版、描图的职业
11. Q-P	检查分类职业
12. S-P-F	造型、手指作业的职业
13. S-P-M	造型、手臂作业的职业
14. P-M	手臂作业的职业
15. K-F-M	看视作业、身体性作业的职业

2. 鉴别能力倾向成套测试

鉴别能力倾向成套测试（differential aptitude test，DAT），一种多重能力倾向测验。1947 年由美国心理公司发行，主要用于中学生的教育和职业咨询。全套测验包括 8 个单独施测、单独记分的分测验，它们分别是：言语推理、数字能力、抽象推理、文书速度和准确性、机械推理、空间关系、拼写单词、语言运用。该测试既可直观提供个人在 8 种能力倾向上的内部差异，又可表明个人在每种能力倾向上相对于同年级团体的相对位置。

3. 机械倾向测试

机械倾向测试（mechanical aptitude test，MAT）是对个体做各种机械工作潜能的一种测验。机械倾向表现为空间想象、知觉速度与敏锐度以及机械知识的综合，是有效的机械倾向测验。

4. 文书倾向测试

文书倾向测试（clerical aptitude test，CAT）主要测验：①阅读理解的速度；②文件整理的速度与准确性；③物品与人名的速记；④文字校对的正确性；⑤计算的迅速与准确性；⑥必要的管理知识与社会适应性。

比较著名的文书倾向测验有明尼苏达办事员能力测验。该测验的两个分测验各有 200 道题。第一个分测验是数目校对。每一对数字从 3～12 位不等，其中有些相同，有些不同，要求被试比异同，把不同的找出来。第二个分测验是人名校对，也是要求把不同的找出来。这种测验并不难，但要求迅速正确，主要是测评知觉的广度、速度与正确性。因此，对于文书工作，数字、文字的知觉能力非常重要。

四、职业人格测试

（一）人格与人格测试的含义

人格是一个人相对稳定的心理特征和行为倾向。人格测试就是用业已标准化的测验工具，引发被试者陈述自己的看法，然后对结果进行统计处理、研究分析，从而对人的价值观、态度、情绪、气质、性格等素质特征进行测量与评价的一种心理测试方法①。常用的人格测试方法有两种：自陈量表和投射技术。

在招聘工作中，对应试者的人格测验也是一项极为重要的工作内容，尤其是对那些经常要和其他人有人际交流的候选人的选择，这种人格特性的测验尤为重要，如对将从事推销、公共事业、监督和管理、访谈等工作的人。把人格测试引入招聘工作中，有助于在对应聘者的知识、能力和技能考察的基础上，进一步考察其工作动机、工作态度，情绪的稳定性、气质、性格等心理素质，使考察更全面、科学和客观，从而保证能够选拔出具有较高知识素质、能力素质和心理素质的优秀人才。

（二）卡特尔 16 种人格因素问卷

卡特尔 16 种人格因素问卷（16 personality factor questionnaire，16PF）由美国伊利诺州立大学人格和能力测验研究所雷蒙德·卡特尔（Raymond Cattell）编制。卡特尔对高尔顿·威拉德·奥尔波特（Gordon Willard Allport）等人从字典中搜集的 17 953 个描述人格的词汇，按意义进行了归类和整理，得到 171 个与人格有关的基本词，然后选择 208 名被试，让他们参照这些词，以评定量表的形式对其熟悉的人进行评定。经相关分析和因素分析，得到 12 种根源特质。以后卡特尔又根据实证研究增加了 4 个特质，编制成 16PF 问卷。16PF 中各因素间都是相互独立的，因素间相关很小。

1. 适用对象

16PF 是评估 16 岁以上个体人格特征的最普遍使用的工具，广泛适用于各类人员，对被试的职业、级别、年龄、性别、文化等方面均无限制。

2. 测验的构成

卡特尔认为人的基本结构元素是特质。特质是从行为推出的人格结构成分，它表现出特征化的或相当一致的行为属性。卡特尔用系统观察法、科学实验法以及因素分析法，经过二三十年的研究，从 4 个方面对特质进行分类，确定出 16 种人格特质，并据此编制了测验量表。16 种人格因素是各自独立的，这些因素的名称和符号如表 7-2 所示。

---

① 黄希庭. 2002. 人格心理学. 杭州：浙江教育出版社.

表 7-2　16 种人格因素的名称及其字母代号

代号	因素名称	代号	因素名称	代号	因素名称	代号	因素名称
A	乐群性	F	兴奋性	L	怀疑性	Q1	实验性
B	聪慧性	G	有恒性	M	幻想性	Q2	独立性
C	稳定性	H	敢为性	N	世故性	Q3	自律性
E	恃强性	I	敏感性	O	忧虑性	Q4	紧张性

测验由 187 道题组成。每一人格因素由 10～13 个测验题组成的分量表来测量，共有 16 个分量表。16 种因素的测验题采取按序轮流排列，即从第 1 题到第 16 题分别按序对应于 16 个人格因素。然后再转回来，从第 17 题到第 32 题再同样按序对应 16 个人格因素。这样既便于计分，也能保持受试者作答时的兴趣。每一测验题有 3 个备选答案。

3. 测验的施测过程

施测时主试通过指导语等尽量创设条件让被试诚实作答。并向被试说明，做题时应以对问题的第一印象尽快回答，每题只可选一个答案，不可遗漏任何测验题。一般用 30～45 分钟左右可以完成。测试可以用记分模板来计算原始分，也可以用计算机来评分。

4. 测试结果的解释

（1）16 种人格因素分析性描述

16 种人格因素分析性描述，如表 7-3 所示。

表 7-3　16 种人格因素分析性描述

代　号	因 素 名 称	高 分 特 征	平均分特征	低 分 特 征
A	乐群性：表示热情对待他人的水平	对他人的关注程度高于平均水平，并且很容易与他人交往，对他人热情接待	对他人的关注与感兴趣的程度处于平均水平	对工作任务、客观事物或活动所倾注的关注水平要高于对他人的关心程度
B	聪慧性：刺激寻求与表达的自发性	有很高的自发表达水平，思维活动非常迅速，但同时也表明，在言行之前并不总是深思熟虑	表达的自然流露程度和多数人一样，在进行决策时，会进行认真思考	在决策之前会进行非常仔细的思考，这种深入思考的能力表明比大多数人更全面地思考，达到更深刻的理解
C	稳定性：应付日常生活要求的知觉水平	感到能够控制生活的现实需要，并且能够比大多数人更沉着、冷静地应付这些要求	觉得和大多数人一样能平静应付生活中的变化	觉得自己受到生活变化的影响很大，难以像大多数人一样沉着地应付这些生活要求
E	恃强性：力图影响他人的倾向性水平	喜欢去影响他人	觉得和大多数人一样能平静应付生活中的变化	觉得自己受到生活变化的影响很大，难以像大多数人一样沉着地应付这些生活要求
F	兴奋性：寻求娱乐的倾向和表达的自发性水平	通常较为活泼和任性，具有高于平均水平的自发性	能量水平、言行的自发性处于平均水平	是一个认真的人，喜欢全面地思考问题。认为别人会将其看成是一个严肃对待生活的人
G	有恒性：崇尚并遵从行为的社会化标准和外在强制性规则	崇尚社会强制性标准和规则，并愿意遵从	倾向于接受外来强制性标准和规则，但并不僵硬地去遵从。有时更倾向于灵活地运用规则，而不是逐字逐句地去遵从	不喜欢遵从严格的规则和外在强制性指导，较之多数人更少地遵从书本原则

续表

代　号	因素名称	高分特征	平均分特征	低分特征
H	敢为性：在社会情境中感觉轻松的程度	在社会情境中比大多数人都表现自如，较之其他人更少感觉到来自他人的威胁	像大多数人一样，在社会情境中感到较为轻松	在社会情境中，尤其是在周围的人都不熟悉的情况下，会感到有些害羞和不舒服
I	敏感性：个体的主观情感影响对事物判断的程度	对事物的判断较容易受自己的情感和价值观影响。对某个决策的判断更多地基于它看起来是否正确，而不是对它进行冷静的逻辑分析。因此，在对事物进行评价时，更关注自己的品位、价值观和感觉	在需要判断和决策时，倾向于注意事实以及它们的实用意义，同时也意识到有关问题的情绪性后果和价值。实际上，判断事实倾向于在主观与客观之间取平衡	在进行判断和决策时，倾向于注重逻辑性和客观性
L	怀疑性：喜欢探究他人表面言行举止之后的动机倾向	有一种疑人倾向，认为他人的言行背后隐藏着某种动机，而不是将他人的言行按其表面意义理解	倾向于认为他人是值得信任和真诚的。可能会对值得怀疑的目的较为警觉，但当完全了解他人之后，会乐于接受他们	通常乐于信任他人所做的是真诚的，并对他人给予无怀疑的信任
M	幻想性：个体在关注外在环境因素与关注内在思维过程两者之间寻求平衡的水平	勤于思考，并不拘泥事情本身的细节，而倾向于思索有限事实之外的东西	在关注某一件事时，既关注事件的事实和细节，又会从更广阔的思路去考虑	是一个现实主义和脚踏实地的人，更倾向于直接去做某件事情，而不是花时间去论证其可行性
N	世故性：将个人信息私人化的倾向	不愿轻易透露个人信息，是一个爱保守个人秘密的人	对多数人都较为公开地展示自我	待人公开、直率，较之大多数人来说，更乐于解释有关自己的各种信息
O	忧虑性：自我批判的程度	觉得自己有很大的困惑，或者觉得自己比别人活得更艰难。自我批判意识较强，对现实中的失误倾向勇于承担个人责任	对自己的长处或缺陷有较现实的认识，能为自己的失误承担责任，能够从这些失误中吸取教训	和大多数人相比，很少自我怀疑
Q1	实验性：对新观念与经验的开放性	对新观念与经验有强烈的兴趣，对变革有很高的开放性	对新观念与经验的开放程度和绝大多数人一样	强调按既定方法行事的重要性。和大多数人相比，很少倾向于冒险尝试新的做法与观念
Q2	独立性：融合于周围群体及参与集体活动的倾向性	倾向于独立解决问题和做出自己的选择和决定	力求在融合于群体及独立于群体这两个极端中寻找平衡	希望成为组织中的一员，并热爱组织活动
Q3	自律性：认为以清晰的个人标准及良好的组织性对行为进行规划的重要性程度	通过对事情的事先计划和准备来对事情进行控制。有十分清晰的个人标准，并认为以此来规划自己的行为很重要	对事情进行事先计划和组织的倾向与多数人相同	不像大多数人一样去对事情进行控制和进行事先的计划和组织。更乐于任由事情变化，并可以容忍某种程度上的无组织性
Q4	紧张性：在和他人交往中的不稳定性、不耐心以及由此所表现的躯体紧张水平	和绝大多数人相比，体验到高度的紧张，经常感到不满和厌恶	通常所体验到的躯体紧张水平和大多数人差不多	和大多数人相比，躯体紧张水平较低，很少感到对别人不耐烦和不满

（2）对次级人格因素进行分析

16种人格因素测验，不仅能明确描绘16种基本的人格特性，而且还可以根据实验统计结果所得的公式，推算出许多可以描绘人格类型的双重因素。双重人格因素的推算，并不是直接利用原始分，而是由几个有关的基本因素的标准分，经过数量的均衡，连同指定的常数相加而成。常数和均衡数量的多少，是卡特尔根据多年实验研究和统计分析而得出的。主要双重人格因素类型如下。

1）适应与焦虑型。低分者：生活适应顺利，通常感觉心满意足，能做到所期望和认为有重要意义的事；但极端低分者，可能缺乏毅力，遇事知难而退，不肯努力奋斗。高分者：通常易于激动、焦虑，对自己的环境常常感到不满意；高度的焦虑，不但会减低工作的效率，而且会影响身体健康，易患神经症。

2）内向与外向型。低分者：内向，通常羞怯而审慎，与人相处多拘谨不自然；内向性格无所谓利弊，而以工作条件为准，如内向者较专心，能从事较精确性的工作。高分者：外向，通常善于交际，不计小节，不受拘束；外向性格也无所谓利弊，也以工作条件为准，有些工作极需外向的性格，而这种性格对于学术研究者未必有利。

3）感情用事与安详机警型。低分者：多困扰不安，通常感觉挫折气馁，遇到问题必须百般考虑才能做出决定；较为含蓄敏感，温文尔雅，讲究生活艺术。高分者：安详警觉，通常果断、刚毅，有进取精神；但有时过分现实，忽视生活情趣；遇到困难时，有时欠考虑，不计后果，贸然行事。

4）怯懦与果断型。低分者：常常人云亦云，优柔寡断，受人驱使而不能独立。依赖别人的扶持，因而事事迁就，以获取别人的欢心。高分者：独立、果断、锋芒毕露、有气魄；通常主动寻找可以施展所长的环境或机会，以充分表现自己的独创能力。

五、投射测验

（一）投射测验的定义和特点

1. 投射测验的定义

投射测验（projective test）广义上是指那些把测评目的加以隐蔽的一切间接测评技术。狭义上是指一种特殊的测评手段，即把一些无意义的、模糊的、不确定的图形、句子、故事、动画片等呈现给被试，问其看到、听到或想到了什么，以此作为反馈信息，并在此基础上加以分析处理和解释。投射技术只能有限地用于高级管理人员的选拔，而大多数情况下运用于临床心理诊断。

2. 投射测验的特点

个体有把自己的思想、态度、愿望、情绪、性格等心理特征无意识的反应在对事物的解释之中的心理倾向。正因为人格会无意识地渗透到刺激反应中，所以，通过被试的情境解释，就可获得其人格的认识。

1）测验材料没有明确的结构和意义，为被试提供了广阔的联想机会和空间。

2）被试不受限制，可作任何想象式解释。因此，其解释不决定于材料的性质，而取决于受测者的人格特征。

3）测验的目的具有隐蔽性，被试不需伪装和防卫。

4）测验结果重在整体把握，不注重单个人格特质。

5）投射内容不受文字限制，突破了文化界限。

6）相对于自陈量表，投射测验计分困难，主观性强。

（二）罗夏墨迹测验

1. 测验内容及方法

罗夏墨迹测验[①]（Rorschach inkblot test，RIT）是由瑞士精神病学家赫尔曼·罗夏（Hermann Rorschach）建立的。测验由 10 张经过精心制作的墨迹图构成。其中 7 张为水墨墨迹图，3 张为彩色墨迹图。这些图片在被试面前出现的次序是有规定的。主试的说明很简单，例如，“这看上去像什么？”“这可能是什么？”“这使你想到什么？”主试要记录：反应的语句，每张图片出现到开始第一个反应所需的时间，各反应之间较长的停顿时间，对每张图片反应总共所需的时间，被试的附带动作和其他重要行为等。目的都是为了诱导出被试的生活经验、情感、个性倾向等心声。

2. 测验的计分

（1）领域的记号

这是根据回答中所使用的墨渍图像领域做出的反应分类，其领域包括对墨渍图的全体反应（简写为 W）、普通大部分反应（D）、普通小部分反应（d）、异常部分反应（Dd）和空白部分反应（S）。如被试对空白部分作为图案进行反应，而将墨渍部分作为背景，则将该反应记号为 S。

（2）决定因子记号

这是对被试根据墨渍图像本身的（或所想象的）性质中的什么因子来决定回答的反应分类。反应决定因子包括形态（F）、运动（M）、浓淡（C.K.R）和色彩（C）。对于一个主要领域的反应一般有一个主要决定因子，如仅以墨渍的形态特性作为决定因子的反应，形态就是主决定因子，记号为 F。但有时一个反应会有两种或两种以上的决定因子，如“美丽的蝴蝶”，其主要决定因子是形态（根据情况，也可能有浓淡和运动），色彩则是附加决定因子，记号为 FC。

（3）内容的记号

这是对回答的内容种类做出的反应的分类。反应内容包括人（H）、人的部分（Hd）、性（Sex）、动物（A）、植物（P1）、建筑物（Arch）、艺术（Art）、抽象（Abst）等 24 类，如反应为“像蝴蝶”，则内容记号为 A。

（4）平凡性或独创性

将最频繁出现的反应分类为平凡反应（P）。根据主试的临床经验，在 100 个记录中只出现一次的反应分类为独创反应（O）。

---

① 罗夏墨迹测验

http://baike.baidu.com/link?url=iZNN_63ECgkOXlF251ofWEyTA5CI00dtRUu9E_ncc984lOPjKYaj
AlxLVU3mtm13hS8o001 MaxbZz0smIPkch53keOmR2keWnYnivzfPxptTLcBISk5SZXysndjx1fCIy413
BXxFpdBZU8RQitMCBNN7_4vwoT5ibpu81C4fNfaGfBDwNMtxtYZTAmFS63S0t2oAnX47n70rP48Q74c0r_

3. 解释示例

如果被试整体反应高则具有高度综合能力，但缺乏精细的分析能力；运动反应高则具有想象力和移情倾向；色彩反应高则性格外向，情绪不稳定；形状反应高则具有良好的自我控制能力，情绪活动和谐；浓淡反应高则可能预示有不安的情绪。

（三）主题统觉测验

1. 测验内容及方法

主题统觉测验（thematic apperception test，TAT）是由美国哈佛大学 H. A. 默里（H. A. Murray）和 C. D. 摩根（C. D. Morgan）于 1935 年编制而成的。

该测验中，被试根据图片情景编造的故事，和生活经验有密切的关系。因为故事的内容，一部分受当时知觉的影响，另一部分，即想象部分，则是个人意识与潜意识的反映。也就是说，被试在编造故事的时候，不知不觉地把自己内心的情绪、愿望和理想，用故事情节反映出来，即把个人的心理活动投射到故事之中。主试通过对被试编造的故事的分析，找出被试的需要、态度和情感，从而测出被试的性格特征。换句话说，人们在解释一种模糊的情境时，总是倾向于将它与自己过去的经历和当前的愿望结合起来；在面对测验卡讲述故事时，也会想到过去经历，并在故事中表达自己的感情和需要，而不论其是否意识到这种倾向。

2. 测验实施

共有 30 张内容颇为隐晦的黑白照片，另有空白卡片一张，图片的内容以人物或景物为主。有的图片为各种年龄和性别的被试所共用，有的只用于男性或女性。每张都标有字母，按照年龄、性别把图片组合成 4 套测验，每套 20 张，分成两个系列，每系列各有 10 张。

进行测验时，主试根据被试性别以及是成人还是儿童，抽选出相应的 19 张黑白图片，按次序呈现给被试，要求被试对每一张图片根据自己的想象和体验，讲一个内容生动、丰富的故事。同时必须说明事情发生的原因，可能出现的结果，以及个人的感想。故事越生动越好。另外，还要求被试在空白卡片上想象出一幅图画，然后根据这幅图编造出一个相应的故事。测验完毕后，主试与被试进行一次谈话，以便深入了解故事的内容。每套测验的两个系列分两次进行。一般来说，后 10 张图片的内容是较为奇特、复杂、容易引起情绪反应的。两次测验结束后主试要与被试进行一次谈话，以了解其编造故事的来源和依据，作为分析结果时的参考。

3. 测验的计分

主题统觉测验被评定的主要需要变量、情绪变量有：恭顺、成就、攻击、自责、关怀、顺从、性、受保护、进取、归属、自主、矛盾、情绪变化、沮丧、焦虑和怀疑等。被评定的主要压力变量有：归属、攻击、支配、关怀、拒绝和身体危险等。

第二节 结构化面试

结构化面试是当前面试实践中应用最广的一种面试方法，它弥补了传统面试的不足，又吸引了标准化测验的优点，有助于企业在较短的时间内筛选出合适的人才。此面试方法具有内容确定、程序严谨、评分统一、形式灵活等特点。从近年面试实践经验上看，其测评的效度、信度较高，比较适合规模较大，组织、规范性较强的录用、选拔考试。

一、结构化面试及特点

（一）结构化面试的含义

结构化面试就是通过工作分析，确定面试的测评要素，在每一个测评的维度上预先编制好面试题目并制订相应的评分标准。面试过程遵照一种客观的评价程序，对应试者的表现进行数量化的分析，给出一种客观的评价标准，不同的评价者使用相同的评价标准，以保证判断的公平合理性①。

“结构化”强调面试问题、评价标准和评价程序的规范化和标准化，目的是为了减少面试考官评价偏差，提高面试信度和效度。有研究发现，结构化是一种重要的缓冲变量，结构化面试比非结构化面试具有更高的信度和效度②。

（二）结构化面试的特点

1. 以工作分析为基础设计面试问题

结构化面试需要进行深入的工作分析，以明确在工作中哪些事例体现良好的绩效，哪些事例反映了较差的绩效，由执行人员对这些具体事例进行评价并建立题库。结构化面试测评的要素涉及知识、能力、品质、动机、气质等，尤其是有关职责和技能方面的具体问题，更能够保证筛选的成功率。

2. 测评要素的结构化

首先，测什么，用什么题目来测试要根据测试前所做的工作来分析确定，并按一定的顺序及不同分值比重进行结构设计。其次，还要在测评要素下面明确测评要点即观察要点。测评要点下面即是测试题目，每个测试题目都有出题思路或答题参考要点，供面试考官评分时参考。

3. 测评标准的结构化

它突出地表现在要素评分的权重系数有结构，每一测评要素内的评分等级有结构（一般在评分表中分优、良、中、差 4 级），应试者最后的面试成绩经过科学方法统计处理（即去掉众多面试考官要素评分中的最高分和最低分，然后得出算术平均分，再根据权重合成总分）。作为对面试考官评分科学性的估价以及对面试考官打分公正性的监督，还可以设标准

---

① 张爱卿. 2004. 人才测评. 北京：中国人民大学出版社.

② 黎恒，王重鸣. 2003. 结构化面试研究新进展. 人类工效学，12（9）：30.

分一项，看每一位面试考官打分与标准分的离散度。

4. 面试考官组成的结构化

在结构化面试中，面试考官不是随意形成的，而是有一定数量（一般为 5 名左右）。面试考官是依据选人岗位的需要按专业、职务以及年龄、性别以一定比例科学配置的，其中有一名是主面试官，一般由他负责向考生提问并把握整个面试的总过程。面试考官还可以有不同的分工，每人专门负责某项问题的提问。

5. 面试程序及时间安排的结构化

结构化面试是严格遵循一定的程序（如面试考官、考场的选择，监督机制与计分程序的设立等）进行的，一般每个应试者的面试时间在 10～30 分钟。

（三）结构化面试的优缺点①

1. 结构化面试的优点

首先，结构化面试具有很强的职位针对性。进行结构化面试的第一步是进行深入细致的工作分析，在充分了解职位需求的基础上，确立需要考察的要素。

其次，结构化面试是一种标准化的测评方法。针对应聘同一职位的不同应试者，结构化面试采用标准程序，面试的题目、提问方式和评价标准都是相同的。这大大提高了评价结果的客观性、准确性和实用性。

2. 结构化面试的缺点

首先，形式不够灵活。它较为机械化，对面试内容规定较死板，因此缺乏灵活性和变通性。如果面试考官缺乏面试经验和技巧，很容易导致面试考官照本宣科、应试者机械回答的沉闷局面。

其次，无法获得深层次的信息。由于结构化面试的问题、提问顺序都是事先安排好的，因此必须按照严格的程序进行，且由于时间的限制，面试考官不能就某些问题进行进一步追踪，无法获得更深层次的信息。

最后，鉴别功能有待强化。结构化面试应该主要鉴别应试者在工作能力上的差异和在个性特征上与工作和组织的匹配性。从结构化面试鉴别功能的发挥来看，虽然结构化面试能够对测评要素进行一定程度的区分，但总体而言，鉴别功能有待加强。

二、结构化面试题库的设计

（一）确定面试题库试题遵循的基本原则

1. 针对性原则

针对性原则是指面试试题是根据面试的具体情况，围绕岗位要求、应试者的状况和面试

① 孙健敏. 2007. 人员测评理论与技术. 长沙：湖南师范大学出版社.

本身的特点来设计的。遵循这一原则的原因在于：①面试总是为特定的岗位选人，所以面试试题设计通常要紧密围绕招人岗位在能力素质上对面试的具体要求（包括哪些素质要求是重要的、决定性的，哪些素质要求是附带的），充分体现不同职类、不同职位工作要求的特点，突出需测试内容的重点；②面试题目设计会考虑到应试者群体的状况，包括应试者群体的受教育程度、专业背景、工作经验的多少等，如果试题背离了应试者群体的实际状况，那么题目设计得再好也难以达到选拔的目的；③面试具有与笔试不同的特点，面试题目设计一般与笔试有较大的区别，如在面试中一般不会设计一些纯知识性的问题，而更侧重考查职位所要求的能力、潜力和个性品质。

2. 代表性原则

代表性原则是指面试内容不能过于简单，也不能流于繁杂，应在某一方面或某一环节上具有一定的代表性，足以测试某一特定素质。

3. 可行性原则

面试是短时间的抽样测评，不可能面面俱到。灵活性、应变性的题目不宜过多过杂，难以测试的项目，如道德品质，最好列为参考项目。可行性原则也包含从应试者实际出发的原则，面试试题内容的深浅难易要顾及应试者的情况，不宜一味求新、求异、求难。如果录用缺乏实际工作经验的应届大中专毕业生，应着重一般素质（尤其是发展潜力）的测评；如应试者有一定的工作经验或专业工龄，可着重进行特殊素质的测评。因此，对不同类型的应试者在项目的权重分配上可考虑有所区别。

（二）面试题库试题的编制

通过工作分析，界定了工作要求和任职资格，确定了测评内容和要素，下一步就要根据这些测评要素设计具体的面试试题，组成试题库，编制面试提纲。面试试题的设计关键在于所设计的问题是不是能测出所要测的特性来。

1. 结构化面试试题的类型①②

面试问题一般以开放性问题为主，以便给应试者留有更大的发挥空间，有时也可以设计一些封闭式的问题，如“是否”类问题，但这类问题由于考查不了应试者的有关素质，所以在面试实践中比较少用。按面试题目设计的功能和题目性质来分，常见的面试试题有以下一些类型。

（1）背景性问题

通常是有关考查应试者背景的问题。在面试开始时，面试考官往往用3～5分钟时间来了解应试者的工作和生活方面的基本情况、教育背景和工作经历。此类问题主要有3个方面的作用：①让应试者放松，自然地进入面试情境，形成融洽交流的面试气氛；②验证和澄清简历上的有关个人信息；③为后续的面试提问提供引导，便于面试工作的深入展开。例如：

1）请用3分钟时间简单介绍一下你自己。

---

① 田效勋．2006．面试类型及其组合方式．人力资源开发与管理，(8)．

② 刘小平，邓靖松．2006．现代人力资源测评理论与方法．广州：中山大学出版社．

2）你对自己将来要达到的事业目标有什么设想？请你简单谈一谈。

（2）知识性问题

知识性问题主要是考查应试者对所要从事的工作所必需的一般和专业知识的了解和掌握。一般知识是指从事该工作的人都应具有的一些常识，例如，财会人员应了解一些必要的财务制度，人事经理应了解必要的劳动人事制度和法规。专业知识指专业领域的专门知识。

（3）智能性问题

智能性问题主要是考察应试者对一些事物和现象的理解和分析判断能力。通常会选择一些较复杂的社会热点问题，考查应试者的综合分析能力。这类问题一般不是要应试者发表专业性的观点，也不是对观点本身正误作出评价，而主要是看应试者是否能言之成理。

（4）意愿性问题

意愿性问题一般考查应试者的求职动机与拟任职位的匹配性，内容会涉及应试者的价值取向和生活态度等多个方面。例如：

1）根据专业和能力的情况看，你可选择的职业范围很广，为什么选择我部门呢？

2）你为何想离开原工作单位？又为什么选择现在的岗位？这次应聘倘若未能如愿，你将有何打算？

（5）情境性问题

情境性问题是假设一种情境，考查应试者的反应。此类试题是建立在心理学知识基础上的，即一个人说他会做什么，与他在类似的情境中将会做什么是有联系的。此类试题考查应试者的应变能力，计划、组织、协调能力，情绪稳定性等方面的能力和个性特征。例如：假设这样一个情况，你的工作负担已经很重了，可上级却又给你安排了另一项任务。你觉得已没有精力再承担更多的工作，但又不想与领导发生冲突，你会怎样对待这个问题？

（6）行为性问题

行为性问题关注的是应试者过去的行为，问的是应试者实际上做了些什么、怎么做的、有什么结果，此类试题可考查人际交往能力、组织协调能力、解决实际问题的能力等。例如：

1）在你的工作经历中可能出现过这样的情况，你所在的组织与另一兄弟组织之间产生了矛盾或冲突，要由你来参与解决，请你举例谈谈具体情况。

追问 1：你当时遇到了什么问题？

追问 2：你的任务是什么？

追问 3：你采取了哪些措施？

追问 4：最终的结果如何？

2）生活、工作中需要与各种各样的人交往，请你回忆一下，你遇到的最难打交道的一个人或几个人。为了把事情办成，你做了哪些努力？结果如何？

（7）压力性问题

这种问题通常是故意给应试者施加一定的压力，看其在压力情境下的反应，以此考查应试者的应变能力与忍耐性。此类问题可能会触及应试者的“痛处”。例如：

1）据我们了解你在 3 年内换了 4 个单位，有什么证据可以证明你能在我们单位好好干呢？

2）你的领导让你送一份急件给某单位，第二天却发现送错了单位，可领导不但不承担错误，还生气地指责你马虎大意。此时，你会怎样做？

（8）连串性问题

连串性问题一般也是为了考查应试者承受压力的能力，包括在有压力的情境中的思维逻辑性和条理性等，但也可以用于考察被试者的注意力、瞬时记忆力、情绪稳定性、分析判断力、综合概括能力等。例如：

1）你的外语和专业知识水平都很高，为何不去外企？

2）我想问 3 个问题：第一，你为什么想到我们单位来？第二，到我们单位后有何打算？第三，你报到工作几天后，发现实际情况与你原来想象的不一致时你怎么办？

2. 编制试题库试题的程序

设计、编制试题库，有 5 个基本环节，即职位分析、制订试题编制计划、编制题卡、试题分析、试题组合等环节。

（1）职位分析

面试测评项目，要反映职位的任职素质条件，因此，设计面试测评项目，首先要弄清楚拟录用职位的要求，任职者须具备什么样的素质条件。如果面试设计者自己都不知道职位需要什么样的人，录用称职的优秀的人员就无从谈起。所以，职位分析是面试试题设计的基础。

（2）制订试题编制计划

制订试题编制计划，就是对整个试题编制工作做出全面的总体设计，把最基本的框架先确定下来，以便后面的工作据此进行。事实证明，制订好试题编制计划，是使编题工作按部就班、顺利完成的保证。制订试题编制计划时应该明确以下问题。

1）测评目的。明确为何测评及测评结果的用途。

2）测评项目。根据职位分析结果，进一步明确对哪些素质项目进行测评以及测评结果的质量要求。

3）测评对象。对应试者的总体情况，如学历、专业、工作经历等构成有所了解，使命题有针对性。

4）题型。明确采用哪些试题题型。

5）取材范围。明确选用哪些素材。

6）对命题工作的质量与数量要求。

7）工作程序与工作进度。

（3）编制题卡

对于比较规范化的面试，为了适应面试考官临场选择、组合试题的需要，最好编制《面试题卡》或《面试题本》。《面试题卡》应包括下列几项内容。

1）试题。也即题面，包括“给定条件”和“作答要求”两部分。有时候，当“给定条件”很明显，或应试者容易想到时，也可省略。

2）答案。面试题的答案，情况比较复杂。有的是有唯一正确答案的，如专业知识；有的是没有统一答案的，但有“可接受答案”、“理想的答案模式”；有的是既没有统一答案，也没有“理想的答案模式”，主要考查应试者回答问题过程中表现出来的思维逻辑等方面的内容。题卡中，要针对这些情况分别说明答案的类型，如正确答案、理想的答案模式、参考答案、无答案但需观察的行为要点，等等。

3）用途。也即该试题的测评意图、测评要素或预期效果等。

4）标准。根据答案要点，提出面试考官评价的操作性指标及水平刻度，以便面试考官进行结果评定或打分等。

5）备注。对操作实施中需注意的有关事项予以说明。

（4）试题分析

试题编制好以后，要对其质量进行评估，包括试题的可行性、鉴别力、难度等指标。最好的鉴别方法，是先选择一些“应试者”进行测评，通过试用来发现试题可能存在的质量问题，以便于对试题进行修订和完善。

（5）试题组合

对于结构化面试来说，还需要根据测评目的、测评项目、测评时间、题目类型等进行组合，组配成《面试题本》。面试实施中，面试考官应以此为根据对应试者进行面试，针对应试者的作答也可以提出一些相关的问题。

（三）面试评定表的设计[①]

面试评定表由若干评价要素构成，它是面试过程中面试考官现场评价、记录应试者各项要素优劣程度的计量工具。

面试评定表的构成主要包括以下几个方面：①序号、姓名、性别、年龄；②应聘的部门与职位；③面试考察的重点内容及评价要素，每项要素的权重；④面试评价的标准与等级；⑤评语栏；⑥面试评委签字栏；⑦面试时间。

由于面试主要是通过面试考官对应试者的观察、分析、判断来测评的，往往带有一定的主观性。因此，为提高面试考官对各测评要素的认识，提高其判断力，以保证评分的统一和客观，在设计面试评定表时，应特别注意评价标准及等级的制订。评价等级一般可以分为定性与定量两种方式。定性方式是按成绩或能力的“优、良、中、差”或“一级、二级、三级、四级、五级”等进行标度，如表 7-4 所示。定量方式就是采用赋予分值的形式进行标度，如表 7-5 所示。

表 7-4　面试评定表示例一

序　号			姓　名			性　别			年　龄	
应聘职位				所属部门						
面试内容		仪表	专业知识	工作经验	综合分析能力	语言表达能力	应变能力	态度	事业进取心	稳定性	总分
权重		5	10	10	15	15	15	10	10	10	100
评分标准	优	5									
	良	4									
	中	3									
	差	2-1	4-1	4-1	5-1	5-1	5-1	4-1	4-1	4-1	
实得分数											
评语及录用建议											
面试考官		（签字）						日期：		年　月　日	

① 孙健敏. 2007. 人员测评理论与技术. 长沙：湖南师范大学出版社.

表 7-5 面试评定表示例二

序号		姓名		性别		年龄
应聘职位		所属部门				
分数等级 面试内容	A	分数	B	分数	C	分数
仪表	端庄整洁	5	一般	3	不整	1
专业知识						
工作经验						
综合分析能力						
语言表达能力						
反应能力						
事业进取心						
态度						
稳定性						
评定分数						
评语及录用建议						
面试考官	（签字）		日期：	年 月 日		

三、面试考官与面试场所的选择

（一）选择并培训面试考官[①]

1. 确定面试考官

关于面试考官的选取，应严格挑选，要选那些德才兼备的人进入面试考官队伍中来。如果面试考官不是德才兼备的人，我们就很难保证通过面试得到德才兼备的候选人。一项研究表明，合格的面试考官应具备以下特征。

（1）良好的个人品质

面试考官在面试中的言行不仅反映其个人的修养水平，更重要的是，他们代表组织，代表组织文化的特征。他们必须给人以正直、公正和良好修养的感觉，给每位应试者留下良好的印象。

（2）具备相关的专业知识

具备相关的专业知识是面试考官的基本要求。在面试过程中，会或多或少地考查应试者的专业知识水平和能力，有时，专业知识的提问被看作是面试的一种技巧。所以，面试考官应具备招聘职位相关的工作知识。至少，一个面试小组中，面试考官的知识组合不应该有漏缺。

（3）丰富的社会经验

面试评价总体来说是一个非量化评价的过程，它的完成和质量在很大程度上依赖面试考

① 萧鸣政. 2007. 人员素质测评. 北京：高等教育出版社.

官所具有的丰富的社会工作经验。借助于工作经验的知觉判断往往能准确地把握应试者的特征，同时，丰富的社会工作经验也是提高和掌握面试技能的保障条件之一。

（4）良好的自我认知能力

作为一个面试考官，如果不能够对自我有一个健全的认识，就无从去准确地评价他人。

（5）了解组织和职位的要求

面试考官必须深入、全面地了解职位要求和组织状况，这样才能根据职位和组织的需要有针对性地提出问题，提高面试效率，同时选拔出真正适合职位、适合组织的人才。

（6）掌握人员测评理论与技术

面试过程中必然会用到一些人员甄选手段和技术去评价应试者，因此，掌握一定的甄选技术能够提高面试能力。

（7）熟练运用各种面试技巧

面试工作需要很强的技巧性，要求面试考官通过倾听、观察、提问等方式，综合运用各种面试技巧。这样不仅有利于提高面试质量，还有利于应试者的正常发挥，使面试考官可以全面、综合、深入地了解应试者。

（8）能有效地控制面试的进程

如果面试对象是比较难以控制的人，他们的行为会影响到面试的正常进行。因此，要求面试考官具有一定的掌控能力，使面试过程顺利进行。

（9）善于把握人际关系

与应试者的交流其实就是人际交往的过程。面试考官应该具有利用有关人际关系的知识去判断应试者处理人际关系的能力。

（10）能公正、客观地评价应试者

招聘甄选是为组织挑选所需要的合适的人才，因此，不能因为个人的主观好恶和情绪变化等非评价因素影响评价的结果。在面试过程中避免晕轮效应、第一印象等的影响。

2. 面试考官的培训

面试考官是面试成败的关键，对面试考官的培训也是不可或缺的。研究和实践都证明，经过培训的面试考官不论是评分的信度还是评分的质量都明显比没有经过培训的面试考官要高。另外，结构化面试的规范性和程序性要求很高，在面试实施前必须对他们进行集中培训。

面试考官的培训内容可以分为理论知识和实践技巧两部分。理论方面的培训主要是使面试考官掌握面试中的人员测评知识、了解职位要求、熟悉面试程序和掌握评价标准；实践技巧的培训主要是通过模拟的方式练习面试过程中经常用到的各种技巧。同时，培训要强调面试考官的决策过程，并指出常见的决策错误和克服这些错误的方法。

（二）面试场所的选择与布置[①]

面试的具体组织实施工作很烦琐，包括面试场所的选择和布置、候考室和考务用品的配备、应试者的面试通知与联系、事先抽签决定面试顺序等。这些工作看起来很不起眼，但任

① 萧鸣政．2007．人员素质测评．北京：高等教育出版社．

何一项工作没做好，都有可能影响面试实施的顺利进行。

对面试考场的基本要求有 4 条：①考场所在位置的环境必须无干扰，安静；②考场面积应适中，一般以 30～40 平方米为宜；③温度、采光度适宜；④每个独立的面试考场，除主考场外，还应根据应试者的多少设立若干候考室，候考室的选择应与主考场保持一定距离，以免相互影响。

面试考场的布置也是很有学问的，就面试考官与应试者的位置安排来说，通常有以下几种方式。

A 为一种圆桌会议的形式，多个面试考官面对一位应试者。

B 是一对一的形式，面试考官与应试者成一定的角度而坐。

C 是一对一的形式，面试考官与应试者相对而坐，距离较近。

D 是一对一的形式，面试考官与应试者相对而坐，距离较远。

E 是一对一的形式，面试考官与应试者坐在桌子的同一侧。

上述面试考官与应试者不同的位置安排，产生的面试效果是不同的。在面试中，采用 A 这样的形式，排列成圆桌形，使应试者不会觉得心理压力太大，同时气氛也较为严肃。采用 B 这样的形式，面试考官与应试者成一定的角度而坐，避免目光过于直射，可以缓和应试者的紧张心理，避免心理冲突，同时也有利于面试考官对应试者的观察。如果采用 C 这样的形式，面试考官与应试者面对面而坐，双方距离较近，目光直视，容易给对方造成心理压力，使得应试者感觉到自己好像在法庭上接受审判，使其紧张不安，以致无法发挥其正常的水平。当然，在想特意考查应试者的压力承受能力时可采用此形式。像 D 这样的形式，双方距离太远，不利于交流，同时，空间距离过大也增加了人们之间的心理距离，不利于双方更好地进行合作。如果采用 E 这样的形式，面试考官与应试者坐在桌子的同一侧，心理距离较近，也不容易造成心理压力，但这样面试考官的位置显得有些卑微，也显得不够庄重，而且也不利于面试考官对应试者的表情、姿势进行观察。因此，我们建议在通常情况下最好采用 A、B 这两种位置安排来进行面试。

四、面试提问的方式与技巧

（一）面试提问的方式

在面试中，面试考官要获得关于应试者的不同方面的情况，如心理特点、行为特征、能力素质，由于要测评的内容是多方面的，这就要求主考官根据评定内容的不同来采取相应的面试提问方式。招聘面试中常用的提问方式有以下几种。

1. 连串式提问

连串式提问一般用于压力面试中，即面试考官向应试者提出一连串相关的问题，要求应试者逐个回答。这种提问方式主要是考查应试者的反应能力、思维的逻辑性和条理性。例如，“你在过去的工作中出现过什么重大失误？如果有，是什么？从这件事本身你吸取的教训是什么？如果今后再遇到此类情况，你会如何处理？”

2. 开放式提问

开放式提问，就是指针对提出的问题应试者不能使用简单的“是”或“不是”来回答，而必须另加解释才能回答圆满。因此，面试考官提出的问题如果能引发应试者给予详细的说明，则符合“开放式提问”的要求。面试时一般都应该用开放式的提问，以便引出应试者的思路，真实考查其水平。例如，“你在大学期间，从事过哪些社会工作？你的专业课开了多少门？你认为这些课将对工作有什么帮助？什么原因促使你在两年内换了 3 次工作？”这类提问的目的是为了从应试者那里获得大量的讯息，并且鼓励应试者回答问题，避免被动。提问方式常用“如何……”“什么……”“为什么……”“哪个……”等。

3. 引导式提问

引导式谈话中，一方问的是特定的问题，另一方只能作特定的回答。面试考官问一句，应试者答一句。这类问题主要用于征询应试者的某些意向，需要较为肯定的回答。如“你担任车间主任期间，车间有多少工人？主要生产什么产品？”这就是典型的引导式提问，应试者只要回答一个数字，说出产品名称即可，而不必做出其他任何解释。

4. 非引导式提问

对于非引导式提问，应试者可以充分发挥，尽量说出自己心中的感受、意见、看法和评论。这样的问题没有“特定”的回答方式，也没有“特定”的答案。例如，面试考官问：“请你谈一谈担任学生干部时的经验。”这就是“非引导式”谈话。面试考官提出问题之后，便可静静地聆听对方的叙述，而不必再有其他的表示。与引导式谈话相比，在非引导式谈话中，应试者想说什么就说什么，这样可以提供更丰富的资料。应试者的阅历、经验、语言表达能力、分析概括能力都得到了充分的展现，这样有利于面试考官做出客观的评价。

5. 封闭式提问

这是一种可以得到具体答案的提问方式。这类问题比较简单、常规，涉及范围较小。如“工作经历：包括过去的工作职位、成就、工作成绩、个人收入、工作满意与否以及调动原因。学历：包括专业、学习成绩、突出的学科、最讨厌的学科、课程设置等。早期家庭状况：包括父母的职业、家庭收入、家庭成员等。个性与追求：包括性格、爱好、愿望、需求、情绪、目标设置与人生态度等。”

6. 清单式提问

这类提问中，面试考官除了提出问题外，还给出几种不同的可供选择的答案。目的是鼓励应试者从多种角度来看这个问题，并提出了思考问题的参考角度。例如，“你所在的企业中最主要的问题是什么？营业额、缺勤、产品质量差还是其他？”

7. 假设式提问

假设式提问主要是面试考官根据应聘职位的工作任务，向应试者提出与工作相关的问题，并要求拿出解决方案。例如，“如果你是那个肇事的司机，你会怎样处理？”“如果你是办公室主任，你将如何处置这个秘书？”

8. 压迫式提问

这种提问方式带有某种挑战性。一般来说，面试考官要尽力为应试者创造一个亲切、轻松、自然的环境，以使应试者能够消除紧张心理从而充分发挥。但有些情况下，面试考官会故意制造一种紧张的气氛，给应试者一定压力，通过观察应试者在压力情况下的反应，来测定其反应能力、自制力、情绪稳定性等。

9. 重复式提问

重复式提问是面试考官向应试者返回信息以检验其是否是对方真正意图，或检验自己得到的信息是否准确。例如，“你是说……”“根据我的理解，你的意思是……”

10. 确认式提问

确认式提问表达出面试考官对应试者提供的信息的关心和理解，目的在于鼓励应试者继续与之进行交流。例如，“我明白了，这很有趣。”

（二）面试5个阶段的提问技巧[①]

在了解了面试的提问方式后，还有一些提问的基本技巧在面试过程中经常被运用而且被大家所公认。

1. 建立融洽关系阶段

这个阶段虽然时间很短，但非常重要，它确定了整个面试的基调。该阶段要使面试的导入自然、宽松，帮助应试者放松心情，建立彼此和谐、友善、融洽的关系和氛围。因此，面试考官可以向应试者提问最熟悉的问题，从关心应试者的角度提问。例如，“我们这里难找吗？”

2. 导入阶段

这个阶段是帮助仍有些紧张的应试者进一步放松自己，此时最好提2～3个开放式问题，让应试者可以适应开口说话，而面试考官也可以积极地倾听他们的回答，做出一些初步的判断。此阶段的问题设置应该是比较粗略的，从而可以使面试考官有机会进一步提问。

例如，“你能陈述一下你前一份工作的日常活动吗？”该问题实际上可以起到多方面的作用：它可以让应试者谈论自己熟悉的话题，从而放松心情；使面试考官有机会对他的语言表达能力和组织能力做出判断；使面试考官有时间观察应试者的身体语言；面试考官可以从中获得进一步提问的信息。

① 孙健敏. 2007. 人员测评理论与技术. 长沙：湖南师范大学出版社.

3. 核心阶段

这是面试过程中最实质性的阶段。该阶段中，面试考官应根据工作要求和职责规定，收集有关应试者的全部信息。灵活运用前面所提及的提问方式，借助各种方式的不同优势和特点，深入地了解应试者。

4. 确认阶段

该阶段是在给面试考官一个核实应试者信息的机会。此时不用再引出任何新话题，提一些开放式和封闭式的问题就可以核实上一阶段了解不够清晰的信息。

5. 结束阶段

该阶段是面试的“最后机会”阶段。面试考官要先确保之前的提问收集了做出录用决策所需的全部信息。此时，首先要感谢应试者的回答和合作，然后面试考官可以总结一下所得到的信息，最后给应试者一个机会提出自己的问题。

知识拓展

面试提问小技巧：STAR 追问法

S（situation）：情境，即关于任务开展的具体背景。

T（task）：任务，即应试者承担了哪些任务，每项任务的具体内容是什么。从中了解应试者的工作经历和经验。

A（action）：行为，即为了完成任务，应试者采取了哪些行动。从中了解应试者的工作方式、思维方式和行为方式。

R（result）：结果，即在行动之后取得了什么样的结果，是成功还是失败，原因是什么。

通过 STAR 式发问，一步步将应试者的陈述引向深入，可以挖掘出其潜在的信息。

课外阅读：“互联网＋”时代，人才测评发生了怎样的变化

复习思考题

1. 什么是职业心理测验？
2. 如果你是一家公司的面试考官，你将如何运用职业心理测验的各种工具？
3. 什么是结构化面试？它的特点和优缺点是什么？
4. 面试考官的选择和培训的意义及重要性是什么？
5. 面试有哪几种提问方式？举例说明在面试中如何应用。

案例分析

案例背景

戴塔弗莱克斯公司总经理招聘销售员实例

第一步，明确销售员必须具备的素质：①对自己的能力充满信心；②愿冒可能的风险；③拥有幽默感；④足智多谋。这里的足智多谋，不是指智力天赋，而是指能力，当某人处于负责地位时，他（她）能够利用现有信息立即做出可能的反应。要做到这一点，你务必是位理性的思想家。有人能够就给定的话题回答任何问题，因为，他（她）完全了解了那个话题。在这方面很多公司的做法事倍功半。要想成为专家，就不能机械地做出反应。

为了使没有经验的售货员能发挥出巨大的潜能，在面试时，我们设置了重重障碍，同时给了他们自我辩护的机会。从他们回答戴塔费莱克斯公司的问题开始，我就委派助手理兹装作毫不客气的样子拒绝每位应试者。艾伦现在是我公司杰出的销售员之一，他讲述了理兹是如何三番五次地告诉他，他为何不是公司所要雇佣的人。但是，艾伦毫不气馁，据理力争，并且说："嘿，我确实认为自己能干好。起码值得罗斯先生耽误几分钟与我谈一谈。"他就这样消除了第一个障碍。

在第一次面试时，我故意显得很不友好。这样做使我对应试者喜欢和什么样的客户周旋有了清醒的认识。我试图批评他们，并向他们提出挑战，我把他们都送上"绞刑架"，看他们是否承认有"罪"，使他们为难。倘若他们太敏感，就不可能在我的公司顺利地工作。

我对艾伦说的第一句话是："你在个人简历中究竟为什么要写你曾在获奖运动员的庆功会上闹傻瓜似的恶作剧？"然后，我又问他："难道你以为我们不许你在面试时显得有风度吗？"艾伦对此进行了强有力的反驳。他盯着我问："你是在说我还是你？"

我告诉参加应试的人们，别计较你们认为我想听到什么，也别计较这是面试。我试图使他们跳出一般面试的模式。如果我告诉他们那不是我想要的回答之后，他们仍然一意孤行、死硬回答的话，我就知道他们不适合做这项工作。

第二步，当应试者在我的办公室里逗留了大约 5 分钟之后，我就直截了当地告诉他们，即使在我认为他们很了不起时，我也并不感到激动。我在期待着他们做何反应。我希望应试者会试图说服我错看他们。在推销商品时，你应该对自己该做或不该做什么充满信心，好的销售员必须很自信。

1971 年，当我去数字数据应用系统公司应试推销员一职时，忘记打领带，并且穿了一双黑白相间带有翼梢的鞋子。这鞋在佛罗里达州很流行，但在纽约城则不然。秘书把我的个人简历随便乱放在销售部副主任的办公桌上。当我进去的时候，那位副主任正在吃金枪鱼三明治。由于没有找到餐巾纸，他用一张自认为是白纸的纸擦了手，而那张纸上正是我的个人简历。他问了我几个问题，然后暗示，我不合要求。对此，我至今记忆犹新，我几乎要对那种挑衅行为报以强烈的反击。当时我想，有朝一日你不仅要吃我的个人简历，而且还得咀嚼那上面所写的字字句句。早先，我一个人推销的设备比其他 8 名推销员推销的总和还多得多。

后来我适可而止了。时至今日，我依然不明白他究竟是在向我发起挑战，还是真的认为我不能胜任这项工作。但不管怎样，我从那人身上弄清楚了在面试时发起挑战的价值。

在一次面试的时候，我首先要应聘者解释何为销售，然后又问："你是毫不犹豫地决定以推销为职业吗？"如果他们说不是，那就结束面试，如果他们说是，我就会追问为什么。"我想帮助他人。"当听到此类回答时，我就会接着说："你想帮助他人？那就去当护士好了。"还有个人再三解释说："人家说我搞推销肯定行。"当他走过来时，我就指着办公室窗外对他说："看到外面那块草坪了吗？如果有人说你适合做锄草工，你会马上去应试吗？"

第三步，进入实质性的测试。我就会问应聘者："倘若我对你说，我愿出 100 万美元雇你去为外面那块草坪锄草，你干吗？"我期待着人们能非常坦率地承认，他们受金钱的驱动，因为这正是作为一名推销员应有的动机。你要是知道有多少应聘者试图做出五花八门的解释时，肯定会大吃一惊。大约一半的应聘者在这个关口被淘汰了，因为他们的回答没有击中要害。相反，他们坚持说注定能争得这份工作。

为什么直言和坦诚是关键之所在？这是因为，客户会意识到你没有直截了当地回答他们的问题。我们把公司的信誉建筑在取信于人的基础上，倘若我们出了差错，那么，任何一位有机会纠正而没有纠正的经理都要给顾客打电话，以表歉意；倘若某人在公司里不能坦诚待客，那他就真的惹麻烦了。

我常常提 6 个问题测试应聘者的可信程度。我曾问艾伦："你是否有要完成某个目标的非常深层的强烈愿望？"

他回答说："你也许认为这很愚蠢，不过，我想比父亲赚更多的钱。"

我可不认为他的回答很愚蠢。多数儿子都想与父亲竞争，而这里的关键问题是是否诚实。

另外，我还对应聘者进行小测验，看他们是否能抓住要领。我告诉他们，可以就我曾经解释过的一个话题提出你们认为需要弄清楚的问题。

我对艾伦说，我想教他一些有关统计学多重性方面的知识，然后请他向我解释。我讲了大约 15 分钟，其中涉及了许多专业细节，当轮到艾伦解释时，他断章取义，张冠李戴，最后，我又重新讲解了一下。我跟他说，要是刚才再多问些问题就好了。销售这个概念实际上是指销售员帮助客户把其产品与服务如何适合客户之事加以具体化和形象化的能力。这是成为职业销售员的关键。不管你销售计算机外围设备还是地皮，都是如此。很多人都非常善于记住或追寻一种演绎推理模式，但是，如果你从概念上理解了某个东西，那从哪儿入手就无关紧要了。你如果要推测某产品的未来发展趋势，就务必要从概念上认识你的产品，以便能够把它卖出去。

由于感觉到艾伦是个可塑之才，于是我给了他第二个机会，他以出色的成绩通过了这次测试。

第四步，在结束整个面试时，我对应聘者讲，回家后想好了给我打电话，我想好后也会给你们打电话。大约有一半人从来就没有勇气给我打电话，或者我猜想他们也许根本就不感兴趣。可是艾伦在没能得到可参加第二轮面试的承诺前，始终待在办公室里。我懂得他这种坚韧不拔的精神肯定有助于做成功棘手的买卖。这次面试中，艾伦是唯一以这种方式结束面试的人。

公司不会在未经用人部门同意之前，确定新雇员人选。每次招聘中，我们公司的全体推销人员都会与参加第二轮面试的可能候选人共同度过 15 分钟左右的时间，因为我想让我的雇员们感到与这些新来的同事一道工作会很高兴。

安排这类会面绝不是搞花架子，走形式。例如，对于艾伦我就会问："5 年来这个公司有 30 个人来了又走，你不害怕吗？"

有些候选人听了这些会马上吓跑了。我一点也不会为此大伤脑筋。因为，我们的销售员队伍是一支精锐的部队。那些在本公司供职一年或一年以上者，其销售量均为本行业普通销售员工作量的 10 倍。简而言之，整个面试程序要排除有神经质者、好吹毛求疵者以及不讲信誉者。任何通过面试的都是很不错的候选人。

最后，要邀请应聘者参加为期一周的销售会议。我们每周举行 4 次销售会议，每次两小时，其目的主要是强调"参与"二字。其他适用老同事的原则也同样适用这些候选人。倘若他们不参加会议就会被拒之门外。我想要看一看他们如何承受压力。因为，推销本身就意味着压力。那些最终通过整个面试程序的人都非常有自信心。他们在今后的工作中肯定会茁壮成长，大展宏图。总之，越敢冒风险的人推销得越多。

案例讨论

1. 你对戴塔弗莱克斯公司招聘销售员的测试方式评价如何？

2. 你认为戴塔弗莱克斯公司招聘销售员的测试方法是否适用于其他类型的岗位或其他类型的公司？举例说明。

第八章　人员甄选测试技术（II）

教学目标

掌握评价中心测试的含义、主要方法，了解评价中心测试的程序，掌握公文筐测试的概念与特点、公文筐测试的流程、编制程序，理解公文筐测试的维度以及编制的原则。

教学要点

评价中心测试的含义、评价中心测试的主要方法、公文筐测试的概念与特点、公文筐测试的流程、公文筐测试的编制程序。

关键词

评价中心测试　公文筐测试　无领导小组讨论　管理游戏　角色扮演　公文筐测试的流程　公文筐测试编制程序

导入案例

大量的实际案例表明，企业中高层的选聘是一项对企业发展影响巨大的决策。选对用好一个人才，往往可以使企业在竞争中突围而出，取得佳绩；选错一人，则可能令整个企业的经营一落千丈，尤其对于企业高层的选聘更是如此。当代管理大师彼得 · 德鲁克（Peter Drucker）也认为：没有什么决策比人事决策更难做出，后果会持续这么久。目前在中高级人才选拔方式的有效性方面，公认评价中心最高。

然而，真正要做好企业中高层的选聘，现实中却存在很多问题。

浙江民营 A 企业发展迅速，产品畅销欧美市场，年增长率在 40%以上，2005 年的销售额达到 5 亿元人民币。由于公司规模的扩大该公司急需管理人才，为了招到合适人选，公司董事长和总经理每年亲自到珠江三角洲招聘，但是几年下来效果很不理想，每年年初花高薪从深圳招聘的管理和技术人员不到半年就都走光了。更为极端的情况是，公司 2004 年半年中竟然招了 5 个营销总监，平均每个人在企业的时间不到两个月。像上述企业走马观灯一样地频繁更换管理人员，肯定对企业发展带来很不好的影响。仅仅从该企业的甄选过程来看，就有如下问题。

1. 缺少标准

管理层没有认真探讨自己“企业”作为一个“组织”的优秀中高层标准是什么。要么是没有明确的标准，要么标准都是一些抽象的语句，无法进行实际操作，不能用来甄别应聘者。

2. 缺乏科学的办法和流程

招聘面试是闲谈式对话，从面试考官和候选人都熟悉的人到最近的体育比赛、国内外大事都可以成为谈论的话题。当谈到正题时，面试考官会不紧不慢地提出几个早在候选人意料之中的问题，候选人不紧不慢地回答。这种面试没有结构，没有既定的流程，也没有既定的考察要素和问题，与其说是面试，不如说是聊天，双方可能会尽兴而归，但面试考官对候选人的能力仍然不了解。

3. 忽略深层能力和素质

企业在甄别应聘者时，通常关注一些硬指标（表面指标）——教育背景、家庭背景、年龄、智商、过去工作经历、外表等，很少关注软指标（深层指标），如性格、动机、分析思维等综合能力等。而后者却是预测一个人能否胜任某个职位的关键要素。

企业的中高层管理者，作为企业的核心人才，以参与制订决策、影响资源分配、指导下属等行为完成工作任务，其管理能力、职业价值观、领导风格等综合因素均直接影响其所在企业的工作绩效。因此，中高级人员的甄选十分重要。

第一节　评价中心测试

一、评价中心的含义

评价中心（assessment center，AC）被认为是当代人力资源管理中识别有才能的管理者最有效的工具。它起源于 1929 年德国心理学家建立的一套用于挑选军官的多项评价程序。

开创在工业组织中使用评价中心技术先河的是美国电话电报公司。此后，许多大公司都开始采用这项技术，并建立了相应的评价中心机构来评价管理人员。国内学者对评价中心的研究始于 20 世纪 80 年代后期。在目前的管理人员评价中，测查管理能力的最有效方法就是评价中心技术，尤其在选用管理人员时，评价其是否具备较好的管理能力，这种方法最为常用。有研究表明，评价中心技术的预测效度在现有各种方法中是最高的，它是一种包含多种测评方法和技术的综合测评系统，通过对目标岗位的工作分析作业，在了解岗位的工作内容与职务素质要求的基础上，事先创设一系列与工作高度相关的模拟情景，然后将被试纳入到该模拟情景中，要求其完成该情景下多种典型的管理工作，如主持会议、处理公文、商务谈判、处理突发事件等。在被试按照情景角色要求处理或解决问题的过程中，主试按照各种方法或技术的要求，观察和分析被试在模拟的各种情境压力下的心理、行为表现，测量和评价被试的能力、性格等素质特征。

2000 年 5 月，在美国加利福尼亚州举行的第 28 届国际评价中心会议对其做出如下的界定：评价中心是从多角度对行为进行标准化的评估。它使用多种行为测评技术，对测评对象在特定的行为模拟情境中的行为表现做出判断，有多位受过培训的测评师进行测评，所有测评师的意见将通过开会讨论或采用统计的方法进行汇总。对每个行为不同的看法以及评分都被整合起来，测评师由此确定测评对象在各个指标或者其他变量上的行为表现的评估结果，而在此过程中应当运用有效的统计分析方法以确保符合专业认可的标准。

从这个定义出发，把评价中心的内涵本质概括为 4 点，并认为这 4 个方面的有机整合是保证评价中心能有效地对被评价者做出素质评价的基本前提。

1）多技术、多方法的综合应用。评价中心不是一种单独的测试方法或技术，而是多种测评方法与技术的综合应用。单个的心理测试、面试或工作情景模拟都不能称为评价中心。

2）以通过对目标岗位的工作分析所获得的工作内容和职务素质要求作为出发点来设计测评技术。这点突出强调了评价中心设计的针对性。

3）应用与目标岗位工作具有高度相关的情景模拟练习。评价中心一般包括一组情景模拟练习，情景模拟测评是评价中心的最为显著的特点，尤为强调对相关工作的情景模拟性。

4）多名评价人员共同做出评价。每一被试的评价结果都要由数名评价人员经过多次讨论共同得出。

二、评价中心的主要方法

评价中心是多方法、多技术的综合体，从测评的形式来看，广义的评价中心包含了传统的心理测试（评价被试的人格、能力、职业兴趣等特质）、面谈（主要是结构化面谈）、投射测试（评估被试的深层次人格特质、职业动机、职业价值观等）和情景模拟等。对国内外的大量的研究文献分析发现，实际应用领域特别是研究领域中的评价中心主要是指以情景模拟为核心的系列测评技术，是狭义上的评价中心。因此，根据被试应聘的或在职的工作岗位设计的各类相关情景模拟技术也就被认为是评价中心最主要的技术与方法。

比较经典的情景模拟技术包括文件筐测试、无领导小组讨论、管理游戏、角色扮演、案例分析、演讲等。关于几种方法的对比，如表 8-1 所示。

表8-1　评价中心方法比较[①]

测评方法	方法概述	考察的能力
文件筐测验	应聘者假定为应聘职位人员，在其办公室桌上堆放着一大堆亟待处理的文件，包括信函、电话记录、电报、报告和备忘录，应聘者要求在给定的时间内完成文件的处理工作	计划能力、组织协调能力、分析判断能力、沟通协调能力、决策能力、授权能力、团队管理能力、时间管理能力、文字表达能力、信息的收集和利用能力、处理问题的条件性程度和灵活性程度及人际敏感性等
无领导小组讨论	把应聘者划分为不同的小组，每组人数 6～8 人，不指定领导者，大家地位平等，在此基础上根据提供的案例进行讨论，最后形成一致意见，并以书面或口头形式汇报。整个讨论过程考评者并不参与，完全由应聘者自己控制讨论进程	组织协调能力、团队合作能力、说服能力、综合分析能力、决策能力、自信心、进取心、责任感、灵活性、情绪稳定性等
管理游戏	给几个应聘者分配一定的任务，这些任务必须通过合作才能较好地完成，有时引入一些竞争因素，通过对游戏项目的完成判断应聘者的能力	沟通能力、语言表达能力、综合分析能力、团队合作、领导能力、决策能力、应变能力等
角色扮演	考评者设置了一系列尖锐的人际矛盾与人际冲突，要求应聘者扮演某一管理角色并进入角色情境去处理各种问题和矛盾。考评者对应聘者在不同角色情境中表现出来的行为进行观察和记录	判断能力、创造能力、谈判能力、沟通能力、决策能力、语言表达能力、应变能力等
案例分析	考评者提供给应聘者一些在管理中遇到的各种现实问题，要求他们通过准备一系列的建议，形成一份书面报告提交相关的部门	综合分析能力、逻辑思维能力、独创性、决策能力、策划能力等
演讲	给应聘者随机抽取一个题目，让其准备 5～10 分钟，然后进行演讲，演讲时间一般在 5～10 分钟。通过演讲让应聘者阐述自己的观点和理由	分析推理能力、逻辑思维能力、反应理解能力、语言表达能力、言谈举止和风度气质等

（一）无领导小组讨论

无领导小组讨论（leaderless group discussion，LGD），是指将数名被试集中起来组成小组，要求他们就某一问题开展不指定角色的自由讨论，主试（评价者）通过对被试（被评价者）在讨论中的言语及非言语行为的观察来对他们做出评价的一种测评形式。所谓"无领导"就是说参加讨论的这一组被试，他们在讨论问题的情境中的地位是平等的，其中并没有哪一个人被指定充当小组的领导者。LGD 可以用来考察被试的语言表达能力、组织协调能力、决策能力、沟通能力、应变能力等多方面的能力特质。该技术的实际操作要求一般是这样的：将被试按一定人数编成小组（一般 6～8 人），要求他们按照便于交流讨论的形式坐好（为了便于主试观察评价，一般要求组员按照椭圆形就座）。主试事先设计准备好讨论的背景材料，测评时主试通过清晰的指导语指示被试以小组为单位就指定的主题进行小组内的自由讨论，要求小组能在规定的时间内（一般为一小时）达成解决问题的一致性意见。背景材料一般是与工作情境相关的（也可以是假设的，在避免由于被试专业背景不同而影响测评成绩时往往采用假设的材料），用于讨论的主题应该富于讨论空间，保证被试能够在给定的时限内进行充分的交流讨论。在指导语中一般不确定讨论会的主持人，不指定发言的先后，也不

① 徐世勇，陈伟娜．2008．人力资源招聘与甄选．北京：清华大学出版社，北京交通大学出版社．

提出诸如积极主动、观点清晰之类的其他具体要求，只是强调指出要求被试以小组为单位进行讨论，通过讨论来解决问题。在这个过程中，主试按照事先拟定的测评因素及其评分标准对被试的行为表现进行观察评价。

与无领导小组讨论比较接近的另一种评价中心技术是指定角色的小组讨论。该技术也是要求受测被试成员以小组为单位就某一指定主题在给定的材料背景下进行小组内的自由讨论，它与LGD的最大区别是被试在测试过程中必须按照事先指定的不同角色要求参与讨论。

（二）管理游戏

管理游戏是一种以完成某项或某些“实际工作任务”为基础的标准化模拟活动，通过活动观察测评被试实际的管理能力。因为模拟的活动大多要求被试通过游戏的形式进行，并且侧重评价被试的管理潜质，管理游戏因此得名。

在管理游戏测评中，受测被试置身于一个模拟的工作情境中，面临着一些管理中常常遇到的各种现实问题，要求其想方设法加以解决。同文件筐测试类似，管理游戏中涉及的管理活动范围也相当广泛，可以是市场营销管理、财务管理，也可以是人事管理、生产管理等。在测评过程中，主试常常会以各种角色身份参与游戏，给被试施加工作压力和难度，使矛盾激化、冲突加剧，目的是全面评价被试的应变能力、人际交往能力等素质特征。

经典案例

真情告白

1. 游戏目的

了解团队成员中每个人都会有优缺点，在游戏过程中了解自我、他人并正确认识。

2. 游戏程序

1）培训师要让每个参与者都知道他们将有机会对团队里的每一个人的优点和缺点进行反馈，也就是说，你喜欢或不喜欢某人的哪一方面。

2）告知每个人这是一项保密的活动，没有人被告知是谁写的他的优点与缺点的内容。

3）给每个人一张“优点与缺点”表，并告诉他们每人为其他人至少写出一条喜欢或不喜欢的理由。

4）收集每张答卷，混合在一起并对每个人念出写给他们的意见，培训师首先要从自己的名字念起。

5）分享讨论：所有的意见是否都正确；有没有互相矛盾的意见；现在是否有人不愿意别人和自己同在一组。

3. 游戏准备

所需物品：“优点与缺点”表格和相应数量的笔。

4. 注意事项

此游戏用于要求每个参与者在无任何威胁的情况下，写出其他人的优点及缺点，特别适合于同一组或一同工作的，或者团队中互相了解的成员。

5. 培训师小结提示

让学员做以下题目。

假设我们要从3个候选人中选择一位来造福全世界，你会选择哪一位？

A：有两个情妇，有多年的吸烟史，嗜好马提尼酒。

B：曾经两次被赶出办公室，每天中午才肯起床，每晚要喝大约一公升的白兰地。

C：曾是国家的战斗英雄，保持着素食的习惯，从不吸烟，偶尔喝点啤酒，年轻时没有做过什么违法的事。

公布ABC分别是罗斯福、丘吉尔、希特勒。

（三）角色扮演

角色扮演是一种主要用以测评被试人际关系处理能力的情景模拟活动。在这种活动中，主试设置一系列尖锐的人际矛盾与人际冲突，要求受测被试扮演某一角色并进入角色情景，去处理各种问题和矛盾。主试通过对被试在不同人员角色的情景中表现出来的行为进行观察和记录，测评其相关素质。

在角色扮演中，主试对受测被试的行为表现一般从以下几个方面进行评价：第一，角色适应性。被试是否能迅速地判断形势并进入角色情景，按照角色规范的要求采取相应的对策行为。第二，角色扮演的表现。包括被试在角色扮演过程中所表现出来的行为风格、人际交往技巧、对突发事件的应变能力、思维的敏捷性等。第三，其他。包括被试在扮演指定的角色处理问题的过程中所表现出来的决策、问题解决、指挥、控制、协调等管理能力。

（四）案例分析

提供给被试一些实际工作中常发生问题的有关书面案例材料，要求解答案例中的问题并写出案例分析报告或者要求他们在小组讨论会上做口头发言。主试根据被试分析问题和解决问题的能力、观点的组织表达能力、语言和书面传递信息的技巧等给予评价。

三、评价中心的程序

（一）明确使用目的

评价中心是企业人力资源管理中的一个辅助手段。在使用评价中心技术前，应与企业高层沟通，确定是否要引入该技术、使用的主要目的、评价对象的层级等。

评价中心方法最好在缺乏一个人的未来绩效数据的情况下使用。评价对象的目标职位与现任职位的差别越大（如从推销员提升为销售主任），就越需要评价其执行未来工作的胜任能力。职务的管理工作成分越大，评价中心所评价出来的管理潜力往往越准确。确定评价对象的层级时要注意两点：一是该层级要有足够的参加者，使评价中心最为经济；二是要有足够的评价者，且至少比参加者的层级高一级或两级。

（二）确定目标岗位的胜任特征

所谓“目标岗位”，是指招聘和选拔的人才将被安置在什么岗位上。胜任特征主要是直接与个体的工作绩效表现紧密相关的内在因素，因而是预测个体工作绩效的有效的评价指标，评价中心以此作为测评工作的基准。测评前，要确定岗位的胜任力模型，并界定有关胜任力的维度定义。如果忽略这一环节，即使在测评上投入再多的精力也是无的放矢，评价的结果也很可能会“南辕北辙”。

（三）设计测试方案

这一步骤的主要目的是，明确胜任力的测量方法。首先，需要选择和完善测评工具和练习，针对目标岗位的胜任力要求，选择合适的测评工具和练习。此时须注意几个原则：①每个练习必须与测评的胜任力标准直接相关；②每个练习的难度适中；③内容丰富，具备与岗位相关的情境；④测评工具和练习经过专家的精心设计，具有合理的信度和效度；⑤针对客户的组织机构特点和时间、费用要求，对测评工具进行修正。其次，设计胜任力评价矩阵。评价矩阵包括测评工具和胜任力两部分内容，每个素质维度必须通过多个测试手段进行观察，以保证测试的效度。最后，制订评价行动计划，包括确认评价目标、设计测评流程和测试的时间进度表；将测试时间表提供给每位测评师，保证测试能够按照时间进度进行，确保测试条件的公平和一致。表 8-2 即是某企业的评价中心测试实施安排表。

表 8-2　评价中心测试实施安排表　　______年______月

<table>
<tr><th>日　期</th><th>测 评 项 目</th><th>时　间</th><th>测 试 对 象</th><th>评 委 组 成</th><th>地　点</th></tr>
<tr><td rowspan="3">×月×日</td><td rowspan="3">无领导小组讨论</td><td rowspan="2">9:00～11:10</td><td>第 1 组受测者</td><td>A 组评委：李××、张××、王××、刘××、程××</td><td>××会议室</td></tr>
<tr><td>第 2 组受测者</td><td>B 组评委：姜××、任××、周××、韩××、耿××</td><td>××会议室</td></tr>
<tr><td>14:00～16:00</td><td>第 3 组、第 4 组受测者</td><td>第 3 组：A 组评委
第 4 组：B 组评委</td><td></td></tr>
<tr><td rowspan="2">×月×日</td><td>动机与个性心理测验</td><td>9:00～11:00</td><td>全体受测者</td><td></td><td>××室</td></tr>
<tr><td>文件筐测试</td><td>14:00～17:00</td><td>全体受测者</td><td></td><td>××室</td></tr>
<tr><td rowspan="9">×月×日</td><td rowspan="9">半结构化面谈</td><td rowspan="4">9:00～9:45</td><td>1 号受测者</td><td>A 组评委：李××、张××</td><td>××室</td></tr>
<tr><td>2 号受测者</td><td>B 组评委：王××、刘××</td><td>××室</td></tr>
<tr><td>3 号受测者</td><td>C 组评委：姜××、任××</td><td>××室</td></tr>
<tr><td>4 号受测者</td><td>D 组评委：周××、韩××</td><td>××室</td></tr>
<tr><td>10:00～10:45</td><td>5～8 号受测者</td><td>依次为 A、B、C、D 组评委</td><td></td></tr>
<tr><td>11:00～11:45</td><td>9～12 号受测者</td><td>依次为 A、B、C、D 组评委</td><td></td></tr>
<tr><td>14:00～14:45</td><td>13～16 号受测者</td><td>依次为 A、B、C、D 组评委</td><td></td></tr>
<tr><td>15:00～15:45</td><td>17～20 号受测者</td><td>依次为 A、B、C、D 组评委</td><td></td></tr>
<tr><td>16:00～16:45</td><td>21～24 号受测者</td><td>依次为 A、B、C、D 组评委</td><td></td></tr>
</table>

（四）培训测评师

作为评价中心的核心技术，情境模拟测试具有很强的主观性，测试效果的好坏在很大程度上依赖于测评师的技术水平。测评师要从专业人士中挑选，并且具有丰富的测评实践经验，即使是最优秀的测评专家，在测试前也要接受有针对性的培训。培训的内容通常包括：①熟悉测评的素质维度（胜任力）和测试工具，了解特殊测验的一些操作实施细节；②主持情境模拟测试的方法与技巧；③测试过程中行为观察、记录、归类和行为评估技巧；④统一的评价标准和尺度，提高测评师评价的一致性；⑤测评师在培训中要将刚掌握的东西进行实际演练；⑥测评师每年至少应参加1～2次评价中心，以保持状态。

（五）试测

严格的测试程序中，在正式实施评价中心前应该找一个与被试类似的群体做一次试测，尽量收集试测过程中的反馈信息，以便完善测试的内容和程序等。

（六）单独评价测试结果

在各项评价中心的活动中，每个评价人员都要对被试进行观察，尤其要观察被试所说的和所做的具体事情，观察过程中不允许评价人员作解释性说明。在一个评价练习结束后，每位评价人员要将其观察记录归类并进行评估，并按照各个胜任力中成功行为的特征独立地评价其等级水平。通常每个行为特征分成6个等级：

5——显著地高于成功管理行为特征标准。

4——有些高于成功管理行为的定性和定量标准。

3——符合成功管理行为的定性定量标准。

2——有些低于成功管理行为的定性定量标准。

1——显著地低于成功管理行为的标准。

0——没有足够资料表明等级。

（七）整合测试结果

评价结束后，评价人员会逐一讨论被试的所有测量和观察的结果，直到确定一个所有评价人员都同意的等级为止。首先，由评价人员宣读各自对被试的观察和记录结果，具体内容可包括被试的行为表现、作用和地位等，尤其是与成功管理行为有关的行为表现和初步的等级。一般而言，宣读结果的顺序是面谈结果、纸笔测验结果、心理测验结果、情境模拟测试结果。越是重要的评价技术，越要靠后宣读。当所有评价人员宣读结束后，大家共同讨论行为等级。讨论过程中，评价人员可以改变其最初的评价等级，直到取得一致的等级。有时候，根据评价目的还会做一些额外讨论，指出每位被试未来的发展方向和培养方法。

（八）撰写测评报告

评价人员以书面形式写出对被评者的评价等级，并给出其在今后几年的发展建议。然后，将书面报告呈送给企业人力资源部，为企业最终的人力资源决策提供依据。

第二节 公文筐测试

一、公文筐测试的概念与特点

公文筐测试是被试现在或未来的管理情境中可能遇到的各种典型问题有机构成的，以书面的形式让被试来处理，所以它可以考察被试多方面的管理能力。这是情境模拟最常用的核心技术之一，也是评价中心中最常用和最核心的技术之一。

（一）公文筐测试的概念

公文筐测试，又叫文件筐测试、文件处理测试、篮中训练法。在这种测试活动中，主试向被试提供一些某岗位经常需要处理的文件，包括电话记录、请示报告、上级主管的指示、待审批签发的文件、备忘录、各种函件等。这些文件是根据同类岗位相关的各种典型问题设计。测试前，主试需要向被试进行背景介绍。所有这些文件都要求在一定的时间（一般为 2～3 小时）和规定的条件下处理完毕。通常要求被试在较紧迫困难的情况下处理这些公文，并要求根据自己的经验、知识和性格去处理解决问题，做出批示、处理信件、准备会议的议事日程等，完全采用真实情境中的方式。处理完毕，被试还要以口头或书面的方式说明这样处理的原则和理由。如果主试不清楚或想深入了解某部分内容，他们还可以与被试进行交谈，以澄清模糊之处。然后主试把有关行为逐一分类，再予评分。

（二）公文筐测试的特点

1. 公文筐测试的优点

（1）测试方式具有高仿真性

公文筐测试将被试置于模拟的工作情景中去完成特定的任务，与通常的纸笔测试内容相比，题目内容生动，能充分吸引被试的答题兴趣。测试中的文件按来源划分，分别来自组织内部、外部、上级、下级、供应商与合作伙伴；按事件特点划分，有日常性工作与突发性事件、常规或特殊任务、紧急状况或一般事件；按任务形式划分，有计划、组织、协调、决策等；按文件形式划分有请示报告、批示、通知、报表、电子邮件、备忘录等。从测试的文件来看已经基本涵盖了企业的中高层管理者日常处理的各种文件，这些文件与特定的情境信息构成了一个完整的情境，这个情境充分展现了一个中高层管理者实际的工作情境。对于在很短的时间内全面、准确掌握管理者的能力、潜能以及个性心理特征的某些关键要素具有不可替代的重要作用，因此公文筐测试具有高度仿真性的特点。

（2）测试形式灵活

公文筐测试题目的设计也可以根据不同的工作特征进行个性化的设计，不同的岗位测试的文件不同，不同文件能够测试出被试不同的管理能力，具有一定的灵活性。与无领导小组讨论等其他情境模拟测试相比，公文筐提供给被试的信息、要求完成的任务均以书面的形式来完成和实现，对测试的组织和测试场地的要求最低，既可以进行个体施测，也可以采取团体的方式进行施测，但前提条件是主试必须给所有的被试宣读标准化的指导语。

（3）具有普遍适应性

文化背景、地域与企业规模的兼容性使公文筐测试具有普遍适应性。据统计，欧美发达国家在选拔、评价管理人员时最常用的技术就是评价中心，而评价中心中公文筐测试的使用频率高达 80%～95%。公文筐测试效度和信度极高（信度相关系数为 0.92）且操作方便，在以往的几十年中，各国企业在人才招聘选拔、人才评价和管理人员培训工作中进行了大量的实践探索，公文筐测试出色的信效度表现得到了这些企业的广泛认可，这充分证明了公文筐测试对文化背景、地区与企业规模的兼容性。

（4）开放性的问题

在公文筐测试中，被试面对的不是封闭性的问题。面对同样的情况，被试可以从不同的角度做出反应，从而做出各种各样的决策，这说明公文筐测试提供给被试的是可以灵活处理的开放性问题。这个特点与其他笔试方式最显著的区别在于公文筐测试考虑到了被试在日常工作中接触和处理大量文件的实际特点；另一方面从测试的标准化出发，给每个被试提供相等的条件和机会，比较公平，不会因为情境的不同或者小组成员的差异等因素而影响测评结果。

（5）具有良好的效度表现

公文筐所采用的文件都是取材于被试现在或未来的管理活动，这些事件都是被试经常面对的情况，通过对文件的分析，被试能够预测主试的测试目的，被试会容易接受这种表面效度高的测评方式。公文筐测试同样具有良好的内容效度。公文筐的测试材料包罗万象，范围广泛，各种与管理风格、能力、知识、经验等相关的测试要素，如行业知识、专业知识、操作经验以及能力倾向等都可以隐含其中，通过文件处理这种形式可以对被试的潜在能力和综合素质进行考察。

（6）良好的培训方法

从用途上看，公文筐测试除了能够发现现有人员的管理能力特点，挑选出有潜力的管理人才之外，还可以应用于人才培训；除了能够发现管理人员的实际培训需求以外，还能训练他们的管理能力，使选拔过程成为培训过程的开始，使参加测试的被试提高其管理技巧、解决组织内部各部门间摩擦的技巧，以及为人力资源计划和组织设计提供信息。西方有研究表明，公文筐测试的结果与培训成功间的相关达到 0.18～0.36。

2. 公文筐测试的缺点

（1）题目编制的成本较高，编制过程复杂

公文筐测试需要专业人员包括测试专家、管理专家和行业专家 3 方面力量相互配合，投入的人力、物力和财力都比较多。编制公文筐测试需要结合职位特征和胜任特征，共同研究开发合适的题目，收集不同类型、渠道、内容的文件，并对文件进行典型化处理，将各个文件串联起来成套编制并标准化，这本身就是一个需要花费大量时间的过程。一般编制一套公文筐测试大约需要至少 3 周的时间，需要专家全身心的投入才能保证测试的质量。

（2）评价标准缺乏客观性，评价一致性低

不同的企业组织结构、企业文化、领导者风格不同，对公文处理的风格与特点的要求就不同。因此公文筐测试的评价标准只能根据不同的组织特点来确定，因此其评价标准缺乏客观性与标准化。不同的考官之间对此也会有不同的认识，尤其是专业人员和实际工作者之间的认识有较大的差异。鉴于此，公文筐测试结果的评价应有专家指导，否则会由于评价尺度把握不准而无法取得好的效果，而在具体实践中专家并不容易请到，因此这就使得公文筐测试很难大规模地推广使用，西方国家也一般只是在选拔高级管理人员和高级官员时才使用。

（3）被试的真实能力有可能被隐藏

虽然公文筐测试采用了纸笔的形式和较为标准的考试程序，但是它所包含的公文的题目基本上都是采用开放式的方式，要求被试主观作答。由于被试在经验、背景、管理理念、基本素质等方面存在个体差异，其处理公文的行为方式也是不尽相同的。一个经常与公文打交道的企业中层管理者，由于受到企业文化和企业的做事风格的影响，在做此类的测试时就很容易按照工作习惯来处理，一些真实的能力被隐藏了起来。这会影响到面试考官给予他的评价。

（4）无法测试被试的沟通与人际交往能力

公文筐采用静态的纸笔考试，每个被试都是自己独立完成测试不能对外联系（但有时会给被试安排一名助手），考官与被试之间没有互动的交流，所以考官无法对被试实际工作当中与他人交往的能力和人际协调能力直接进行评价。

（5）测试与评价时间较长

公文筐测试与其他情境模拟测试相比较，公文筐测试的时间一般为 2～3 个小时；考官对被试评价的时间大约需要 1～2 个小时；在被试结束测试之后，考官需要进行粗略的评价并与被试进行面谈，以澄清测试中表现不明显的内容，面谈的时间又要大约 1 小时。这在其他测试形式中也是时间最多的。

二、公文筐测试的维度

（一）公文筐测试适宜测试的维度

公文筐测试适宜测试的维度主要有 3 类：与事有关的能力、与人有关的能力以及被试的管理风格与管理经验。

1. 与事有关的能力

公文筐的各种公文都会涉及组织中的各种事件，被试搜集和利用信息的（洞察问题）能力首先会体现其中，另外有的事情是需要被试做出分析和综合判断的，有的事情需要做出决策，有的事情需要组织、计划、协调，有的还需要分派任务（授权），而且在纷繁复杂的事情中需要分清轻重缓急，因此这些能力都可以在公文筐测试中得到反映。同时由于与其他测评方法相比，此法提供给被试的测试材料和要求的作答方式都是以书面形式来实现的，所以还能有效地测查被试的文字表述与写作能力。

2. 与人有关的能力

在公文中会提到各种各样的人物以及他们之间的关系，这些文件也是来自不同的人，设计得很好的公文筐测试会把人物的特点勾勒得淋漓尽致。被试除了善于处理公文中的事情之外，还要对文件有关的人非常敏感，而且在很多情况下，事情处理得是否得当就取决于是否能够正确理解人的意图、愿望、性格特点和人物之间的关系。因此，在公文筐测试中也能很好地测量与人打交道的能力，尽管这种能力是通过书面的形式间接表现出来的。

3. 被试的管理风格与管理经验

面对公文筐中的各种文件，有的被试按照文件的顺序作答；而有的被试能够首先将文件按照轻重缓急进行分类后，再决定哪些由自己作答，其他的则批转给有关部门或个人，这就充分表明了被试的管理风格。另外，在测试后访谈的过程中我们发现，相当一部分（70%以上）被试是靠以往的经验对文件进行作答的，这种以往的经验来源于过去工作经历中与文件中的事件相似的经历。例如，面对骨干员工辞职的问题，这是大部分管理者都曾经面对的问题。这时被试会更多地依赖过去的经验做出反应。所以公文筐测试能够甄别被试的管理风格和是否具备丰富的管理经验。

（二）公文筐测试的评分维度

公文筐内容不同，所以测试的维度也会根据实际情况而定。总的说来公文筐测试的评分维度主要有两个方面。

1. 每个文件测查的维度

明确每个文件的测试维度，这在公文筐编制的过程中要进行缜密的设计。另外需要说明的是，在一套公文筐测试当中可能有几个问题测试的是一个共同的维度，但测试要点并不相同。例如，我们用 3 个文件来测试被试的分析能力，第一个文件测试被试分析问题的深入性程度，第二个文件测试被试分析的结构性（逻辑思维能力），第三个文件测试被试分析的全面性（整体思考）。一个文件并不是只是测试一个维度，在实践中能够发现这个文件既可以测试被试的深度分析能力还可以对被试的授权意识进行测试，因此考官在对被试作答进行评价的环节要着重关联维度的问题。

2. 整体可以测查的维度

对所有公文进行整体分析。测查被试能够关注各个事件与人物之间的关联关系，能否对每个人物进行准确的角色定位，是否关注数据之间的关系；对事件的重要性是否有清晰的判断，能否发现不同意见之间的利益诉求，是否根据轻重缓急合理安排自己的工作；文字表达是否能够用清晰、简洁，分配任务的指示是否明确。

因此，公文筐测试可以测查的维度有：管理人员的计划、组织、预测、决策、沟通能力的个体水平和群体水平。这 5 项能力是管理团队核心素质，对于企业可持续发展具有重大意义。对这 5 项能力的考察是公文筐测试关注的焦点。

基于以上分析，公文筐测试的适用对象为具有较高学历的人（大专以上）或企业的中、高层管理者（部门经理以上），它可以为企业有针对性地选拔中、高层管理人员或考核现有管理人员。尤其是考查经理一级管理者的胜任能力。除此以外，也被广泛应用于领导行为、培训、工作满意度、绩效评估、组织公民行为、组织信息加工、决策、压力管理、组织气氛等诸多领域的研究。

三、公文筐测试的流程

公文筐测试可以集体施测，实施过程分为准备、测评和评分 3 个阶段。从实际组织与实施角度出发的公文筐测试流程，如图 8-1 所示。

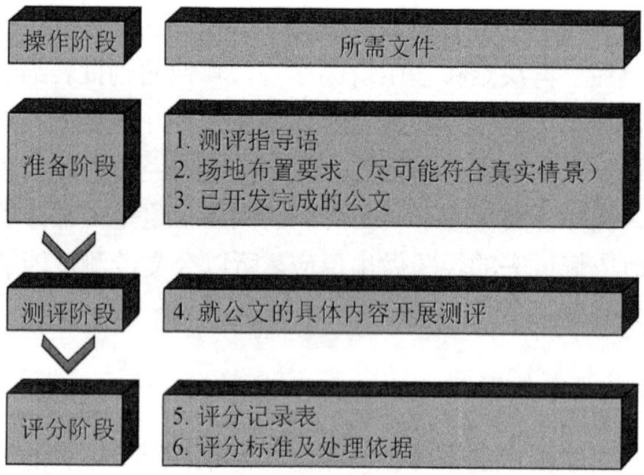

图 8-1 公文筐测试实施流程

（一）准备阶段

公文筐测试的基本原理在于通过观察被试在公文处理中的行为样本来推测其在工作中的一般行为特征，即通过测试的分数来预测被试在工作中的绩效。但公文筐是一个复杂的测试工具，实际测试分数不仅会受到与测试目的有关的变量影响，同时还会受到一些无关变量的影响。因此必须在施测过程中对无关因素进行控制。

1. 施测前的准备工作

公文筐测试的准备工作包括以下两个步骤：第一，准备好测试材料。主试必须预先把公文筐、答题纸、笔按一定的顺序放在适当的位置，使手册易于找到和看到。如果要同时让被试进行自我评价以收集效标，则必须准备好自评问卷。第二，熟练掌握施测程序。必须对主试进行必要的培训，主要包括熟悉测试的内容和程序以及熟记指导语。要求主试在念读指导语时不应念错、停顿、重复或结结巴巴，以免影响测试分数。

2. 指导语

公文筐测试的指导语不同于一般的测试，指导语指导测评对象如何作答，分为两个部分。第一部分是对测试目的的说明；第二部分是对公文处理情境的描述，主要包括被试扮演的角色、情境中组织的构架、对题目的反应方式以及测试的时间。第一部分必须要求主试朗读出来，而第二部分由于内容较多，一般放在正式公文之前由被试阅读。公文筐测试的时间一般为 2～3 小时，可根据题量做适当调整。主试不要告诉被试只有快速答题才能在规定时间内完成，以减少被试的焦虑。下面一则材料就是指导语的实例。

阅读资料

指导语

请大家注意，为了不影响考试，请大家关闭手机，暂停使用。请大家查看一下是否都拿到了一份测验材料和一份答题册（测验主持人展示）。首先请大家在答题册的背面填写姓名等背景信息。在测验没有开始之前，请不要翻看测验材料。本测验分 4 个部分，每一部分都要用到这些测验材料，请您注意：不要在测验材料上做任何标记，请在答题册上回答问题。测验结束后请您把测验材料和答题册一并交还给我们。

请大家翻开答题册第一页，这是一个“公文筐”测验……（总指导语略）。

如果有疑问请大家提出，我们现在给予解答（停顿，主持人答疑）。如果大家没有任何问题，我们来看测验 1——计划，这个测验要求你……（测验 1 的指导语略）。如果有疑问请大家提出，我们现在给予解答（停顿，主持人答疑）。如果没有任何问题，请翻开下一页开始做题。

3. 测试的环境

在测试实施过程中必须对测试环境进行控制，其中包括采光条件、桌椅的高度、桌面的面积，测试中的文字材料都必须用统一的纸张按统一规格印刷，被试使用的笔也一般由主试提供。测试进行时务必不能有外界的干扰，为此必须在测试室的房门外挂上一个牌子，示意测试正在进行，旁人不得入内。考评室外可设休息室，准备一些被试可以浏览的杂志或播放轻松的音乐。主试的状态也会影响测试的分数，因此主试的语言、行为、态度、表情都要严格控制。

（二）测评阶段

主试要对测试要求做一个简单介绍，说明注意事项。然后发给被试测试指导语和答卷纸，并回答被试的提问，当被试觉得没有问题后，再发测试用的文件。被试人数比较少时，也可以一次将材料发给被试，但要求被试严格遵从主试的要求，先看指导语再看文件。有时，在初级人员的文件筐测试中，发给被试指导语后，让被试完成一个指导语的测试，强迫被试熟悉理解指导语，这在处理文件水平低的群体中有时十分有用。在被试正式进入文件处理后，一般不允许被试提问，除非是测试材料本身有问题。

（三）评分阶段

宜在被试做完后立即进行，当有质询被试的设计时，更应该如此。此阶段主要应该注意以下几个问题。

1. 评价人员的选择

公文筐测试对评价人员要求较高，需要评价人员在结构上要符合一定的要求。首先，必须考虑能力的互补。在评分时其中的一部分必须是曾经接受测评，并通过一定的评价技术培训的在职管理人员。同时还有部分必须是有丰富测评知识和一定管理实践经验的心理学专家，然后再加上一般人员组成，每一次评价者不少于5人。第二，必须考虑气质的互补。不同气质的评价人员组合在一起能够消除评分中对某一气质类型候选人的偏好。第三，必须考虑性别的互补。不同的性别有不同的长处，女性较为细心、耐心，可以从细微处观察人。男性主要倾向于从全局把握人。另外，性别的互补可以避免评分过程中的性别歧视或性别优势。第四，要考虑到年龄的互补。年龄的差别体现了精力、知识、经验和处理问题方式的差异。不同年龄段的评价人员组合起来更能客观地评价不同年龄的被试。当然气质、年龄、性别所带来的差异并不是绝对的，符合要求的公文筐测试的评价人员也不易找到，因此在选择评价人员时必须优先考虑的是能力上的互补。

2. 评价人员的培训

由于公文筐测试的技术性较强，因此进行测试之前要对评价人员进行一定的培训。培训的内容一般有以下几项。第一，接受公文筐模拟测试。模拟测试可以让评价人员能够了解公文筐测试的内容、答题的方式、考试的组织方式。第二，让评价人员对模拟测试的结果自己评分或互相评分，在这一过程中也就了解公文筐测试的评价内容和评价标准。第三，对评价人员进行公文筐测试的总体讲解，使他们对公文筐测试形成一个完整的理性认识。第四，针对具体的公文筐测试答卷和处理过程进行讨论，使评价人员的评分达到基本的一致，这是培养评价能力的关键时期，需要足够重视。第五，自信心的培养。如果评价人员缺乏信心，就会使接受评价的人员产生不信任感，最终会影响评价的结果。

3. 组织评分

当测试结束之后，就要对测试结果进行评分。为了保证评分的客观性，评分过程包括3部分。首先，请每一位评价人员独立对每一位被试进行评价，然后由工作人员汇总。第二，由主试对评价人员给每一位被试的得分进行比较分析，观察是否在某些指标上出现较大的差异。如果没有就可以确定最终的得分。第三，如果出现差异较大的指标，就必须进行讨论，然后在此指标上分别重新打分，若还有争议继续讨论、继续打分，直到意见较为一致为止。公文筐测试评分表范例，如表8-3所示。

表8-3 公文筐测试评分表

测试维度	计划能力	组织能力	预测能力
维度定义	能够有条不紊地处理各种公文和信息材料，并根据信息的性质和轻重缓急对信息进行准确的分类处理。在处理问题时，能及时提出切实可行的解决方案，主要表现在能系统地事先安排和分配工作，注意不同信息之间的关系，有效地利用人、财、物和信息资源	为了组织的利益和实现组织制定的目标，运用一定方法和技巧，把来自不同地区、不同系统、不同职业、不同文化背景等均不相同的人组织在一个团结向上的集体之中，使大家朝着一个共同方向和目标去努力、去奋斗	是指被试对模拟工作环境中相互关联的各类因素及总体形势未来发展趋势进行准确判断并预先采取相应措施的能力。对工作环境中各类相关因素及总体形势未来发展的多种可能性及其发生概率的分析论证、各种防范措施的合理性是考证管理者预测能力的关键指标
分值区间	得分		
差（1~3分）			

续表

测试维度	计划能力	组织能力	预测能力
中（4～7分）			
优（8～10分）			
综合评价			

四、公文筐测试编制原则

公文筐测试是一种较为复杂的测评方法，必须遵循一定的原则进行编制。

1. 模拟性原则

公文筐测试编制的模拟性原则主要在以下3方面得到体现。首先是背景模拟。在正式测试公文出现之前，先加入一段说明，告知被试所处的工作环境、在组织中所处的地位、扮演的角色、上级管理者的管理方式和行为风格、情境中各种角色的相互需求信息等，以使被试尽快进入所扮演的角色。其次是公文处理模拟。公文筐中有3类要处理的公文。第一类是已有正确结论，处理完毕后可以归入档案的材料，以检验被试处理得是否有效、恰当、合乎规范；第二类公文的处理条件已具备，要求被试在综合分析的基础上做出决策；第三类公文尚缺少某些条件或信息，看看被试是否能够提出问题和表达进一步获得信息的要求。最后是处理过程模拟。要求被试以某一管理者的身份参与公文处理，并努力使自己的行为符合角色规范，从而考查被试对应聘职位责任和权利的理解。

2. 系统性原则

公文筐测试中一般包括10～20份公文，各个公文并不是孤立存在的，而是作为一个系统来综合测评被试的各种能力。公文筐测试可以考查的能力一般包括逻辑分析能力、统筹能力、组织能力、决策能力、协调能力、书面表达能力、应变能力等。其中一些能力必须根据被试对所有公文的处理来进行评价。例如，在评价统筹能力时，我们需要考查被试是否能够根据公文轻重缓急有所区别地处理每份公文。而有些能力则需要根据个别几个公文的处理来进行判断，如综合分析能力。在公文筐测试中，一般有1～2个相互联系、情境复杂的公文组合，以构成公文筐测试的骨架。这一类组合公文互相牵制，必须考虑到各个相关公文的内部联系才能发现有效合理的解决方案。而有的能力只需要一个公文就可以测量，如决策能力，但这一公文同时也承担了测查书面表达能力的功能。因此系统性原则是公文筐测试编制过程中非常重要的一个原则。

3. 全面性原则

编制公文筐必须尽力保证选取公文的全面性，不但要求内容上的全面性，还要求保证形式上的全面性。形式上的全面性，主要是指在公文搜集编制时要考虑到电话记录、请示报告、上级主管的指示、待审批的文件、各种函件和建议等多种文件形式都要占到一定的比例，从而保证情境的真实性。而内容上的全面性是指公文筐搜集和编制过程中要考虑到法规性公文、指挥性公文、知照性公文、报请性公文、记录性公文各自的比重。在公文筐的编制中，内容的全面性显得尤为重要，因为不同内容的公文会有针对性地考查出被试的一种或几种关键能力。例如，指挥性公文是向所属机关传达、贯彻党和国家领导机关的方针政策，体现领导意图，实施行政指挥的公文。主要有命令、指示、决定、批复等。如果是受文，一般无须决策，仅需组织执行，主要考查组织、内部协调能力。如果是发文，则主要考查决策能力。而法规性公文是由国家权力机关、国家行政机关依据宪法规定的权限，制定的法律、法令、行政法规和规章，具有明显的强制性。一般使用命令、议案、通知的形式发布施行。受文单位无须决策，只需发送相关部门传阅，并组织学习。主要用来考查组织能力。

4. 重要性原则

根据“二八”原则，在工作中 20%的关键工作产生了 80%的绩效，而 80%的其他工作仅产生了 20%的绩效。因此，在编制公文筐测试时必须注重重要性原则。在公文筐测试中，为了保证情境的模拟性，保证对统筹能力和综合分析能力的考查，测试的编制者会在编制过程中采用形式不同、性质各异的公文，包括电话记录、请示报告等，有的是日常琐事，有的是重要大事。这样可能会导致在编制时忽视重要性原则，从而降低公文筐测试使用的有效性。

作为一项测试综合能力的工具，公文筐测试应该以工作中的关键事件来构架公文测试的核心部分。毕竟作为一位合格的管理者应该在岗位必须处理的关键事件上表现出良好的素质，才能预期其在接任管理职位之后能够有较好的工作业绩。但如果仅从一些非关键事件上来推论被试的能力，这样可能会与实际情境中表现的能力有所偏差，从而削弱公文筐测试情境模拟的优势。因此，在编制公文筐测试之前必须做好关键事件访谈这一重要工作。

5. 针对性原则

目前，国外对公文筐的效度的研究得出的结论有所差异。例如，弗雷德里克森（Frederiksen）在对公文筐测试的评分进行因素分析时所得到的研究结果趋向于建立公文筐测试的结构效度。但是罗兰（Rolland）在对公文筐练习的结构效度进行研究时，通过对评分结果的因素分析表明区分度不是很好。产生这种现象的一个原因在于研究中使用的公文筐不具有针对性，很多研究使用的都是一些通用的公文筐，与被试的工作背景有很大差异。

公文筐测试与传统的能力测试主要的区别在于两者的对象不同，前者的对象是综合管理能力，而后者针对的是一般能力。应用公文筐测试的一个前提假设就是：在管理工作中直接影响管理绩效的是综合管理能力，而不是一般能力。两者是有差异的。综合管理能力不但受到一般能力的影响，同时还在很大程度上受到经验和情境的影响。因此，在编制公文筐测试时必须要考虑到被试的经验背景差异，根据不同的行业和职位来编制具有针对性的公文筐，否则公文筐测试的效果就会受到影响。

6. 随机性原则

公文筐编制的随机性原则有两层含义：一是公文的呈现顺序要具有随机性；二是公文的取样要具有一定的随机性。在编制公文筐测试时，一般是先选定 1～2 个文件组，文件组中的文件是相互关联的、相互牵制的，这些文件组就构成了公文筐的骨架。然后以这一公文组合为参照，补充其他的公文，以测查所要测查的所有维度，并保证公文筐中公文结构合理并具有代表性。在完成这一程序之后，我们必须先对公文的呈现顺序进行随机安排，然后再根据实际情况，把公文次序中与现实情况相悖的部分进行适当的调整。这样就使公文处理的线索隐藏起来，公文筐情境与实际工作情境更为相似，从而有利于准确测查各种综合管理能力。

在公文的取样中，我们必须尽可能地收集最为全面的公文形式。但在公文筐编制过程中，由于测试的时间有限，不可能穷尽所有公文，因此必须对公文进行选择。选择的一般方法是，首先确定公文筐的基本结构，然后在已编制好的公文库中进行分层随机抽样。这是随机性原则的又一体现。

7. 标准化原则

影响到公文筐测试使用效果的另一个原因在于编制和实施公文筐测试时缺乏一个标准化的程序。由于公文筐测试有别于传统的能力测试，并没有完全客观化的答案，评分会受到评分人员主观判断的影响，为了减少主观因素的影响就必须在编制时尽力做到标准化。戴（Day）在1997年研究了培训评分人员对评分准确性的影响，发现接受了培训的评分人员在区分有效行为和无效行为时更加准确。要贯彻标准化原则首先必须做到编制程序的规范，编制方法的科学，这是公文筐测试有效性最为基本的前提保证。其次，计分键要尽可能地做到详细，这样就可以在一定程度上避免由于主观评定标准的差异所带来的误差。最后，必须对评分人员进行科学的培训，以提高评分人员观察时的准确性。

五、公文筐测试编制程序

（一）关键事件访谈阶段

行为访谈技术（behavioral event interview，BEI）是一种开放式的行为回顾式探索技术，是关键事件访谈的一种有效手段。在这一技术中要求被访谈者列出他们在管理工作中遇到的关键情境，包括正面结果和负面结果各3项，然后让他们具体描述情境引起的原因，涉及的个人，当时的感想、措施和最终的结果。

1. 准备阶段

在访谈前必须充分做好各方面的准备工作：①必须先了解被访谈者的基本情况，包括被访谈者的姓名、职务、工作内容和所在机构的性质；②必须找到一个私密的环境，最好能够远离电话和来访者，并确保两小时不被打扰的时间；③为了避免在访谈过程中遗漏重要信息，必须准备好采访机或录音机，以备访谈结束后能够仔细分析访谈内容；④在所有准备工作都完成之后，再把访谈的步骤和注意事项复习一遍。

2. 介绍和解释

在见到被访谈者之后，首先应该要进行自我介绍，同时解释访谈的目的。然后可以询问被访谈者的教育背景和以前的工作经历。这一步骤的主要目的是为被访谈者营造相互信任、轻松、开放的氛围，以便于交流。最后，请被访谈者阅读访谈提纲，为进入深入的关键事件访谈做好准备。在介绍和解释阶段，必须注意以下两个要点：①不能透露访谈信息，确保在访谈过程中不透漏访谈涉及的组织和个人名称；②必须征得被访谈者的同意之后，才能使用采访机或录音机，否则必须放弃使用，而采用笔录来记录信息。

3. 了解工作背景

让被访谈者描述他的工作任务和职责，以明确被访谈者的工作性质和内容，同时了解被访谈者在后一阶段所提及的关键事件的基本背景。这一阶段的另一个目的在于了解公文筐测试所针对职位的组织背景。为了贯彻公文筐测试模拟性原则，就必须事先详细了解被访谈者所在单位的组织构架、各部门之间的权利和责任，以及各部门之间的关系，这是保证公文筐测试背景模拟特征的关键。在访谈过程中，被访谈者可能罗列了太多的任务和职责，此时要及时打断，让他选择重要的任务和职责。

4. 访谈关键事件

这是访谈阶段最关键的步骤，要求被访谈者详细描述工作过程中经历过或是见到过的最为成功的 3 件事和最为失败的 3 件事。这一步骤一般从成功事件开始，这样有利于使被访谈者打开思路。在访谈过程中注意避免被访谈者仅泛泛而谈，应适当引导被访谈者描述具体的细节和实例，如人物、时间、原因、结果、情境、感受、地点等。由于访谈过程较长，应注意及时对被访谈者的有效反应给予强化。这一过程收集的关键事件将用于管理者胜任力模型的分析和公文的编制。

（二）指标体系建立阶段

指标体系的建立是测评活动的中心和枢纽，它把测评的客体、测评的对象、测评的主题、测评的方法和测评的结果连为一体，同时也是整个测评工作指向的中心，在测评工作中具有重要的作用和意义。情境模拟指标体系建立可分为 3 个阶段：测评指标的确定、指标权重的确立和应用胜任力模型进行检验。

1. 测评指标的确定

在确定测评指标时，我们可以借鉴现有较为权威的指标体系。但如果没有较为权威的体系可以借鉴时，就必须进行调查研究，以确立一个科学的体系。运用因素分析来确定评价体系主要分为以下几个过程：通过访谈和文献检索，了解管理工作所需要的所有素质；对所牵涉的每一项素质，都尽可能进行详细的描述；编制针对具体行业、岗位的管理者素质调查问卷，要求被调查者对每一项的重要性打分；对数据进行因素分析，探索出管理者所需要的关键素质。

2. 指标权重的确立

由于不同系统、不同岗位对管理者的能力要求是不同的，因此，在编制管理者素质调查问卷时必须考虑到行业和岗位的针对性，这也是公文筐测试针对性原则的要求。问卷编制的针对性也为确定具体行业、岗位的指标权重打下了基础。我们可以依据因素分析之后的每一维度的因素负荷来确定其权重。

3. 应用胜任力模型进行检验

由于测评指标体系是各种测评工具编制的基础，因此必须对其进行检验。可以通过对胜任力模型的研究来验证测评指标体系中的权重设置。具体步骤如下：①以获得的评价体系为基础，对关键事件访谈的结果进行语义编码，要特别注意在编码过程中一个事件、一个行为和一句话可以编码成几种胜任力特征的情况；②对获得的编码数据进行汇总、统计，对优秀组和普通组在每一胜任力特征上出现的频次和等级的差别进行比较和检验，以建立胜任力模型；③对照建立的胜任力模型和测评指标体系的权重，检测两者是否能够相互验证，对不能相互验证的地方要进一步研究。

（三）测试的编制阶段

测试能否达到预期的功能取决于公文筐编制的好坏。由于公文筐测试是一种较为复杂的测试工具，因此在编制时必须遵循科学的原则，同时必须经过一个较为复杂的标准化程序。在编制过程中，应该遵循模拟性原则、系统性原则、全面性原则、重要性原则、针对性原则、随机性原则、标准化原则，同时要经过以下 7 个步骤。

1. 前期预测

公文筐测试针对的对象是管理者，用的材料是工作中处理的公文，研究资源的获取较为困难。因此，在进行测试之前必须经过一个前测，以提高收集公文和进行测试的效率。一般情况下可以在参考相关资料的基础上试着编制一个公文筐测试，并制定出相应的评分标准，在小群体（20 人左右）中进行测试。此阶段对被试的职位和行业背景要求不需要很严，只要他们有一定的管理经验。这一步骤的主要目的是为了熟悉公文筐测试的整个过程及其中可能出现的问题，使后期的工作更能有的放矢地进行。

2. 公文收集

公文筐测试的优势在于其情景模拟的特性，因此，必须进入一线管理部门收集管理者的日常公文，以确定其遇到的典型公文、在工作中出现的典型事件，以及公文筐中公文最终的形式与结构。公文的收集必须注意公文的全面性。首先，必须要做到内容上的全面性，公文搜集过程中要考虑到法规性公文、指挥性公文、知照性公文、报请性公文、记录性公文各自的比重。其次，必须考虑到公文形式上的全面性，在公文搜集编制时，多种文件形式都要占到一定的比例。

3. 确定测评要素

公文筐测试是情境模拟技术中的一种方法，与其他测评方法相比有其优势，也有其不足之处。因此，不可能测评到所有的管理素质。但在最初确定测评要素时，要尽力把有可能测评到的要素都列入其中，到底是否合适还要看正式施测结果。一般来说，公文筐能够测评处理实际问题的能力、应变能力、规划能力、决策能力、组织能力、协调能力、表达能力以及应付压力的能力。

4. 制定多项细目表

在公文筐测试中公文与能力的对应关系较为复杂，一种能力可能涉及多个公文，一个公文也对应着多个能力，各份公文在公文筐测试中扮演着不同的角色，承担着各自的功能，互相牵制从而构成了一个有机的系统，作为一个整体来测量被试的各种素质。因此，必须在进行设计之前建立一个多项细目表，从整体上勾画出公文筐测试的设计思路。一般来说，在多项细目表中，必须考虑到公文的重要性和紧迫性，公文的形式和内容以及公文所涉及的维度等多项指标。这些指标值的确定必须依靠深入的调研与访谈。

5. 编制公文筐测试

依据多项细目表可以逐项编制公文筐测试。公文筐测试的主干部分是 1～2 组组合公文，每个组合大概包括 5～8 份相关的公文。由于这些公文互相牵制，所以必须考虑到各个相关公文的内部联系以便找到有效合理的解决方案。这一组合公文在收集公文时很难直接找到，需要结合访谈得到的复杂关键事件，并参照各种公文的形式来编制。在完成组合公文的编制之后，可以依次针对各种需要考察的能力来编制公文。在编制过程中，多项细目表中各指标不可能一步到位，要有一定的先后顺序。一般要先考虑公文涉及的维度，然后是公文的重要性和紧迫性的比例，再是考虑公文的形式和内容的比例。最后还必须设计好测验的复本、指导语和答题纸。

6. 评分标准及评分表格的制定

由于公文筐测试有别于传统的能力测试，并没有完全客观化的答案，评分会受到评价人员主观判断的影响，为了减少主观因素的影响就必须在编制时尽力使评分标准做到客观、详细。首先，必须收集被试在前测阶段在二级指标上表现出的各种行为，从而制定以行为锚定为基础的等级评定量表。然后根据二级指标的行为锚定评定表来制定一级指标等级评定量表。最后我们就可以制定评分表格。初步制定的评分标准在试测之后要进行一定的修正。

7. 试测

在正式施测之前，必须针对行业和岗位选择约 20 位管理人员，进行一次小范围的试测。试测有两项主要目的，一是为了进一步修正公文筐中的项目及评价标准，另一个目的是对主试和评价人员进行培训。对评价人员进行培训时主要是让其掌握评价的内容和标准，了解需要观察的行为，了解如何减少评分中的偏差以及树立评价人员胜任评价工作的自信心。评价人员一般由两位人事测量方面的专家、两位具有丰富工作经验的管理专家和两位公文筐测试的编制人员组成。

经典案例

公文筐测试答题技巧

作为应试者，参加公文筐测试应当注意以下几个问题。

第一，应当逐字逐句审读卷首的情景介绍。

第二，应当认真仔细审读卷首的答题要求。

第三，在处理每份公文时，应当把握的5个原则：①是否全面掌握了与事件相关的各种信息。②是否弄清事件发生的时间和地点，以及人与人、人与事、人与物之间的相互关系。③是否对存在的问题做出正确判断，抓住事件的主线。④是否能提出解决问题的基本思路，分清轻重缓急，做出正确决策。⑤是否能恰当授权，提出解决问题的方式和方法。

课外阅读：公文筐的答题技巧

第四，答题时应当涵盖的 5 个方面：①为了妥善处理相关问题，应当准备哪些数据资料。②确认要与哪些相关的部门或个人进行沟通。③要求您的下属完成哪些具体工作，做什么，如何做。④明确您处理问题的权限和责任（善用/妙用/用足/用好）。⑤处理相关问题时，可能会遇到哪些情况；遇到不同的情况时，应采取何种方法（对策/措施/途径）应对。

下面我们分析两个实例。

背景信息：今天是2011年5月22日，恭喜您有机会在约定的时间里担任豪杰贸易公司人力资源部副经理的职务。由于该部的刘经理正在外地分公司视察，因此，您将在他回来之前，全权代理他的职务。豪杰贸易公司是一家大型国有股份制企业，其人力资源部下设人事处、劳资处和福利处，分别处理人力资源调配、工资奖金和员工福利等工作。

问题情境：现在是下午两点，在听取了下属的工作汇报，做好今天的工作安排之后，您来到办公室，秘书已经将您需要处理的近日积压的文件整理好，放在了文件夹内。您必须在3个小时内处理好这些文件，并做出批示。下午5点钟在会议室还有一个重要的会议需要由您来主持。在这3个小时里，您的秘书会为您推掉所有的杂事，将没有任何人来打扰您。另外，由于电话线路正在维修，您在处理文件的过程中，没有办法与外界通话，所以，需要您以文件、备忘录、便条、批示等形式将所有文件的处理意见、办法等，做书面表述，最后由您的秘书负责传达。

文件1

刘经理：您好！

我是××软件开发公司技术主管李文，我们为贵公司设计的人力资源管理软件系统正在试运行。按照双方协议的规定，在4月20日之前完成试运行，并且应在5月10日之前完成对于贵公司使用者的培训。由于贵公司一直无法安排时间进行培训，贵公司主管人员也以此为由，拒绝支付剩余款项。我们希望，能与您见面协商一下费用的支付问题及其他事宜？

谢谢您！

答案分析：

详见图8-2。

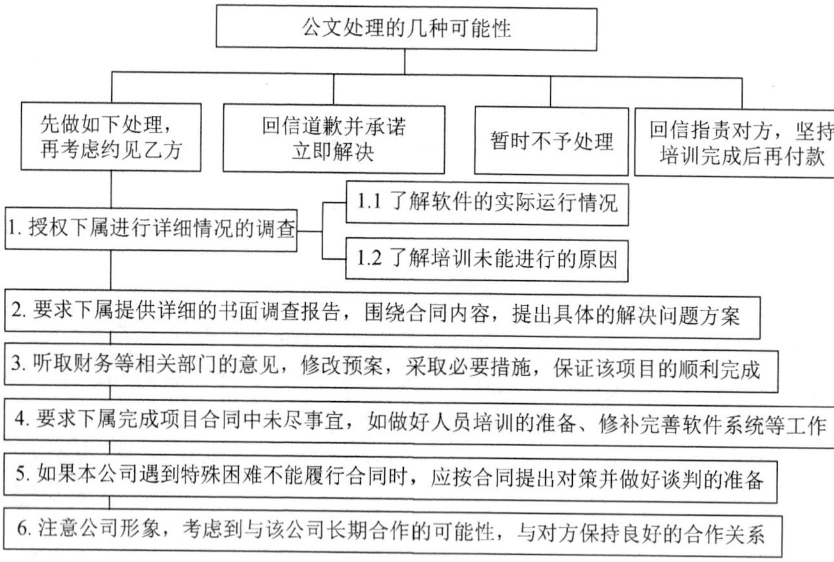

图 8-2　文件 1 处理的几种可能性

文件 2

刘经理：您好！

最近我在工作上遇到了一个麻烦，上次我与我的两位助手共同成功地完成了一项您交给的重大项目后，您在对我们的工作进行评价时，仅仅肯定了我的贡献，并给予我出国进行培训的机会。在我出国回来以后的最近一段时间里，这两位助手和我的关系就变得微妙起来，工作的开展也明显受到影响。这样拖下去，肯定不是一个办法。您看我该如何处理这个问题？

答案分析：

详见图 8-3。

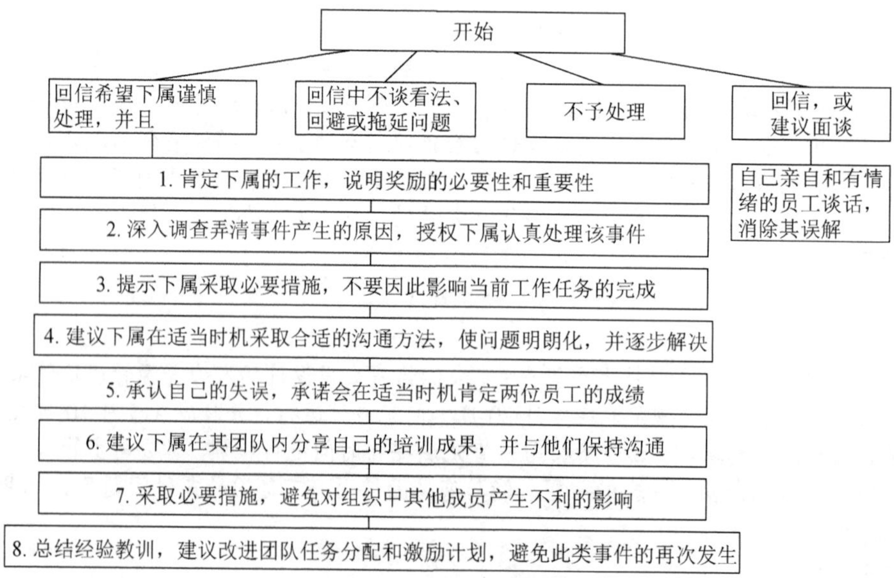

图 8-3　文件 2 处理的几种可能性

复习思考题

1. 评价中心测试的含义、主要方法有哪些？各自的特点是什么？
2. 阐述评价中心测试的程序。
3. 公文筐测试的含义与特点是什么？
4. 公文筐测试可以测试哪些维度？其编制的原则是什么？
5. 阐述公文筐测试的流程以及应该注意的问题。
6. 公文筐测试编制程序应注意哪些问题？

案 例 分 析

案例背景

背景信息：华达公司是一家大型民营上市公司，业务领域涉及水利工程、环保科技和电力自动化等多个领域，其人力资源部下设5个主管岗位，分别是招聘主管、薪酬主管、绩效主管、培训主管和劳动关系与安全主管，每个主管有22～33位下属。今天是2006年7月9日，您（李明翔）有机会在以后的3个小时里担任该公司人力资源部总监的职务，全面主持公司人力资源管理工作。现在是上午8点，您提前来到办公室，秘书已经将您需要处理的邮件和电话录音整理完毕，放在了文件夹内。

问题情境：文件的顺序是随机排列的，您必须在3个小时内处理好这些文件，并做出批示。11点钟还有一个重要的会议需要您主持，在这3小时里，您的秘书会为您推掉所有的杂事，没有任何人来打扰。

在接下来的3小时中，请您查阅文件筐中的各种信函、电话录音以及Email等，并用如下的回复表作样例，给出您对每个材料的处理意见。具体答题要求是：确定您所选择的回复方式，并在相应选项的“□”上划“√”，请给出您的处理意见，并准确、详细地写出您将要采取的措施及意图。

回复方式：（请在相应选项前的“□”里划“√”）

□ 信件／便函

□ 电子邮件

□ 电话

□ 面谈

□ 不予处理

□ 其他处理方式，请注明________

回复内容：（请做出准确、详细的回答）

文件 1

类别：电话录音

来电人：刘增（国际事业部总监）

接受人：李明翔（人力资源部总监）

日期：7 月 8 日

李总：您好！

我是国际事业部的刘增，2005 年 10 月中旬，人力资源部曾要求各部门上报 2006 年的大学生招聘计划。由于我部业务的特殊性，不仅要求要有较高的英语水平，而且要懂得一定的专业知识，这类人员在校内招聘的难度很大。此外，由于我们公司薪酬水平较低，即使招聘到大学生也很容易流失，过去几年的流失率高达 74%。为此，我们国际事业部多次召开会议，并初步达成共识：公司需要制定中长期的人才规划以吸引并留住优秀人才。

但是，到底该如何操作，尚无具体方案。我刚和总裁通过电话，他建议我直接与您沟通，不知您有何意见和想法，请尽快告知。

文件 2

类别：电话录音

来件人：王睿（劳动关系与安全主管）

收件人：李明翔（人力资源部总监）

日期：7 月 9 日

李总：您好！

我是王睿，有件事情非常紧急，今早七点，我接到郑州交通管理局的电话，六点十分在郑州 203 国道上发生重大交通事故，我公司销售部的刘向东驾车时与一辆货车相撞，刘向东当场死亡，对方司机重伤，目前正在医院抢救。与刘向东同车的还有公司的销售人员蔡庆华、隋东和王小亮，3 人都不同程度受伤，但无生命危险。目前事故责任还不能确定，我准备立刻前往郑州处理相关事务，希望您能尽快和我联系，商量一下应对措施。

文件 3

类别：电子邮件

来件人：张玲（绩效主管）

收件人：李明翔（人力资源部总监）

日期：7 月 7 日

李总：您好！

公司今年结束年中的绩效考核后，准备实施基于目标考核的新的绩效考核系统，从上周起要求各部门经理和员工一起制定员工下半年的工作目标，按原定计划，该项工作应在下周三前完成。绩效监督小组对工作进程进行了检查，发现全公司 3 232 名部门经理仅有 44 个完成了工作，大部分经理尚未开始进行目标设定，当我们希望他们加快进度时，很多部门经理抱怨根本没有时间，觉得和员工共同制定工作目标只是表面文章；还有部分部门经理认为这是部门内部的事，监督小组是在干涉他们的工作。目前工作进展很不顺利，请您能给我们一些支持。

参考答案

文件 1

回复方式：电话回复。

作如下考虑后约刘增面谈。

1. 派员去国际业务部做人员流失调查，并分析原因。
2. 派员做一份同行业薪金水平调查，对比分析国际业务部薪金水平情况。
3. 派员与流失人员面谈，了解流失原因。
4. 指定人员到国际业务部听取意见，草拟适合公司特点的中长期人才规划。
5. 修改完善员工培训管理规划，重点突出英语培训。
6. 派员与财务等部门沟通，了解公司工资承受能力，决定国际业务部人员薪金提升幅度的可能性。
7. 建立吸引员工、留住人才的机制。
8. 关于国际业务部从在校学生中招聘难的问题，可适当扩大招聘范围和招聘方式，制定新的招聘制度。

文件 2

回复方式：电话回复。

立即电话联系王睿，并作如下安排。

1. 立即向主管总裁汇报。
2. 立即根据公司应急预案组成事故处理小组。
3. 联系相关医院和郑州交警部门，确保伤病员的全力救治。
4. 联系伤亡员工家属。
5. 联系郑州交警部门，确定事故责任，全力维护公司利益。
6. 与销售部门联系，确保货物安全，做好工作交接，处理好与供应商的关系，求得理解。
7. 做好伤亡员工家属前往郑州的准备。
8. 联系保险公司，协商理赔事宜。
9. 事故处理完后，要召开一次会议，分析事故原因，修正应急预案，防止事故再次发生。

文件 3

回复方式：书面回复。

书面回复张玲，并作如下安排。

1. 请在近期内根据工作安排继续落实新方案。
2. 召开各部门会议，分析绩效考核系统进展缓慢的原因。
3. 向各部门解释新绩效考核系统的目的、意义和要求。
4. 肯定 4 个已完成方案制订部门的成绩，推广他们的做法。

5. 派员协助各部门制订新考核体系。

6. 在原定时间基础上，适当延长2～3天时间，让各部门能充分结合公司的要求做好新方案。

7. 监督小组及时加强与各部门的沟通和协调，确保新考核体系的制订与公司提出的总目标的一致性。

8. 绩效考核方案的制订必须有员工参加，确保公平与效率，发挥好激励作用。

第四编　录用与评估

第九章　人 员 录 用

教学目标

理解录用决策的原则和员工录用决策中存在的问题；熟悉人员录用的流程；掌握录用决策的要素和程序，避免录用决策可能出现的误区。

教学要点

录用决策的要素，录用决策的程序，录用决策的误区。

关键词

人员录用　　录用决策　　录用流程

导入案例

张萍大学毕业后，一时找不到合适的用人单位，很苦恼。一天她在大街上闲逛，偶然看到丑小鸭大酒店招聘员工的广告，便推门进去。张萍见到经理后，两人一交谈，方得知是同乡，倍感亲切。经理非常热情地邀请张萍来酒店工作，并亲自带领她参观了酒店的各个部门和工作环境。张萍很满意。经理说："咱俩是同乡，我们酒店生意也不错，虽然你是学历史的！专业不对口，尤其是对酒店经营管理还很生疏，就委屈你暂时做个服务员吧！月薪 500 元，你若同意，明天就可以来上班。"张萍喜出望外，欣然同意了。第二天，张萍准时到酒店上班了，什么手续也没有办理，换上工作服，便高高兴兴地在餐厅里干了起来。

张萍内心对酒店经理很是感激，觉得找工作也并非是什么难事。

丑小鸭大酒店如此录用员工的做法合适吗？

（资料来源：中国人力资源开发网.http://www.chinahrd.net.）

第一节　人员录用概述

人员录用是依据选拔的结果做出录用决策并进行安置的活动，它是组织招聘工作的关键环节。具体地说，人员录用是指从招聘阶段层层筛选出来的候选人中选择符合组织需要的人，并做出最终决定，通知他（她）们报到并办理入职手续的过程。

一、人员录用的意义

人员录用对组织来说至关重要。研究表明，同一职位上的最好员工比最差员工的劳动生产率高 3 倍，这意味着在人员进入组织之前就要有一个良好的识别、甄选过程，挑选出有相应技能、知识和经验，同时又愿意为组织工作的人。这可为提高劳动生产率、节约生产管理成本打下基础。简单来讲，有效的人员录用有如下意义。

（一）人员录用关系到企业人力资源管理活动的成败

人力资源管理的目的在于科学管理企业中的员工，让他们可以充分发挥其效能，使企业的人力资本投资得到最大化的收益。员工的能力与岗位是否匹配是企业获得优良绩效的关键。员工能力与岗位相匹配，工作就会得心应手，易于取得成绩；员工能力与岗位不相适应，则会降低员工工作效率，影响企业经营活动的顺利进行，而员工能力与工作岗位结合的有效程度取决于企业人员录用决策。由此可见，人员录用工作做得好坏直接关系到企业人力资源管理的成败。

（二）成功的人员录用有利于降低员工离职成本和培训成本

成功的人员录用可为组织节省费用，减少了雇用不合格人员和不愿为组织工作人员的可能性，降低了员工的辞退与辞职风险，为组织节约了离职成本。同时，组织还可以减少员工培训费用，节省培训开支。所以，企业在作录用决策时，不能只注重人才技术方面的要求而忽略了对其个性的考查。要充分了解应聘者最满意的工作环境，包括工作条件、技术导向、竞争氛围等多个方面，考虑本企业所提供的岗位和工作环境是否与应聘者追求的工作环境相匹配，尽量找到与企业具有协调一致的价值追求、能够接受企业的前景规划、能够真正融入企业的员工，这样可以有效降低将来的员工离职率，进而降低离职成本。

（三）有效的人员录用有利于开发员工的潜能

有效的人员录用，使应聘者可以根据自己的能力、兴趣与发展目标来选择企业及其工作岗位，促使员工的个人潜能得以充分发挥。有助于激发和调动员工学习的自觉性和热情，促使员工主动学习有关知识技能，不断提高自身素质。特别是内部人员的职务晋升，它对于组织员工来说是一种内在激励，使员工产生较强的成就感、责任感和事业心。由于工作环境、工作内容和工作要求的变化，组织内部会发生人员的平行调动，这会使员工产生一种新鲜感和应付挑战的亢奋，有利于挖掘其内在潜能，并有利于提高员工的工作积极性。

（四）有效的人员录用有利于员工激励机制的形成

有效的人员录用会使组织内员工产生压力和竞争，感受到岗位的挑战，从而对员工产生激励作用。一个组织的内部竞争是组织得以进步的动力源泉，只有让员工切实地感受到岗位压力，才能使员工不断地提高个人的素质，从而使企业的整体实力得以提高。有效的人员录用为组织内的员工与组织外的应聘者提供了公平竞争的机会。通过一系列的面试、笔试与其他方式测试，使每一个应聘者均有机会展示自己的才能，企业也可达到广招人才的目的。

（五）有效的人员录用有利于组织与个人共同发展

有效的人员录用，可以保证组织对员工的投入能取得回报，也有利于组织与个人共同发展。组织对员工的投入能否得到收益、收益大小以及收益期的长短，取决于员工的工作积极性与其劳动生产率。前者取决于员工对工作的满意度，后者则取决于员工的劳动技能、掌握的知识与经验的丰富程度。如果在人员录用过程中，员工对工作满意度高，愿意为组织工作，而组织对员工拥有的技能、知识、经验也感到满意，则组织必然会收到高额、快速的回报。由于员工对组织满意，对工作满意，他必然会在组织中充分发挥其才能，使得组织与个人得到共同发展。

二、人员录用过程

人员录用是招聘的结果。在招聘考核中选拔出来的合格人员，只有办理一定手续，才能成为企业正式员工。录用手续的办理是确定员工身份的依据。

虽然不同企业的人员录用程序差异很大，但一般来讲，人员录用工作主要包括做出录用决策、确定并公布录用名单、办理录用手续、通知应聘者、签订试用合同、新员工安置与试用、新员工转正并签订正式劳动合同等环节。员工录用的一般程序，如图 9-1 所示。

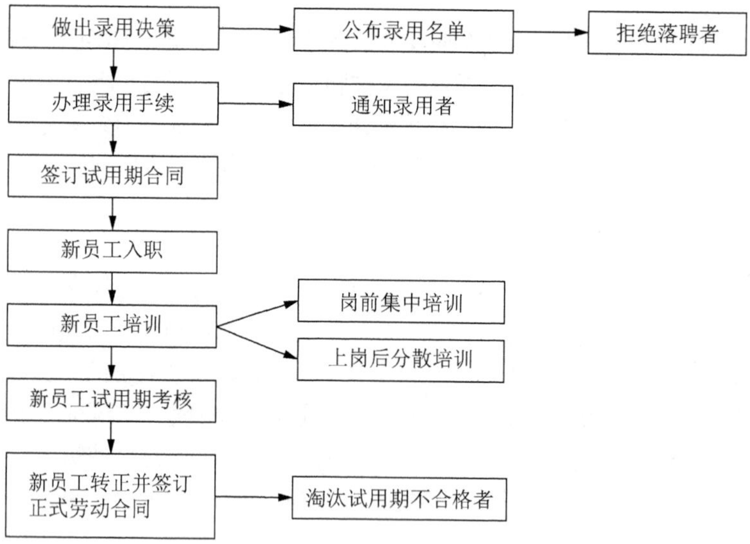

图 9-1 员工录用程序

（一）试用合同

员工进入组织前，要与组织签订试用合同。员工试用合同是对员工与组织双方的约束与保障。试用合同应包括以下主要内容：试用的职位、试用的期限、员工在试用期的报酬与福利、员工在试用期的工作绩效目标与应承担的义务和责任、员工在试用期应接受的培训、员工在试用期应享受的权利、员工转正的条件、试用期期间组织解聘员工的条件与承担的义务和责任、员工辞职的条件与义务、员工试用期被延长的条件等。

（二）员工的安排与试用

员工进入组织后，组织要为其安排合适的职位。一般来说，员工的职位均是按照招聘要求和应聘者意愿来安排。人员安排即人员试用的开始，试用是对员工的能力与潜力、个人品质与心理素质的进一步考核。

（三）正式录用

员工的正式录用即通常所称的“转正”，是指试用期满且试用合格的员工正式成为该组织的成员的过程。员工能否被正式录用关键在于试用部门对其考核结果如何。组织对试用员工应坚持公平、公正，按照能岗匹配的原则进行录用。

正式录用过程中用人部门与人力资源部门应完成以下主要工作：员工试用期的考核鉴定，根据考核情况进行正式录用决策，与员工签订正式雇用合同，给员工提供相应的待遇，制订员工发展计划，为员工提供必要的帮助与咨询等。

三、人员录用的策略

一般来说，人员录用的主要策略包括多重淘汰式、补偿式、结合式 3 种方式，具体介绍如下。

1. 多重淘汰式

多重淘汰式的录用策略，是指每种测试方法都是淘汰性的，应聘者必须在每种测试中都达到一定水平，才能合格。该方法是将多种考核与测验项目依次实施，每次淘汰若干低分者。全部通过考核项目者，再按最后面试或测验的实得分数，排出名次，择优确定录用名单。

2. 补偿式

补偿式的录用策略，是指不同测试方法的成绩可以互为补充，最后根据应聘者在所有测试中的总成绩做出录用决策。如分别对应聘者进行笔试与面试，再按照规定的笔试与面试的权重比例，综合算出应聘者的总成绩，决定录用人选。值得注意的是，当不同测试项目的权重设置不同，录用人选也会有差别。假设在甲、乙两名候选人中录用一人，两人的基本情况与考核得分，如表 9-1 所示。到底录用谁，关键要看不同测试项目的权重。

表 9-1 各种测试项目的权重情况

		技术能力	学历	政治思想水平	组织领导能力	事业心	解决问题能力	适应能力
甲的得分		0.9	0.5	1	1	0.8	0.8	1
乙的得分		0.7	0.9	0.8	0.8	1	1	0.7
权重	W_1	1	1	1	1	1	1	1
	W_2	1	0.5	1	0.8	0.8	0.7	0.6
	W_3	0.5	1	0.8	1	0.8	0.7	0.6

从表 9-1 可看出：

如果各测试项目的权重为第一种方案，其权重都设置为 1，则甲综合得分为 6，乙为 5.9，那么甲为优；

如果突出技术能力与政治思想水平，将这两者的权重设置为 1，其余测试项目的权重低于 1，则甲综合得分为 4.75，乙为 4.51，那么甲为优；

如果突出学历与组织领导能力，将这两者的权重设置为 1，其余测试项目的权重低于 1，则甲综合得分为 4.55，乙为 4.61，那么乙为优。

综上所述，设置合理的测试项目及其权重，是科学的人员录用决策的基础。

经典案例

某物业公司拟招聘两名初级管理人员，通过笔试和面试，初步选定了 4 名候选人，其评定结果如表 9-2 所示。

表 9-2 各种测试项目的权重情况

		学历	专业知识	思想品质	事业心	文字表达能力	解决问题能力	适应环境能力
甲的得分		9	5	1	11	9	7	3
乙的得分		7	9	7	9	7	11	7
丙的得分		5	7	3	9	5	9	11
丁的得分		3	9	9	7	11	7	9
权重	W_1	1	0.5	1	0.8	0.8	0.7	0.6
	W_2	0.5	0.5	0.8	1	0.8	1	0.6

请根据表 9-2 的数据及不同的权重，计算出应聘者的总成绩，并提出最终的人员录用方案。

1）如果岗位突出对学历和思想品质的要求，则 4 名候选人的得分如下。

甲综合得分为

$9\times1+5\times0.5+1\times1+11\times0.8+9\times0.8+7\times0.7+3\times0.6=35.2$

乙综合得分为

$7\times1+9\times0.5+7\times1+9\times0.8+7\times0.8+11\times0.7+7\times0.6=43.2$

丙综合得分为

$5\times1+7\times0.5+3\times1+9\times0.8+5\times0.8+9\times0.7+11\times0.6=35.6$

丁综合得分为

$3\times1+9\times0.5+9\times1+7\times0.8+11\times0.8+7\times0.7+9\times0.6=41.2$

按综合排名，此种情况下，可以考虑招收乙和丁两名候选人。

2）如果突出事业心和解决问题能力，则 4 名候选人的得分如下。

甲综合得分为

$9\times0.5+5\times0.5+1\times0.8+11\times1+9\times0.8+7\times1+3\times0.6=34.8$

乙综合得分为

$7\times0.5+9\times0.5+7\times0.8+9\times1+7\times0.8+11\times1+7\times0.6=43.4$

丙综合得分为

$5\times0.5+7\times0.5+3\times0.8+9\times1+5\times0.8+9\times1+11\times0.6=37$

丁综合得分为

$3\times0.5+9\times0.5+9\times0.8+7\times1+11\times0.8+7\times1+9\times0.6=41.4$

按综合排名，此种情况下，可以考虑招收乙和丁两名候选人。

综上所述，最终的人员录用方案应为候选人乙和候选人丁。

3. 结合式

在结合式中的录用策略中，有些测试项目是淘汰性的，有些测试项目是可以互为补偿的，应聘者通过淘汰性的测试后，才能参加其他测试。

第二节 录用决策

一、录用决策要素

录用决策，主要是对甄选评价过程中产生的信息进行综合评价与分析，确定每一个候选人的素质和能力特点，根据预先设计的人员录用标准挑选出最合适人员的过程。因而，在制定录用决策时，应当考虑以下 5 个要素。

（一）信息的准确可靠

这里的信息包括应聘者的全部原始信息和全部招聘过程中的现实信息。

1）应聘者的年龄、性别、毕业学校、专业、学校的学习成绩。

2）应聘者的工作经历、原工作岗位的业绩、背景资料，工作经历中领导和同事的评价、信誉度、美誉度等。

3）应聘过程中的各种测试成绩和评语，包括笔试、情景模拟、心理测试、人–机对话测试、面试成绩和面试评语等，所有这些都必须是准确、可靠、真实的信息。

（二）资料分析方法的正确

1. 注意对应聘者能力的分析

信息和资料有可能相当繁杂，在众多的资料中，要注意对应聘者能力的分析，包括沟通能力、应变能力、组织能力、协调能力等。

2. 注意对应聘者职业道德和品格的分析

在市场竞争日益激烈的今天，有能力而缺少操守的人不在少数。这些人能适应市场的变化，却缺少对个人品行的修炼，缺少对事业执着的追求，缺少职业道德的训练。因此，在作录用决策时，要注意品学兼优，注意应聘者在以往工作过程中所表现出的忠诚度、可靠度、事业心，也就是职业道德和品格。

3. 注意对应聘者特长和潜力的分析

特长带有一定的先天气质和有倾向性的后天培养，某些特长可能对企业发展有至关重要的作用，为此，对具备某些特长的人要加以特别的关注。潜力是一种尚未被开发的能力和素质，或者说，不能一眼就看出的能力和水平。潜力标志着个人未来可能达到的高度，也标志着个人未来的行为可能对企业产生的巨大的贡献。面试考官必须独具慧眼能够发现应聘者的潜力。

4. 注意对应聘者社会资源的分析

应聘者社会资源包括家庭、朋友、老师和个人长期积累起来的良好的社会关系、良好的资信度和良好的社会基础，这些社会资源对某些特殊的企业来说无疑是一笔财富，分析录用与否时应加以重视。

5. 注意对应聘者学历背景和成长背景的分析

一流的大学具备一流的教师资源和设备、图书等资源，从这些大学毕业的学生有很好的知识底蕴，因此对应聘者的学历背景应予以重视。另一方面，应聘者的成长背景、家庭背景对一个人的心理健康、性格养成是至关重要的，因此应根据岗位工作的要求选择合适的应聘者。

6. 注意对应聘者面试现场表现的分析

面试是一个人综合能力和综合素质的体现。笔试成绩或其他测试成绩一旦获得进入面试资格，原有的“过关”成绩已不重要，重要的是面试的现场表现，包括应聘者的语言表达能力、形体表达能力、控制自身情绪的能力、分析问题的能力和判断能力等，还包括其素质、风度、礼貌、教养和心理的健康。

（三）招聘程序的科学性

招聘一定要经过层层筛选，程序的科学性要求步骤不能颠倒，企业可以根据自己的规模、效益、文化、价值观和其他多种因素，适当地调整招聘的程序。例如，摩托罗拉公司在招聘时，通常进行 3 轮面试：第一轮是人力资源部的初步筛选；第二轮由业务部门进行相关业务的考查和测试，此时提问均集中在相关的业务知识上；第三轮是由招聘职位的最高层经理和人事招聘专员对应聘者进行的面试。每轮均有被淘汰者，最后一轮是进行匹配度分析。

如果招聘一开始就由总裁谈话，后面的许多工作就十分难做。某企业集团，其董事长在北京未经任何程序步骤，直接由自己进行面谈选择了 3 位准备担任该集团子公司总经理的人选，结果在使用中发现了许多问题，其中有一个应聘者连毕业文凭都是假的，成绩也是伪造的。如果能够有背景资料的收集，有由主考官组成的考官小组面试，那么，这样的错误或许就可以避免。

（四）主考官和其他面试考官的素质

主考官的公正公平是必备的第一要素，但主考官的能力和素质也至关重要。如果在录用决策时有一位优秀的主考官，那么就可以充分地利用主考官的知识、智慧、经验、信息、判断力和分析力做出相对正确的录用决策。主考官的素质越高，招聘录用的成功率就越高。其他面试考官也应具有高素质。

影响面试考官录用决策的因素主要包括以下几点。

1. 个人偏好

不同个性、不同性别、不同年龄的人，都有其特有的个人偏好，这种个人偏好是同个人背景密切相关的。例如，从小家庭困难、靠个人努力成功的考官特别欣赏不怕挫折、自强自立的年轻人。了解其背景，表现出符合其个人偏好的行为和语言就能影响面试考官的决策。

2. 价值观

每个面试考官都是从其价值观、人生观出发，以他的价值观作为评价是否录用应聘者的标准和依据。对同一个人的评价，有不同价值观的人得出的结论是不同的。

3. 其他因素

除了面试考官的个人偏好和价值观外，面试考官的受教育程度、态度、审美观、人际关系网等因素，都会在一定程度上影响面试考官的录用决策。甚至面试考官在招聘现场的精神状态都会对录用决策带来很大的影响。

（五）能力与岗位的匹配

对能力和岗位的匹配已有专门的研究，匹配度是招聘中一个十分重要的要素，如果把一个人放在一个不适合他的岗位，将会给企业造成巨大的损失。

二、录用决策的程序

在招聘过程中，甄选的目的就是为了有效地对应聘者做出判断，正确做出对申请者接受或拒绝的决定。为了保证评价应聘者过程中信息的完整性，还需要一系列的信息整理和分析的过程。具体的过程如图 9-2 所示。

（一）总结应聘者的有关信息

评价小组或专家委员主要关注应聘者“现在能做什么”、“愿意做什么”、“将来可能做什么”、“志向是什么”等方面的信息。根据企业发展和职位需要，专家最终把注意力集中在“能做”与“愿做”两个方面。其中，“能做”指的是知识和技能以及获得新的知识和技能的能力（或潜力）。“愿做”则指工作动机、兴趣和其他个人特性。这两个因素是良好的工作表现所不可缺少的，用简单的式子表示如下：

工作表现＝“能做什么”×“愿做什么”

这里，“能做”因素可以从测试得分和经核实的信息中获得；对“愿做”因素的判断则较为困难，可以从应聘者面试中的回答和申请表的相关信息中推测应聘者“愿做”的信息。

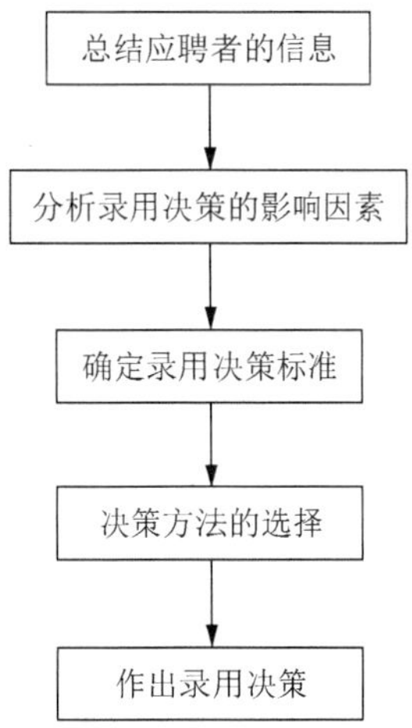

图 9-2　录用决策程序

（二）分析决策的影响因素

根据能级对应原理，不同的权级职位配置不同能级的人员，相应的录用决策也一定出现差异。例如，对高级管理人员的决策方法就不同于一般的文职人员和技术人员。在做出录用决策时，一般要考虑以下因素。

1）注重应聘者的潜能发挥，还是根据组织的现有需要。

2）企业现有的薪酬水平与应聘者要求的差距。

3）以目前对工作的适应度为准，还是以将来发展潜力为准。

4）合格与不合格是否存在特殊要求。

5）超出合格标准的人员是否在考虑范围之列。

（三）确定录用决策的标准

在全面了解所有应聘者的情况后，就要确定录用决策的标准。人员录用的标准是衡量应聘者能否被组织选中的一个标尺。从理论上讲，它是以工作描述与工作说明书为依据而制定的录用标准，又称为因事择人。但在现实中，它将随着招聘情况的不同而有所改变。

在人员录用中，有 3 种录用决策的标准，具体如下。

1. 以人为标准

以人为标准，即从人的角度，按每人得分最高的一项给其安排职位。这样做会带来一个问题，即可能出现同时多人在该项职位上得分都最高，结果因只能选择一个而把优秀人才拒之门外。

2. 以职位为标准

以职位为标准，即从职位的角度出发，每项职位都挑选最合适的人来做，但这样做可能会导致一个人同时被好几个职位选中。尽管这样做的组织效率最高，但只有在允许职位空缺的前提下才能实现，因此常常是不可能的。

3. 以双向选择为标准

由于单纯以人为标准和单纯以职位为标准，均有欠缺，因此结合使用这两种方法，即从职位和人双向选择的角度出发，合理配置人员。这样的结果有可能并不是最合适的人去做每一项职位，也不是每个人都安排到其得分最高的职位上去，但因其平衡了两方面的因素，又比较现实，从总体的效率来看是好的。

经典案例

新科电子科技公司，根据生产经营需要决定招甲、乙、丙、丁、戊5种职位所属人员，经过测试选拔10位应聘者，其综合测试得分情况如表9-3所示。

表9-3　10位应聘者在5种职位上的综合测试得分

职位＼应聘者	A	B	C	D	E	F	G	H	I	J
甲（3.5）	4.5	3.5	2.0	2.0	1.5	1.5	4.0	2.5	2.0	1.0
乙（2.5）	3.5	3.0	2.5	2.5	2.5	2.0	3.5	2.0	2.5	0.5
丙（2.5）	4.0	2.0	3.5	3.0	0.5	2.5	3.0	3.0	1.0	1.5
丁（3.0）	3.0	2.0	2.5	1.5	2.0	2.0	3.5	2.0	0.5	0.5
戊（3.5）	3.5	4.5	2.5	1.0	2.0	2.0	1.5	1.5	1.0	0.5

假定甲、乙、丙、丁、戊5种职位所需的最低测评分数分别为3.5、2.5、2.5、3.0和3.5，请您从以人为标准、以职位为标准和以双向选择为标准，分别做出录用决策。由于其录用决策标准不同，录用结果也不同。

1. 以人为标准

按照表9-3的数据资料，其结果只能是A（4.5）从事职位甲，B（4.5）从事职位戊，C（3.5）从事职位丙，E（2.5）或I（2.5）从事职位乙，职位丁空缺，分数计为0，则其录用人员的平均分数为3.0（如果不考虑空缺职位的影响，则平均分数为3.75）。

2. 以职位为标准

按照表 9-3 的数据资料，其结果只能是职位甲由 A（4.5）做（在职位丙上 A 得分最高，但是一人不能从事两职，因此职位丙出现空缺），职位乙或职位丁由 G（3.5）做，职位戊由 B（4.5）做，则录用人员的平均分数为 2.5（空缺职位计为 0）（如果不考虑空缺职位的影响，则录用人员的平均分数为 4.17）。

3. 以双向选择为标准

按照表 9-3 的数据资料，其结果只能是职位甲由 A（4.5）做，职位乙由 E（2.5）或 I（2.5）做，职位丙由 C（3.5）做，职位丁由 G（3.5）做，职位戊由 B（4.5）做，则其录用人员的平均分数为 3.7。

（四）选择决策方法

1. 诊断法

诊断法，主要根据决策者对某项工作和承担者资格的理解，在分析候选人所有资料的基础上，凭主观印象做出决策。这样，每个评价人员会对候选人做出不同的评价，不同的人可能对同一应聘者做出不同的决策。这样，“谁是最终的决定者”就显得非常重要。这种方法较为简单，成本较低，并得到了广泛的使用。但是，由于主观性强，评价人员的素质和经验在科学合理的判断中起着重要的作用。

2. 统计法

为了尽量避免因主观评价造成的偏差，在实际录用决策中，要求尽量做到量化，引入统计分析的方法。统计法比诊断法显得更客观。这种方法首先要区分评价指标的重要性，赋予权重，然后根据评分的结果，用统计法进行加权运算，分数高者即获得录用。

使用统计法选择候选人时，可以采用以下 3 种不同的模式。

（1）补偿模式

某些指标的高分可以替代另一些指标的低分，即使用了并联指标。

（2）多切点模式

要求候选人达到所有指标的最低程度。

（3）跨栏模式

采用串联指标，只有在每次测试中获得通过，方可进入下个阶段的挑选和评判。这种评价方法，对指标体系设计的要求较高。

（五）做出录用决定

让最有潜力的应聘者与用人部门主管进入诊断性面谈，最后由用人主管（或专家小组）做出决定，并反馈给人力资源管理部门。最后，由人力资源管理部门通知应聘者有关的录用决定，办理各种录用手续。录用决定过程如图 9-3 所示。

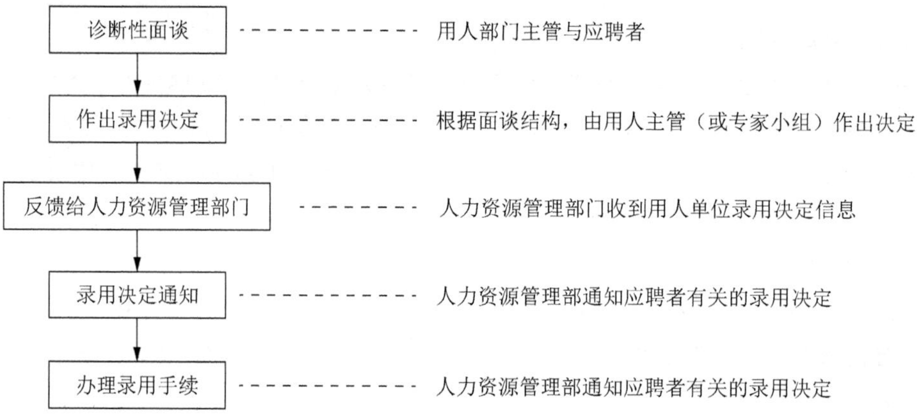

图 9-3　录用决定过程

三、录用决策者

人力资源管理的一项重要功能就是要为企业获取合格的人力资源，尤其是在人才竞争十分激烈的今天，能否选拔录用到优秀的人才已经成为企业生存和发展的关键。企业的选拔录用程序作为企业的重要人力资源管理职能活动，特别是作为录用决策的决策者，对人才选拔质量起着关键的作用。

在企业录用决策过程中，通常由人力资源部门的专业人员通过简历决定面试人选，也可由人力资源部门和用人部门以顺序面试或共同面试（有的企业是面试小组），用人部门对录用起主导作用。此外部门经理以上的职位，还需经公司高层或专家来面试做出决策。

1. 人力资源专业人员

在录用选拔中，人力资源专业人员是最基本的决策者，他们应该参与人员选拔的全过程。基于人力资源的工作内容和相关的经验、阅历，人力资源专业人员可以为直线经理提供一些其没有觉察到的对于应聘者的领悟和判断。如人力资源专业人员能提供应聘者的人际技能等状况，他们通过专业训练，对这些问题更为敏感，此外，他们还具有解释纸笔测验的知识。

2. 用人部门主管

录用一般由人力资源管理部门具体负责决定。他们常常为部门经理提供经过筛选的候选人名单，由用人部门主管做出最终决策。用人部门主管是直接领导和管理员工的人，是业务方面的专家，因而录用决策通常也吸纳用人部门主管的参与。

3. 工作团队

在工作团队越来越普及的今天，有的企业已经在尝试由工作团队来共同筛选并做出录用决策。为了工作的协调，有的企业在录用决策中也让员工有一定的发言权。例如，在公开竞聘中，民主评议在总体评价中占有重要的决定权重。让员工与应聘者进行面谈，员工可以表达他们愿意选择谁的愿望。这些尝试无疑给招聘工作带来了新的挑战。

4. 员工

传统上，员工不是录用决策者。但这一传统受到当前管理学中流行的自我管理团队的影响，自我管理团队中的员工越来越多地被授权自己决定录用哪些应聘者。也就是说，员工在录用决策中不仅具有越来越多的发言权，而且也越来越受到鼓励，同时也有助于员工更好地认同组织目标，培养员工的主人翁意识。当然，员工作为录用决策的参与者，需要掌握一定的关于人员聘用方面的知识与技能。

在进行录用决策时，录用决策者需要注意几点问题。

1）如果人力资源部门与用人部门在人选问题上意见有冲突，应尊重用人部门的意见。

2）组织应该尽可能地选择那些具有与组织文化相吻合的个性特点的应聘者，即使他们缺乏相应的知识背景和工作经验。因为相对而言，知识经验可以通过培训而获得，而一个人的个性品质是很难改变的。

3）不一定总是选择雇用应聘者群体中总体条件最好的人员，而应选择那些条件与空缺职位要求最接近的人，否则会造成人才浪费或抬高人力成本。最后，人力资源部门应将所有人员招聘与录用的资料存档备案，以备查询。

四、录用决策误区与纠偏

（一）录用决策的误区

在人才争夺日趋激烈的当下，各个企业一方面在不遗余力地“抢夺”人才高地，另一方面都不约而同地高呼“招聘难，招聘人才更难”。造成人才招聘难的原因固然是多方面的，然而作为人才招聘的主角——企业，其本身在录用决策方面存在的误区才更值得深思。

经典案例

新华企业集团正处于快速发展时期，急需高素质的人才加盟，通过优秀人才的加入推动企业的快速发展。因此集团要求引进中高级管理人才，包括人力资源部副经理、集团公共关系部经理、财务副经理等。人力资源部门和多家猎头公司签订了合作协议，开始了大张旗鼓地招募选拔。该公司招聘面试的流程是：猎头公司推荐候选人，候选人资料（简历）经人力资源部经理筛选后交总经理审阅并决定是否面谈，决定面谈后由人力资源部和候选人协调时间来公司面谈。

面谈的程序是人力资源部接待候选人，参观公司的展厅和厂区，然后就是泛泛地谈话，以此了解候选人的学习和工作经历、兴趣特长等。经面谈后人力资源部经理根据自己谈话的感觉向总经理汇报，询问总经理是否见面。总经理求才心切，怕好的人才被人力资源部误杀，一般都要亲自面谈，根据谈话的情况决定是否聘用。

总经理对猎头公司推荐来的公关部经理候选人印象非常好，当天就留下候选人跟随其去参加公司的对外接待，并通知人力资源部立刻办理录用手续。该公司在办理录用手续时需要填写员工登记表，在学历一栏里公关部经理候选人填的是某名牌大学的两年制大专，而猎头公司推荐的简历上写的是某名牌大学的中文系本科生。这两者学历相差甚远，并且总经理对人力资源部有要求，公关部经理的学历必须是名牌大学的中文专业的本科生或研究生。无奈人力资源部经理早在公关部经理正式入职前的介绍会上就公关部经理候选人的学历说成是某名牌大学中文系的本科学历，于是人力资源部只有把学历不符作为秘密保守。然而，过了新人试用期后，公关部经理在很多方面的表现很普通，总经理对此颇有微词，也表现得很无奈。

从新华企业集团的案例中，可以看出该企业出现了录用决策失误的情况。在现实中，录用决策误区体现在录用决策的某个环节，具体如下。

1. 岗位任职资格不明确

招聘前，公司没有确立明确的任职资格，确定候选人胜任的关键素质模型。总经理只是简单地要求“名牌大学中文专业的研究生或者本科生”，此要求非常抽象，不具体。

2. 缺乏科学的录用决策流程

1）对简历的筛选没有标准，简单、随意，没有科学的简历评估体系。

2）录用前的面试不规范、不科学。对于候选人的面试非常随意，没有建立科学的甄选体系。没有进行全面的测评，仅仅是以总经理的感觉为主，人力资源管理人员在候选人基本情况审核方面完全失职，考虑到是猎头公司推荐过来的人选，就没有对候选人的学历、经历等基本情况进行考察，也没有填写登记表、审查证件等。

3）录用决策随意性。没有科学的录用决策体系，候选人的合适与否是以总经理是否满意为判定标准的，而不是按照任职资格所需要的素质能力模型进行判别。

4）评价标准不清晰，因此，为了防止决策时依据的标准不统一，造成用人失误，在人力资源管理部门和用人部门之间应该建立相同的评价指标。

5）没有进行录用前的背景调查，学历、资质验证，草率决定。决策之前未对甄选过程中模糊的细节进行澄清，因而导致录用决策失误。所以对甄选中存在的疑惑之处，必须先澄清，然后才能做出决策。

3. 录用决策团队缺乏一致性

决策团队小组成员之间不协调。录用决策的关键点在于录用决策小组成员之间有一致的判定标准，使评价的结果尽量客观、真实。

4. 中介机构选择的随意性

对猎头公司等中介机构的选择存在随意性，没有对这些机构进行筛选和考评。这些机构对候选人的学历、资历进行了包装，而人力资源部门又没有进行认真的考察和核实。

（二）录用决策误区的纠偏措施

1. 进行需求分析

明确招聘的目标，了解企业为什么要招聘人，什么样的人可以满足目标岗位的需要，目标岗位的职责是什么，岗位创造的价值是什么，在此基础上制定符合企业战略目标的人才甄选录用模型。

2. 制定企业的招聘录用标准

企业应该事先形成统一的评价标准。制定企业录用标准，包括企业的用人观；目标岗位的任职要求；通过职位分析确定岗位职责及能力素质要求；制定岗位的胜任能力模型；根据岗位职责及胜任能力模型确定招聘测试的内容与方法；招聘之前，在岗位分析的基础上，由人力资源部门协调各部门统一评价指标，并对相关人员进行培训。录用决策的最重要依据是人与岗位的匹配，决定录用决策的人，应该能很清楚地解释自己所做出的录用决策。

3. 强化录用决策团队的一致性

企业应该明确招聘录用决策中人力资源管理部门与用人部门的责任。人力资源管理部门承担决策中专业性工作，帮助各部门管理者挑选合适的人选；用人部门则对岗位角色更为熟悉，了解岗位对人员的资格要求。双方必须密切配合，共同完成招聘任务。在决定录用人选时，必须坚持少而精的原则，选择那些直接负责考察应聘者工作表现的人，以及那些会与应聘者共事的人进行决策。如果参与的人太多，会增加录用决策的困难，造成争论不休或浪费时间和精力。

4. 完善录用决策流程

制定有效的简历识别和筛选流程以及目标岗位简历筛选的标准。设计和制定面试流程，包括不同岗位类别面试考官的确定，面试考官的分工以及面试执行标准、实施流程等。

（三）录用决策中应该处理的几种关系

1. 职得其人与过分胜任的关系

建议职得其人，因为过分胜任后，工作岗位本身对任职者难以形成吸引力，不利于员工队伍的稳定。

2. 当前需要与长远需要的关系

首先解决的问题是满足当前需要，长远需要应当视具体情况而定。

3. 工作热情（忠诚）与能力适用性的关系

招聘方法难以预测人的忠诚度，所以，招聘应当更加关注应聘者与应聘职位的适合度问题。

4. 组织发展阶段与用人策略的关系

组织处于不同的发展阶段，对于人的胜任特征要求的倾向性会有变化，根据不同的组织发展目标，也会选择不同的人去承担任务。

5. 班子搭配与个体心理特征的互补性的关系

应当强调人员之间的互补性，这样才有利于员工队伍的稳定。互补性的关键在于，招聘中既要关注应聘者是否具备所需要的胜任特征，也要明确有哪些不足是应当容忍的。

第三节 录用实施

一、录用通知

（一）通知应聘者

通知应聘者是录用工作的一个重要部分。通知有两种，一种是录用通知，一种是辞谢通知。两种通知是完全不一样的。一个是给人带去好消息，另一个是给人带去坏消息。写录用通知相对容易，因为无论如何措辞，这封信都是应聘者乐意读到的。而写辞谢通知则相对比较难，因为无论如何措辞，读信人都很难高兴起来。

1. 录用通知

为了不失去合格的录用者，录用通知要及时送出。现实中，有企业因通知不及时而损失了企业重要的人力资源，并影响到企业的外部形象。

在录用通知书中，应该说清楚报到的起止时间、报到的地点、报到的程序等内容，在附录中详细讲述如何抵达报到的地点和其他应该说明的信息。在录用通知书中，要让被录用的人员了解他们的到来对于企业发展的重要意义。应该说这是企业吸引人员的一种手段，同时也表明企业对人才的尊重。另外，还要注意，对被录用的人员要一视同仁，以相同的方式通知被录用者。一般以信函的方式为佳。公开和一致地对待所有的被录用者，能够给人留下好的印象。图 9-4 为录用通知书的范例。

录用通知书

尊敬的______________先生/女士：

上周五与您的会面是很愉快的。我们现在很高兴地通知您，我们企业向您提供____________职位。

接受该职位的工作意味着您应该完成下列工作职责 ____________ ，您的工资按照我们商谈的结果决定。

我们很希望您能够接受该职位的工作。我们会为您提供良好的发展机会和工作环境。

我们很希望在________年_____月 ____日之前获得您是否接受该职位的消息。如果您有什么问题，请尽快与我联系。

我的联系电话是 ___________。期望尽快得到您的回答。

此致

敬礼！

人力资源部经理：_______

____年____月____日

报到须知：

报到时请持录用通知书；

报到时须携带本人_____寸照片________张；

须携带身份证、学历学位证书原件和复印件；

指定医院体检表。

图 9-4 人员录用通知书

2. 辞谢通知

很多企业往往只回应那些将要被录用的候选人，也有一些企业以忙不开为由，对于未被录用的应聘者不予回应。其实，这对公司品牌而言，是一个不小的伤害。未被录用者人数往往会远大于被录用的人数，因为我们往往是从很多名应聘者中选拔出一名或少数几名人选录用。真正以人为本的企业，不会粗暴地对待任何一位哪怕是与公司要求相差很多的应聘者。向未被录用者发出辞谢通知，感谢其对公司的关注，是企业招聘流程中一个不可缺少的环节，如何做好对未被录用者的处理是企业筛选工作的一个重要组成部分。

课外阅读：聘用意向函

（1）对未被录用者处理工作的基本宗旨

1）对前来应聘的人给予本单位的关注和支持表示诚挚的感谢。企业的生存离不开来自社会各个方面的支持，即便应聘者没有被录用，至少也给企业带来了宝贵的人气，企业理应表达谢意。

2）对应聘者的尊重。未被录用者不等于不具有才能。或许只是在此时此刻双方的所供所需未能达成一致，不录用不是对应聘者才能的否定，而是为应聘者在更合适的工作上更有效地发挥其才能提供便利。

3）未被录用者可以是企业未来的合作者。通过筛选，企业获得了大量应聘者的信息，亲密的接触也会给双方留下深厚的感情。毫无疑问，当企业进一步发展壮大或转行改业急需新的人才时，那些失之交臂的未被录用者将最有可能成为被录用者。

4）展示企业风采。对待未被录用者都能够彬彬有礼，充满人文关怀，那么对待合作者更能以人为本，这充分展示了一个企业的形象。

（2）辞谢通知的方式

辞谢通知的方式可分为口头方式和书面方式，但采用书面方式会更好。

1）电话通知：通过电话方式用委婉的语气通知对方。

2）邮件通知：如果应聘者提供了自己的 E-mail，可以通过 E-mail 方式通知对方。

3）信函通知：通过寄送信函的方法告知对方，但切忌用明信片的形式，那会令人很尴尬。

（3）辞谢通知的模板

公司答复未被录用者最好用书面的方式通知，并且有统一的表达格式。这样做一方面可以保持公司形象的统一，另一方面对待每一位应聘者都做到公平。此外，做好统一的辞谢通知书的模板在操作上也比较简便。一般说来，由单位人力资源部经理签名的辞谢信，比单纯加盖一个公章的辞谢信要让人好受一些。辞谢通知书的模板如图 9-5 所示。

在发给未被录用者的拒绝信中，首先要表达对应聘者关注本公司的感谢，其次要告诉应聘者未被录用只是一种暂时的情况，并且要把不能录用的原因归结为公司目前没有合适的岗位，而不要归结为应聘者能力和经验等因素。在拒绝信中通常不必说明具体的原因，也不必将公司的选拔标准写在信中。拒绝信使用的语言应该简洁、坦率、礼貌，同时应该具有鼓励性，并表示愿意与应聘者建立长期的联系。

辞谢通知书

尊敬的____________先生/女士：

十分感谢您应聘我们公司的__________职位。您对我们公司的支持，我们不胜感激。您在应聘该岗位时的良好表现，给我们留下深刻的印象。但是由于我们名额有限，这次只能割爱。我们已经将您的个人信息存入我们的人才档案库，并会在其中保留至少一年，在此段期间内，如果公司有了适合您的空缺职位，我们将立即与您联系。

感谢您能够理解我们的决定。祝您早日找到理想的工作。

对您热诚应聘我们公司，再次表示感谢！

人力资源部经理：_______

_______年___月____日

图 9-5 辞谢通知书

（二）拒聘的处理

企业经常会遇到接到录用通知的人员不来就职的情况。如果拒聘的人员正是企业所需要的优秀人员，则企业的人力资源管理部门甚至最高层主管应该主动与之取得联系，采取积极的争取态度。如果候选人提出需要更多的报酬，企业应该而且必须与其进一步谈判。因此，在打电话之前，对于企业在这方面还能够做出怎样的妥协，最好有所准备。如果在招聘活动中，企业被许多应聘者拒聘，就应该反思招聘过程可能存在的问题。另外，企业从拒聘的调查中，也可以获得一些对今后招聘有用的信息。

一般地，应聘者在收到用人单位发出录用通知后，应根据录用通知中的要求，完善体检及相关证明材料的准备工作，并于规定日期前往用人单位报到。用人单位在办理人员入职报到时，应注意以下几点。

1）候选人体检结果合格后，方可带齐资料与证件按照录用通知书的时间办理入职报到手续。如有特殊情况，可提前或延迟时间入职，但延迟时间不得超过 2 周。

2）新员工入职报到时，需向人力资源部提交所需资料，人力资源部审核确认无误后，为新员工办理入职手续。

3）查验被录用人员相关信息时，如有以下情况出现，可考虑取消录用资格：①经查实在应聘期间所提供的资料与信息为虚假者；②经查实与其他用人单位劳动关系尚未解除者；③经查实身体不适应岗位要求者，或患有精神疾病者；④有其他应取消录用资格情形者。

二、录用面谈

（一）录用面谈的重要性

1. 加强企业对新员工的进一步了解

新录用的员工虽然经过企业的层层筛选，但由于筛选过程中的人数较多，考察的内容也较多，对员工更深层次的信息获取较少。通过谈话，可以了解到新员工的家庭、婚姻、兴趣、爱好等，以及思想上有无负担、生活上有无困难等信息。另外，招聘面试必须规避一些涉及隐私的内容，因此有些可以更深入交谈的话题在面试交谈中被略去。录用面谈由于通常在两个人之间进行，话题可以较深入，某些即使涉及隐私的问题，只要对方没有意见双方也可一起探讨，如对爱情的看法、对纪律和自由的看法、对父母约束和干预自己的看法等。

2. 加强新员工对企业的了解

新员工虽然在应聘时已对企业作了一些了解，但这些了解仍然是十分表面的。录用面谈时，气氛通常会比较融洽，两个人之间可以互相问一些自己关心的问题，如薪酬、福利、发薪日，各级领导的姓名、性格、为人，自己所录用部门的概况等。这些与自己切身利益相关的问题，由于应聘时心情紧张，并且当时以能被录用为主要目的，通常都不好直接询问，通过录用面谈，新员工将对自己即将工作的环境有更深入的了解，并形成一个更清晰的认识。

3. 为新升迁的老员工排除由于岗位变动带来的新矛盾

通过重聘获取升迁机会的老员工，虽然自己的才华和智慧得到了认可，但工作变迁依然会带来一系列的思想问题。如经理虽然赏识新升迁的老员工的才干，但容易耳根软，如果有人说新升迁老员工的坏话时，老板会突然拒绝与其沟通。另外，要帮助新升迁的老员工处理与落选的竞争对手的关系等。

（二）录用面谈的执行者

谁来执行录用面谈工作，这要根据录用岗位权级的高低来决定。通常录用经营管理层的高级管理人员，由董事长、总经理或人力资源专家顾问来执行；如果是中层管理人员，由分管的公司领导（副职）来执行；如果是基层管理人员，由部门主管或分管领导来执行；普通员工的录用则由人力资源部主管来执行。

录用面谈的执行者一定要心胸宽阔，关心爱护录用的人员，具有换位思考的能力和良好的沟通能力，能理解他人的困难并努力去帮助他们克服困难。

（三）录用面谈的场所

通常可在执行面谈的主动方的办公室进行，但根据被录用者的层次，也可以选择其他更加休闲的地点进行，如到咖啡馆一起喝咖啡，也可到公园一起散步交谈，还可以有许多更丰富的选择，如一道划船、登山等。

（四）录用面谈的内容和方法

录用面谈一定要在相当轻松的氛围中进行，通常负责面谈的主动者要表现出大度和风范来，要同时作为师长、领导、同事等多元角色坦率地说出自己的想法，耐心地解答录用者提出的问题。如果没有特别的问题要互相提问，可以就今后的工作职责、工作思维和工作方法、企业目标、企业文化、价值观等展开讨论，也可以谈一些轻松的家庭琐事。总之，尽量让彼此互相了解，为今后协同工作打下一个良好的基础。

三、签订合同

（一）签订劳动合同的基本原则

1. 合法原则

合法是指订立劳动合同的行为不得与法律、行政法规相抵触。合法是劳动合同有效并受法律保护的前提条件。

1）要求订立劳动合同的主体必须合法，即用人单位必须具备法人资格或经国家有关机关批准依法成立，能依法承担履行劳动合同的责任；劳动者必须是达到法定最低就业年龄，具有劳动能力，从事繁重体力劳动的，还必须年满 18 周岁。

2）要求劳动合同的内容合法，即劳动合同规定的各项条款，都必须符合国家法律、行政法规的规定。

3）要求订立劳动合同的程序与形式合法，即劳动合同应以法律规定的形式签订。

2. 公平原则

公平是指在劳动合同订立过程及劳动合同内容的确定上应当体现公平。对劳动合同内容的约定，以及双方承担的权利义务中不能要求一方承担不公平的义务，而免除自身的法定责任。

3. 平等自愿原则

平等是指用人单位和劳动者在签订劳动合同时法律地位上的平等。

自愿是指订立劳动合同完全是出自于双方当事人自己的真实意志，是双方在意思表示一致的情况下，充分体现自己订立劳动合同的意图，经过平等协商而达成协议。

4. 协商一致原则

协商一致是指劳动合同的内容或各项条款，在法律、法规允许的范围内，由双方当事人共同讨论、协商，在双方意思表示一致的情况下签订。

5. 诚实信用原则

诚实信用是指用人单位与劳动者在订立劳动合同中，应当真实地提供相关信息，如实陈述有关情况，不得以欺骗或诱导的方式，使对方违背自己的真实意思而签订劳动合同。有欺诈行为签订的劳动合同，受损害的一方有权解除劳动合同。

（二）新录用员工签订劳动合同的流程

在与新录用员工签订劳动合同时一定要遵守严格的流程，这样才可以最大限度上降低用人单位的用工风险。

1）用人单位在与新进劳动者签订劳动合同前必须审查劳动者的主体资格，如劳动者的年龄，劳动者的学历、资格以及工作经历，劳动者是否同时与其他用人单位建立了劳动关系以及该劳动者的身体健康证明。

2）用人单位在招用劳动者时，应当如实告知劳动者工作内容、工作条件、工作地点、职业危害、安全生产状况、劳动报酬，以及劳动者要求了解的其他情况。同时，作为劳动者，有如实说明的义务，用人单位有权了解劳动者与劳动合同直接相关的基本情况，这样才可以防范员工录用环节中的法律风险，将不利后果消灭在劳动关系建立之前。

3）用人单位应要求劳动者先签署劳动合同，然后由用人单位统一对劳动合同进行签字盖章，这样可以防止空白劳动合同的流失，避免劳动者单方修改劳动合同。

4）用人单位应在劳动者签署劳动合同后办理入职手续，要求劳动者进行入职登记、提交入职材料、办理报到等。

5）用人单位应当向劳动者交付劳动合同文本并建立职工名册。在实践中经常会发生劳动者与用人单位签订劳动合同后，用人单位以种种理由拒绝将属于劳动者本人的劳动合同交给劳动者，一旦与用人单位发生劳动争议，劳动者将处于举证不利的境地。因此，《劳动合同法》第八十一条规定："用人单位提供的劳动合同文本未载明本法规定的劳动合同必备条款或者用人单位未将劳动合同文本交付劳动者的，由劳动行政部门责令改正；给劳动者造成损害的，应当承担赔偿责任。"为证明用人单位已经将签订后的劳动合同交付劳动者，可以在用人单位自己持有的劳动合同上让劳动者填写"本劳动合同一式两份，其中一份本人已签字并已取走"等字样并签名和记载签名日期。或是让劳动者签署《劳动合同签收单》以证明劳动合同已交付的事实。用人单位还必须依法建立职工名册以备查。

一般来说，新员工报到后，由人事专员对其入职材料进行审查，确定无疑后，向新员工发放新员工入职手续清单，引导员工完成入职手续，进行入职引导，并签订劳动合同或协议，这样，员工就正式入职。

人力资源部门（人事专员或部门助理）对新员工的入职材料、证件资料、合同等进行归档处理，装入新建的档案袋内，并在档案袋封面上方书写档案袋编号（即员工的编号）、员工姓名。档案袋内还应放入新签署的《劳动合同》《保密协议》（培训生、实习生签署相对应合同及协议）等。新员工入职流程如表 9-4 所示。

表 9-4 某公司新员工入职流程

新员工入职流程	相关人员	表单及资料	备注
通知报到时间	招聘部		入职时间为每周周一或周三，每月25日前。
报到	新员工	新员工提供资料：体检报告、身份证/学位/学历证书原件、复印件、离职证明、社保转移单、就业证、一寸照片4张等；特殊岗位需提交上岗职业资格证书等。	
入职材料审查（NG→辞退；OK→下一步）	人事专员		
向新员工发放《新员工入职手续清单》并跟进完成	人事专员	《新员工入职手续清单》	
新员工入职引导	人事专员/部门助理	《新员工入职引导》	研发人员的入职引导交由部门助理完成
签订合同、协议等	人事专员	《劳动合同》《保密协议》	
入职材料、清单、合同等文件归档	人事专员		
入职流程结束			

编制人员		审核人员		批准人员	
编制日期		审核日期		批准日期	

复习思考题

1．简述人员录用的含义和原则。

2．录用决策需要收集应聘者的哪些信息？你认为哪一种信息对决策起主要作用？

3．影响人员录用的因素有哪些？

4．录用决策失误的原因可能有哪些？怎样有效防止决策失误？请结合自己的经历或阅历，举一个录用决策失误的例子。

案 例 分 析

案例背景

位于北京东单东方广场的某外资SP公司因发展需要在2005年10月底从外部招聘新员工。期间先后招聘了两位行政助理（女性），结果都失败了。具体情况如下。

第一位A入职的第二天就没来上班，也没有来电话，上午公司打电话联系不到本人。经她弟弟解释，她不打算来公司上班了，具体原因没有说明。下午，她本人终于接电话，不肯来公司说明辞职原因。A 3天后来到公司上班，中间反复两次，最终还是决定辞职。她的工作职责是负责前台接待。她自述的辞职原因：工作内容和自己预期不一样，琐碎繁杂，觉得自己无法胜任前台工作。人力资源部经理对她的印象：内向，有想法，不甘于做琐碎、接待人的工作，对批评（即使是善意的）非常敏感。

第二位B工作10天后辞职。B的工作职责是负责前台接待、出纳、办公用品采购、公司证照办理与变更手续等。自述辞职原因：奶奶病故了，需要辞职在家照顾爷爷（但是当天身穿大红毛衣、化彩妆，透露家里很有钱）。人力资源部经理的印象：形象极好，思路清晰，沟通能力强，行政工作经验丰富。总经理印象：商务礼仪方面做得不好，经常是小孩撒娇的姿态，需要进行商务礼仪的培训。

招聘流程：①公司在网上发布招聘信息。②总经理亲自筛选简历。筛选标准：应届本科毕业生或者是年轻的，最好有照片，长得漂亮，学校最好是名校。③面试方面，如果总经理有时间就总经理直接面试。如果总经理没时间则人力资源部经理进行初步面试，总经理进行最终面试。新员工的工作岗位、职责、薪资、入职时间都由总经理定。④面试合格后录用，没有入职前培训，直接进入工作。

招聘行政助理连续两次失败，作为公司的总经理和人力资源部经理觉得这不是偶然现象，在招聘行政助理方面肯定有重大问题。问题出在什么地方？

案例讨论

1. 在甄选录用过程中，总经理与人力资源部经理各自的职责是什么？
2. 该公司在录用决策中存在哪些问题？
3. 如果你是人力资源部经理，你该如何正确处理这件事情？

课外阅读：招聘，下一个被互联网彻底颠覆的行业

第十章　招 聘 评 估

教学目标

了解招聘评估在企业招聘活动中的作用，理解招聘评估的指标体系，掌握招聘的成本与效用评估。

教学要点

招聘评估的指标体系，招聘的成本核算，招聘成本效用分析，录用人员与招聘人员工作评估。

关键词

招聘评估　　招聘成本　　招聘总结

导入案例

FT 公司是一家生产制造企业，近来公司因生产和业务的战略发展需要，计划招聘技术工人和管理人员 30 人，其中包括班组长 5 人、机械维修技工 20 人、储备干部 5 人。人力资源部在当地的主流报纸上登载了招聘广告，一星期后收到了 45 份求职申请。由于公司正赶上生产旺季，董事会和总经理都要求人力资源部在规定的时间内完成招聘任务。人力资源部急忙组织面试，最后的招聘结果是：招聘了 3 名班组长、18 名技工、5 名储备干部。面试结束的第二天，人力资源到当地的人才市场招到 2 名班组长和 2 名技工。新员工上岗后两周内就有 3 名班组长、5 名技工和 3 名储备干部离职。针对这种情况，人力副总要求人力资源部对这次招聘工作进行评估，总结经验，以促进公司的招聘工作保量保质地满足用人需求。

在完成了招聘、面试、选拔与录用工作以后，需要对招聘工作做出准确的评估并反馈有用信息。招聘评估在改善人力资源管理过程中有着举足轻重的地位，是招聘工作中不可或缺的一个环节。通过对招聘工作的评估与审核，检验招聘工作成果与方法的有效性，企业可以发现招聘工作中的不足以及使用的方法和渠道，从而在以后的招聘工作中利用有利因素，规避不利因素，有利于招聘方法的改进。

第一节 招聘评估概述

一、招聘评估的概念及其作用

（一）招聘评估的概念

招聘评估是指在招聘工作结束后对整个招聘过程中招聘的结果、成本与收益，录用人员和招聘方法等方面进行审视、统计和分析的过程。其目的是进一步提高下次招聘工作的有效性和效率。

新员工的上岗，并不意味着企业招聘工作的结束。一个完整的招聘程序应该包括招聘效果的评估这一环节。在招聘活动结束以后，应该对此次招聘的效果作一次全面、深入、科学、合理的评估。招聘目的是否达到，招聘渠道是否有效，招聘流程是否流畅，招聘预算的执行是否得当，招聘时间（周期）的安排是否合理，人才测评的方法是否可靠有效，所录用人员的实际业绩究竟如何……这些都是我们所要认真探究的问题。有些企业仅注重对招聘效果定性的、表面的考察，缺乏对招聘绩效考核的定量、理性认识，只将是否在一定时期内找到合适的人选并安排在所缺岗位上作为招聘好坏衡量的依据；有些企业甚至只关心招聘到多少人，在招聘上花了多少时间、金钱；更有甚者认为人已经招到，工作已经完成，招聘评估便显得可有可无或多此一举。其实招聘效果的评估可以帮助我们反思招聘过程中存在的问题，对招聘工作形成一个更加清晰的认识，从而总结经验、吸取教训，降低招聘成本，提高招聘效率，进而可以避免招聘工作的盲目性，合理配置企业资源。

（二）招聘评估的作用

从企业长期发展要求分析，企业不断地需要新的人才的加入，同时企业的进步也是在不断地总结变革中产生的，而评估正是起到这种作用。招聘评估的作用，具体体现在以下几方面。

1. 符合招聘工作纳入组织经济核算的要求

假设某公司为了提升销售工作业绩，历时 4 个月的时间下大力气招聘优秀的销售经理。首先在报纸上的广告费为 10000 元，又参加了招聘会，场地租金和招聘专员的费用为 5000 元。最后又通过猎头公司招聘经理人员，向其缴纳的代理费为 20000 元，终于寻找出了一位符合要求的销售经理。

人力资源的招聘工作是组织的一种经济行为，必然要纳入组织的经济核算，这就要求以最低的成本来满足组织的用人需求。就企业而言，人员招募工作的成效可以由多种方法来检验。但是归根结底，所有的评价方法都要落实到在耗费既定资源的条件下，为工作岗位招募到具有适用性的应聘者。因而通过招聘评估中的成本与效益核算，就能够使招聘者清楚费用支出情况，对于其中非应支项目，在今后招聘中去除，这有利于降低今后招聘的费用。

2. 为改进人员招聘工作提供依据

对录用员工数量的评估是对招聘工作有效性检验的一个重要方面。通过数量评估，分析在数量上满足或不满足需求的原因，有利于找出各个招聘环节中的薄弱之处，改进招聘工作；同时，通过录用人员数量与招聘计划数量的比较，为人力资源规划的修订提供了依据。通过对员工质量评估，对员工的工作绩效、实际能力、工作潜力的评估，有利于招聘方法的改进，又对员工培训、绩效评估提供了必要的信息。

3. 反馈招聘人员的工作情况

俗话说“金杯、银杯不如群众的口碑”。例如，从事手机研发工作的小王通过网络得知异地某知名企业招聘一名研发人员，于是打电话过去询问，对方在简单沟通后约小张去公司面试，并承诺报销往返车费。小张于是前往公司应聘，该公司在简单问了几个问题后告诉小张 3 天后给予答复，3 天后小张打电话询问，对方称再等几天，小张只好先返回居住地。刚到家，对方又让小张去复试。复试结束后对方跟他说只想招一个才能一般的，由于小张太优秀，公司方面还要考虑考虑，然后承诺会邮寄路费给他。小张回家后未收到该公司的任何消息，于是十分气愤，在多个人力资源管理论坛发帖揭露该公司的荒唐招聘。

应聘者是企业招聘过程的全程参与者，由于身份和地位的差别，他们对招聘效果有着不同的看法。因此，招聘结束后，对录用的员工和没有录用的员工进行抽样调查，了解他们对于企业招聘的有效性和科学性的看法，是十分必要的。由于应聘者的身份地位不同，往往能较真实地反映企业招聘中存在的问题。特别是没有录用的应聘者，他们的看法较为客观。从企业来说，如果企业招聘活动在应聘者眼中是高效、公正和科学的，那么，也有利于企业形象的建设。

二、招聘评估指标体系

衡量人力资源招聘工作的有效性，实质上就是要考察招聘目标的实现程度。社会人力资源流动频率加大，人才竞争日趋激烈，无论是组织还是劳动者都面临着更多的机遇，而组织的人力资源招聘工作则面临着更大的挑战，突出表现为对招聘工作成效的关切，亦即对人力资源招聘工作业绩的量化和价值化评价的需要。有不少学者认为，可以考虑用一些客观因素作为指标对招聘工作进行评价，这些指标包括不同来源申请人的招聘成本、不同来源申请人的素质、不同来源的新员工的业绩、不同来源的员工留职率以及不同的招聘者招聘来的员工的业绩的差异等。例如，张一驰（1999）参考乔治·米尔科维奇（George Milkovich）和约翰·布德罗（John Boudreau）的观点建构了一个比较详细的招聘评价体系，如表 10-1 所示。

表 10-1 招聘评价指标体系①

指标类别	具体指标
一般评价指标	• 补充空缺的数量或百分比
	• 及时地补充空缺的数量或百分比
	• 平均每位新员工的招聘成本
	• 业绩优良的新员工的数量或百分比
	• 留职至少一年以上的新员工的数量或百分比
	• 对新工作满意的新员工的数量或百分比
基于招聘者的评价指标	• 前来面试的人员数量评价
	• 被面试者对面试质量的评价
	• 推介的候选人中被录用的比例
	• 推介的候选人中被录用而且业绩突出的员工的比例
	• 平均每次的面试成本
基于招聘方法的评价指标	• 引发合格申请的数量
	• 平均每个申请的成本
	• 从方法实施到接到申请的时间
	• 平均每个被录用的员工的招聘成本
	• 招聘的员工的质量（业绩、人员变动率、出勤等）

这些学者认为，所有的评价方法最终都要落实到在耗费既定资源的条件下，为工作岗位招到的申请人的适用性。这种适用性可以用全部申请人中合格的数量所占的比重、合格申请人的数量与工作空缺的比率、实际录用到的数量与计划招聘数量的比率、录用后新员工绩效的水平、新员工总体的辞职率以及各种招聘来源得到的新员工的辞职率等指标来衡量。另外，企业还要对那些拒聘的申请人进行调查分析，尤其是对所提供的工资的接受与否状况进行了解，从中便可以发现许多与当时劳动力市场工资行情相关的重要信息。

朱军、夏童雨、旷开源（2006）从分析招聘有效性的基本内容和影响因素入手进行研究，并在此基础上构建了一套人力资源招聘有效性评估指标体系，如表 10-2 所示。他们认为衡量人力资源招聘工作的有效性，实质上就是要考察招聘目标的实现程度。而影响招聘目标实现程度的因素主要包括信息不对称、工作分析不全面、招聘系统不规范以及招聘方法和招聘

① 张一驰．1999．人力资源管理教程．北京：北京大学出版社．

工作的效度与信度不高等几个方面。他们认为衡量人力资源招聘工作的有效性具体内容包括以下4个方面。

1）基于招聘结果来评价招聘工作的有效性。组织的运行需要一定的人力资源作为保证，而组织开展招聘工作正是因为职位有空缺或需要实现一定的资源更替。因此，衡量组织招聘工作成效的最直接体现就是空缺职位填补数量和及时性，新招聘员工与组织、职位的匹配度等，一般认为，通过招聘行为使得组织的空缺职位越少，空缺职位得到填补越及时，新招聘的员工与组织的职位、文化、制度越匹配，招聘工作就越有效。

2）基于招聘成本来评价招聘的有效性。人力资源的招聘工作是组织的一种经济行为，必然要纳入组织的经济核算，这就要求组织应用价值工程的原理，即以最低的成本来满足组织的需求。招聘的成本包括在招聘过程中的招募、选拔、录用、安置以及员工的单位招聘成本等。因此，作为一种经济行为，招聘成本应该被列为评价行为有效性的主要内容。

3）基于新员工的质量来评价招聘的有效性。招聘过程中，组织对于应聘者只能是简单地接触和了解，加上信息的不对称，组织只能简单地选取理论上最合适和最优秀的人员。然后通过员工进入组织后的专业技术能力、组织协调能力、用人部门对员工的满意度等的分析来验证招聘工作是否有效。这也是当前组织衡量招聘有效性的主要手段。据调查显示，68.87%的企业用新员工的质量，67.02%的企业用员工流失率，61.91%的企业用部门经理满意度来评价招聘的有效性。

4）基于招聘渠道、方法来评价招聘的有效性。组织的招聘渠道和方法很多，不同的渠道和方法在招聘工作中表现出来的效率是不同的。例如，不同的信息发布渠道、信息的覆盖面吸引的应聘者的人数和结构等都不相同。面试过程中的甄选方法不同，所产生的效度即对最佳申请人预测的准确程度也不同。通过收集各种招聘方法效度，取得经验数据显示，效度的指标R一般介于0～1之间，当R为0时，表示预测结果与申请人实际工作不相关；当R为1时，表示预测结果与申请人实际工作完全相关。因此，组织在招聘过程中所采用的渠道、方法也影响着招聘的有效性。

表10-2 招聘工作有效性评估指标体系[①]

指标类别	具体指标
基于招聘结果的评价指标	·招聘的员工数量和空缺职位比
	·空缺职位填补的及时性
	·员工与组织制度的匹配度
	·员工与职位的匹配度
	·员工与组织文化的匹配度
基于招聘成本的评价指标	·单个员工的招聘成本
	·招募成本
	·选拔成本
	·录用成本
	·安置成本

① 朱军，童夏雨，旷开源．2006．招聘有效性研究．企业经济，（7）

续表

指标类别	具体指标
基于新员工质量的评价指标	· 员工的道德素质水平
	· 员工的组织协调能力
	· 员工的专业技术能力
	· 员工解决问题和进行决策的能力
	· 用人部门对员工表现的满意度
	· 员工的流失率
基于招聘渠道、方法的评价指标	· 招聘渠道的效度
	· 招聘方法的信度
	· 面试方法与招聘结果的关联度
	· 招聘周期和速度

罗锡勇（2007）基于“平衡计分卡”思想，将企业招聘管理的评价从 4 个维度进行分析，包括财务维度、用人部门维度、内部流程维度及学习与改进维度，如表 10-3 所示。不仅包括财务方面与非财务方面的指标，也包含了过程与结果方面的指标。在这个体系中，既包括了基本的招聘管理评价指标，如新员工质量、招聘成本、招聘效益、时间投入等，也包括对人力资源部的招聘人员以及业务部门参与招聘工作的员工的评价。此外，还包括了内部沟通程度、环境影响等指标。这些指标构成的体系，既包含了企业招聘管理的短期评价，也体现了长期改进的作用。在这个评价指标体系中，每一个维度都可以有一组指标。每组指标都体现了招聘管理能力的某一方面。虽然每个维度都可能有多个指标，不过并不是必须将所有的指标都进行考核，这应当依据战略来选择，招聘管理的指标也是如此。

表 10-3　企业招聘管理评价指标体系及权重①

核　心	维　度	指　标
招聘管理	财务维度	单位招聘成本
		招聘的投资效益
	用人部门维度	用人部门的满意度
		新进员工的留职率
		新员工质量
招聘管理	内部流程维度	计划的完备性
		方法的科学性
		时间的投入
		环境影响
	学习与改进维度	员工满意度
		员工的培训
		内部沟通程度

我们都可以总结出，不管是哪种观点都是围绕着这几个根本问题来设计招聘评估指标体系。招聘评估首先是对招聘的成本效益进行评估，其次是对所录用的人员的数量与质量进行评估。在实践中，这些都是可以采用的行之有效的评价指标体系。

① 罗锡勇．2007．企业招聘管理评价体系研究．http://202.202.12.39/kns50/detail.aspx?QueryID=13&CurRec=1.

第二节 招聘成本评估

招聘成本评估是鉴定招聘效率的一个重要指标，如果成本低，录用人员质量高，就意味着招聘效率高；反之，则可以反映出招聘效率低。招聘作为一种经济行为，招聘成本应该被列为评价行为有效性的主要内容。

一、招聘总成本核算

在许多评估体系中，成本经常作为评估的重点。招聘成本的管理也在企业招聘管理中逐渐得到重视。招聘成本就是在员工招聘工作中所花费的各项成本的总称，包括在招募和录取职工的过程中招募、选拔、录用、安置以及适应性培训的成本，也包括因招聘不慎使得员工离职给企业带来的损失，即离职成本，以及重新再组织招聘所花费的费用，即重置成本。

（一）招募成本

招募成本是为了确定组织所需的人力资源的内外来源、发布组织对人力资源需求的信息、吸引所需的内外人力资源所发生的费用，主要包括招募人员的直接劳务费用、直接业务费用（如招聘洽谈会议费、差旅费、代理费、广告费、宣传材料费、办公费、水电费等）、间接费用（如行政管理费、临时场地及设备使用费）等。招募成本既包括在企业内部或外部招募人员的费用，又包括吸引未来可能成为企业成员的人选的费用，如为吸引高校研究生与本科生所预先支付的委托代培费或向其发放的奖学金等。其计算公式为

招募成本＝直接劳务费＋直接业务费＋间接管理费＋预付费用　　(10-1)

招聘专员工资、福利、差旅费及其他管理费用等这部分发生在招聘者身上的费用也被称为内部成本。内部成本是企业进行招聘核算时最容易忽略的部分，而实际上它占有相当大的比重。在实际工作中有时只通过一次招聘流程并不能招聘到合适的人选，需要重复两三次，所以内部成本不容忽视。

（二）选拔成本

选拔成本由对应聘者进行鉴别选择，以便做出决定录用或不录用这些人员时所支付的费用。它是指组织对应聘者进行选拔、评价、考核等活动所发生的成本，具体包括通过初步面谈或处理应聘人的申请材料进行初选的费用，对初选合格者进行深入面谈、心理测试、评价中心等的费用，对合格者组织答辩、进行背景调查的费用，体格检查费用等。在某一企业中，选拔成本取决于雇佣人员的类型及招募方法等若干因素。被选拔人员所担任的职务越高，选拔的过程就越长，成本就越大。另外，在招募成本和选拔成本之间通常也会有权衡，如果利用具有广泛影响的宣传工具来公开招募职工，则审查成本较高；如果利用代理机构招募职工，会减少审查成本，但将导致更高的代理费支出。选拔成本随着应聘人员所需从事工作的不同而不同。一般来说，选择外部人员比选择内部人员的成本要高，选择技术人员比选择操作人员的成本要高，选择管理人员比选择一般人员的成本要高。总之，选拔成本随着被选择人员的职位增高以及对企业影响的加大而增加。

一般情况下，选拔成本主要包括：①初步口头面谈，进行人员甄选；②填写申请表，并汇总候选人资料；③进行各种书面和口头测试，评定成绩；④进行各种调查和比较分析，提出评论意见；⑤根据候选人资料、考核成绩、调查分析评论意见，召开负责人会议讨论决策录用方案；⑥最后的口头面谈，与候选人讨论录用后职位、待遇等条件；⑦获取有关证明材料，通知候选人体检；⑧体检，在体检后通知候选人录取与否。

以上进行的每一步骤所发生的选拔费用不同，其成本的计算方法也不同。

1）面试时间费用＝$\sum$（每个人面试前准备时间＋每人面试时间）×面试考官工资率×候选人员。

2）汇总申请资料费用＝［印发每份申请表费用＋（平均每人资料汇总时间×选拔者工资率）］×候选人数。

3）笔试费用＝（平均每人的材料费＋平均每人的评分成本）×参加笔试人数×笔试次数。

4）心理测试评审费用＝测试所需时间×管理者工资率×测试次数。

5）测试评审费用＝测试所需时间×（人事部门人员工资率＋各部门代表工资率）×次数。

6）体检费＝［（检查所需时间×检查者工资率）＋检查所需器材费＋药剂费］×检查人数。

值得一提的是，在互联网＋时代，移动互联网招聘渠道在一定程度上影响着选拔成本，例如，微信招聘是求职者用微信上传简历，向招聘方提交简历，企业用微信与人才对话，用微信的文字与语音功能对人才进行面试，选择中意的人才。微信招聘可以随时随地进行，不但不受周围环境的限制，还无形中节省了时间成本、人工成本、管理费用等。

课外阅读：微信招聘

（三）录用成本

录用成本是组织从应聘人员中甄选出合格者后，将其正式录用为组织的成员的过程中所发生的费用，具体包括手续费、调动补偿费、搬迁费、旅途补助费等由录用引起的费用。这些费用一般都是直接费用。被录用者职位越高，录用成本也就越高。从企业内部录用职工仅仅是工作调动，一般不会再发生录用成本。录用成本的计算公式如下：

录用成本＝录取手续费＋调动补偿费＋搬迁费＋旅途补助费等　（10-2）

（四）安置成本

安置成本是为安置已录取职工到具体的工作岗位上时所发生的费用。安置成本由为安排新职工的工作所必须发生的各种行政管理费用、为新职工办公工作所必需的装备条件，以及录用部门因安置人员时间所损失的时间成本而发生的费用构成。被录用者职位的高低对安置成本的高低有一定的影响。安置成本的计算公式如下：

安置成本＝各种安置行政管理费用＋必要装备费＋安置人员时间损失成本　（10-3）

（五）适应性培训成本

适应性培训成本是企业对上岗前的新员工在企业文化、规章制度、基本知识、基本技能等方面进行培训所发生的费用。适应性培训成本由培训和受培训者的工资、培训和受培训者离岗的人工损失费用、培训管理费、资料费用和培训设备折旧费用等组成。适应性培训成本的计算公式如下：

适应性培训成本＝（负责指导工作者的平均工资率×培训引起的生产率降低率
＋新职工的工资率×职工人数）×受训天数
＋教育管理费＋资料费用＋培训设备折旧费用 （10-4）

（六）重置成本与离职成本

人力资源的重置成本指目前重置人力资源应该付出的代价，包括为取得和开发一个替代者而发生的成本，也包括由于目前受雇的某一职工的流动而发生的成本，表现为离职补偿成本、离职前业绩差别成本和空职成本。招聘的重置成本是一种间接成本，受人力资源的重置成本的影响，如空缺成本，但又有招聘行为自身的特点。这种重置成本的产生是由于招聘的作用，例如，由于招聘的失误使得企业招聘到的员工并不适合企业真正的要求而造成该工作岗位员工的离职，而同时企业又不得不重新再招聘新的员工来满足企业岗位工作的需求。有报告显示，招聘新员工以取代误用员工，其耗费的金额往往高达该员工工资的2～4倍之多。

离职成本也被称为风险成本或者是机会成本。其中，补偿成本是企业辞退员工或员工自动离职时，企业应补偿给员工的费用，包括到离职时间为止的应付工资、一次性付给员工的离职金等；离职前业绩差异成本是员工即将离开企业而造成的工作或生产低效率损失的费用；空职成本是员工离职后职位空缺的损失费用，不但包括因该职位空缺所造成的直接损失，也包括因该职位空缺对相关职位工作造成的不利影响而导致的间接损失。

课外阅读：离职成本究竟有多大

具体来说，员工的离职成本可以分为直接成本和间接成本两个部分。直接成本是通过检查记录和准确估计时间和资源可以被量化的成本，主要包括：①由于处理离职带来的管理时间的额外支出；②解聘费；③离职面谈的成本支出；④临时性的加班补贴；⑤策略性外包成本；⑥应付的工资和福利。间接成本要比直接成本高得多，主要包括：①员工离职后留下来的员工生产力降低；②替补人员学习过程中的低效成本；③资产的潜在损失；④顾客或公司交易的损失；⑤员工士气降低；⑥销售战斗力下降。

导致高离职率的原因可能是：①公司的管理制度上存在问题；②公司录用了不合适的员工；③公司在对员工的培训和管理方式上存在缺陷；④公司的激励机制与员工的绩效脱节。聘用一个表现不佳的员工，还可能带来更为严峻的负担，如培训的费用、由于该员工不胜任工作而产生的附加费用或利润损失、解雇赔偿等。而且，聘用到不符合要求的人很可能就错过了一个优秀的但未被录用的应聘者，而这个表现良好的应聘者如果刚好被公司的竞争对手聘用，那么增加了录用的机会成本。如果企业招入一名素质较差或不符合团队文化的员工，可能会使团队的关系变得紧张，凝聚力随之下降。招聘的风险成本的无形性使其容易被企业忽视。

离职率的计算公式为

离职率＝一定时期内离职事件的数量÷平均劳动力数量×100% （10-5）

当企业员工流失时，所产生的离职成本和重置成本非常高，所以必须对这两项成本进行认真的考核。

1. 直接离职费用包括的项目

1）离职前的面谈费用包括由于面谈引起的面谈者和离职员工的时间耗费所发生的费用。

面谈者的时间费用＝（面谈前的准备时间＋面谈所需的时间）×面谈者的工资率×计划期间的离职人数。

离职员工的时间费用＝面谈所需的时间×离职员工的加权平均工资率×计划期间的离职人数。

2）与离职有关的管理活动费用＝人力资源部对每一离职事件的管理活动所需的时间×人力资源部员工的平均工资率×计划期间的离职人数。

其中，人力资源部门对每一离职事件的管理活动所需的时间包括从工资单中删除离职员工的姓名、停止发放福利费、收回离职员工手中的公司器材设备等所花费的时间。

3）离职金＝每位离职者的离职金×离职人数。

4）增加的失业税＝（实际失业税率－基本税率）×（起征工资×工资不低于起征工资的员工人数＋工资低于起征工资的员工的加权平均工资×工资低于起征工资的员工人数）＋实际失业税率×起征工资或工资低于起征工资的员工的加权平均工资×计划期间的离职人数。

2. 新员工补充费用包括的项目

1）职位空缺通告费用＝［每个员工离职后的广告费和就业代理费＋（通告职位空缺所需要的时间＋人力资源部门员工的工资率）］＋计划期间的离职人数。

2）雇用前的管理活动费用＝人力资源部门从事就业前的管理活动所需的时间×人力资源部员工的平均工资率×计划期间的工作申请人人数。

3）录用面试费用＝一次面试所需要的时间×面试者的工资率×计划期间的面试次数。

4）考试费用＝（平均每人的材料费＋平均每人的评分成本）×参加考试人数×考试次数。

5）集体评审费用＝每次评审会议所需时间×（人事部门人员的工资率＋各部门代表的工资率）×计划期间的开会次数。

6）车旅费和迁移费＝每位申请人的平均车旅费×申请人人数＋每位新员工的平均迁移费×新员工人数。

7）雇用后的情况收集和报告费用＝每位新员工情况的收集和报告所需要的时间×人力资源部门员工的平均工资率×计划期间进行补充的离职人数。

8）新员工医疗检查费用＝（公司内部医疗机构检查一位员工所需要的时间×检查者的工资率＋检查一位员工所使用的器材药剂费）×计划期间的离职人数＋在公共医疗机构的人均检查费用×计划期间的离职人数。

3. 新员工培训费用包括的项目

1）工作情况介绍文献费用＝文献单位成本×计划期间替补员工的人数。

2）正式培训中的指导和培训费用＝每次培训的时间×培训者的平均工资率×培训次数×替补员工的培训成本与总培训成本之比＋每位受训者平均工资率＋计划期间培训的总替补人数×培训时间。

3）指派员工进行指导或训练费用＝指导所需要的工时数×（有经验员工的平均工资率×培训引起的生产率降低率＋新员工工资率×计划期间的指导人数）。

经典案例

某科技公司今年计划招聘大学毕业生和技术人员 30 人，此次招聘，3～6 月发生以下相关经济业务。

1. 招募成本核算

3 月 1 日开始筹备人员招聘工作。招聘工作进行一个月，包括刊登广告、召开招聘会议、到业务定点学校宣传讲演等。3 月份发生的招募人员的直接劳务费工资和福利费共计 6600 元。3 月 10 日～17 日该公司参加招聘会，直接业务费包括招聘洽谈会议费 1000 元，差旅费 250 元，招聘广告费 400 元，宣传材料费 1500 元，办公费 500 元，办公用品及水电费等 200 元。间接管理费用包括分摊行政管理费 300 元，招聘会临时场地设施使用费 2000 元。应负担本批职工奖学金费用 2000 元（该费用是为了吸引未来可能成为公司的成员面向本批新职工就读大学预付的奖学金）。则

招募成本＝直接劳务费＋直接业务费＋间接管理费用＋预付费用

＝6600＋1 000＋250＋400＋1 500＋500＋200＋300＋2000＋2000＝14750（元）

2. 选拔成本核算

4 月 15 日～18 日，进行 4 天招聘新职工的笔试和面试，然后进行改卷、调查、分析等选拔工作。选拔成本主要包括以下几方面。

1）进行初步口头面谈，选拔人员工资率 20 元/小时，面试人数为招聘人数的 3 倍，面试前的准备时间为每人 2 小时，面谈所需时间为每人 0.25 小时。计算如下

选拔者面谈的时间费用＝（2＋0.25）×20×90＝4050（元）

2）汇总申请资料费用包括印发每份申请表资料费 2 元，每人资料汇总费 2 元，选拔人数 90 人，则

总费用＝（2＋2）×90＝360（元）

3）进行书面和口语测试，平均每人的材料费 5 元，平均每人的书面测试评分成本 10 元，口语测试评分成本 5 元，人数 90 人，书面和口语测试各一次，则

考试费用＝（5＋10＋5）×90＝1 800（元）

4）人事部门请各部门代表进行各种调查和比较分析，人事部门人员的工资率为 20 元/小时，各部门代表的工资率平均为 25 元/小时，讨论 3 次，每次 4 小时，则

评审费用＝4×(20＋25)×3＝540（元）

5）根据候选人资料、考核成绩、调查分析评论意见，召开负责人会议讨论决策录用方案 2 次，均有 5 位经理参加，每次 1 小时，其工资率为 50 元/小时，则

决策费用＝50×2×5＝500（元）

6）最后的口头面谈，与候选人讨论录用后职位、待遇条件，费用 300 元。

7）获取有关证明材料，通知候选人体检，每人费用为 10 元，共计10×30=300元。

8）体检，在体检后通知候选人录取与否，体检及其他费用为每人 30 元，共计30×30=900 元。

则选拔成本=4050+360+1800+540+500+300+300+900=8750（元）

3. 录用成本核算

6 月份决定录用已经选提出来的 30 名人员，企业在录用时支付的录取手续费为 20 元/人；而且需要为 10 名大学毕业生支付学校培养费，每人 5000 元。则

录用成本=20×30+5000×10=50600（元）

4. 安置成本核算

7 月份开始安置已录用的 30 名职工到具体的工作岗位，为安排新职工的工作所必须发生的各种行政管理费用 1000 元，为新职工提供工作所需要的各种办公用品费用 50 元/人，录用部门因安置人员时间所损失的时间成本为 20 元/小时，共计安置时间为 4 小时。则

安置成本＝1000＋50×30＋20×4×30＝4900（元）

5. 适应性培训成本核算

7 月 1 日，30 名新员工进入科技公司开始进行适应性培训，每位新员工的工资为 50 元/日，每日安排 4 个小时讲座，4 个小时作业或模拟实习，每月按 22 天计算。培训教师是该公司内部的各部门经理，每日由一名经理上课，工资按每小时平均 100 元的工资率计算。假定培训期间教师离岗的人工损失费用为 50%，教育管理费为每月 2 000 元，资料费用平均每人每月 100 元，培训设备折旧费用 2 000 元/月。则

适应性培训成本＝（100×4×50%+50×30）×22+2000+100×30+2000=44400（元）

把以上 5 个部分费用加起来，得到招聘的总成本为

招聘总成本＝14750＋8750＋50600＋4900＋44400＝123400（元）

6. 离职成本核算

该科技公司在对 30 名新员工进行为期一个月的适应性培训之后，8 月 1 日就进入试用阶段（6 个月），试用期间每位新员工的工资为 64 元/日，每日工作 8 小时。在此期间，公司分别针对这 30 名新员工进行了详细、严格的考核。2004 年 2 月 1 日，试用期结束，人力资源部门发现新员工李某在实际工作中表现不佳，而且不善于和别人合作，决定予以辞退；另外，一位在公司已经工作 5 年的员工赵某（赵某的工资为 30 元/小时）因对公司给予的福利待遇表示不满主动提出辞职，经研究决定，予以批准。随后，人力资源部门将赵某剩余的医疗公积金、保险金总计 3 万元退还，并将其二人从工资单中删除，而且停止发放福利费，并收回他们手中的办公设备和科研器材，共用 10 个小时，人事部门人员的平均工资率为 20 元/小时。这两名员工的离职面谈均由人力资源部经理负责，工资按每小时平均 100 元的工资率计算，准备面谈均需要 0.5 小时，进行面谈各需要 15 分钟。

离职前的面谈费用＝面谈者的时间费用＋离职员工的时间费用

＝（0.5＋0.25）×100×2＋0.25×[（64÷8＋30）÷2]×2

＝150＋9.5＝159.5（元）

与离职有关的管理活动费用＝10÷2×20×2＝200（元）

离职金＝每位离职者的离职金×离职人数＝30000×1＝30000（元）

由此得出

直接离职费用＝159.5＋200＋30000＝30359.5（元）

若该科技公司为弥补岗位空缺需要继续进行招聘，则重置成本为新员工补充费用和培训费用之和，计算方法与招募成本的核算类似。

二、单位招聘成本核算

在以上指标当中，候选人的数量、质量和职位填补的及时性是当前我国企业人力资源招聘工作业绩评定的主要指标。随着人力资源市场的竞争日趋激烈，人力资源招聘工作即将迎接量化和价值化考察，其考察工具之一是单位招聘成本（cost per hire）评价模式。

前面已经介绍了招聘总成本的核算方法，单位成本的计算可以由总成本除以招聘的总人数进行简单的计算。但有时我们会遇到一些问题，例如，用一则广告招聘一个职位时，很明显这项广告费用就直接用到了这位新员工的身上。然而，这种情况非常少见，通常是很多个职位合在一起做广告。有时候对不定数目的应聘者计算的是总的广告费，如一则广告欲招聘出纳、会计师和高级会计师，另一则广告只招聘计算机程序设计员，两者都没有注明具体要招聘多少人，而都是希望能吸引较多的求职者。程序设计员的广告费可以简单地按照最后实际雇佣的人数来平均分配，而招聘出纳、会计师和高级会计师的广告费分配则难以决定。假如公司最后雇用了1位出纳、3位会计师和1位高级会计师，那么公司的人力资源部门应如何在这5名员工之间合理分摊广告费，五等分的做法又是否合适？如果这样，就意味着雇佣出纳和雇佣高级会计师一样的容易。如果根据工资来衡量一位员工的责任大小，那么是使用实际工资、最低工资还是平均工资？当我们试图分析平均雇佣成本时，这样的问题就变得很重要。因此，就需要事先制定一个基本原则，这样费用分摊问题就比较容易解决；如果没有特定的原则可循，就需要保持费用分摊方法的一致性，否则，此期间以这种方式分摊，下个期间又以另外一种方式分摊，那么各个期间的结果就没有可比性。对比不出结果，因而也就很难找出成本升降的原因，无法对成本进行控制。

（一）影响招聘成本核算模式的人力资源指标

美国人力资源管理协会曾经有调查显示，企业对招聘工作的关切点按重要程度依次为：录用质量（quality of the hire），顾客满意（customer satisfaction），时间投入（time invested），成本（cost）。目前发达国家正在使用一些新的人力资源指标评价人力资源工作，对单位招聘成本的核算颇有借鉴意义。这些指标从动态与全局性角度出发，实际上综合反映了内部成本、外部成本和直接成本这3方面的内容，可以作为单位招聘成本核算模式的重要系数。其中应用比较广泛的指标主要有以下几种。

1）该职位的平均流动率：招聘重复率估算。

2）该职位的招聘工作员：数量、难度考察。

3）该职位的未来年薪：招聘难度和渠道考察。

4）该职位的平均接受率：招聘有效性考察。

5）该职位的平均填补期间：招聘效本和及时性考察。

6）该职位的安置成本：复杂性考察。（由异地招聘或员工派遣异地工作而发生的补偿费用，如搬家费、置家费、探亲费、交通补贴等）

在实际工作中，猎头公司的报价就综合了上述参数。像平均年薪、流动率、接受率这些指标因工作、级别、地理位置不同而不同，使这些差别有了量化的表现形式，成为人力资源的重要指标参数。《财富》杂志在 1998 年评选世界前 100 家“最佳工作场地”的公司时也使用了流动率、应聘量、招聘量、接受率这些参数作为考评依据。正因为这些指标能够架起从定性到定量的桥梁，且反映出职位、成本和招聘渠道的影响和变化。我们可以考虑由此建立起一个模式，它由职位性质、招聘渠道、成本结构 3 个维度构成，各交合点正是以这些人力资源指标作为参数计算出的单位招聘成本。

由于招聘对象和招聘渠道的多样性，单位招聘成本也呈现出多元化的特征，所以很难归纳出一个统一的单位招聘成本计算公式，但我们可以从招聘对象和招聘渠道两方面考虑视其对单位招聘成本的影响。

（二）标准人工成本

当平均雇用成本变得难以核算时，如果没有特定的原则可循，就需要保持费用分摊方法的一致性。引入标准人工成本的方法可以简单容易处理这一问题。模仿会计当中核算制造成本的方法，我们可以先确定一个员工从事某项工作时平均一小时的成本，并把它作为这项工作的标准费用。例如，一位从事招聘工作的人员的小时标准费用可以用下面的方法计算：工资（小时工资率）为 20 元，津贴 8 元，场地、设备、资料费用 15 元。那么，招聘人员按照每小时的标准费用就是 43 元。

有了各种人员的标准费用之后，下面的工作就是计算一个职员花在某一特定工作上的平均小时数。例如，一位从事招聘工作的招聘人员在每一项招聘上平均花费 3 个小时，那么一个招聘部门的工作人员直接花费在每一次招聘工作中的时间标准费用就是 129 元。同样的方法可用于技术人员、生产人员和其他任何人员。

值得注意的是，对于不同种类或等级的工作，这个过程都需要各自进行计算。不同的招聘渠道，其招聘成本构成不同，会导致不同的单位招聘成本，因此，单位招聘成本必须在选择合适的招聘渠道的情况下才具有可比性，这一点正好为招聘渠道的合理选择提供了依据。另外，不同类别和层级的岗位空缺，招聘单位成本也不相同。按照常理，招聘经理比招聘工人要花费更多的时间，因此，虽然标准费用没有变，但是每人用于招聘员工的时间因工种的不同而不同。例如，招聘工人，招聘人员与求职者的面谈时间可能只有 15 分钟，而招聘管理人员时，面谈时间可能需要两个小时。即使职位类别和层次一样，因招聘的地理位置或工作类型不同，人力资源供求状况不同，其成本自然也不相等。因此，单位招聘成本不能在不同级别间比较，而应综合考虑多种因素。

（三）招聘的时间成本分析

从时间上来看，我们可以把招聘的过程分为3个阶段：反应时间，即从寻找候选申请者到介绍他们到公司去面试之间所花费的时间，这是人力资源部门有最大控制力的时间；定岗时间，即确定具体人选的时间，一旦选定了受聘者，人力资源部门的控制度就开始降低；到岗时间，即新员工正式上岗工作，此时，人力资源部门的招聘告一段落。

1. 反应时间成本分析

反应时间是指从人力资源部门收到应聘者申请的那天起到人力资源部门至少找到一个合格候选人来面试的那天为止的天数。这是一个很重要的时间阶段，尽管它并不意味着招聘任务的完成，但是可以表明招聘系统的工作速度。用公式表示为

$$RT=RD-RR \tag{10-6}$$

式中：RT表示反应时间；RD表示第一个可面试的合格候选人的日期；RR表示收到申请者申请的日期。

例10-1 某公司6月份打算通过广告的方式招聘新员工，6月1日广告刊出，7日就开始收到了应聘者的简历、自荐信，经过人力资源部门对应聘者的初步筛选，选出了50人参加面试，面试时间定于6月20日，那么此次招聘的反应时间为

$$RT=RD-RR=20-7=13（天）$$

2. 定岗时间成本分析

定岗时间是填补空缺职位的时间阶段，包括工作人员将应聘者的简历、自荐信交给人力资源管理部门的时间、刊登广告的时间、初步筛选应聘者的时间和合格候选人参加面试的时间。事实上，整个过程包括了许多独立的步骤。填补职位空缺的时间测算是从工作人员将应聘者的简历、自荐信交给人力资源管理部门到至少有一个应聘者接受公司提供的工作的总天数。其计算公式为

$$TF=OD-RR \tag{10-7}$$

式中：TF为定岗时间；OD为第一个应聘者接受公司提供的工作的日期；RR为收到应聘者申请的日期。

例10-2 承例10-1，该公司人力资源部门进行面试之后，将面试结果及时通知应聘者，等待应聘者的最后决定，7月5日，第一位应聘者电话告知本人同意接受此项工作。那么此次招聘的定岗时间为

$$TF=OD-RR=13+15=28（天）$$

3. 到岗时间成本分析

到岗时间是指从工作人员将应聘者的简历、自荐信交给人力资源管理部门到应聘者正式开始上岗工作的时间之间的天数。其计算公式为

$$TS=SD-RR \tag{10-8}$$

式中：TS为到岗时间；SD为应聘者正式开始上岗工作的日期；RR为收到应聘者申请的

日期。

例 10-3 承例 10-2，新员工正式开始工作的日期是 7 月 20 日，那么此次招聘的到岗时间为

$$TS=SD-RR=28+15=43（天）$$

对这些日期的统计对于人力资源部门而言并不困难，只需要对关键时间点做出记录。例如，选择好适当的招聘渠道并加以实施的日期；收到第一个应聘者简历的日期；初步筛选的日期；第一次部门面试的日期；做出雇用决定的日期；提供职位的日期；职位被接受或被拒绝的日期，新员工开始工作的日期。

“时间就是金钱”，通过记录跟踪反应时间、定岗时间和到岗时间，招聘者和经理人自然知道工作应该如何开展，应该采取何种措施控制和降低时间成本和资金成本，提高工作成效。

在人力资源招聘实践中，不仅要树立成本效益观念，以最小的成本获得最大的组织效益，还要在降低成本的过程中，对构成招聘成本的各个因素区别对待。为了降低招聘成本，不仅要做好招聘工作，还要做好激励、培训员工和绩效考核等其他方面的工作。

三、成本效用评估

成本效用评估是对招聘成本所产生的效果进行分析，主要包括：招聘总成本效用分析、招募成本效用分析、人员选拔成本效用分析和人员录用成本效用分析等。计算方法如下[①]：

总成本效用＝录用人数÷招聘总成本

招募成本效用＝应聘人数 ÷招募期间的费用（招募成本）

选拔成本效用＝被选中人数÷选拔期间的费用（选拔成本）

人员录用效用＝正式录用的人数÷录用期间的费用（录用成本）

显然，成本效用越大，表示招聘的效果越好，而最能体现招聘效果的就是总成本效用。

第三节 录用人员评估和招聘人员工作评估

一、录用人员评估

录用人员评估是指根据招聘计划对录用人员的质量和数量进行评价的过程。在大型招聘活动中，录用人员评估显得十分重要。如果录用人员不合格，那么招聘过程中所花的时间、精力和金钱就会付诸东流。从企业角度分析，企业录用的新员工应当都是合格的员工，而招聘到适合要求的新员工，才能说是圆满地完成了招聘任务。通过衡量职位空缺是否得到满足，雇用率是否真正符合招聘计划的设计来判定招聘数量的评估情况，但对招聘质量的评估则是按照企业的长短期经营指标来分别确定的。在短期计划中，企业可根据求职人员的数量和实际雇用人数的比例来确定招聘的质量。在长期计划中，企业可根据所接收雇员的离职率来确定招聘质量。质量评估既有利于招聘方法的改进，又对员工培训、绩效评估提供了必要的信息。

① 张四龙. 2012. 招聘效果评估的实施策略. 中国人力资源开发，(9).

（一）录用人员数量评估

录用员工数量评估是对招聘工作有效性检验的一个重要方面。判断招聘数量最简易的方法就是看职位空缺是否得到满足，雇用率是否真正符合招聘计划的设计。通过数量评估，分析在数量上满足或不满足需求的原因，有利于找出各招聘环节上的薄弱之处，改进招聘工作；同时，通过录用人员数量与招聘计划数量的比较，为人力资源规划的修订提供依据。

在人员数量评价方面，常用以下几个指标。

1. 录用比

录用比反应录用人员的挑选余地。

录用比＝录用人数÷应聘人数×100%　　（10-9）

美国西南航空公司 1994 年录用比平均为 3%；爱立信公司的录用比为 4%。该值越小，相对来说，可供企业选择的人员越多，实际录用者的素质越高；反之，则可供选择的人员较少，实际录用者的素质较低。

2. 招聘完成比

招聘完成比说明员工招聘计划的完成情况。

招聘完成比＝录用人数÷计划招聘人数×100%　　（10-10）

如果该值等于或大于 100%，就说明在数量上全面或超额完成了招聘计划。比值越小，说明招聘员工数量越少。

3. 应聘比

应聘比说明员工招聘的挑选余地和信息发布状况。

应聘比＝应聘人数÷计划招聘人数×100%　　（10-11）

若招聘完成比等于或者大于 100%，则说明在数量上全面或超额完成了招聘计划。若应聘比较大，说明招聘信息的发布效果好，组织挑选的余地也就大，同时说明录用人员可能素质较高；反之，则该比值越小，说明组织招聘信息发布不当或无效，组织的挑选余地也越小。一般来说，应聘比应在 200%以上，招聘越重要的岗位，该比值就应当越大，这样才能保证录用者的质量。

4. 录用成功比

录用成功比＝录用成功人数÷录用人数×100%　　（10-12）

若该值越大，则说明录用人员的质量越高，组织用于招聘的时间、精力与金钱获得了理想的回报；反之，则说明录用人员的质量越低，组织在招聘过程中所消耗的人力、物力、财力很多都被浪费了。

5. 离职率等其他相关指标

这一类指标从另一个角度反映了招聘的有效性，而且还为组织对未来的人力资源需求预测提供了分析依据。员工离职率越大，则企业吸引保留人才的能力越低。

除了运用录用比和应聘比这两个数据来反映录用人员的质量外，也可以根据招聘的要求或工作分析中的要求对录用人员进行等级排列来确定其质量。

（二）录用人员质量评估

录用人员质量的评估是对员工的工作绩效行为、实际能力、工作潜力的评估，它是对招聘的工作成果与方法的有效性检验的另一个重要方面。录用人员的质量评估实际上是对录用人员在人员选拔过程中对其能力、潜力、素质等进行的各种测试与考核的延续，也可根据招聘的要求或工作分析中得出的结论，对录用人员进行等级排列来确定其质量，其方法与绩效考核方法相似。当然，录用比和应聘比这两个数据也在一定程度上反映录用人员的质量。

录用人员质量的评价主要依据“认识匹配原理”，通过 P-J（合适度）、P-O（适应度）等来考察，也可以根据工作分析与录用标准对录用人员进行等级排列来评价，还可以用合格的应聘者与不合格的应聘者之比来评价。不论采用哪种方法，归根结底就是要看录用人员的业绩表现。其中，P-J 和 P-O 是国际上著名的招聘公司 DDI 公司提出的利用 P-J-O 合适度、适应度理论指导组织招聘工作的方法。所谓 P-J 合适度（person-job fit）是指人与工作的匹配程度，即职位匹配性；P-O 适应度（person-organization fit）则指人与组织的匹配程度，如有的组织对员工的团队协作性有很高的要求。如果员工的知识、技能和工作能力能满足空缺职位，则 P-J 高；如果员工的知识、技能和工作能力与组织提供的职位有利于职业生涯的发展，则 P-O 高。当然，录用人员的质量也可以通过用人部门的满意度（如用人单位或部门对新录用员工的数量、质量的满意度，对招聘过程的满意度，以及是否按照用人单位或部门的要求招募到合适的人选等）和某职位的平均流动率或招聘重复率来考核，也可以通过所招聘录用人员的类型、职位薪金等对人员招聘选拔工作的难度进行考察。

除了运用以上两个指标来反应录用人员的质量外，也可以根据招聘的要求或工作分析中的要求对录用人员进行等级排列来确定其质量。我们也可以用下面的公式来进行定量分析

$$QH=(PR+HP+HR)\div N \qquad (10\text{-}13)$$

式中，QH 为被聘用的新员工的质量；PR 为工作绩效百分比，如以 100 为满分，该员工的绩效分值为 85，则 PR 为 85%；HP 为新聘员工在一年内晋升的人数占所有当期新员工的比例，如 20%；HR 为一年后还留在企业工作的员工占原招聘的新员工的数量的百分比，如 75%；N 为指标的个数。若按以上 3 个指标假设数字计算，新聘用员工的质量就是 60%。

QH 的数值只是一个参考值，并不能完全反应新员工的质量，这主要是因为绩效和晋升率并不被新员工所控制。企业内部的复杂环境导致人才流失，或者是因为企业的绩效评价系统并不完善等，这都有可能影响到新员工的最终考评结果。但该指标或多或少地能反映出新聘用员工的质量。

二、招聘人员工作评估

作为招聘工作的主体，对从事招聘工作的企业员工的评价也应当作为该评价体系中的一部分，而现有的评价体系却忽视了这方面的影响作用。

对招聘人员的评价，既是对当前招聘管理能力的评价，也是促进企业招聘管理优化的一个重要途径。对招聘人员的评估实际上也就是在评估招聘工作。对招聘工作的评估除了对招

聘成本、招聘效益、录用人员、招聘方式的信度和效度进行评估外，组织还应该从以下几个方面进行评估。

（一）平均职位空缺时间

$$平均职位空缺时间=职位空缺总时间\div补充职位数 \tag{10-14}$$

该指标反映的是平均每个职位空缺多长时间能够有新员工补缺到位，能够反映招聘人员的工作效率。平均职位空缺时间越短（如低于行业平均水平），说明招聘效率高，否则，说明招聘效率较低。当然，不能孤立地分析该指标，还应该结合招聘合格率、录用人员的质量等指标综合分析。

（二）招聘合格率

$$招聘合格率=合格招聘人数\div总招聘人数 \tag{10-15}$$

如果平均职位空缺时间是从量的角度来评价招聘人员的工作，招聘合格率就是从质的角度进行评价。这里的合格招聘人数是指顺利通过岗位适应性培训、试用期考核合格最终转正的员工。招聘合格率高，说明录用人员对企业的适合度高。

（三）新员工对招聘人员工作的满意度

$$新员工对招聘人员工作满意的百分比=\frac{满意度高的新员工数量}{新员工总数}\times100\% \tag{10-16}$$

新员工对招聘人员工作进行满意度评价，“满意”与“比较满意”的比例高，说明新员工对招聘人员工作的认可度高，这在一定程度上反映了招聘人员的工作情况。

（四）新员工对企业的满意度

$$新员工对企业满意的百分比=满意度高的新员工数量\div新员工总数\times100\% \tag{10-17}$$

满意度高的新员工数量是指企业在进行新员工满意度调查时，对企业总体“满意”与“比较满意”的新员工数量。该比例在一定程度上反映了新员工对企业的认可程度，它在很大程度上影响新员工的工作士气与工作绩效。该比例高（如高于老员工），说明新员工的需求、动机、价值观等与企业文化和企业价值观的吻合度高。

第四节　招聘总结

“有计划，就要有总结”。招聘评估的最后步骤就是对整个招聘活动进行小结。对招聘的实施、招聘工作的优缺点等仔细进行回顾分析，撰写招聘总结报告。招聘总结报告要作为一项重要的人力资源管理资料存档，为以后的招聘工作提供信息。该阶段主要是通过撰写总结报告，来对招聘工作的全过程进行记录和经验总结，并对招聘活动的结果、经费支出等进行评定。虽然看似简单，但是评估总结报告是整个招聘及评估工作的书面体现，不能有丝毫马虎，要为下一次成功的招聘打好基础。

一、招聘总结的主要内容

（一）招聘计划简述

招聘计划是在人力资源规划之后，实施招聘活动之前产生的，在这里只需说明招聘岗位名称、数量，招聘计划何时完成，人员何时能够到达，招聘工作由哪个部门负责实施，参加人员等。

（二）招聘进程和人员参与情况

招聘进程则以时间表的形式描述招聘与录用的时间安排与落实。注意应写明时间节点与具体负责实施的人员。例如：

2016 年 1 月 21 日，人力资源部组织召开招聘工作会议，制订了招聘计划，布置了招聘工作。

2016 年 1 月 23 日，在《××商报》、智联招聘网刊登招聘广告（由招聘专员王××实施）。

2016 年 2 月 10 日～20 日，对应聘材料进行分类，并初步筛选出符合要求的应聘简历 100 份，通知笔试（由招聘组人力资源部和用人部门实施）。

2016 年 2 月 25 日，笔试及阅卷，筛选并通知复试时间（由招聘组人力资源部和用人部门实施）。

2016 年 2 月 26 日～3 月 3 日，心理测试及面试，并确定录用人员（由招聘组人力资源部和用人部门实施）。

2016 年 3 月 15 日～17 日，录用人员报到及体检（由招聘专员王××实施）。

2016 年 3 月 18 日～24 日，入职培训（人力部）。

2016 年 3 月 25 日，上岗（人力资源部及用人部门）。

（三）招聘结果

招聘结果记录每次通过测试的人员的数量和最终录用决定。例如：

应聘者 200 人，笔试者 100 人，面试者 50 人，录用 10 人，招聘完成率 100%。

录用人员如期上岗。

（四）招聘经费

该部分内容介绍招聘费用的使用和支付的情况。例如：

1. 招聘预算总额
2. 实际费用总额

其中具体费用如下：

1）招聘广告费。

2）参加招聘会费用。

3）测试费用。

4）体检费。

5）入职培训费。

6）杂费。

（五）招聘评定

该部分实质上就是招聘综合评估的结果，既要指出其成功经验，也要客观地指出招聘工作中存在的不足之处。招聘小结完成后，招聘负责人应该将其交给参与招聘活动的人员阅读和学习，使之全面了解已经完成的招聘活动，同时妥善保存，以供随时查阅。

例如，某公司的招聘评定。

主要成绩：由于此次采用了科学的招聘测评技术，录用的员工与岗位需求匹配度高。同时，由于公平竞争，应聘者对公司评价较高，对树立良好的企业形象方面有一定作用。

主要不足：招聘广告的设计不够完善，吸引到的应聘者没有达到预期数量。招聘的总体费用超支 10%。招聘工作节奏很紧，人员工作量很大。

二、招聘总结撰写的原则

招聘总结报告的撰写应由招聘工作的主要负责人执笔，报告应该真实、客观地反映招聘计划、招聘进程、招聘结果、招聘经费、招聘评估等重要内容，不掩盖缺点和不足，不夸大成绩，撰写原则如图 10-1 所示。对取得的成绩和不足之处做出客观的评价，有利于以后招聘工作的开展和招聘效率的进一步提高。

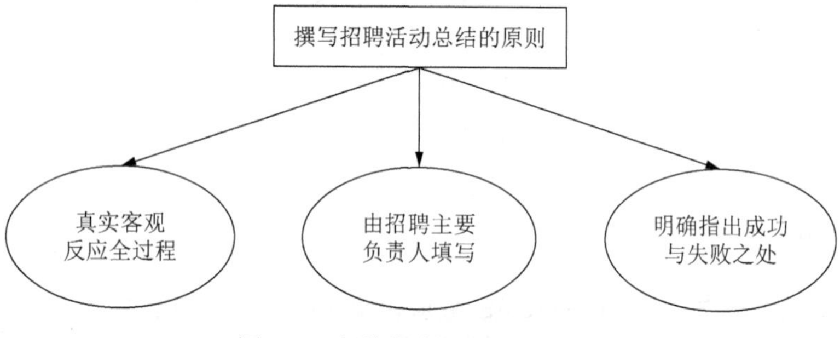

图 10-1　招聘总结报告撰写的原则

三、针对竞争对手的招聘总结

搜集竞争对手的情报是指公司的直接竞争对手的有价值情报计划、工作方法及人员资料。竞争对手的情报能使我们在其下一次招聘活动开展之前，进行人才招聘时更好地抗衡竞争对手。针对竞争对手的情况总结通常包含以下方面。

1）最优秀的求职者为什么向竞争对手申请工作，而不愿意向我们申请？

2）求职者为什么查询竞争对手的公司网站？

3）若求职者不来我们公司求职，他们会转向哪家公司？我们公司与其他公司之间的薪水差额是多少？

4）我们公司在招聘中最终取胜的因素是什么？

5）哪些因素促使求职者最终选择竞争对手提供的职位？

6）影响我们公司招聘工作的不良因素是什么？

7）在竞争对手的广告、网站及其他招聘方式中，哪一项对求职者的影响最大？

阅读资料

招聘成本难下降，HR启用云招聘

刘丽（化名）是平安新渠道招聘团队的一员，作为平安集团下属的一级子公司，由于主要负责保险产品、银行理财类和信用卡产品等新的销售渠道的开拓与创新，其中电话销售岗位人才是招聘量最大的一个职位。

根据她向记者提供的资料，平均每月接收简历约10000份；平均每月招聘约2000人。但整个招聘团队只有十几个人，招聘量大、任务繁重、职位类别单一是让刘丽及她的同事最头疼的事情。

此外，刘丽的工作还包括要经常被应聘者的来电咨询“骚扰”，人工整理工作绩效成果分析及人才追踪，在她看来，都是一些琐碎繁复的人工活。怎么能让如此繁复的工作变得简单？

1. 云招聘的机会

去年，平安新渠道瞄准了基于SaaS理念的云计算，引入了WinTalent招聘管理系统，利用该系统可根据企业实际招聘需求，量身打造一个人性化的招聘管理系统。

目前，平安新渠道的招聘团队已改变了各自的工作方式。该招聘管理系统将招聘渠道分为五大类：校园、网络、内部推荐、中介、机构。每个渠道下面又进一步细分，形成了渠道结构树及相应的五大招聘门户前台，并由不同的招聘专员进行渠道管理。而在系统操作中，仅需在发布职位的时候进行关联勾选，就可将职位发布到需要的招聘渠道上。同时，系统每天将收到的近700份来自五大招聘渠道的各种格式的简历进行整合解析，并按照统一格式存放，从而替代了原先的手工录入，大大提高了招聘团队的效率。

最让刘丽开心的是，简历筛选不再需要通过人工，只需输入关键字段作为筛选条件，系统自动操作完成筛选工作。每天上班后刘丽只要一打开系统就能看到经过筛选的初步符合要求的简历。

负责WinTalent招聘管理平台开发的大易科技CEO申刚正甚至开玩笑地说，光把不符合要求的简历剔除，就能让招聘团队不需要再加班加点地进行人工排查，原先需要晚上8点半下班，现可提早到正常5点半下班。

从技术的角度讲，云招聘就是基于云计算的招聘管理平台，这种招聘管理平台必须是以系统租赁的方式为用户提供服务。“云招聘就是要把招聘系统当成一种商品在互联网上以租赁的模式给客户提供。”申刚正指出，这种招聘管理平台可根据企业招聘需求的变化快速、便捷、动态地配置服务器、网络以及应用资源。

“简单地说就是从简历筛选、面试、体检、报到等直到最后的培训和入职，都可以利用系统，实现招聘工作全信息化操作。”申刚正说。

据他预计，通过云计算模式的招聘管理平台能将简历筛选效率提高七成，与候选人进行事务性沟通的时间减少一半，对候选人身份、学历的验证时间缩短九成，简历资源利用率提高 80%。

2. 成本压力下的选择

云招聘的适时出现与全球经济扑朔迷离、企业成本压力凸显不无关系。

科锐国际总裁兼首席执行官郭鑫告诉记者，在当前情况下，企业更加注重如何通过流程和结构优化的方式降低运营成本。一方面企业希望以较低的招聘成本获取优质人才，另一方面企业不能忍受人才到岗后高流动率和高离职率，这都对人才招聘工作的高效、精准提出了更高要求。

“过去人力资源最大的挑战相对单一，唯一的挑战就是招不到人，往往会动用所有的招聘渠道招人。而现在不但要找到人，还面临成本压力。”郭鑫强调。

在郭鑫看来，解决招聘效率提高、招聘成本降低、招聘流程优化的难题在于选择外部资源，随需应变的云招聘平台会是未来的趋势。然而，也有不少人认为这种基于云计算的招聘平台并不会在短时间内对任何企业“通吃”。

一家小型企业的招聘主管就告诉记者，此类的大型招聘管理平台可能更适合一些对招聘人才有大量需求的大型企业。据他介绍，他所在企业规模并不大，现共有 100 余名员工，每年的招聘总量在 20 名左右。据他透露，这套系统每年的费用不菲，根据企业的实际需求接入付费，一年的支出也在几万到几十万之间，这对于中小企业而言是笔不小的开销。

（资料来源：《经理日报》http://cjb.newssc.org/html/2012-04/19/content_1559768.htm，2012-4-19）

复习思考题

1．如何理解招聘评估的含义与意义？
2．招聘评价指标体系分为哪几类？
3．请简述招聘成本的核算方法。
4．影响招聘成本核算模式的人力资源指标有哪些？
5．如何进行录用人员评估和招聘人员工作评估？
6．招聘总结主要包括哪些内容？

案 例 分 析

案例背景

东莞某机械制造公司因业务扩大急需增加两条生产线设备和 50 名有工作经验的电焊工。人力资源部沈经理制订了招聘计划，多种渠道招人，最后通过中介机构和现场招聘一共面试了 100 余人，但能过关的寥寥无几。于是，他只好亲自带着下属分赴湖南等劳务输出地，甚至不惜重金向当地中介机构“买”人。但经过近一个半月的奔波，该公司仅招聘到近 20 名电焊工。不知不觉，此次招聘，仅广告费、现场招聘费、差旅费等费用就已经上升到 8 万元了。

此时，他又碰到了新问题：新来的一些员工或因工作能力差被生产部辞退，或由于各种原因要离职，有些老员工还因不堪加班重任要求劳动仲裁。另外，年底要决定一些合同即将到期员工的去留……

生产部的责备，下属的抱怨让沈经理头痛，总经理更责问他为何招工成本急剧上升却没招到多少人，最后下达命令必须一个月内解决用人需求。

一边是忙着四处招人，为新来的员工办理入职手续、上岗培训，另一边是忙着跟老员工谈判、做思想工作、办离职手续、解决劳动纠纷……烦琐的人事让沈经理焦头烂额。眼看着最后的期限就要来临，仍有几十个人没到位，一部分员工要流失，心力交瘁的沈经理甚至面临被辞退的尴尬。

（资料来源：王挺，寇建涛．员工招聘．北京：北京大学出版社，2012：178）

案例讨论

1. 请你评估该公司的招聘成本。
2. 如果你是沈经理，应该如何改进目前在招聘管理中的状况？

参考文献

边文霞．2008．员工招聘实务．北京：机械工业出版社．

蔡岳德．2008．试析招聘渠道及其效果．商场现代化，(6)：304-305．

曹晖．2007．人员招聘与配置．北京：中国劳动社会保障出版社．

陈飞．2014．大数据时代信息经济发展趋势及对策建议．宏观经济管理，(3)：61-62+84．

陈琳，等．2013．企业社会化招聘现状与建议：以一项微博与社交网站招聘调查为例．中国人力资源开发，(3)：23-27+32．

陈绍辉，等．2006．人员招聘的准备、实施与评估．长春：吉林人民出版社．

谌新民，等．2002．人力资源会计．广州：广东经济出版社．

谌新民．2005．员工招聘成本收益分析．广州：广东经济出版社．

大卫・贝克，罗伯特・李．2004．世界最佳公司面试题．北京：企业管理出版社．

董福荣，等．2006．招聘与录用．沈阳：东北财经大学出版社．

董晓宏，等．2014．大数据技术在网络招聘中的应用研究——以K企业为例．中国人力资源开发，(18)：37-41．

葛云梅．2013．浅谈当前网络招聘存在的问题及对策．中外企业家，(1)：78-79．

郎军，等．2014．网络招聘中的优点和问题．中外企业家，(12)：123．

雷蒙德．2005．人力资源管理——赢得竞争优势．北京：中国人民大学出版社．

雷鸣．2008．企业有效招聘模式的实施与评价．http://202.202.12.39/kns50/detail.aspx?QueryID=28&CurRec=1．

李旭旦，等．2009．员工招聘与甄选．上海：华东理工大学出版社．

廖泉文．2010．招聘与录用．北京：中国人民大学出版社．

林泽炎，等．2008．执行招聘管理．北京：中国发展出版社．

蔺洪杰．2008．组织行为学．武汉：武汉理工大学出版社．

刘松博，等．2008．中国网络招聘企业的商业模式解析．现代管理科学，(12)：9-11．

刘远我．1999．面试评分中的误差分析研究．心理科学，(5)：447-450．

罗锡勇．2007．企业招聘管理评价体系研究．http://202.202.12.39/kns50/detail.aspx?QueryID=13&CurRec=1．

马建民，等．2004．我国企业人力资源管理现状调查与分析．中国人力资源开发，(6)：91-92．

马军，等．2007．人员招聘与配置．北京：电子工业出版社．

欧阳洁，等．2004．有效招聘．北京：清华大学出版社．

冉斌．2004．人是最重要的——员工招聘六步法．北京：中国经济出版社．

任燕．2007．人才招聘中的误差源因子实证研究．http://202.202.12.39/kns50/detail.aspx?QueryID=42&CurRec=1．

盛宇化，等．2007．非结构化面试的信度分析．中国人力资源开发，(4)：35-37．

史珍珍，等．2016．中国情境下雇主网络招聘模式及其问题分析．中国人力资源开发，(2)：53-57．

宋典，等．2008．企业招聘质量评价指标的构建和监控．中国人才，(2)：84-85．

孙琳．2009．立足企业和职位开展招聘工作．中国人力资源开发，(2)：22-24．

孙卫敏．2004．招聘与选拔．济南：山东人民出版社．

唐志红，等．2003．人力资源招聘、培训、考核．北京：首都经济贸易大学出版社．

王丽娟．2006．员工招聘与配置．上海：复旦大学出版社．

吴文艳．2008．组织招聘管理．大连：东北财经大学出版社．

项成芳．2007．结构化面试的现状分析与研究．领导科学，(12)：40-41．

徐世勇，等．2008．人力资源的招聘与甄选．北京：清华大学出版社．

易发久，等. 2009. 选人一定有方法. 北京：电子工业出版社.

于海波. 2009. 员工招聘与素质测评. 北京：对外经济贸易出版社.

于弘艺. 2014. 网络招聘现状及对策分析. 经济研究参考，(29)：92-95+100 .

张一驰. 1999. 人力资源管理教程. 北京：北京大学出版社.

张义德，等. 2015. 互联网思维下的人员招聘选拔——以北京速途网络科技有限公司为例. 中国人力资源开发，(6)：6-11.

张铮. 2005. 构建有效的员工招聘体系研究. http://202.202.12.39/kns50/detail.aspx?QueryID=56&CurRec=1.

赵清斌，等. 2012. 我国网络招聘产业： 发展现状、趋势与策略. 商业研究，(9)：43-49.

赵耀. 2005. 组织中的招聘管理. 北京：中国劳动社会保障出版社.

赵永乐，等. 2006. 招聘与面试. 上海：上海交通大学出版社.

朱军，等. 2006. 招聘有效性研究. 企业经济，(7)：77-79.

GOLEMAN D. 1999. Working With Emotional Intelligence. New York: Bantam Books.

后　记

初看春花红，转眼已成冬
匆匆，匆匆
一年容易又到头，韶光逝去无影踪
我们都是赶路人，珍惜光阴莫放松
匆匆，匆匆
莫等到了尽头，枉叹此行成空

——胡德夫：《匆匆》

烟雨如幕，夜如歌。灯火阑珊，思渐远，俯首低眉忆当年，弹指一挥间。迄今为止，我已在高校这块充满生机的沃土上授业解惑辛勤耕耘了整整十三年，这些年，留下了很多鲜活的记忆，每每灯下阅读沉思之时，才发现往事并不如烟。这期间的人和事，纷然杂陈，历历在目，成为人生年轮上永不褪色的脉络，亦如一杯佳茗陈酿，历久弥香。在这里，我采撷心香一瓣，飘落于记忆的池塘，透过树荫的斑驳阳光，掀起小小的涟漪。

2011 年，在科学出版社的大力支持下，我和编写组成员开始了本书第一版的编撰工作，几经波折，三易其稿，终于成书。回想逝去的时光，让人难以释怀的情景依然历历在目，隆冬腊月北京理工大学国际会议中心畅谈的欢声笑语，炎炎火炉重庆夏日里的挥汗如雨，这一切都浓缩成了这本书的记忆，历久弥珍。转眼间，2016 年到来了，此刻的你无论怅然若失，还是踌躇满志，但确定的是，你的生活方式已经被悄然改变。“互联网＋”的浪潮正在华夏大地上澎湃激荡，这个古老而伟大的国家，也正在深化改革，创新、协调、绿色、开放、共享，复兴文明，波澜壮阔。“风乍起，吹皱一池春水”，不可避免地，企业的招聘方式与方法也正在悄然随着时代的变化而变化，各种新兴的招聘方式（如社交媒体招聘）正如雨后春笋般茁壮成长。为此，我们急需对招聘管理进行重新审视与梳理，于是《招聘管理》再版计划就成了题中应有之义。但如何去做，如何在名家精品教材中脱颖而出，是我首要思考的问题。王安石说过：“夫夷以近，则游者众；险以远，则至者少。”结合游学英伦的所思所想，我提出了编撰的总体原则构想：第一，内容上兼顾现在与未来，既要满足现代传统企业的一般招聘模式的需求，也要满足标杆企业基于信息化技术招聘管理的需求，争取内容上紧跟时代脚步；第二，形式上从传统教材逐渐过渡到适应信息化教学与学生个性化需求的新教材。但是“人之所罕至焉，故非有志者不能至也”，这需要编写组的艰辛努力才能实现。诚如罗素所言：“人的真实生活不在于穿衣吃饭，而在于美的创造和冥想”，我们要敢于开拓，即使浅尝辄止也比裹足不前更有意义，世界上有成就的人都是能放开眼光找他们所需要的境域的人，要是找不着，就去创造。经过各位同仁的努力，呈现在各位读者面前的这本教材就是以上思考的总结。

科学出版社王彦刚编辑为本书的出版付出了很多心血；同时，我的同事郭婕老师、康晓卿老师、胡宪君老师、张丽平老师、蒋国华老师，以及远在西安、沈阳的郑楠老师、张以鹏老师也为本书的编写付出了辛勤的劳动，董天宇、曾瑶、董璇同学为教材编写搜集了部分资料，在此一并向他们表示感谢。在本书即将出版之时，谨向蒙受教益素未谋面的参考文献的作者致以诚挚的谢意。

由于时间以及作者水平所限，本书疏漏之处在所难免，恳请专家学者不吝赐教，以便未来再版时能够予以修正。

万 玺

丙申年初夏于渝